데이비드 린치

데이비드 린치

리처드 A. 바니 엮음
윤철희 옮김

마음산책

데이비드 린치

1판 1쇄 인쇄 2021년 9월 5일
1판 1쇄 발행 2021년 9월 10일

엮은이 | 리처드 A. 바니
옮긴이 | 윤철희
펴낸이 | 정은숙
펴낸곳 | 마음산책

편집 | 권한라 · 성혜현 · 김수경 · 이복규   디자인 | 최정윤 · 오세라
마케팅 | 권혁준 · 권지원 · 김은비   경영지원 | 박지혜

등록 | 2000년 7월 28일(제13-653호)
주소 | (우 04043) 서울시 마포구 잔다리로 3안길 20
전화 | 대표 362-1452 편집 362-1451   팩스 | 362-1455
홈페이지 | www.maumsan.com
블로그 | blog.naver.com/maumsanchaek
트위터 | twitter.com/maumsanchaek
페이스북 | facebook.com/maumsan
인스타그램 | instagram.com/maumsanchaek
전자우편 | maum@maumsan.com

ISBN 978-89-6090-691-4 03680

* 책값은 뒤표지에 있습니다.

영화는 선善의 힘과

어둠의 힘을 가져야 한다고 난 믿어요.

차례

일러두기

1. 인터뷰는 1977년 것부터 시간순으로 구성하였다.

2. 인명·지명 표기는 '외래어 표기법'에 따랐다.

3. 원서의 주는 각주로 처리했고, 옮긴이 주는 글줄 상단에 맞추어 작게 표기하였다.

4. 영화의 우리말 제목은 국내 개봉명, 비디오나 DVD 출시명을 따랐다. 미개봉·미출시작은 원제를 직역하거나 관용적으로 사용하는 작품명을 썼다.

5. 영화와 방송 프로그램 제목, 잡지와 신문 등의 매체명, 곡명은〈〉로 표기했고, 편명은「」로, 책 제목은『』로 표기하였다.

6. 드러냄표(ˊ)가 쓰인 부분은 원서에서 이탤릭체로 강조한 부분이다.

7. 원서에 수록되지 않은 2010년 이후의「필모그래피」는 작품명만 기재했다.

데이비드 린치가 남긴 말 중에 이런 유명한 말이 있다. "나를 인터 뷰하는 것은 대단히 수다스러운 미꾸라지를—한술 더 떠 지독히도 친절한 미꾸라지를— 꼼짝 못 하게 붙드는 일과 굉장히 비슷할 수 있다." 이것은 사실 소박한 표현에 가깝다. 그는 '규정하기 힘든elusive' 사람이라는, 자주 등장하는 표현이 실상을 정확하게 담아내지 못하 는 이유도 그의 그런 특성에 기인한다. 린치는 대화하는 걸 무척 좋 아하기 때문이다. 그는 이런저런 이야기를 들려주고 농담을 주고받 고 즉흥적으로 심각한 이야기를 하는 것 등을 진정으로 즐긴다. 하 지만 그에게 있어, 사생활의 측면들을 밝히거나 그의 영화들이 의미 하는 바를 자세히 설명하는 것은, 나아가 그것들이 아티스트로서 그 개인에게 의미하는 바를 날카롭게 논평하는 것은 그런 대화하고 는 사뭇 다른 일이다. 따라서 그는 규정하기 힘든 사람은 아닐지도 모르나 수수께끼 같은enigmatic 사람이기는 하다. 그는 인터뷰어가 명

중시켜야 하는 이동 표적이고, 인터뷰 중에 하는 말보다 하지 않은 말로 더 많은 것을 말하는 경우가 잦은 영리한 달변가다. 이런 특징들은 그의 확실한 트레이드마크다.

린치를 인터뷰하는 것이 구불구불한 길을 에두르는 경험이 될 수도 있는 이유는 여러 가지다. 첫째는 사람들이 자주 입에 올리는 것으로, 그가 언어 구사력이 떨어진다는 것이다. 린치와 그의 전 부인들 또는 파트너들은 모두 1970년대와 1980년대 초기에 해당하는 그의 이른바 '언어 습득 이전 단계'를 자주 거론했다. 정상적이라면 비교적 간단히 소통할 수 있는 순간들인데도 그의 언어 구사력이 부족한 탓에 소통이 잘 안 되고는 했다. 예를 들어, 이사벨라 로셀리니는 린치가 질문이나 논평에 대한 반응을 보일 때 논리 정연한 문장들을 내놓는 게 아니라, 두 팔로 의외의 몸짓을 하거나 입술을 모아 공기를 내뱉는 소리를 내고는 했다고 여러 차례 설명했다. 린치는 이런 상황에 대해 여러 번 직접 언급했는데, 이 책에 실린 대화(2008년)에서는 나에게 이렇게 말했다. 그의 초창기 인터뷰들, 특히 〈이레이저 헤드〉에 대한 인터뷰들의 경우 "나는 오랜 기간 동안 어떤 상황에 대해 말한다는 것의 개념을 이해하지 못했어요. 그래서 말을 많이 하지 않았고, 그랬던 기간이 길어요."

이 컬렉션에 실린 인터뷰들이 잘 보여주듯, 린치는 1980년대부터 1990년대 초까지 작품들에 대해 갈수록 더 능숙하게 이야기하려는 노력을 일관되게 기울였다. 인터뷰어들이 그의 독특한 말투를 가다듬느라 얼마나 애썼느냐 하는 문제는 제쳐두더라도, 예를 들어 〈소호 위클리 뉴스〉나 〈이스트 빌리지 아이〉에 실린 초기 인터뷰에서 보이는 들쭉날쭉하고 멈칫거리는 말투와, 훗날인 1990년 〈뉴욕 타임스 매거진〉이나 1999년 〈살롱 매거진〉과 한 인터뷰에서 그가 구사한 훨씬 더 차분하고 명료한 대화를 비교해보면 뚜렷한 차이가 드러난다. 그럼에도, 린치는 언어와 어느 정도는 곤란한 관계를 맺은 감독으로 남았다. 그의 (늘 엄청난 열정에 힘입은) 문장들은 대단히 매력적인 상태와 알쏭달쏭한 상태 사이를 오가는 불규칙적인 리듬에서 추진력을 얻었다. 그리고 그의 의견에 양념처럼 들어가는 소탈하거나 약간 속된 표현들('나쁘지 않은peachy keen'부터 '굉장히 쿨한very cool'과 '환상적인fantastic!'까지)은 그의 영화들이 지닌 가장 난해한 측면 중 하나로, 그가 자기 영화들이 띠고 있다고 말한 '추상성'을 설명할 때 보조적 역할로 자주 동원됐다. 그가 생각하기에 추상성은 지적인 공식이나 확정적인 묘사로 축약해서는 안 되는, 어떤 분위기를 연상시키는 특징이다.

이 첫째 이유는 린치가 자기 작품에 대해 말할 때 완곡한 표현을 동원하는 둘째 이유로 이어진다. 그는 경력 초창기부터 정체를 알 수 없고 언어로 표현할 수 없는 것의 본질적인 가치에 바탕을 둔 영화 미학에 몰두해왔다. 관객들이 꿈을 꾸게끔 만드는 영화의 능력을 지지하는 사람으로서, 린치는 생생하고 구체적이면서도 여러 감정을 불러일으키는 미스터리한 작품을 창작하는 것을 목표로 삼았다. 따라서 1977년에 스티븐 세이번, 세라 롱에이커와 했던 초기 인터뷰 이후로 린치가 '미스터리'라는 용어를 가장 빈번하게 쓰게 된 건 어쩌면 자연스러운 일이다. 하지만 이 '미스터리'는 특정한 내러티브가 펼쳐지다가 결국에는 해결되거나 소멸되는 일반적인 종류의 미스터리가 아니다. 그와는 반대로, 린치에게 중요한 것은 영구히 미스터리한 것으로 남을 영화들을 창작하는 것이다. 자신이 제공한 이미지

13

와 스토리들을 조리에 맞게 이해하려는 관객의 욕망을 (끝없이 순환하는 사이클을 통해) 도발하는 동시에 그 욕망에 저항하는, 이른바 경이로운 느낌을 유발하는 영화들 말이다. 린치가 그런 것을 다른 무엇보다도 중요시한다는 것이 그 인터뷰에서 뜻하는 바는 이렇다. 린치는 감독이라는 자신의 직업을, 그의 영화가 풍기는 아우라를 없애버릴 만한 일은 무엇이건 회피해야 하는 직업이라고 본다. 그의 영화가 창조해낸 수수께끼들을 풀어낼 얄팍한 '해법들'을 관객에게 제공하는 것 역시 그에게는 영화의 아우라를 날려버리는 일이다. 예를 들어, 2001년에 내가 〈멀홀랜드 드라이브〉에 대해 어떤 질문을 던졌을 때 그는 긴 침묵에 빠졌는데, 그 질문이 어려운지 묻자 직설적으로 답했다. "아니에요. 말을 너무 많이 하고 싶지는 않아요." 그는 크리스 호덴필드와 했던 다른 인터뷰(이 책에는 실리지 않았다)에서는 더 솔직하게 밝혔다. "영화라는 이 작업은 굉장히 위험한 일입니다. 감독이 영화에 대해 말하면서 사람들을 말로 설득해야만 할 때 그 영화가 어떤 영화가 될 수 있는지를 아는 사람은 아무도 없을 것이기 때문입니다."* 그러므로 린치 입장에서, 그의 영화들에 대해 변죽만 울리는 것은 절대적으로 필요한 일이다. 따라서 린치가 구사하는 우회적인 말투는 린치가 비밀을 지키려는 것이거나 내숭을 떠는 게 아니라, 의미를 빚어내는 진짜 작업을 관객들에게 맡기는 것이다.

그 특유의 언어 구사력과 미학적인 원칙을 고수하는 성향이 결합한 결과, 기이하면서도 흥미로운 린치 인터뷰라는 것이 탄생했다. 인

---

* 크리스 호덴필드, 「사랑하는 〈사구〉Daring *Dune*」, 〈롤링 스톤Rolling Stone〉 1984년 10월 6일자, 28쪽.

터뷰 내용 면에서 린치는 특정 요소들의 의미에 대해서보다는 자기 영화들을 만드는 과정에 대해 말할 준비가 대단히 잘 돼 있다. 다만 이 법칙의 주목할 만한 예외는 있다. 예를 들어 〈이레이저 헤드〉의 '갓난아기'를 어떻게 만들었는지에 대해서는 1977년부터 여러 해 동안 줄곧 함구했다. 린치와 그의 인터뷰어들 모두가 인식하듯, 그가 특정 캐릭터나 플롯 요소들을 내놓은 방법에 대해 논의할 경우 그것은 그의 작업을 해석하는 권위 있는 '가이드'로 손쉽게 코드화할 위험이 있다. 린치는 이러한 유혹에 항상 경계심을 풀지 않고 방어한다.

시간이 흐르면서 린치는 특별한 의미를 띤 용어를 개발했다. 그 용어를 다년간 대단히 힘들게 창작해왔다는 바로 그 이유에서, 그는 (다시금 정해진 한계 내에서만 설명을 하는 행위로서) 자신의 영화들을 말할 때면 그 용어들에 거듭 의지했다. 그는 자기 영화들을 '아름다운' 영화나 '황홀한' 영화, '마법 같은' 영화로, 또는 '하모니'나 '대조', '균형'의 기초 위에 구축된 세계로 묘사하거나, 관객이 '사랑에 빠지고' '관객에게 꿈을 꿀 여지를 제공'하는 '세계'를 창조하도록 '무드'나 '느낌'을 빚어내는 작품으로 묘사하는 경우가 빈번하다. 특정한 이미지를 위해 그를 찾아온 영감들은, 그리고 그가 그것들로 불러일으키려고 목표한 느낌은, 종종 '공중에 감도는in the air', 정확하게 묘사할 수 없는 출처로부터 당도한 '선물'인 경우가 잦다. 이런 용어들은 린치 입장에서는 판에 박힌 공식 이상의 것이다. 그것들은 특정한 상황이나 대화의 맥락에서 뉘앙스를 얻을 수 있다. 그리고 더 중요한 것은, 그가 그 용어들을 고집스레 거듭 채택한 덕분에 나름의 의미가 생성된다는 점이다. 그가 그것들을 정의하는 일은 드물지만 말이다. 따라서 단어의 '질감'이 문자적 의미보다 더 중요할 수 있다고 주장하는 린치처럼, 그의 인터뷰를 읽는 독자들은 분석적으로 이해하기보다는 직관적으로 이해하기 위해 끈기를 발휘해야 한다.

　결국 인터뷰어와 독자 모두는 린치 자신이 말하는 것보다 더 많은 것을 알고 있다는 점을 반드시 염두에 둬야 하지만, 이 책에 실린 인터뷰들을 보면, 린치는 영화를 제작하는 과정에서는 대개 현재 일어나는 일에 대해 지나치게 많이 알지 않는 편을 선호한다는 점이 명료해지기도 한다. 미셸 시망과 위베르 니오그레에게 밝힌 대로, 그는 어떤 프로젝트를 단순한 개념으로 축약하기보다는 "내가 하려는 작업에 대해 지나치게 많이 알지 않는 편이 낫다"고 여긴다. 이 접근 방식은 린치가 영화를 만드는 과정을 설명할 때 대단히 자주 활용하는 비유에 생생히 담겨 있다. 그 비유에 따르면 그는 가능성이라는 '바다'에서 조금씩, 나름의 타이밍에 맞춰 당도하는 '아이디어'라는 "물고기를 잡는다." 린치는 이런 작업 방식 때문에 후반 작업이 최종 마무리되기 전까지는 자신이 만든 활동사진들에 대한 전체적인 그림을 전혀 그리지 못한다고 말한다. 더불어, 자신이 수행하는 과업을 주로 그 아이디어들에 충실하게 상상한다. 그는 그 아이디어들을 '주제theme' 같은 것과 강하게 대비시킨다. 그가 보기에 '주제'는 더 유기적인 방식으로 발전해나가기 위해 영화가 발휘할 수 있는 능력에 환원주의적인 계획을 덧씌울 것이다.(일례로 그가 2001년에 〈멀홀랜드 드라이브〉에 대해 내게 코멘트한 것을 보라.) 여러 인터뷰에서 린치는 영화를 위한 아이디어들을 모은 방식을 이야기할 때, 어떤 아이디어들이었는지 구체적으로 밝히는 것을 (그렇게 하면 관객에게 이런저런 견해를 가지라고 지시할지도 모른다는 두려움 때문에) 피하는 동시에 최초의 아이디어가 무엇인지 역시 공개하지 않으려고 무척 애쓴다. 첫 아이디어를 공개하면 나머지 전부를 설명하는 토대나 원천을 제공할 수도 있기 때문이다. 따라서 '아이디어들'의 수수께끼 같은 특징은 영화감독으로서 린치와 관객, 독자들에게 모두 적용된다. 그는 스튜어트 돌린에게 이렇게 밝혔다. "내가 보기에 모든 것은 느낌 아니면 직감입니다. 지나치게 지적이고 논리적이지는 않습니다."

린치와 하는 인터뷰가 온갖 방향으로 빠져나가는 미꾸라지처럼 될 수 있는 세 번째 이유는, 〈병에 걸린 여섯 남자〉부터 〈인랜드 엠파이어〉까지 그가 만든 영화들에서 그가 아주 많은 역할을 맡아 예술적인 능력을 보여줬다는 것이다. 린치가 감독으로 가장 잘 알려져 있다는 데에는 의심의 여지가 없지만, 그는 자신의 영화들에서 (크레디트에 올랐을 때는 공식적으로, 그러지 않았을 때는 비공식적으로) 프로듀서, 촬영감독, 카메라맨, 사운드맨, 시나리오 작가, 편집감독, 사운드트랙 디자이너와 엔지니어, 애니메이터, 세트 디자이너로 꾸준히 일해왔다. 이것도 많이 줄여서 정리한 것이다. 린치는 현존하는 가장 직관적인 영화감독에 속한다는 것 외에도, 무슨 일이건 몸소 실천하는 접근 방식을 취한다는 면에서 당대의 감독 대다수를 능가하는 완전무결한 감독에 근접한 존재로 자리매김해왔다. 나아가, 영화계 밖에서 작업하는 린치의 프로젝트와 관심은 그의 영화들의 모양새에도 강한 영향을 끼쳤다. 예를 들어, 회화에 대한 그의 적극적인 관심은 구도를 잡는 '화가다운' 접근 방식에 자주 영향을 끼쳤다. 그의 가구 디자인과 건축 프로젝트들은 〈로스트 하이웨이〉에서 (빌 풀먼과 퍼트리샤 아퀘트가 연기한) 프레드와 르네 매디슨 부부의 저택 같은 세트들에 기여했다. 음악을 향한, 그리고 가창singing을 향한 잘 알려진 열정은 〈블루 벨벳〉부터 〈인랜드 엠파이어〉까지 그가 작업에 참여한 음악이 다수의 사운드트랙에 수록되는 길로 이어졌다. 그 결과 린치는 영화 제작 과정에 대해 상당히 다양하고도 전문적인 얘기를 할 수 있다. 이 책은 카메라 워크와 필름 스톡에 대한 린치의 견해(예컨대 스튜어트 돌린과 스티븐 피젤로와의 대화), 회화와 자연에 대한 철학적 사색에 가까운 생각과 미국 가정에 대한 묘사(크리스틴 매케나), 사운드와 음악의 중요성에 대한 견해(크리스 두리다스, 미셸 시망과 위베르 니오그레, 마이클 앙리), 가구 디자인과 건축이 그의 영화에 등장하는 공간적 차원을 구상하는 방식과 어떻게 연결되는지에 대한 논의(카트린 슈포어)가 포함된 인터뷰들을 모아, 그의 관심사가 폭넓다는 것을 보여주고자 했다.

전체적으로 보면, 린치의 경력은 그가 영화들을 만들고 그것들에 대해 얘기하는 특유한 방식에 대한 대중의 공감을 꾸준히 키우는 쪽으로 궤적을 그려왔다. 비록 대중이 열광적으로 반응한 순간(가령 TV 시리즈 〈트윈 픽스〉의 엄청난 인기)들에 의해, 그리고 '프리퀄' 영화인 〈트윈 픽스〉 영화판에 대한 혹독하게 부정적인 반응과 박스 오피스의 참패로 특징지어지는 지독히도 냉랭한 저점low들에 의해 그 궤적에 방점이 찍히기는 했지만 말이다. 종합해보면, 관객들을 더 확실하게 작품에 개입시키려는 린치의 활동들은, 1980년대 중반부터 1990년대 초까지 미국에서 그의 작품이 엄청나게 친숙해진 것과 더불어 나름의 효과를 발휘해왔다. 관객들은 린치의 영화를 보러 가서 어떤 것을 기대해야 하는지 더욱더 잘 알게 됐고, 린치안Lynchian이라는 용어는 우디 앨런에게서 영향받아 앞선 시대에 등장한 형용사

카프카에스크^{Kafkaesque}에 대응하는 단어로 평론가와 일반 대중 양쪽의 사전에 올랐다.

이 책에 실린 인터뷰들은, 그런 일반적인 추세 내에서, 린치의 개인적인 스타일과 작품에 대한 반응의 범위가 아주 넓다는 것 역시 보여준다. 〈페이스〉 등에 실린 인터뷰를 보면 〈블루 벨벳〉 같은 영화에서 전복성을 찾아내 흥분한다. 데이비드 슈트나 팀 휴잇, 리처드 우드워드 등이 한 인터뷰들은 린치의 작품에 들어 있는 이상함이나 기괴함을 강조한다. 후자의 요소는 특히 엉뚱한 말장난 같은 표현들을 만들어낸 듯 보인다. '린치하러 나가다^{Out to Lynch}' '기이한 마법사^{Wizard of Weird}' '기괴한 것들의 차르^{Czar of the Bizarre}' '벌거벗은 린치^{Naked Lynch}' 등이 그런 표현들이다. 이 책에 실린 인터뷰 중 몇 편은 린치나 그의 영화들을 묘사하는 (특히 미국 내의) 광범위한 패턴을 반영한다. 몇몇 경우 그런 종류의 명명은 린치 자신도 인정하듯 진심 어린 애정을 전달해왔다. 〈엘리펀트 맨〉 작업 당시 멜 브룩스가 그를 '화성에서 온 지미 스튜어트'라고 불렀다는 유명한 얘기 같은 게 그렇다. 그런데 그런 진심 어린 애정조차 양날의 칼이 될 수 있다. 2007년 인디펜던트 스피릿 어워드에서, 데니스 호퍼는 린치와 로라 던이 특별상을 수상한다고 발표하면서 프랭크 부스 같은 캐릭터만이 동원할 수 있는 삐딱한 애정을 담아 다음과 같이 말했다. "모든 린치 영화의 핵심에는 다음과 같은 말로 가장 잘 요약되는 근본적인 미스터리가 있습니다. '저게 도대체 무슨 얘기야?'" 호퍼가 내놓은 이 촌철살인에 담긴 재미난 분노는 이 책의 여러 인터뷰에서 한층 더 고조됐다. 〈트윈 픽스〉 영화판을 위한 칸영화제 기자회견과 〈타임 아웃 런던〉에 도미닉 웰스가 쓴 기사가 특히 더 그랬다. 도미닉 웰스의 기사는 린치의 우회적인 설명들에 대한 실망을 적극적으로 표명한다. 린치가 자기가 말하고 있는 내용을 실제로 알고 있느냐의 여부를 두고 빈정거리는 식의 회의감을 다소 표명하기도 한다. 이 두 사례에서, 인터뷰어들이 린치 영화들의 한계, 또는 그 영화들에 대한 논의에 접근하는 린치의 평소 방식을 전혀 낯설어하지 않는다는 점은 주목할 만하다.

분명, 인터뷰어들이 린치에게 더 나은 설명을 내놓으라고 강하게 압박하게끔 만드는 실질적인 이슈들도 있다. 몇 가지 사례만 들자면, 칸영화제 기자회견에서 나온 여러 질문은 〈블루 벨벳〉이나 〈광란의 사랑〉 같은 영화에서 그가 폭력과 사도마조히즘을 표현함으로써 나타난 결과에 대해 진지하게 숙고하기를 요청한다. 크리스틴 매케나는 무시무시한 요소들로 가득한 세계와, 인간의 실존에 무척이나 자애롭게 구축될 수 있는 세계를 동시에 보는 그의 명백한 복시double vision를 명료하게 설명해달라고 요구한다. 데이비드 브레스킨은 여성들을 표현하는 방법(여성들이 나타내는 수동성과 더 큰 이익을 위해 고통받을 필요성)에 대해 탐구하라고 린치를 몰아붙인다. 이 주제는 린치가 다른 인터뷰들에서는 절대 그 정도로 상세하게 의견을 표명하지 않은 화제였다. 나는 〈인랜드 엠파이어〉에 대해 그와 나눈 인터뷰에서, 그의 영화들과 초월 명상transcendental meditation 사이의 명백한 유사성이 어떻게 그런 극적으로 상이한 결과들을 낳는지 설명해달라고 여러 방법을 동원해 요청했다. 그의 영화들에서는 무시무시하게 위험한 차원과 맞닥뜨린 인생들이 거기에 완전히 압도당하는 게 보통인 반면, 명상에서는 더 규모가 큰, 변함없이 고양된 의식을 평온하게 탐구한다. 린치가 이런 유도 질문에 어느 정도나 제대로 답했는지는 이 책의 독자들이 결정할 몫으로 남긴다.

돌이켜 생각하면, 초월 명상이라는 화제는 1977년부터 현재에 이르기까지 린치가 해온 인터뷰들을 관통하는 또 다른 실가닥을 강조하는 것으로 보인다. 변하거나 확장된, 또는 강화된 의식에 대한 그의 관심. 많은 인터뷰에서 말했듯 그는 1973년에 초월 명상을 시작했고, 그 효과를 개인적이고 예술적인 변형으로 특징지으면서 이후로 초월 명상을 날마다 수행했다고 한다. 그가 1977년에 스티븐 세이번과 세라 롱에이커에게 초월 명상에 대해 명확하게 언급하지는 않았지만, 그 두 사람이 〈이레이저 헤드〉에 들어 있는 상징적인 전개와 반전을 밝히려는 과정에서 동양의 영적 시스템인 티베트 불교에 기대는 것은 흥미롭다. 하지만 적어도 1990년대 초 이전까지는, 린치는 초월 명상을 상세히 논의하는 것을 다소 조심스러워했다. 일례로 1990년에 데이비드 브레스킨이 그에 대해 묻자 린치는 이렇게 말한다. "나는 명상에 대한 얘기는 하지 않아요. 많은 사람이 명상을 거부하죠. 하지만 나는 좋아해요." 그럼에도 같은 인터뷰에서 린치는 진화 과정에 대한 관심을 드러낸다. "인간의 성장에는 여러 수준이 있다는 것을 알 거예요. 인식 수준이나 의식 수준이 다 다르죠. 이 진화의 경로 끝에서, 완전히 인식하고 완전히 의식하는 사람을 볼 수 있을 거예요." 이와 유사하게, 1992년에 린치는 크리스틴 매케나에게 삶의 무의미함을 보여주는 궁극적인 증거는 '총체적인 행복감에 젖은 의식'이 될 거라고 밝힌다.

물론 그렇다고 해서, 린치가 초월 명상에 몰두하는 것과 그의 영화의 주인공들(〈이레이저 헤드〉의 헨리와 〈로스트 하이웨이〉의 프레드 매디슨, 〈인랜드 엠파이어〉의 니키 그레이스 등)이 종종 겪는 일 사이에, 즉

어둡고 두려운 감각이나 정신 상태에 의해 정상적인 자아의식이 송두리째 흔들리는 경험 사이에 직접적인 일대일 대응 관계가 있다는 뜻은 아니다. 린치가 2008년에 나한테 설명했듯, 그는 의식의 진실한 깨우침과, 그가 '장터marketplace'라는 물질 세계로 묘사한 곳에 얽혀 있는 캐릭터들의 트라우마 사이의 큰 차이점을 인식한다. 그럼에도, 2005년 이후로 의식 기반 교육과 평화를 위한 데이비드 린치 재단을 창설하고 최근에는 미국 전역으로 몇 달간 강의 투어를 다니면서 얼마간 초월 명상의 대변인으로 활동해온 터라, 그는 명상과 자신의 관계에 대해서만이 아니라 명상의 세계와 자신의 영화 속 세계 사이에 존재함 직한 연결 고리에 대해서도 점점 더 적극적으로 의견을 표명해왔다. 〈인랜드 엠파이어〉를 두고 나에게 밝힌 의견에서 보이듯, 그런 연결 고리는 여전히 미약한 상태이기는 하지만, 두 세계의 단일하고 통일된 요소가 있다면 그것은 분명 에고 기반 정체성의 급격한 변형을 탐구하는 린치의 변함없는 헌신이다. 그 모험이 심오한 평온함으로 이어지건 끔찍한 고통으로 이어지건 상관없이 말이다.

마지막으로, 나는 이 책에서 1980년대 중반 이후로 눈에 띄게 늘어난, 린치의 영화들에 쏟아지는 강력한 국제적인 관심을 조금이라도 엿볼 수 있도록 했다. 여기 실린 인터뷰 중 네 편(크리스틴 매케나, 카트린 슈포어, 미셸 시망과 위베르 니오그레, 마이클 앙리)은 스페인, 스위스, 프랑스 등 유럽의 출판물에서 가져온 것이다. 그중에서도 프랑스의 반응을 부각하고자 했다. 프랑스인들은 린치의 영화들을 위한 영향력 있는 관객으로서뿐 아니라 그의 다양한 프로젝트를 위한 재정적 후원자로서 대단히 중요한 역할을 해왔기 때문이다. 1990년에 〈광란의 사랑〉이 칸에서 황금종려상을 받았고, 2002년에 린치는 칸 경쟁 부문 심사위원장을 맡았을 뿐 아니라 레종도뇌르의 '슈발리에' 타이틀을 받았다. 린치 자신이 진지한 농담을 하기도 했다. "프랑스가 존재함에 하나님께 감사드립니다." 그럴 만도 한 것이, 카날 플뤼와 스튜디오카날 같은 회사들은 〈로스트 하이웨이〉와 〈멀홀랜드 드라이브〉 〈인랜드 엠파이어〉 같은 영화들을 제작하는 데 핵심적이었기 때문이다. 실제로 린치가 미국에서 프로젝트 자금을 얻는데 악명 높을 정도의 어려움을 빈번하게 겪었다는 점(가장 극적인 경우는 ABC가 TV 시리즈 〈멀홀랜드 드라이브〉를 방영 직전에 갑작스레 취소 결정을 내린 거였다)을 감안했을 때, 프랑스의 지원을 상당 부분 받지 않았다면 지난 10년간 린치의 영화들이 과연 지금과 같은 영향력을 발휘했을지는 상상하기 어렵다.

매케나와 슈포어와 한 인터뷰의 경우에는 원래 인터뷰의 영문 버전을 입수할 수 있었다. 그러나 프랑스어로 실린 인터뷰의 경우, 원래 인터뷰의 녹음 자료가 없어진 상태여서(린치는 국제적인 출판물을 위한 인터뷰를 늘 영어로 한다) 프랑스어 인터뷰를 내가 영어로 옮겼다. 즉 시망과 니오그레, 앙리가 한 인터뷰들은 이중 통역을 거쳤다. 나는 그 인터뷰들에 실린 린치의 목소리를 재현하려고 최선을 다했지만, 프랑스어라는 중간 단계를 감안하면, 그 인터뷰들에서 때로 그의 어투는 이 책에 실린 다른 인터뷰에 비해 자못 격식을 따르는 사람처럼 들린다. 하지만 그런 상대적인 결점들은, 작품에 대한 린치의 관점에 대해 프랑스 관객이 어떤 점을 알고 싶어 하는지를 독자들이 좀 더 알게 된다는 큰 소득을 생각하면 감수할 가치가 있다.

'영화감독 인터뷰' 시리즈의 표준적인 절차에 따라, 이 책에 실린 인터뷰들은 상당 부분 편집 없이 그대로 실렸다. 그 결과 린치의 발언이 중복되기도 하지만, 학문적인 작업을 수행하려는 독자에게는 온전한 텍스트로서 도움이 될 것이다. 더 중요한 것은, 그러한 반복을 통해 린치가 다년간 몰두했던 화제들뿐 아니라 그의 프로젝트들을 논의할 때 고집스레 사용해온 아주 독특한 언어들도 거듭 확인할 수 있다는 것이다.

리처드 A. 바니

〈광란의 사랑〉 촬영장에서

세상사람 누구도 화나게 만들지 않고 싶다면
우리는 바느질에 관한 영화들을 만들어야 할 거예요.

〈이레이저 헤드〉:
탄생 이후에도 삶은 존재하는가?

스티븐 세이번, 세라 롱에이커 — 1977

메리 린치는 현재 시네마 빌리지에서 주말 심야에 상영 중인 영화 〈이레이저 헤드〉의 작가 겸 프로듀서 겸 감독과 결혼했다는, 이점인지 아닌지 아리송한 이점을 갖고 있다. "영화 전편을 보기 전에 일부 20분 분량을 봤어요." 그녀가 한 말이다. "너무 아름다웠어요. 무슨 내용인지는 감도 잡지 못 했지만 영화의 아름다움에 강한 인상을 받았어요. 그러다 전편을 봤는데, 어떤 이미지들은 정말로 당황스러웠어요. 차마 쳐다볼 수도 없었다는 뜻이에요. 보는 게 너무 괴로워서 뭐가 어떻게 되어가는지 제대로 파악 못 하기도 했어요. 지금까지 영화를 여덟 번인가 열 번쯤 봤는데, 이미지들에서 받는 충격은 점점 줄고 있고, 영화에 필수적인 부분이 더 많이 보이네요. 데이비드한테 내가 생각하는 그 부분들의 의미를 얘기할 생각인데, 그

〈소호 위클리 뉴스Soho Weekly News〉 1977년 10월 20일자에서.

러면 그는 나를 보고 껄껄 웃을 거예요."

몬태나에서 태어난 서른 살의 화가이자 영화감독 데이비드 린치는 그의 첫 장편 영화에서 이전까지 상업 영화에 등장했던 어떤 것과도 비슷하지 않은 경험과 분위기를 창조해냈다. 이 영화의 분위기는 묘사나 해석이 거의 불가능한 지경이다. 심지어 그의 삶에 밀접한 사람임이 분명한 아내조차, 자기 경험을 바탕으로 온전히 혼자 힘으로 영화를 이해하려고 애써야 한다. 그는 자기 의견은 밝히지 않고 있다.

"그게 당연한 방식입니다." 그의 설명이다. "이 영화 전체가 일종의 잠재의식 속을 흐르는 저류입니다. 그러니까 영화는 거기서 꿈틀거리는 셈입니다. 그런 방식으로 개개인에게 강한 인상을 주는 거죠. 이 영화는 나한테 분명히 어떤 의미가 있습니다만, 그에 대한 얘기는 하고 싶지 않습니다. 사람들 각자에게 다른 의미일 텐데, 그건 아주 좋은 일이에요."

이 영화의 바탕에 깔린 단순한 스토리는 그저 이미지들을 하나로 꿰고 있는 실가닥에 불과하다. 주인공인 인쇄공 헨리 스펜서는 어느 여자를 임신시키고는 그 여자와 결혼한다. 그녀는 출산 후 그를 떠나 부모에게 돌아간다. 그는 거주하는 아파트의 복도 건너편에 사는 아름다운 여인과 섹스를 한다. 그는 자기 자식을 가엾게 여겨 '살해'하고는 자기 방의 라디에이터에 사는 환상의 여인과 함께 '황혼으로' 떠난다. "헨리는 혼란스러워하는 사람이라 할 수 있습니다." 린치의 설명이다. "정신이 나간 사람이죠. 그는 정상 상태를 유지하려고 애쓰는데, 거기에 문제가 있습니다."

린치는 〈이레이저 헤드〉를 '음울하고 골치 아픈 것들에 대한 꿈'이라고 생각한다. 이 영화의 두드러진 점은, 꿈으로 구성된 영화들(《악몽의 밤》 〈불꽃〉)이나 꿈 시퀀스가 있는 영화들(《산딸기》)과 달리, 영화가 가진 모든 악몽의 가능성과 불가능성 안에서 몽환적인 상태를 실제로 재현한다는 것이다. 이 영화는 잠들거나 깨어나는 누군가를 보여주는 것으로 효력을 발휘하지 않는다.(영화 내에 꿈들이 나오기는 하지만 말이다.) 영화 자체가 꿈이다. 악몽이다.

이 영화는 대단히 개인적이다. 언제까지 완성해야 한다는 마감 기한이 없었기 때문에 린치는 영화를 아주 잘 통제했다. 완성하는 데에는 5년이 걸렸다. 들인 시간과 공이 영화에 잘 드러난다. 프레이밍, 흑백 화면의 톤, 몽타주, 느린 리듬 모두에서 작품을 창작하는 아티스트의 노고가 보인다. 대사는 드문드문 무리 지어 등장하고, 나머지 사운드트랙은 강렬한 공장 소음과 증기, 온갖 자연음을 변형한 소리들로 차 있다. "앨런 스플렛과 나는 작은 간이 녹음 스튜디오에서 대형 콘솔과 테이프 레코더 두세 대를 갖고 작업했습니다." 린치의 설명이다. "자연스러운 효과들을 내려고 사운드 라이브러리 두 개로 작업했죠. 그런 다음 그 소리들을 콘솔에 입력했습니다. 모두 자연음이고 무그Moog 신시사이저는 전혀 쓰지 않았어요. 특정 진동수를 한껏 키우고 살짝 떨어뜨리려고, 또는 소리를 거꾸로 감거나 통째로 들어내려고 그래픽 이퀄라이저와 리버브, 리틀 디퍼 필터 세트로 변화를 줬을 뿐입니다. 우리한테는 속도가 아니라 음의 높이를 다양하게 바꿔주는 기계가 있었습니다. 사운드를 우리가 원하는 방식으로 만들어낼 수 있었어요. 그렇게 하는 데 5, 6개월 정도 걸렸고, 그걸 편집하는 데 반년에서 1년 정도 걸렸지요."

이 영화의 사운드와 사운드 이펙트는, 음악을 빈약한 장면의 느낌을 고조시키거나 살을 붙이는 데 활용하는 관례적인 사운드트랙처럼 작용하지 않는다. 사운드/노이즈가 하나의 신에 있는 숏들마다 바뀌기도 한다. 사운드는 분위기처럼, 거의 캐릭터처럼 활용되고, 바로 그 점이 이 영화에서 기억할 만한 부분이다.

이 영화의 캐릭터들은 칙칙한 환경에 둘러싸인 생기 없고 침울한 인물들이다. 헨리 스펜서를 연기하는 존 낸스는, 린치의 말에 따르면 '평범한 사람이자 정말로 뛰어난 배우'다. 그는 오랜 기간 동안 헨리로 살면서 그 역할에 몰입했다. 심지어 집에서도 헨리의 슬리퍼를 신었다.

메리 X 캐릭터는 샬럿 스튜어트가 연기한다. 스튜어트는 TV 드라마 〈초원의 집〉에 학교 선생님으로 출연하고 있다. 카디건과 펑퍼짐한 드레스 차림의 그녀는 완벽한 '미지의 존재'이다. 그녀가 헨리와 함께 등장하는 신들은 고통스럽다. 그녀의 어머니 미시즈 X$^{Mrs. X}$는 잔느 베이츠로, 콜럼비아 픽처스의 수많은 B급 영화들에 출연한 베테랑이자 현재는 연속극에 출연하고 있다.

복도 건너편 아름다운 여인인 주디스 애나 로버츠는 〈보난자〉에 출연한 퍼넬 로버츠의 아내다. 〈이레이저 헤드〉는 그녀의 첫 출세작으로, 헨리의 방에서 그녀가 연기하는 신은 벌써 많은 이들의 화제에 올랐다. 대사는 극히 적지만, 그녀는 존재 자체로 섹슈얼리티를 발산한다.

이 영화의 흑백 톤은 초기 폴란드 영화들과 일부 일본 영화와 러시아 영화들을 연상케 한다. 인물들은 회색에서 모습을 드러내며 반투명해진다.(복도 건너편에서 아름다운 여인이 등장할 때 특히 그렇다.) 인공조명을 친 느낌은 전혀 없으며 빛이 아름다운 영화다. 〈이레이저 헤드〉는 전편을 로스앤젤레스에서 야간에 촬영했고 그 결과 밤의 느낌이 물씬 풍긴다.

린치는 외국 영화들의 영향은 받지 않았다고 하면서 외국 영화들을 본 적이 없다고 말한다. "글쎄요, 사람들이 〈이레이저 헤드〉에 진정한 독일 영화의 특징이 담겨 있다고 말하더군요. 하지만 내가 〈이레이저 헤드〉를 얻은 곳은 필라델피아입니다." 린치는 필라델피아의 브로드 스트리트에 있는 펜실베이니아 미술 아카데미를 다녔는데, 거기서 회화를 공부하다가 첫 영화를 만들었다. 조각품을 스크린 삼아 상영한 1분짜리 애니메이션 루프loop였다. "13번가와 우드 스트리트가 교차하는 곳에 살았습니다. 대각선 방향에 시체 안치소가 있었죠. 공장들이 가득한 곳이었습니다. 5시가 되면 주위에 아무도 없었습니다. 거주하는 사람이 없는 동네였거든요. 그런데 나는 그게 정말로 좋았습니다. 아름다운 곳이었어요. 제대로 된 방식으로 보기만 하면요."

〈이레이저 헤드〉는 미국영화연구소AFI가 주는 보조금으로 제작되었다. 하지만 린치는 비용이 얼마나 들었는지에 대해서는 말하지 않을 작정이다. 메리 린치는 영화를 단 1초도 보지 못한 상태에서 제작비를 모금했노라고 한다. 린치는 말한다. "나의 경우 영화에 돈이 많이 듭니다. 창고를 짓는 데는 35달러에서 50달러 정도만 들지만, 다른 것들은 큰돈이 들죠. 무엇인가 짓고는 시간을 좀 두면서 천천히 발전시켜나갈 수 있고, 진정으로 원하는 방식 그대로 보이게끔 만들 수가 있잖아요. 전체 제작 과정에서 가장 불만스러운 부분은 로케이션을 찾아내는 거였습니다. LA에는 내가 원한 곳과 비슷한 장소가 한 군데도 없습니다. X 부부의 저택 앞모습 같은 데가 그렇습니다. 샌프란시스코에서 내가 원하는 느낌이 있는 곳을 본 적이 있는데 우리는 로스앤젤레스에서 그런 곳을 찾으러 다니다가 결국에는 직접 지어야 했습니다. 영화에 등장하는 저택은 그냥 정면만 있는 겁니다. 계단은 실제로는 스티로폼이고, 현관을 열면 그 뒤에는 아무것도 없어요. 계단을 올라간 헨리는 실제로는 널빤지 위에 서 있습니다. 저택의 정면 전체가 간신히 지탱하고 있었지요."

린치는 영화 제작의 기술적인 부분에 대해서는 어느 정도 얘기를 하려고 한다. 헨리와 메리 부부 사이에 태어난 아이는 조산아다. 그 아이의 이미지는 이 영화에서 가장 혐오스러우면서도 매혹적인 이미지다.

그건 당신이 만든 건가요?

그건 내가…… 아니…… 내가…… 스티븐, 그것에 대해서는…… 으음, 말하고 싶지 않아요.

그게…… 조각품인지 아닌지만 말해줄 수 없나요? 너무 잘 만들어졌어요. 나는 그게 송아지 태아일지도 모른다고도 생각했어요.

많은 사람들이 그렇게 생각해요.

사람이 만든 거라고 생각하지만, 어떻게 움직이게 만들었는지는 도무지 감을 못 잡겠어요. 배터리로 작동되는 건가요?

정말로 말하고 싶지 않아요……

활자화하지 않는다고 해도요? 알고 싶어요.

스티븐, 제발요…….

크레디트에 의사 이름을 올렸더군요. 이것과 관련이 있나요?

글쎄요. 나는 처음에는, 있잖아요, 다른 방향들을 궁리하고 있었
어요…….

그리고?

(침묵)

그리고요?

말을 하면 내 기분이 정말로 나빠질 거예요.

**기술적인 비밀을 드러내는 거라서 그런 건가요, 아니면 불법적인 거라서 그런
건가요?**

있잖아요, 홍보용 사진에는 아기가 들어간 사진이 없어요. 왜냐하
면 사람들이, 그러니까, 으음…… 영화를 보면서 차차 알아가면서,
그에 대해서는…… 알지 못하는 게 나아요.

**당신은 모든 사운드는 자연음이라고 했습니다. 진짜 아기가 우는 소리를 이
용했나요?**

아뇨.

그렇다면 뭔가요? 그에 대해서도 얘기하지 않을 건가요?

미안해요, 스티븐. 젠장, 있잖아요, 말하고 싶지 않아요…….

음…… 그건 그냥 갓난아기 것이에요, 으음…….

〈이레이저 헤드〉에는 초현실주의 회화를 그렸던 데이비드 린치의 배경이 나타나 있다. 이 영화의 무드와 내러티브에서 드러나는 것은 논리적인 사고보다는 꿈과 기회, 리비도, 직감에 대한 초현실주의적 강박관념이다. 헨리 스펜서가 자기 인생에 대해 뭔가 결정하는 일은 극히 드물다. 그는 구세군에서 구입한 물건들로 꾸민 것처럼 보이는 방에 산다. 선들이 나타났다가 사라지고 서랍장 위에 물그릇들이 놓여 있다. 태아들은 그의 침대로 끊임없이 '배달되고' 영화 내내 일어나는 전기 오작동은 격변하는 대단원에서 클라이맥스에 다다른다. 환상 속 인물인 라디에이터 안의 여성은 바보 같은 미소를 짓고, 검정과 흰색 타일로 꾸며진 무대에서 차분하게 춤추고 태아들을 밟아 으깨며 노래 부른다. "천국에서는 만사가 좋아/천국에서는 만사가 좋아/천국에서는 만사가 좋아/당신은 당신의 좋은 것을 얻었어/나는 내 것을 얻었지."

이 영화는 회화 작업이 그러하듯 상당히 서서히 형태를 갖추었다. "이 영화는 두어 차례 변신을 했습니다." 린치의 설명이다. "예전에 촬영했던 것들이 변화를 거칠 준비가 돼 있었다는 게 정말로 신기했어요. 새로 투입한 몇 안 되는 것들도 영화에 자연스레 녹아들었습니다. 그리고 나는 강조점을 바꿨습니다. 나는 절대 어디에도 제약받지 않았고 영화가 그때까지 해온 식으로 계속되기를 바랐어요. 들어낸 신들이 있었지만 그 신들은 헨리가 주제에서 벗어나는, 중심축에서 멀어지는 신들이었습니다. 라디에이터 안의 여성은 원래 시나리오에는 없었어요. 이 영화는 그녀가 등장하기 전까지는 굉장히 음울한 영화였습니다."

여성들은 이 영화에 강하게 반응하면서 두려워하는 편이다. 기형아를 출산할지도 모른다는 두려움 때문일 것이다. 다른 관객들은 이 영화를 싫어하면서 집에 돌아가 악몽을 꾸거나, 껄껄 웃었다. 웃기는 순간들도 있는데 그 순간들은 감정의 배출구로 작동한다.

"이런 사람이 있습니다." 린치의 설명이다. "영사기사인데, 그는 이 영화를 보지 않을 겁니다. 그는 내가 이 영화 전에 만든 〈할머니〉를 보는 것도 견디지 못했어요. 이 영화는 그의 내면에서 그가 감당할 수 없는 작용을 할 겁니다. 전혀 그런 영화가 아닌데도 뭔가를 촉발하는 거죠. 사람들은 모두 잠재의식을 갖고 있는데 평소에는 거기에 뚜껑을 덮어둡니다. 잠재의식에는 여러 가지가 있는데, 뭔가 다가오면 겉으로 불쑥 튀어나옵니다. 그게 좋은 일인지는 나도 모르겠습니다."

린치의 이미지들이 주는 감정적인 충격은 강렬하며 관객이 잊고 있던 경험을 들춰낸다. 관객 각자의 경험은 서로 다를지언정 그들이 직감적으로 가진 지식은 유사하다. 린치는 '집단 무의식'에 대한 융의 이론을 지지하는 듯하다. 아니면 메리 린치가 말하듯, "모든 사람의 내면에는 작은 〈이레이저 헤드〉가 있어요."

〈이레이저 헤드〉는 죽음과 부활에 관심을 갖는다. 융은 림보 Limbo(『티베트 사자의 서』에서는 '바르도Bardo'라고 불렀다)와 그리 다르지 않은 상태를, 죽음과 부활 사이에 놓인 중간 상태를 설명했다. 그 상태는 다음과 같은 세 단계로 나뉜다. 1. 사망 시점에 일어나는 영적인 사건들 2. 사망 직후에 따라오는 꿈꾸는 상태와 그에 동반되는 업보에 따른 환상 3. 탄생 본능과 태아기의 사건들. 〈이레이저 헤드〉

가 끝날 때쯤, 헨리는 라디에이터로 들어가 환상 속의 여인과 합류하고 스크린에는 빛이 넘쳐흘러 인물들이 거의 보이지 않을 지경이다. 『사자의 서』에는 이런 말이 있다. "지혜는 새싹으로 돋아나 쳐다보지 못할 정도로 환한 빛으로 그대를 강타할 것이다."

어쨌든, 린치는 말을 하지 않고 있다. "영화는 어느 정도 조리에 맞아야 합니다. 사람들 각자의 방식으로요. 미스터리 영화를 보러 갔는데 영화가 끝까지 탄탄하게 묶여 있다면 나로서는 정말로 허탈할 겁니다. 미스터리는 중간에서 어느 정도 열려 있어야 해요. 그러면 관객들은 나름의 결론을 내리고 하면서 무한을 향해 나아갈 수 있습니다. 굉장히 많은 가능성이 있는 거죠. 그런 감정은, 음, 내 생각에 정말로 훌륭합니다. 〈이레이저 헤드〉에는 열려 있는 부분이 많고 관객은 그 영역들로 들어갑니다. 그것들 모두…… 열린 느낌을 유지하면서 거쳐가는 일종의 규칙들이 있습니다. 나도 잘 모르겠지만, 그게 정말로 중요합니다. 시詩하고 무척 비슷한데 더 추상적이죠. 스토리를 갖고 있을지라도 말입니다. 경험이 그렇듯이요."

"시나리오를 직접 쓰고 연출하는 사람은 똑같은 영화를 거듭 만드는 셈이라는, 사람들이 하는 말을 들었습니다. 거기에 대해서는 나도 모르겠습니다. 정말이지 이 모든 게 어디서 비롯했는지는 나도 모릅니다. 어딘가 다른 층위들에서 아이디어들이 튀어나오고, 그 밑으로 내려가면 바로 거기가 헨리가 있는 곳입니다. 따라서 그걸 철학이나 다른 무엇이라고 말하기는 어렵습니다. 내게는 모든 게 조리에 맞아요. 〈이레이저 헤드〉는 나한테는 정말로 논리적인 영화입니다. 따르는 규칙이 있고, 영화 내내 따르는 특정한 감정이 있죠. 영화가 시작할 때 그것에 동조하는 관객은 무엇이 적합한 것인지를 알게 됩니다. 그러면 그건 내게 어떤 느낌을 주고, 나는 그에 맞는 감정을 느낍니다."

그는 다시금 말한다. "사람들은 그걸 이해하는 듯 보이지만, 그게 뜻하는 바에 대해서는 해석이 제각각입니다. 개방성에는 서로 다른 해석의 여지가 있으니까요."

굿 이레이저 헤드

게리 인디애나 — 1980

〈이레이저 헤드〉는 추하고 무서운 세계에 사는 불운한 인간 헨리의 이야기다. 그가 꾸는 꿈속에서, 멀리 떨어진 검은 소행성에 사는, 외모가 소름 끼치게 일그러진 거인은 그의 끔찍한 인생을 통제하려고 크랭크와 레버를 당긴다. 헨리의 임신한 여자 친구는 헨리를 자기 부모의 집에 초대한다. 그녀의 부모 집은 교외의 지옥 같은 산업 단지에 있다. 개가 그를 물려고 한다. 그녀의 아버지는 동네가 갈수록 형편없어진다며 불평을 늘어놓고는 작은 닭을 헨리에게 대접하는데, 그 닭은 들썩거리더니 접시에 피를 쏟아낸다. 그녀의 어머니는 헨리를 벽에다 떠밀고는 화난 어조로 말한다. "아기가 있어."

헨리의 아이를 보면 〈에이리언〉에 나오는 외계 생명체의 새끼쯤은 배우 디애나 더빈처럼 귀여워 보일 것이다. 아기가 입으로 쏟아내는

〈이스트 빌리지 아이East Village Eye〉 1980년 2월호에서.

갈망이 어쩌나 큰지, 몸뚱어리 전체가 입을 움직이느라 작동하고 있는 듯 보인다. 게다가 아기는 엄마가 헨리를 떠난 직후에 독감에 걸린다.

헨리는 라디에이터 속 여인에 대한 꿈을 꿀 때에만 이런 상황에서 벗어날 수 있다. 그녀는 양쪽 뺨에 달린 커다란 종양들을 자랑스레 내보이는, 통통하고 매력적인 금발 가수다. 그녀가 라디에이터 안에서 우아한 춤을 출 때, 걸쭉한 흰색 태아들이 흡사 외계에서 싸는 똥처럼 천장에서 떨어진다. 그녀는 그것들을 발로 으깨면서 떨리는 가성으로 노래 부른다. "당신은 당신의 좋은 것을 얻었어. 나는 내 것을 얻었지."

〈이레이저 헤드〉는 여러 방식으로 읽을 수 있는 영화지만, 이 영화의 진정한 중요성은 전통적인 미학을 완전히 뒤집었다는 데 있다. 이 영화는 '이 나비를 있는 그대로 상상하되, 아름답게 말고 추하게 상상해보라'는 비트겐슈타인의 경구와 정반대되는 것을 제시한다. 해석의 층위에서 〈이레이저 헤드〉는 지난 10년 동안 만들어진 핵가족에 대한 영화 중에서 가장 강렬하고 무서운 영화다. 통속 드라마의 불쾌한 자의식과 역겨운 갈망은 이 영화에 없다. 클리셰도 거의 없다시피 하고, 낭만적인 성향은 모조리 핏덩이와 소외감 속으로 녹아 없어진다. 이런 일을 하려고 작정한 영화들은 보통은 영화감독이 특별히 비축해둔 준비물을 보여준다. 예를 들면, 연장자에 대한 공경심 또는 사랑의 가능성을 본의 아니게 부정하는 것. 〈이레이저 헤드〉는 뉴웨이브가 의무적으로 표방한 사회적 아나키즘에서 훨씬 더 멀리 나아간다. 인간적인 당파성human partisanship의 관점에서 〈이레이저 헤드〉는 (〈뉴스위크〉가 쓴 비유를 차용하자면) '희귀한 존재'다. 인간미가 완벽하게 제거된 예술 작품.

(이어지는 인터뷰는 1978년에 로스앤젤레스에서 한 인터뷰를 발췌한 것이다. 녹취의 나머지 부분은 〈NO〉 매거진에서 볼 수 있다.)

데이비드 린치는 이글 스카우트Eagle Scout, 공훈 배지를 스물한 개 이상 받은 보이 스카우트 단원답게 쾌활하게 처신하는, 중키에 체격이 다부진, 붙임성 좋은 금발 미남이다. 그는 상대의 호감을 사려고 조용히 애쓴다. 그의 매너에는 노이로제의 기미가 조금도 보이지 않는다. 술도 안 마시고 담배도 안 피우는 그는 인터뷰 내내 포스툼Postum, 커피 대용품으로 마시는 곡물 음료을 마시려고 뜨거운 물을 주문했다.

당신은 사운드 엔지니어하고 대단히 가깝게 작업했습니다. 그에 대해 얘기해 주시겠습니까?

그럼요.

〈시민 케인〉을 제외하고는 내가 들어본 것 중에 최고의 사운드트랙이라고 생각합니다.

칭찬 고맙습니다. 내 좋은 친구인 앨런 스플렛하고는 이 영화 전에 만든 〈할머니〉라는 영화도 함께 작업했습니다. 앨런은 필라델피아에서 만났습니다. 그전에 만든 영화에서 나는 앨런이 작업하던 랩lab에 있는 다른 사람과 사운드를 작업했습니다. 처음 같이 일했던 친구하고 〈할머니〉를 작업하겠다는 생각을 갖고 랩으로 갔는데 그가 안 된다고, 못 하겠다고 해서 무척 낙심했습니다. 그는 나를 이 친구 앨런에게 넘겼습니다. 앨런은 키가 크고 깡말랐어요. 악수를 하면 그의 몸에 있는 뼈들이 덜거덕거린다는 느낌이 들었지요. 에너지로 똘똘 뭉친 대단한 친구입니다. 우리는 환상적일 정도로 죽이 잘 맞았습니다. 정말 재미있었죠. 우리 작업 방식은 말하자면 '화면이 사운드를 지시하고, 사운드는 무드를 구축해야 한다'입니다. 우리는 날것 그대로의 자연음으로 작업을 시작했습니다. 무그 신시사이저는 어떤 영화에서도 쓰지 않았습니다. 우리는 전자음을 많이 갖고 있었지만 평범한 사운드로 시작해서는 다양한 방식으로 변조하면서 여러 가지를 시도해나갔습니다. 작은 부분 하나에도 딱 맞는 것을 얻을 때까지 말이죠.

많은 영화가 50개쯤 되는 사운드트랙 롤^{roll}을 갖고 있습니다. 하지만 한 릴^{reel}에서 나오는 소리는 총소리 딱 한 번이 전부일 겁니다. 전투 신을 위해서는 총소리 50개쯤이 쓰일 텐데, 한 릴에는 총소리가 딱 한 번 나오는 거죠. 우리는 릴을 열 개나 열다섯 개쯤 갖고 있습니다. 하지만 그것들은 빽빽하게, 빽빽하게 꾸려진…… 내가 짐작하기로는…… 음, 우리는 동시에 진행되는 열다섯 개 사운드를 갖기도 했습니다. 어떤 곳에서는 딱 하나만 있었고요. 그런데 우리가 작업한 사운드들의 존재감은 참 묘했어요. 현실에서 얻은 사운드는 아주아주 적었습니다. 우리는 사운드 하나하나를 혼합해 만들어냈습니다. 러브신을 위한 사운드는 이렇게 만들었습니다. 욕조를 구해 거기에 생수통을 띄우고는 생수통 밑으로 해서 내부에 마이크를 넣었어요. 그러고는 정원용 호스를 생수통에 넣고, 호스의 다른 쪽 끝에서 누군가 통 안에 공기를 불어 넣었죠. 잘 기억이 안 나는데, 아마 앨런이 불어 넣었을 겁니다. 나는 욕조 이리저리로 생수통을 움직였어요. 통이 울리면서 작은 소리가 나게끔, 아주 미묘하고 몽환적인 울림이 생기게끔 한 거죠. 통 안에서 일어나는 공기의 흐름에는 특유의 톤이 있었고, 그 톤은 통이 움직일 때마다 변했습니다. 우리가 얻을 수 있는 가장 뛰어난 천상의 소리였어요. 우리는 사소한 것 하나하나까지 다 녹음하고는 했습니다. 사용하지 않은 효과가 수백 개는 됐습니다. 우리한테는 흡음 담요가 있었는데 그것들을 이리저리 잘 조합해서 사방의 벽에 걸면 그 공간은 죽은 듯이 조용했습니다. 그래서 우리가 대화용으로 확보한 사운드는 무지무지하게 고요했고 무지무지하게 깨끗했습니다. 우리가 작업한 신들 중에서 자연음은 그게 유일했습니다. 그 외의 모든 것들은 다 이런저런 소리가 첨가된 것으로, 실제 사운드는 하나도 없었습니다.

배우들이 언제든지 촬영할 준비가 된 채로 오랜 기간을 지내야 했는데요, 그들 입장에서는 어땠을까요?

힘들었습니다. 잭 낸스에게는, 그는 사람들이 자기를 존 낸스라고 불러주길 바라는데요, 그에겐 특히 힘든 작업이었어요. 내 기억에 그가 이 영화를 시작한 건 1972년 5월인데, 당시 그는 헨리 연기를 위해 머리를 깎았습니다. 그 뒤로 계속 그 스타일로 이발을 했지만, 머리가 항상 그렇게 서 있지는 않았기 때문에 작은 모자를 썼어요. 5년을 그런 식으로 살아야 했으니 최악이었죠. 그에게 무슨 일이 생길지 누가 알겠습니까. 모든 게 산산조각 난 상태에서 모든 상황을 유지하기 위해서, 또 영화의 무드나 느낌을 그대로 유지하기 위해서 애쓰다 보니 정말 힘들었습니다. 예를 들어, 어느 신에서 헨리가 복도를 걸어가서 문을 엽니다. 그런데 그다음에 붙는 숏은 1년 반쯤 전에 찍은 거였습니다. 모든 게 다 그런 식이었어요.

영화에 대한 배우들의 믿음이 대단히 강했던 게 분명하군요.

맞습니다. 우리는 이 영화에 정말로 빠져들었습니다. 다시 촬영할 준비가 됐을 때, 자금을 확보해서 촬영을 진행할 준비가 됐을 때, 우리는 곧장 촬영으로 돌아갔습니다. 지름길로 가거나 하는 꼼수는 전혀 부리지 않았어요. 그런데 그건 작은 유리 가닥들로 다리를 짓는 거랑 비슷했습니다. 우리가 짓는 다리는 어느 순간 왕창 무너질 수도 있었어요. 그 다리는 최종적으로 작품이 완성되고 나서야 철제 다리로 변했습니다.

5년쯤 지나면 이 영화는 클래식으로 인정받을 거라고 봅니다. 시간이 가면 말이죠.

시간이 걸릴 겁니다. 많은 사람이 이 영화를 지루해하죠. 그러니 특별한 관객을 위한 영화인 건 틀림없습니다. 입소문이 정말 좋게 났기는 하지만요. 어쨌든 화제에 오른 영화이기는 하니 당신 말대로 시간이 조금 흐르고 나면, 사람들은 결국 이 영화를 보러 갈 겁니다. 다만 그와는 별개로 심야 영화를 많은 관객이 찾아가 보게끔 하기란 쉽지 않은 일이에요.

〈이레이저 헤드〉에서 너무도 인상적인 점 하나는, 당신 생각은 나랑 다를지도 모르지만, 대상을 인식하는 대단히 혁명적인 방식이라고 봅니다. 당신은 사람들이 기존 영화에서는 절대로 볼 수 없던 것들을 보여줍니다. 이 영화는 보여줘도 되는 것과 흥미를 가질 만하다고 용인되는 것의 리스트를 확장했고, 사람들은 결국 그런 경향을 따라잡을 겁니다. 〈이레이저 헤드〉의 많은 요소가 우리가 사는 세계를 고스란히 반영하고 있다고 생각합니다. 헨리가 아주 추하고 불결한 곳에서 산다는 사실, 그가 당연시하는…… 아니 그가 모든 것을 당연하게 받아들이지는 않죠. 예를 들면 그는 갓난아기를 질색하니까요. 그가 아이와 세상 만물을 보며 미소를 짓기는 하지만, 우리는 그가 완전히 지쳐버렸다는 것을 알 수 있습니다. 하지만 그런 많은 것은 그저 그의 삶의 배경일 뿐입니다. 추악함은 우리 삶의 많은 것들의 배경이죠.

나는 정말로…… 보세요, 나는 화가가 되려다가 영화를 연출하는 쪽으로 넘어왔어요. 그런데 내가 찾아낸 그 추악함은 정말 아름답습니다. 봤죠, 그게 바로 내 문제점입니다.

그런 표현을 쓰면 안 되는 거였군요.

괜찮습니다. 한 층위에서는 추악하지만, 나는 그걸 질감과 형체로, 빠른 영역과 느린 영역으로, 그런 식으로 봅니다. 그러니 나는 총체적인 것에, 총체적인 이미지에, 총체적인 사운드에 흥미를 갖는 것 같습니다.

이 영화에 등장하는 모든 것의 구도가 정말로 아름답게 잡혀 있습니다. 이 영화를 처음 봤을 때의 내 반응은 이후에 봤을 때도 그리 많이 달라지지 않았는데요, 피사체 다수가 너무 낯설어서 그게 영화의 표면을 살아 움직이게 만든다고 생각했습니다. 로맨틱한 영화나 매력적인 배우와 아름다운 세트로 가득한 전통적인 영화보다 훨씬 더 말입니다.

바로 그겁니다. 그게, 당신이 지금 얘기하는 내용이 내가 정말로 흥미를 갖고 하는 일입니다. 맞습니다. 나는 다른 관점에서 영화를 만드는 것을 좋아합니다.

가족의 만찬 시퀀스에는 몇 발짝 물러서서 생각해볼 만한 요소가 있습니다. '이건 그리 드문 일이 아니야. 여자는 임신을 했고, 남자는 여자의 어머니를 만나야 하고 그녀와 결혼해야 해. 그리고 그들은 이런 끔찍한 아이를……. 이런 것을 전에도 본 것 같다는 거지.' 그런데 당신은 그걸 완전히 다른 방식으로 해냈습니다.

나는 그런 식으로는 작업하지 않았습니다. 이런 말을 하는 사람들이 있죠. "좋아, 우리는 사회 이슈를 다룬 영화를 집필할 거야." 그러고는 그걸 목표로 작업을 시작합니다. 그 목표를 뒷받침하는 영화를 만들어내죠. 나는 전혀 그런 방식으로 작업하지 않았습니다. 나는 아이디어들을 얻는 것으로 시작했습니다. 만찬 시퀀스의 대부분을 하룻밤에 썼어요. 아이디어가 그냥 뚝 떨어졌습니다. 내가 굉장히 몸이 달아 있었다는 뜻입니다. 정말로 술술 써냈어요. 아이디어들은 그런 방식으로 생겨났습니다. 조각조각 난 상태로 생겨난 겁니다. 그런 후에 나는 조각들 전체를 하나로 연결해줄 실을 구했고 이런저런 작업을 했죠. 실을 구하고 나니까 다른 것들이 모여들었고, 나는 머릿속으로 그것들을 정리했습니다. 나는 부조리를 사랑하기 때문에 그런 걸 많이 확보했습니다. 유머도 있었고요. 영화는 이런 규칙들을 따라야 했습니다. 유머는 어떻게 해서 특정한 종류의 유머로, 그러니까 무서운 영화로 나아가게끔 받쳐주는 유머로 작용할까요? 어떤 유머는 관객을 너무 멀리 떨어져 있는 안전지대로 데려가고는 합니다. 그러면 관객은 결코 원래 자리로 돌아와 다시 공포의 영역으로 들어가지 못할 겁니다. 절대로요. 따라서 그게 이런 규칙에 속합니다. 세계가 일단 구축되고 나면, 감독은 자신이 거기를 떠나지 않았음을 늘 확인해야 합니다. 영화 내에서는 그리 많은 자유를 누리지 못한다는 뜻입니다. 아무리 괴상한 영화라 하더라도 말이에요. 감독 자신을 그 안에, 〈이레이저 헤드〉의 세계에 감금하는 그 순간, 감독은 거기에 존재하기 때문에 그렇습니다. 그러면 모든 다른 옵션들은 감독에게는 닫혀버립니다. 감독은 처음 출발하는 바로 그 지점에서만 자유를 갖고, 그런 후에는 자기가 가진 전체의 90퍼센트를 상실합니다.

맞아요. 그가 걸어가다가 웅덩이를 밟았을 때, 관객들은 버스터 키튼의 영화나 채플린 영화를 보게 될 거라고 생각하죠.

그렇죠.

그런데 그러다가 그가 집 안으로 들어가면 모든 게 바뀝니다. 당신은 애니메이션의 세계로 들어가고 싶어 합니다. 당신이 화가였기 때문이죠.

맞아요. 내가 좋아한 영화들이 있었지만, 나를 몰입시킨 영화는 한 편도 없었어요. 전혀요. 실제로 나는 애니메이션에 투신하려고 생각했었어요. 하지만 더 이상은 애니메이션을 좋아하지 않아요.

이해가 갑니다.

더 있어요. 나는 필름으로는 해낼 수 없지만 애니메이션으로는 할 수 있는 일들을 사랑해요. 하지만 그걸 실제 사물을 갖고 해내려고 노력하는 것을 좋아해요. 배우들과 작업하는 것을 훨씬 더 좋아하죠.

그리고 이 영화에 출연한 사람들, 그들은 영화에 많이 출연하는 사람들인가

요, 아니면 주로 이런 작업만⋯⋯?

잔느 베이츠는 영화에 출연하고는 했어요. 컬럼비아 스튜디오의 영화에 많이 출연한 배우죠. 그녀를 어느 오래된 영화에서 봤어요. 모두 B급 영화였죠. 그녀는 지금은 낮 시간대 연속극에 출연해요. 1년쯤 전까지도 그랬을 거예요. 앨런 조지프는 연극을 많이 했고 텔레비전 작업도 어느 정도 했어요. 잔느도 그랬고요. 잔느는, 내 생각에 잔느는 출연진 중에서 가장 정극 연기를 하는 배우예요. 하룻밤만에 그 역할에 빠졌죠. 샬럿 스튜어트는, 그녀가 이 영화를 좋아했다고는 생각하지 않아요.

그녀는⋯⋯

메리 역을 연기했죠. 그녀는 〈초원의 집〉에 출연하기 시작했어요. 이 영화를 하고 나서⋯⋯.(웃음)

이 영화에 대한 반작용인 듯하군요. 즉흥 연기가 있었나요?

아뇨. 조금도 없었어요.

이 영화에는 당신이 여러 가지를 갖고 동시에 곡예를 부리는 듯 보이다가 그것들이 모두 한데 모여서는 충돌하는 순간들이 있습니다. 관객들은 웃어야 할지 비명을 질러야 할지 뭘 해야 할지 모르죠. 하지만 닭이 꿈틀거리기 시작하는 시퀀스에는 상이한 지점들이 있는데요⋯⋯

맞아요. 계속하세요.

그건 모두 서로 다른 것들로 이어지고, 어머니가 발작을 일으키는 지점에서

절정에 달합니다. 영화 내내 당신은 그런 것들을 보여주는 것 같습니다. 모두가 실제로 요리를 하고 그럴 때……

아뇨. 그것들은 모두 리허설을 한 장면들입니다.

그런데 그게 당신이 보기에는 적절한 테이크였던 건가요?

그래요. 실제로 대부분의 경우, 우리는 리허설을 많이 했어요. 그 덕에 우리가 제일 많이 간 테이크는 네 번, 아니면 여섯 번일 겁니다. 보통은 한 번이나 두 번 정도였죠. 많은 경우, 다음 테이크는 배우들 때문에 찍은 게 아니었습니다. 카메라가 어디에 부딪히거나 하는 상황 때문이었죠.

엔딩에 대해서는 어떻게 생각하나요? 이제 얘기가 실제 영화 속의 일들로 옮겨 갑니다만…….

해피 엔딩입니다.

그렇죠.

그럼요. 헨리는 천국에 갑니다.

그가 아기를 죽였을 때, 그 직후에 굉장히 큰 배경 노이즈가 등장하고는 이후로도 나옵니다. 그건 어떻게 작업한 건가요?

오르간으로요.

소리를 증폭시킨 건가요, 아니면……

음, 거기에 흐르는 사운드는 많아요. 그런데 오르간의 화음이 조금 들어갔죠. 그게 그 장면의 분위기를 바꿨어요. 그 소리를 키웠더니 다른 모든 사운드와 어우러졌어요. 그 끝의 사운드트랙은 꽤나 두툼해요.

그렇군요. 그리고 그가 우편물에서 본 벌레는요. 그건 누가 그에게 보낸 건가요, 아니면 그냥 우편함에 있는 건가요, 그도 아니면……

그래요. 누가 그에게 보낸 거예요.

누가요?

아니…… 누군가 있겠죠. 누구의 이름을 댈 수도 있겠죠. 하지만 그러지 못하더라도 상관없어요. 어쨌든 내 마음에서 그건 누군가 그에게 보낸 거예요. 어떤 면에서, 그건 우리가 이따금 받는 메시지랑 비슷해요. 한동안은 얌전히 있다가 갑자기 우리 의식 속에 떠오르는 거죠. 어떤 면에서는 거기서 일어나는 일이 바로 그런 거예요.

그에게 다가오는 죽음인가요, 아니면……

아니에요.

상징이 아니군요. 알겠습니다. 촬영하는 데 가장 오래 걸린 신이 뭐였나요?

시간 면에서요? 뭐가 가장 오래 걸렸느냐고요? 음, 각각의 신이 끔찍할 정도로 오래 걸렸어요. 딱히 어떤 숏의 촬영이 오래 걸렸다고 꼭 집어 얘기할 만한 게 없어요. 글쎄요. 우리가 정말로 작업하기 어려웠던 숏은 우주를 떠다니는 행성 숏이었어요. 전에도 그랬듯이 그 장면도 미국영화연구소에 있는 마구간에서 작업했거든요. 주말

동안 작업을 완료해야 했는데, 행성으로 다가가는, 또는 우리가 거꾸로 촬영하는, 멀어지는 긴 돌리 숏^{dolly shot}이 있었어요. 그런데 우리는 가진 게 별로 없었죠. 별처럼 보이는 전구들이 밀가루처럼 뿌려진 30×50피트^{약 9.14미터×15.24미터} 크기의 배경을 걸었어요. 그리고 그 행성을 위에서 빙빙 도는 바퀴에 걸었어요. 돌리를 길게 움직이기 위해 베벌리힐스 파크의 정원에서 가져온 박스들을 쌓고는 돌리 트랙을 깔려고 판을 깔았죠. 집 암^{jib arm}이 달린 알맥 스파이더 돌리^{Almack spider dolly}를 임대했어요. 그것들을 모두 설치해야 했죠. 금요일 밤에 설치를 시작해서 월요일 새벽에 촬영에 들어갔는데 해가 뜨더군요. 빛이 들어왔어요. 촬영한 게 전부 쓸모없어진 거예요. 그 장면은 정확하게 촬영해야 했기 때문에 우리는 모든 것을 해체하고는 그다음 주말에 모든 것을 완전히 똑같이 촬영해야 했어요. 정말 지옥 같았어요. 정말이지 살인적이었어요.

끔찍한 얘기군요.

끔찍했어요. 배경이 바람에 흔들리지 않도록 납으로 된 추를 부착해야 했어요. 그걸 해내지 못했다면 정말 악몽 같았을 거예요. 매번 촬영할 때마다 작업하는 사람이 너무나 적었어요. 당시에는 우리 촬영진 규모가 꽤 된다고 생각했어요. 그날 밤에 여섯 명인가 일곱 명이 작업하고 있었어요. 우리는 주말 내내 온종일, 밤새 작업했어요. 촬영이 제대로 진행되도록 조명을 치고 장비를 설치하고 모든 게 제대로 작동하게끔 만들려고요. 그런 식으로 잘 진행된 숏들이 있었고, 이런저런 이유로 엄청난 시간을 잡아먹은 것들도 있었어요. 그게 특별히 힘든 숏이었어요.

영화 도입부에, 정확히 어딘지는 모르겠지만, 정말 믿기 힘든 숏 하나가 있었는데요, 암흑을 가로질러 틈으로, 일종의 구멍으로 팬pan 하는 장면이었습니다. 암흑이 대단히 리얼해지는데, 카메라 움직임이 감지된다는 의미에서 그렇습니다. 그 신은 완전히 암흑 천지인데도 말이죠.

카메라 움직임 말이군요. 입자들이 계속 가늘어지다가 완전히 어둠 속에 있게 되죠. 그러다 구멍이 등장하면 관객은 카메라가 움직이는 걸 알아차리죠.

그거예요. 그러다 어느 정도는……

관객들도 감지하는 거예요.

그래요. 영화에서 그 숏이 등장하는 방식은…… 거기 구멍에 도달하기 전에 움직임을 느끼다가, 그 구멍을 보는 순간……

그래요. 느끼죠.

소급해서 느끼는 거죠. 아니면…… 아무튼 그건 정말로 경이로웠어요. 당신은 어디서 자랐나요? 어디서 태어났나요?

태어난 곳은 몬태나주 미줄라지만, 살기는 워싱턴주 스포캔하고 아이다호주 샌드포인트, 아이다호주 보이시, 버지니아주 알렉산드리아, 노스캐롤라이나주 더럼, 보스턴, 필라델피아, LA에서 살았어요.

제일 좋아하는 곳은 어디인가요?

글쎄요. 여러 가지 이유로 그곳들을 모두 좋아해요. 그런데 필라델피아 생각이 나네요. 필라델피아에 사는 동안 공포를 극복하는

데 1년 정도 걸렸어요. 우리 가족은 필라델피아의 아주 열악한 지역에서 살았어요. 사실 필라델피아 전역이 열악하죠. 그래도 아주 멋진 지역이 두어 곳 있어요. 그런데 우리 집에서 반 블록 떨어진 거리에서 어린아이가 총에 맞아 죽은 적도 있어요. 우리가 집 안에 있는데 누가 침입한 적도 두 번 있었고요. 우리 집 창이 총에 맞아 깨진 적도 있었고, 이웃집 창을 누가 발길질한 적도 있었어요. 인종 갈등도 있었고……. 그 폭력과 공포란……. 나하고 외부 세계 사이에 가로놓인 것은 고작해야 벽돌담뿐이라고 누군가한테 말했더니 사람들이 깔깔거리더군요. "뭘 더 바라는 건데?" 하는 식으로요. 그런데 그 벽돌담은 종잇장이나 다름없었어요.

많은 사람들이 이 영화를 설명할 방법을 선택하는 방식이 다소 유감스럽습니다. 수전 손택이 잭 스미스의 〈황홀한 피조물들〉에 대해 말하면서, 그 영화에 대한 글을 쓰는 것과 관련한 유감스러운 일은 영화에 대해 무슨 말을 할 수 있기 전부터 영화를 옹호해야만 하는 거라고 했습니다. 누군가 영화에 대한 글을 쓰려고 할 때 생기는 문제점은, 당연한 일이지만, 대중을 위해 글을 쓰고 있다는 겁니다. 글을 쓰는 사람은 이런 작품들을 봐야만 하는, 〈이레이저 헤드〉 같은 영화를 역겨움의 관점에서 봐야만 하는 거대한 대중 관객이 있다는 것을 늘 인지합니다. 그런 대중은 비주얼적으로 세련되지 않았습니다. 그들은 엄청나게 많은 비범한 소재를 감당할 수 있을 만큼 비주얼적으로 세련된 관객이 아닙니다.

그래요. 헨리는 이런 음침한 세계에 살고 있고 거기서 이런 이상한 일들이 벌어지는 거예요.

우리가 영화에서 실제로 일어나는 일에 대해 얘기하는 것을 피하고 있다는

생각이 듭니다. 영화에서 일어나는 일을 설명하는 언어 때문에요. 나는 이 영화에서 일어나는 일을 설명하는 새로운 언어가 있어야 마땅하다고 봅니다. 사람들이 현재까지 이 영화에 대해 쓴 모든 글은, 그들이 지금 하고 있는 일이 바로 그것이라는 사실을 제대로 밝히지도 못하면서 편을 드는 방식이었습니다. 이 영화를 그로테스크한 영화라고 생각하지 않습니다. 아름다운 영화라고 생각합니다. 그리고 이 영화는 역겹지 않았습니다. 당신도 알겠지만, 이 영화를 역겨워한, 또는 그렇다고 주장한 사람들이 많지요. 그런데 상영 시간 내내 스크린을 향해 말을 거는 사람들도 있고, 스크린에서 벌어지고 있는 일에 제대로 몰입하지 않는 사람들도 있습니다.

극장에서는 정말로 많은 얘기가 오가죠.

맞아요. 심야 영화의 곤란한 점이 그거죠. 내 말뜻은, 매주 이 영화가 상영되고 있다는 것은 아마도 좋은 일일 겁니다만, 한편으로 심야 영화의 특징은, 그게 시작된 방식 때문에……. 심야 영화의 관객들이 얼마나 별종인지를 다룬 잡지 기사들이 있습니다. 그들은 시끄럽고 요란하고 스크린을 향해 소리쳐대고 영화가 상영되는 내내 서로서로 얘기를 나눕니다. 그냥 가만히 앉아서 주위 사람들이 뭐라고 하든 듣지 않으려는 사람도 있고요.

그런가 하면, 어젯밤에 본, 영화를 보는 내내 깔깔대고 웃던 사람도 있습니다. 아주 우스꽝스러운 이미지가 새로 등장할 때마다 귀신처럼 낄낄거리더군요. 그 사람은 각 장면의 요점들은 놓쳤을지 몰라도, 적어도 그 나름의 특별한 의미를 그 장면에 투입하고 있었습니다. 영화 상영 내내 껴안고 주물러대는 커플이 내 앞에 앉아 있었는데요, 계속 서로를 주무르던 중에 남자가 관객을 향해 고개를 돌리더군요. 그는 2분에 한 번씩 고개를 돌려 스크린을 봤습니다. 그러다가는 다시 여자를 애무하는 일로 돌아갔어요. 흥미롭더라고요.(웃음)

헨리가 아기를 절단하는 지점에서 그 남자는 무슨 일이 벌어지는지 1분간 꼼꼼히 보더군요. 군중이란 그런 겁니다.

재미있지 않나요.

네. 그의 머릿속에서 무슨 일이 벌어지고 있는지 궁금했어요.

네. 정신 나간 사람이죠.

영화의 스토리에 대해 뭔가 하고 싶은 말이 있나요?

음, 없어요……. 관객 입장에서는 영화의 스토리를 안다고 말할 수 있을 거라 생각해요. 내 입장에서 그 스토리에는 층위 하나가 있어요. 그런데 우리는 다른 층위에서 자기 나름대로 해석에 몰두하죠. 그래서 나는 무슨 말을 하고 싶지는 않아요. 물론 당신이 말한 것처럼, 어떤 아가씨가 임신을 했고 아이가 태어났으며 그들이 그의 아파트에 가서 살았다는 것이 하나의 층위인 건 사실이죠. 그게 관객이 실제로 본 거고요. 다만 다른 의문들도 있는데, 그게 뭐냐면…….(웃음)

음, 이런 문제가 있죠. 그런 용어로는 이 영화를 설명하기가 무척 힘들다는 건데, 이 문제는 그런 식으로 영화를 설명하면 어떤 느낌이 들지에 대한 아이디어를 제공합니다. 그리고 불행하게도, 이 영화의 특별한 점을 설명하는 데 동원되는 용어들은 이 영화에 특별한 양상을 덧씌우는 경향이 있습니다. 그런데…… 아마도 내가 내놓는 설명은 다른 사람이 하는 설명하고는 다를 겁니다.

그럴 거예요. 당신은 대단히 잘 설명할 거라고 생각해요.

컬트 영화에서
〈엘리펀트 맨〉으로

지미 서머스 — 1980

데이비드 린치의 첫 장편 영화는 〈이레이저 헤드〉로, 그는 이 저예산 흑백 공포 영화를 미국영화연구소의 도움을 받아 만들었다. 현재 파라마운트가 배급하고 있는 그의 두 번째 영화 〈엘리펀트 맨〉은 멜 브룩스의 제작사 브룩스필름스의 자금으로 만든 작품으로, 앤서니 홉킨스와 존 허트, 존 길구드, 앤 밴크로프트가 출연한다.

33세의 작가이자 감독으로서는 엄청난 출세인데, 노련한 배우들로 구성된 대단한 출연진과는 생전 처음 작업하다 보니 약간은 겁이 났을지도 모르겠다.

"무척 겁나는 일이었어요." 린치가 밝힌 소감이다. "그 점을 생각하다 보면 머리가 돌아버릴 수도 있죠. 그런데 다들 대단한 프로페셔널이라 이렇게 저렇게 해달라는 얘기를 해도 아무 일 없었어요.

〈박스 오피스Box Office〉 1980년 10월호에서.

그들 모두 나를 정말로 잘 대해줬습니다. 자신의 첫 대작 영화를 작업하는 사람 입장에서는 감독에게 힘을 주는 사람들을 확보하는 게 중요합니다. 굉장히 무서웠지만, 그들은 전문 배우다운 모습으로 촬영장에 왔고, 모든 걸 이해하는 듯했어요."

린치는 〈이레이저 헤드〉의 후속작으로 원래는 〈로니 로켓〉을 작업하고 싶었다. 〈로니 로켓〉은 그의 개성이 강하게 반영된 또 다른 영화로, 그는 창작의 통제권을 다시금 완전히 거머쥘 셈이었다. 〈이레이저 헤드〉는 심야 영화 순회 유통망에서 컬트 추종자들을 확보하고 있었다. 하지만 린치는 그 영화가 스튜디오로 하여금 '푼돈밖에 벌지 못하는' 그에게 전화를 걸게 만들 정도로 영향력을 얻지는 못했다고 말했다. 그는 결국 작업을 할 작정이라면 다른 사람의 소재를 갖고 해야 한다는 결론을 내렸다.

〈이레이저 헤드〉의 팬이자 멜 브룩스 밑에서 일하는 스튜어트 콘펠드가 린치를 조너선 생어와 짝지어줬다. 생어는 작가 크리스토퍼 드 보어와 에릭 버그렌이 쓴 시나리오 「엘리펀트 맨」의 권리를 갖고 있었다. 그러자 멜 브룩스가 프로젝트에 뛰어들어 이 영화를 브룩스필름스가 제작하는 작품으로 취득했다.

브룩스가 이 프로젝트의 멤버로 누구누구를 남겨둘 것인가를 두고 초반에 이런저런 말들이 있었지만, 모두가 프로젝트에 남으면서 생어는 프로듀서 크레디트를 받았고 린치는 작가 크레디트를 드 보어와 베그렌과 공유하게 됐다. 브룩스가 린치의 이전 작품을 본 뒤로 감독으로서 린치의 입지는 확연히 탄탄해졌다. 린치가 말했다. "멜이 〈이레이저 헤드〉를 보러 극장에 들어갔는데, 끝나고 뛰어나오면서 소리를 지르더군요. '자넨 미친놈이야! 영화가 마음에 쏙 들어!'"

"멜은 크리스와 에릭, 나한테 자기 사무실 건너편에 있는 작은 사무실을 마련해주면서 시나리오를 수정하라고 했습니다. 그래서 셋이 함께 두 번에 걸쳐 시나리오를 대대적으로 고쳐 써서 최종본을 완성했죠. 우리는 서로 너무나 잘 맞았습니다. 나는 그건 흔치 않은 일이라고 말하곤 합니다. 누가 끼어들어서 자기들이 쓴 시나리오를 망치는 걸 허락하기란 흔한 일이 아닌데, 그들은 그걸 참아줬어요.

그들이 쓴 오리지널 시나리오가 정말 뛰어났다는 말을 꼭 하고 싶었습니다. 그 시나리오는 우리에게 영감을 주면서 우리 모두를 영화에 합류시켰어요. 그런데 실화實話에 지나치게 충실한 탓에 시나리오에 몇 가지 문제가 있었습니다. 극적 구성이 잘돼 있던 시나리오가 스토리 면에서 뛰어난 부분에서는 밋밋해졌거든요. 그래서 멜의 아이디어와 내 아이디어, 그리고 크리스와 에릭의 최종 아이디어들을 바탕으로 큰 수정 작업을 두 번 했습니다.

시나리오는 달라졌지만, 중요한 주제인 존 메릭(〈엘리펀트 맨〉의 바탕이 된 삶을 살았던 몹시도 흉측한, 치유 불가능한 기형을 가진 남자)의 정수essence는 그대로 남았고 우리는 그게 무척 마음에 들었습니다. 우리는 그의 인생과 캐릭터에 충실하자는 원칙만큼은 절대로 건드리고 싶지 않았습니다.

멜은 처음 사흘간 하루에 30분 정도 촬영장에 있었습니다. 대단히 흡족하고 다정한 모습으로 우리에게 힘을 주면서요. 그러면서도 나서지 않고 삼가는 태도를 잃지 않으려 했죠. 그는 자기가 살아오면서 여러모로 복을 받았다고, 그래서 이제 막 꽃을 피우는 젊은 사람들을 돕고 싶다고 했습니다. 그가 촬영장에 나타나서는 힘자랑을 해대며 촬영장을 장악했다면 작업에 득 될 것은 하나도 없었을 겁니다. 그는 촬영 공간을 지켜주면서 우리를 자유롭게 해주려고 애썼습니다."

린치는 〈엘리펀트 맨〉으로 장편 영화 프로듀서 데뷔를 한 조너선 생어에 대해서도 칭찬거리를 갖고 있었다.

"조너선은 (영화가 제작된 곳인) 영국에 우리와 함께 머물면서 훌륭하게 일해줬습니다. 촬영장에는 계획과는 다르게 엉뚱한 곳으로 튀는 일들이 늘 있기 마련이죠. 그런데 그는 만사를 정말로 잘 유지시켰습니다. 내 입장에서는 그저 작업을 이어나가는 게 중요했는데, 조너선은 영화 작업이 계속 굴러가게끔 확실히 일해주었어요."

린치는 메릭 역할을 위해 날마다 일곱 시간 동안 메이크업을 받으며 앉아 있어야 했던 존 허트에 대해 이렇게 말했다.

"세상에 존 허트보다 잘할 수 있는 사람이 있을지 모르겠습니다. 우리가 그를 원한 것은 그가 유명인이라서가 아니라 진정한 배우였기 때문입니다. 그는 역할에 철저히 몰입합니다. 마술을 부리듯 말이지요. 처음에는 내가 엘리펀트 맨에 대해 알고 있는 정확한 느낌을 그가 보여주지 못하면 어쩌나, 그래서 그를 연출하는 게 불가능해지고 시간도 지나치게 많이 잡아먹으면 어쩌나 하고 겁도 먹었습니다. 존 메릭 캐릭터의 진실이 존 허트에게서 뿜어져 나와야 했거든요. 그런데 그는 처음부터 정말로 딱 들어맞는 연기를 펼쳤고, 그래서 우리는 그가 등장하는 신들을 단 한 번의 테이크로 촬영했습니다."

린치는 드 보어와 베그렌과 다시 일하는 문제에 대해 상의하기도 했었지만, 지금은 혼자 힘으로 작품을 집필하는 게 그의 입장에서 더 중요한 일이라고 여긴다.

"내가 정말로 하고 싶은 일들과 관련해서 말하자면, 나 스스로 해나가야 한다고 생각합니다. 당신이 어떤 프로젝트를 믿고 가려는데 거기 관여한 한두 사람이 믿지 않는다면, 그건 이런저런 타협을 해야 한다는 뜻입니다. 가급적 통제권을 많이 확보하는 것은 내게는 정말로 중요한 일입니다."

검정색이라면
어떤 컬러든 얻을 수 있다

스튜어트 돌린 ― 1985

요즈음(적어도 지난 10년간) 사람들은 장편 영화는 컬러로 찍을 거라고 으레 가정해왔다. 흑백을 활용하는 것은 관례를 거스르는 의식적인 결정이다. 그런데 흑백은 임자를 제대로 만나면 동일한 신을 컬러로 찍을 때보다 더 많은 것을 표현할 수 있다.

〈엘리펀트 맨〉은 지난 10년간 흑백으로 찍은 가장 주목할 만한 영화일 것이다. 데이비드 린치(이 작품 이후로 〈사구〉 작업에 착수했다)가 연출하고 프레디 프랜시스가 촬영한 이 영화는 흑백 촬영의 모든 것을 보여주는 사례로 자주 거론돼왔다.

스타일
흑백으로 촬영한다는 결정은 데이비드 린치가 내렸는데, 카메라

〈무비메이커MovieMaker〉 1985년 10월호에서.

맨 프레디 프랜시스 입장에서 그 무렵의 그 결정은 별로 중요한 고려 사항이 아니었다.

프랜시스는 말한다. "내 입장에서는, 결정은 이미 내려졌다는 겁니다. 내게 중요한 건 스타일입니다. 흑백도 필름 스톡^{film stock, 아직 촬영하지 않은 필름}의 하나일 뿐이죠. 촬영할 소재가 정해지면 나는 그 시대를 담아낼 가장 적정한 스타일과 우리가 만들어내려는 느낌을 선택하는 거고요. 〈엘리펀트 맨〉은 컬러로도 지금처럼 뛰어나게 만들 수 있었을 거라고 생각합니다. 적합한 스타일을 선택했기 때문이죠. 내 최신작인 〈의사와 악마들〉의 시대 배경도 〈엘리펀트 맨〉과 거의 비슷한 시기인데 그 영화는 컬러로 찍었습니다."

"전에도 얘기했지만, 우리가 흑백으로 작업한다는 게 난 좋았습니다. 나는 빅토리아 시대를 배경으로 한 소재와 관련해 별난 지론을 갖고 있습니다. 그 시기는 사진 촬영의 시대가 막 열리던 때였죠. 따라서 흑백으로 찍은 빅토리아 시대 영화를 보는 관객은 무의식적으로 그 분위기를 오리지널한 분위기로 받아들일 거라고 나는 확신합니다."

흑백을 활용해본 적이 거의 없는 현대의 카메라맨 입장에서, 흑백이 가진 가능성과 고유한 특징에 적응하는 것은 다른 방식처럼 그렇게 쉬운 일이 아니다. 프레디 프랜시스는 1930년대 중반부터 영화계에 종사해왔다. 그런 만큼 흑백 영화를 활용하는 훈련이 아주 자연스럽게 되어 있다. 컬러 필름이 도입되면서 그는 다시 출발선에 서야 했고, 그러면서 모든 걸 백지 상태에서 배울 수 있었다.

"그래요. 흑백 필름을 만져본 적이 전혀 없는 사람이 갑자기 이 새로운 매체에 투입된다면 어려울 수도 있습니다. 솔직히 흑백으로 촬영하는 게 더 어렵거든요. 흑백으로 촬영하려면 모든 것을 새롭게 창조해야 합니다. 우리가 가진 컬러의 도움을 받으면서요."

컬러 창조

"영화를 흑백으로 촬영해서 근사하게 보이게 만들려면 촬영자는 나름의 컬러를 창조해야 합니다. 이 말은 사실 명암을 얘기하는 겁니다. 컬러로 찍을 때는 피사체에 조명을 치면 피사체 스스로 컬러를 처리합니다. 말처럼 그렇게 간단한 게 아닌 건 맞지만, 어쨌든 컬러로 작업할 때는 흑백으로 할 때만큼 많은 피사체를 창조하지 않아도 되죠.

어떤 색상의 드레스를 입은 사람이 다른 색상을 배경으로 걸어갈 경우, 컬러에서 그 두 색상은 스스로 알아서 처리될 겁니다. 흑백에서는 그 두 색상을 동일한 색상으로, 아니면 다른 색상으로, 그도 아니면 다른 무엇으로 표현하기 위해 조명을 쳐야 해요. 흑백에서 밋밋한 조명을 치면 그 신은 굉장히 납작하게 보일 겁니다. 모든 게 단일 평면에 있게 되는 거죠. 달리 말해, 흑백으로 촬영할 때는 컬러로 작업할 때보다 훨씬 더 섬세하게 조명을 컨트롤해야 합니다."

이 말은 즉 흑백으로 촬영할 때 카메라맨은 개별 색상 각각이 어떤 색조의 회색을 만들어낼지를 알아야만 한다는 뜻이다. 프레디 프랜시스처럼 경험 많은 카메라맨에게 모든 건 숙련된 눈으로 귀결된다. 그가 말하듯, "카메라맨이 최종 분석 단계에서 의존할 수 있는 건 딱 하나예요. 바로 두 눈이죠. 눈이 좋지 않은 카메라맨은 짐을 싸서 집에 가는 편이 낫습니다."

경험이 많지 않은 카메라맨의 경우에는 기본 색상과 보조 색상을 모두 카드 한 장에 인화하는 간단한 방식으로 그레이 스케일 차트(비디오 컬러 바 차트와 비슷한 것)를 만든 다음, 그 결과물을 밝은 조명을 친 상태에서 흑백 필름으로 촬영하는 것도 좋은 아이디어가 될 것이다. 그렇게 해서 얻은 네거티브를 10×8 크기로 확대하고는 거기에 속한 개개의 바bar에 각자에 해당하는 컬러를 레이블로 붙이고 잘라내면 된다. 흑백으로 함께 촬영한 여러 색상이 어떻게 보일지 확신이 안 선다면 두 가지 컬러 스트립을 서로서로 겹치게 놔두기만 하면 된다.

구도

구도에 대해 잠시 생각해보라. 그렇다. 컬러 촬영에서는 구도를 돕기 위해 컬러를 활용할 수 있다. 실내에 있는 게시판 같은 밝은 색상의 물건을 전체적인 프레임 내에서 구도를 잡는 데 보조물로 활용할 수 있다. 컬러를 활용할 수 없는 흑백 촬영에서는 명암―어둠과 빛―으로 방향을 틀어야 한다. 달리 말해, 컬러에서 컬러와, 흑백에서 빛과 어둠은 구도를 잡을 때는 같은 것이라는 뜻이다.

이걸 모두 말했지만 다음 질문에 대한 대답은 여전히 다 되지 않았다. 명암을, 또는 진짜 컬러들을 어디에 배치하나?

"〈엘리펀트 맨〉과 〈의사와 악마들〉 모두, 우리는 동일한 분위기를 창조하려고 애썼습니다. 이 영화의 배경은 1840년대 런던으로 분위기가 아주 침울한 곳이었습니다. 컬러에서는 문제가 하나 있는데, 그냥 곧이곧대로 촬영하면 무언가를 영화에 필요한 만큼 침울하고 촌스럽게 보이게 만들기가 무척 어렵다는 겁니다. 〈의사와 악마들〉을 본다면 우리가 흑백으로 촬영한 〈엘리펀트 맨〉에서 성과를 낸 만큼이나 성공했다는 것이 보일 거라 생각하지만 말이죠."

분위기

"기본적으로 마술 같은 건 없습니다. 그냥 적합하게 보일 때까지 세트에 조명을 쳤습니다. 특히 〈엘리펀트 맨〉의 경우, 나는 그 풍경을 담아내려고 애썼습니다. 내가 1840년에 런던에 있었다면 빛은 어디에서 올까요? 아마도 빛은 그다지 많지 않았을 겁니다. 또 빛이 있었더라도 쓰레기에 붙은 불에서 나오는 다량의 연기와 섞였을 겁니다. 1840년 빅토리아 시대 런던의 분위기를 세트에 구현할 수 있을 때까지 이 모든 것을 결합하는 거죠."

어떤 면에서 이건 연기자가 맡은 역할 내에서 캐릭터를 잡으려고, 믿음직스러운 것을 만들어내는 요소들을 찾아내 특정 캐릭터를 창조하려고 준비하는 작업과 같은 유형의 작업이다.

"이건 영화 초창기에는 하지 않던 일입니다. 그 시절에는 피사체가 무엇이건, 조명을 '제대로' 쳐야 했습니다. 사방에 밝은 빛줄기를 쳐야 했죠. 주연 여배우가 어디에 서 있건, 그녀의 헤어스타일이 돋보이도록 역광을 쳐야 했는데, 이 모든 게 화면을 끔찍이도 잘못된 것으로 만들었습니다. 적합한 분위기를 창출하기 위해 피사체를 추하게 촬영하는 것을 두려워하지 마세요. 초창기 사람들은 그걸 두려워했습니다."

필름 확보 가능성

필름 스톡 확보 가능성과 프로세싱은 현실적인 문제였다. 그리고 이 문제는 35밀리이건 16밀리이건 슈퍼 8이건 모두 동등하게 적용됐다. 제작에 들어가고 5주쯤 지날 때까지는 만사가 잘 진행됐다. 프레디가 필름 스톡에 결함이 있어서 보유한 필름을 모두 반품해야 한다는 걸 알게 되기 전까지는 말이다. 제작진은 플러스 X를 더 찾아낼 수 있을까? 그럴 가능성은 없었다. 지구상에 확보할 수 있는 플러스 X는 한 릴도 없었다. 제작이 거의 중단될 지경이었지만, 다행히도 새 필름이 당도하면서 촬영 전면 중단을 막을 수 있었다. 난처한 점은 셔터 스피드를 한 스톱 빠르게 해야 한다는 것과, 이전 필름을 작업할 때 필요했던 정도의 절반에 못 미치는 광량光量이 필요해 보였다는 것이다. 새 필름에 익숙해지기까지는 닷새 정도가 걸렸다.

모든 전문 영화 제작진이 그렇게 하듯, 오리지널 스톡에 대해 오리지널 테스트를 했다. 이건 아마추어 영화 제작자도 모방해볼 가치가 있는 관행이다. 다른 카메라에서도 기대했던 결과물을 얻을 수 있다는 확신이 들기 전까지 슈퍼 8 카트리지 하나를 사용하는 편이 훨씬 낫다. 새로 변한 상황이 어떻건 기존에 하던 대로 계속 작업을 해나갔다가, 촬영한 모든 결과물이 기대와 달라서 사실상 쓸모없게 되지 않으려면 말이다.

현상

프레디 프랜시스 입장에서 또 한 가지 문제는 현상소processing lab였다. 랭크 현상소Rank Film Laboratories의 단골이던 그는 기존에 하던 대로 거기에 맡기고픈 유혹을 느꼈지만, 이 작품은 여러 해 만에 나온 최초의 메이저 흑백 영화였기 때문에 그는 현상소 대여섯 곳에 테스트를 보냈다.

하지만 랭크는 도전을 즐기는 듯 보인다. 그들이 올해에 여왕상

Queen's Award 기업 부문을 수상한 이유가 바로 이것일 것이다. 랭크는 보유하고 있던 오래된 흑백 현상기를 전부 일일이 분해하고 손봤다. 결과물은 모범적이었지만, 날마다 세척과 정비를 위해 기계를 분해하는 수고를 감수해야만 했다.

슈퍼 8 흑백을 쓰는 사람들도 비슷한 문제들을 안고 있었는데 그걸 현상하는 곳은 딱 한 곳(웨스트요크셔 카일리 드릴 스트리트 4번지 앤 휫필드)이었다. 영국에서 필름 스톡은 와이드스크린 센터를 통해서만 구입할 수 있는데, 거기서는 코닥 플러스-X, 트라이-X, 4X도 취급한다.

콘셉트

프레디 프랜시스는 카메라맨으로서 〈엘리펀트 맨〉에 스타일을 부여했다. 하지만 오리지널 콘셉트와 연출 지시는 데이비드 린치 감독에게서 나왔다. 필라델피아 토박이인 데이비드는 영화계 경력 면에서 프레디 프랜시스에 미치지 못한다. 그는 왜 영화감독이 되었나?

"화가가 되려고 공부하고 있었습니다. 그러다 짧은 애니메이션을 만들기 시작했는데 그게 회화와 영화 사이에 다리를 놔줬습니다. 영화감독이 되고 싶다고 생각한 적이 없었는데 해보니까 영화가 너무 좋았어요. 영화를 하면서 운도 무척 좋았습니다. 미술을 하는 동안에는 운이 썩 좋지는 않았지만 그래도 여전히 미술을 좋아합니다.

내가 처음으로 한 대형 프로젝트는 〈할머니〉라는 34분짜리 영화로, 컬러와 흑백, 애니메이션과 실사를 섞은 작품입니다. 그 작품 덕에 베벌리힐스에 있는 고급영화연구센터the Center for Advanced Film Studies에 자리를 얻을 수 있었습니다. 거기에 다니던 1970년에 〈이레이저 헤드〉를 시작했습니다. 그 영화는 내가 그 학교를 떠난 후에 외부에서 완성됐지만요."

직감

데이비드는 이 시점에도 흑백을 쓸지 컬러를 쓸지에 대해 결정을 내리고 있었다. 〈이레이저 헤드〉는 상업 영화가 아니라서 매체 선택은 순전히 미학적인 이유에서 이뤄졌다.

"내게 모든 것은 느낌 아니면 직감인 것 같아요. 그다지 지적이고 논리적인 편은 아니라서, 뭔가가 컬러여야만 한다는 느낌이 들거나 흑백이어야 한다는 느낌이 들면 그에 따라 결정을 내립니다. 내게 〈이레이저 헤드〉는 절대적으로 흑백이었습니다. 〈엘리펀트 맨〉도 그랬고요.

반면 지금 하고 있는 영화는 컬러입니다. 제목조차 〈블루 벨벳〉이에요. 흑백으로 테스트를 해봤는데, 적합한 느낌이 아니었습니다."

물론 이건 다음 질문에 대한 답은 되지 못한다. 흑백은 할 수 있는데 컬러는 하지 못하는 것은 무엇인가?

"그건 말로 대답하기가 굉장히 어려운 질문이고, 나 스스로 숱하게 던졌던 질문이기도 합니다. 나는 흑백이냐 컬러냐를 대체로 느낌에 따라, 직감에 따라 선택합니다."

힘

"그런데 말이죠, 흑백은 관객을 다른 세계로, 즉 〈엘리펀트 맨〉에서처럼 과거나 〈이레이저 헤드〉에서처럼 평행우주로 데려가는 능력을 갖고 있습니다. 때로 컬러는 지나치게 리얼해요. 그래서 관객을 그런 세상에 수월하게 데려가지 못하고, 사물들을 더욱 순수하게 만들죠. 관객은 눈과 귀를 완전히 다른 방식으로 볼 수 있습니다. 관객은 그림자와 대비와 형체를 봅니다. 그것들이 감독의 최종적인 작업 대상이기 때문이에요. 컬러를 보는 관객 입장에서는 다시 고민하는 일 없이 응시하기만 하면 되는 그토록 리얼한 이미지를 흑백을 보는 관객은 보지 못합니다. 반면에 그들은 사물들을 보기 시작합니다.

그렇게 하면 어떤 면에서는 사물들을 더 강력하게 만드는 듯 보입니다. 흑백은 사람들을 리얼리티에서 몰아내고 있습니다. 이건 영화 입장에서는 좋은 느낌일 수도 있고 아닐 수도 있습니다. 바로 그곳이 관객이 직감을 활용해야 하는 곳입니다."

사실 흑백 촬영은 컬러 촬영에서는 발견하지 못한 문제들을 야기했다. 일부 난점에 대해서는 프레디 프랜시스가 앞서 설명했지만, 영화를 창조적으로 연출하는 데 영향을 끼친 다른 난점들도 있다.

문제점

"피사체들을 조명으로 구분해야 합니다. 질감의 관점에서―빛나는 것과 칙칙한 것, 빠른 것과 느린 것 등― 생각해봐야 하고요. 나는 그런 식으로 생각하는 것을 무척 좋아합니다. 사실, 순수한 사물들에 진지하게 천착하다 보면, 흑백으로 디자인하는 일은 너무도 환상적이에요. 컬러로 디자인하는 것은 그 정도로 재미있지는 않습니다. 흑백으로는 구애를 덜 받으면서도 일을 해나갈 수 있습니다. 실내에 있는 한두 가지 사물은 정말로 아름답게 보입니다. 그런데 컬러로 찍으면 실내는 텅 비어 있죠."

현실적인 문제와 관련해서, 데이비드는 프레디가 흑백 필름 스톡에 대해 밝힌 문제들을 그대로 밝혔다.

"내 주된 걱정은 스톡의 품질이었습니다. 우리는 〈이레이저 헤드〉와 〈엘리펀트 맨〉 두 작품 모두에서 꾸준히 우수한 스톡을 찾아내느라 엄청나게 애를 먹었어요. 요즘에는 그런 필름을 그다지 많이 만들지 않습니다. 필름 회사들에서 그런 필름은 필름 스쿨에서 쓰는 제품으로 취급하는 경향이 있고, 그러다 보니 그런 필름에 그다지 많은 신경을 쓰지 않아요. 품질이 완벽하다는 게 보증된 흑백 필름을 확보할 수가 없는 거죠."

〈이레이저 헤드〉는 무척 특이한 영화다. 평범하면서도 비범하다. 그 모든 아이디어는 도대체 어디에서 비롯했을까?

"내가 필라델피아에서 겪은 일에서, 거기서 살았던 경험에서 나왔습니다."

그렇다면 〈엘리펀트 맨〉은 왜?

"처음 시작은 질감에 대한 애정에서였습니다. 그리고 표면 아래로 들어간다는 아이디어에 흥미가 동했어요. 엘리펀트 맨에게는 거죽이 있고, 그 거죽 아래에는 이토록 아름다운 영혼이 있습니다. 세상사람 모두가 그의 영혼에 공감할 수 있겠지만, 그의 겉모습 때문에 거기에 도달하기는 굉장히 어렵습니다. 나한테는 그 점이 뛰어난 아이디어였습니다. 그리고 이 업계의 한복판에는 이런 질감이, 이런 종류의 건축물과 사물들이 있죠. 나한테는 그런 것들이 너무도 환상적으로 보여서 나는 비주얼의 관점에서도 그런 것을 좋아합니다."

〈블루 벨벳〉

데이비드의 최신작 〈블루 벨벳〉은 다시금 무드를 중시하는 작품이지만 미국 중서부 익명의 도시가 배경인 살인 미스터리이기도 하다. 이 영화는 컬러로 찍을 예정이다.

"컬러로 뭔가 특별한 일을 해낼 생각은 아닙니다." 그의 설명이다. "흑백으로 테스트해보고 색의 포화도를 저하시킨 때깔을 부여하려고 숏들을 합쳐봤지만, 결국에는 칙칙해 보이기만 하더군요. 마술을 전혀 발휘하지 못했어요. 우리는 카메라 앞에 여러 컬러를 놓고는 그것들을 촬영할 작정입니다. 필름에 뭔가를 가미하는 방식을 활용하느니, 조명으로 무드를 창출할 겁니다. 카메라 앞에 놓인 것을 간단히 녹화하는 수준의 작업만 할 겁니다."

창작

결국 데이비드에게 영향을 끼친 인물이나 사물은 다른 감독들이 아니라 다른 화가들, 그리고 그가 거주하면서 시간을 보내는 장소들이다. 컬러에 대한 사고思考보다는 명암, 느낌과 질감이 더욱 중요하다. 그의 컬러 영화조차 이미지를 구축하기 위해 이런 개념들을 활용한다. 무드를 먼저 창조한 후 거기에서부터 위쪽으로 작업해나가는 것이다.

"내가 만든 영화들 대부분의 시나리오를 내가 쓰기는 했지만, 시나리오는 청사진이나 느낌, 아이디어가 되는 편입니다. 맞습니다. 나는 최종적으로 탄생하는 영화를 마음속에서 집필합니다. 그건 바로 느낌에서 나오고, 감독은 그 느낌에 계속 충실해야 합니다. 그 느낌에서 먼 쪽으로 방향을 틀수록 아이디어는 허술해지고 그 결과 영화도 허술해집니다. 영화에 존재하는 것이 시퀀스와 속도를 좌지우지할 테지만, 어쨌든 감독은 자리에 앉아서 아이디어와 함께 찾아온 느낌을 명심해야 합니다."

흑백은 나름의 힘을 갖고 있다. 영화감독은 흑백을 컬러보다 열등한 대체재로 봐서는 안 된다. 컬러 촬영이 담아내는 모든 현란함으로는 도저히 전달하지 못하는 아이디어들을 전달하기 위해 흑백의 잠재력과 능력을 인식해야 한다.

〈블루 벨벳〉(1986)

그는 정말 괴짜일까

팀 휴잇 — 1986

내가 데이비드 린치를 만났다는 걸 알게 된 사람들이 던지는 첫 질문은 이것이다. "그 사람 진짜로 괴짜야?"

린치는 고작 장편 영화 세 편이라는 커리어를 쌓는 동안 부조리하고 비현실적이며 그로테스크한 영화를 달인의 솜씨로 다루는 존재로 스스로를 자리매김해왔는데, 그런 측면들이 한 영화에 공존하는 경우는 많지 않았다. 그의 초기 장편 영화 〈이레이저 헤드〉(1977), 〈엘리펀트 맨〉(1980), 〈사구〉(1984)는 출처가 모두 다르지만, 감독은 그 작품들을 동일한 상상력에 힘입어 만개한 창작물인 양 하나로 묶어내는 통일된 스타일과 비전을 확립했다.

〈블루 벨벳〉은 린치의 작품 목록에 새로 진입한 작품으로, 그는 〈이레이저 헤드〉 이후 다른 사람의 아이디어들로 작업해왔으나 이번

〈시네판타스티크Cinefantastique〉 1986년 vol. 16에서.

에 다시 자신의 아이디어를 바탕으로 시나리오를 썼다. "이 영화의 몇몇 부분을 보면, 무드 면에서 〈이레이저 헤드〉가 떠오르죠." 린치가 한 말이다. "그렇지만 〈이레이저 헤드〉하고 비슷한 영화는 아닙니다."

〈블루 벨벳〉은 살인과 마약이 개입된 미스터리이자 섹스를 대단히 특이한 관점에서 바라보는 영화다. 드 로렌티스 엔터테인먼트 그룹DEG은 린치가 'R' 등급을 받기에 충분할 정도로 편집할 수만 있다면 이 영화를 9월에 개봉할 계획이다. 〈블루 벨벳〉은 플롯 면에서 린치가 예전에 시도했던 것들하고는 완전히 딴판이다. 현대의 미국을 배경으로 한 이 영화에는 관객들이 이웃에 사는 사람처럼 현실적인 인물로 느낄 만한 캐릭터들이 등장한다. 실제로 린치는 〈블루 벨벳〉을 '동네 영화neighborhood picture'라고 표현했다.

"무드를 묘사하는 소품이에요." 그의 설명이다. "사람들이 이걸 필름 누아르라고 부를지 여부는 모르겠습니다. 이 영화에는 음침한 시퀀스가 많지만 경쾌한 시퀀스들도 있습니다. 무드는 내게 대단히 중요합니다. 무드야말로 느낌이자 냄새이자 영화가 펼쳐지는 장소니까요. 그래서 무드는 적절해야 합니다. 그러면 영화가 리얼해집니다."

〈사구〉 이후에 등장한 〈블루 벨벳〉은 린치 입장에서는 휴가나 다름없다. 이 영화는 〈이레이저 헤드〉 이후로 그가 만든 가장 규모가 작은 작품으로, 그는 이 영화의 내밀함을 반긴다. 작은 규모로 작업하기를 선호하는 그는 〈사구 2〉의 제안에 대한 얘기가 나오자 얼굴을 찡그렸다. "영화사에서 지금은 그 영화를 하지 않을 겁니다. 그렇지 않더라도, 적어도 나는 그 영화를 하지 않을 겁니다." 린치는 〈사구〉 프로젝트에 온갖 정성과 노고를 쏟았다. 그랬음에도 그가 보기에 〈사구〉는 엄청나게 많은 미스터리를 담은 작품이다.

"그 영화에는 뭔가 잘못된 게 있어요." 그가 말했다. "그게 뭔지는 정말 모르겠습니다. 사람들이 그 영화를 '고칠' 수 있을지도 확신이 서지 않고요. 그 영화는 그저 큰 영화입니다. 말하자면 영화에 담긴 게 너무 많아요. 나는 그중 다수를 좋아하지만, 좋아하지 않는 것도 다수 있죠. 그 영화에는 그냥 문제들이 있을 뿐이에요……." 그는 자신이 최근에 그린, 산업 시설의 풍경을 표현주의적으로 나타낸 그림을 응시하며 말끝을 흐렸다.

"〈사구〉의 긴 버전이 있나요?" 러닝타임이 네 시간이 넘는 감독판이 있다는 소문을 들은 바 있는 내가 물었다. "글쎄요, 러프 컷이 굉장히 길었어요. 대작 영화죠. 하지만 영화가 제대로 작동하지 않았고, 그건 절대로 최종 편집판final cut이 아니에요. 우리가 마무리한 판본은 그걸로 작업할 수 있었던 최상의 판본이라고 생각해요."

린치는 장르 작업을 했음에도 자신이 SF나 판타지, 미스터리의 팬은 아니라는 것을 순순히 인정한다. 그가 좋아하는 대상은 영화movie다. "나는 영화라는 아이디어를 사랑합니다. 팝콘도 사랑하고요. 그래서 극장에 가서 팝콘 먹는 걸 사랑합니다. 나는 움직이는 건 무엇이건 좋아해요. 영화가 내가 좋아하는 것에 근접할 경우에 나는 비판적인 사람이 되기도 할 겁니다. 하지만 대부분의 경우 나는 스크린에 펼쳐지는 상황에 마음을 열고는 사건들을 그리 많이 판단하지 않는 편입니다. 나는 영화를 감상할 때는 이런저런 여러 가지 것들을 좋아합니다. 하지만 내 개인적인 취향은 상당히 좁은 편입니다."

미술가로 교육받은 린치지만 그는 그의 비전에 영향을 준 미술가가 딱히 있다고는 인정하지 않고, 영화나 문학적으로 영향을 준 작품도 인용하지 않는다.

"내 내면의 생각은, 다른 무엇보다도, 내가 가본 장소들과 만난 사람들이 끼친 영향에서 나옵니다. 그런데 아이디어를 얻으면서도 그게 어디서 왔는지를 모를 때가 있어요. 그 아이디어들이 딱히 무엇과 관련이 있는 것도 아니고요. 물고기를 잡으러 가서 물고기를 잡는 거랑 굉장히 비슷합니다. 특정 어종을 좋아하느냐 하는 여부는 중요하지 않습니다. 실제로 잡은 물고기가 중요한 거죠. 내 아이디어들도 그렇습니다."

린치는 미스터리를, 전형적인 후더닛whodunit, 범인이 누구인지를 추리해나가는 과정에 집중하는 장르 타입의 이야기들을 장르로서는 좋아하지 않지만 넓은 의미의 미스터리에는 매혹됐다. "정말이지 세상만사가 미스터리 아닌가요? 나한테 어둠darkness은 미스터리입니다. 거기에 뭐가 있고 거기 있는 무엇이 나를 잡아당기는지는 모르겠습니다. 그게 반드시 악evil일 필요는 없습니다. 악이 거기에 존재하더라도 말입니다."

린치에게 모습을 드러내는 어둠은 〈이레이저 헤드〉의 그것들처럼 부조리하고 불안한 이미지일 때가 많다. 일상적으로 흔한 물건들이면서도 섬뜩한 것 말이다. 린치가 보기에 사물의 표면은 비전의 출발점일 뿐이다. "모든 것에는 여러 층의 깊이가 있습니다. 사람의 얼굴만 보더라도 그렇습니다. 사람의 얼굴을 실제로 가까이에서 들여다보면 상당히 기묘해집니다. 실제로 가까이서 들여다보면 얼굴은 그로테스크해져요. 아주 아름다운 여인의 얼굴이라 할지라도 그렇습니다. 얼굴은 너무도 연약한 상태에 있는 살덩어리로, 불완전한 세계입니다."

린치에게 그로테스크한 것은 우리 자신의 여러 측면을 클로즈업으로 잡은 비전, 다시 말해 일상적인 외양의 정상성이라는 가면에 의해 가려진 측면들의 비전을 보여주는 듯하다.

"나는 사물들 내면에 있는 다른 사물들을 좋아합니다." 린치가 덧붙였다. "〈엘리펀트 맨〉처럼요. 외양은 그렇지만 내면은 다르죠. 〈블루 벨벳〉도 비슷합니다. 이 영화는 겉은 아름답지만 그 아래는 갈수록 기묘해져가는 것을 다룹니다."

린치의 시나리오는 아버지의 병환 때문에 집에 돌아온 대학생 제프리(〈사구〉에 출연한 카일 매클라클런)에 관한 이야기다. 제프리가 나이트클럽 가수(이사벨라 로셀리니가 연기한다)의 집 옆 공터에서 사람의 귀 한 쪽을 발견하면서 미스터리가 시작된다. 경찰은 이 사건에 개입하기를 꺼린다. 귀 한 쪽은, 설령 진짜 살인 사건이 발생했더라도, 살인이 일어났음을 보여주는 증거로는 충분치 않다. 직접 수사에 나서기로 마음먹은 제프리는 가수를 조종하는 듯 보이는 위험하고 미스터리한 캐릭터의 존재를 알게 된다. 데니스 호퍼가 그 악당을 연기한다.

시나리오의 요소들을 보면, 성적인 긴장이 내내 흐른다는 점에서 〈이레이저 헤드〉가 떠오른다. 〈블루 벨벳〉은 흔한 설정이 거짓임을 보여주며 불안을 표현한다.

노스캐롤라이나주 윌밍턴에서 촬영한 〈블루 벨벳〉에서 린치는 〈이레이저 헤드〉의 촬영감독 프레더릭 엠스와 재결합했다. 주요한 사건하고는 한참 거리가 먼 설정인 초반 신은 윌밍턴 부둣가에 있는 케이프 피어 호텔 지하에서 촬영했다. 세트를 아무리 잘 짓는다 해도 실제 장소를 능가하지는 못할 것이다. 그 지하실은 많은 파이프가 노출된 우중충한 곳으로, 파이프 다수는 바스러진 절연재에 싸여 있었다. 호텔 폐기물이 사방에 흩어져 있고 바닥에는 물이 고인 웅덩이들이 있었다. 새로운 것은 하나도 없었다. 딱 데이비드 린치 영화에 나오는 곳처럼 보였다.

이 장면은 위층에서 열린 파티에서 몰래 빠져나온 대학생이 진한 애무를 하려고 여자 친구를 이 외딴 곳으로 데려오는 내용이다. 오래지 않아 청년은 여자가 격렬히 저항하는데도 여자를 힘으로 억누르려 애를 쓴다. 그들의 뒤를 따라온 제프리가 멈추라고 고함을 친 후에야 여성에게 상황을 모면할 틈이 생긴다.

"이 작품의 모든 게 마음에 들어요." 린치가 지하실의 퇴락한 부분들을 가리키며 말했다. "질감이 정말 마음에 들어요." 그곳의 파이프와 기계도 린치가 집착하는 또 다른 것을 연상시킨다. 공장. 린치는 공장을 사랑한다. 공장을 창조가 이뤄지는 장소로 본다. 하지만 그의 영화에서 공장은 음침하고 위협적인 곳으로 그려지는 게 보통이다.

"글쎄요," 그가 느릿하게 말했다. "공장에서는 사고가 일어날 수 있죠. 공장 노동자들은 어떤 면에서는 광부처럼 영웅 같은 존재예요. 그들은 아래로 내려가 목숨을 걸고 이런 일에 뛰어들어요. 그들 각자가 자신들의 직장 생활에 대해 잘 알지만, 귀가하는 그들을 맞는 가족들은 거기까지는 잘 모르죠. 공장을 둘러싼 특정한 분위기가 있고 특정한 생활 방식이 있고 특정한 리듬이 있어요. 나는 내가 다루는 이야기의 기반으로서 공장을 좋아해요. 실제 공장 영화를 작업한 적은 한 번도 없어요. 그런 영화를 생각해보거나 제안을 받아본 적이 없으니까요. 하지만 특정 부류의 철강 노동자들에 대한 영화를 작업해보고 싶어요. 그걸 영화의 배경으로 활용할 수도 있을 거예요."

디노 드 로렌티스의 영화사가 노스캐롤라이나에 마련한 사무실로 돌아온 린치는 동안의 학교 선생님처럼 보였다. 그의 차림은 내가 예상한 딱 그대로였다. 검정 가죽 재킷, 맨 위까지 단추를 채운 흰색 셔츠, 카키색 바지, 테니스화. 린치를 다룬 인쇄물에 실린 거의 모든 사진에서와 똑같았다.

린치의 '키트kit'들을 찍은 사진들이 소파에 놓여 있었다. 그는 영화를 만들 때마다 '키트'를 만드는 게 보통이다. 동물의 절단된 부위들을 보드에 올려놓은 것으로, 그 부위들을 조립해 해당 동물을 만드는 방법을 적은 설명서가 첨부돼 있다. 그의 설명에 따르면 닭 키트는 깃털 키트에서 분리됐다. 〈블루 벨벳〉을 위한 키트도 만들었을까? "지금 당장은 생쥐 여섯 마리를 꽁꽁 얼려놨어요. 키트로 만들 작정인데 아직 시간을 못 내고 있네요."

사무실 한쪽 벽은 린치가 새로 그린 그림들이 차지하고 있었다. 그 캔버스에는 데이비드 린치 영화에 나올 거라 으레 예상되는 분위기가 담겨 있다. 구체적인 표현 면에서 보면 그림이 영화에 미치지 못하지만 말이다. 갈색 색조가 지배적인 그림에 있는 커다란 빨간 사각형은 '거기 있어야만 했다'고 린치가 미소 지으며 설명했다. "그냥 그래야만 했어요. 반드시 네모여야 할 필요는 없었어요. 열 가지 물건 중에 어느 것이든 될 수 있었지만, 열한 가지 중에 하나일 수는 없었어요."

린치는 자신이 만든 영화와 회화를 결부 짓지 않는다. 두 활동을 별개의 활동으로 놔두는 걸 선호한다. "〈블루 벨벳〉과 〈이레이저 헤드〉는 내 영화들 중에서 내 그림과 가장 근접한 작품들이에요. 하지만 그림과 비슷하지는 않아요. 뇌는 부위마다 다른 작품을 만들죠. 내가 그림을 그리는 건 내가 영화를 만들 때 하는 일하고 그다지 큰 관계가 없어요."

린치에게 〈블루 벨벳〉과 〈이레이저 헤드〉는 개인적인 영화들이다. 그의 생김새가 잭 낸스(〈이레이저 헤드〉의 헨리)와 카일 매클라클런과 닮았다는 의견을 내놓자 그는 고개를 끄덕였다. "정말로 그건 전혀 알아차리지 못했어요. 하지만 그럴 수도 있다고 생각해요. 나는 어떤 면에서는 헨리고, 어떤 면에서는 제프리예요. 엘리펀트 맨은 아니고, 〈사구〉에 있지도 않았어요. 하지만 〈이레이저 헤드〉와 〈블루 벨벳〉에는 내가 있죠."

〈로니 로켓〉은 린치가 더 많이 담겨 있을 수도 있는 영화다. 오랫동안 논의돼온 프로젝트인데 현재로서는 무기한 보류 상태인 듯하다. "코미디를 정말로 하고 싶어요." 린치가 부드럽고 유쾌한 미소를 띠며 말했다. "〈로니 로켓〉은 코미디가 될 거예요. 지금으로서는 내가 그 작품을 할 수 있을지 모르겠어요. 시나리오를 고쳤는데 정말 마음에 들어요. 엄청나게 긴 시나리오이고 아주 부조리한, 부조리하고 추상적인 코미디예요. 미안하지만 스릴은 없었고요. 이 영화를 하려면 시간이 걸릴 거예요. 개인적으로는 이 작품을 사랑하지만, 그걸 보겠다고 관심을 가질 사람이 있을지는 모르겠어요."

그런데 〈로니 로켓〉이 안 나오더라도, 비전 면에서 독보적인 린치 스타일일 다른 시나리오와 영화들이 나올 거라는 데에는 의심의 여지가 없어 보인다. 〈블루 벨벳〉은 린치의 후속작 네 편을, 화가의 캔버스처럼 풍성한 영화들을, 다른 어떤 영화하고도 닮지 않은 영화들을 그에게 안겨줄 것이다.

"그 사람 진짜로 괴짜야?" 사람들은 데이비드 린치에 대해 묻는다. 음, 맞다. 하지만 당신이 생각할 법한 그런 괴짜는 아니다.

린치하러 나가다

데이비드 슈트 — 1986

(서체를 달리한 문단들은 데이비드 슈트와의 인터뷰에서 발췌한 데이비드 린치의 말이다. 그 인터뷰는 1986년 6월 21일 토요일, 로스앤젤레스의 윌셔와 하일랜드 거리가 교차하는 모퉁이에 자리한 밥스 빅 보이에서 이루어졌다.)

"〈블루 벨벳〉은 모든 사람을 겨냥한 영화가 아닙니다. 이 영화를 좋아할 사람들도 있겠지만, 우리는 극도로 부정적인 반응들 역시 겪었습니다. 밸리the Valley, 샌 페르난도 밸리에서 연 스닉 프리뷰sneak preview, 관객의 반응을 알아보려고 개봉 전에 여는 비공개 시사회의 반응은 최악이었습니다. 사람들은 혐오스럽고 역겨운 영화라고 생각했지요. 물론 그런 영화인 건 맞습니다만, 이 영화에는 두 가지 측면이 있습니다. 두 측면의 대비

〈필름 코멘트Film Comment〉 1986년 9/10월호(no. 22.5)에서.

contrast를 모르는 사람이라면 아마 역겨울 겁니다. 그런데 우리는 〈블루 벨벳〉 훨씬 너머로까지 한계를 넓힐 수도 있습니다. 모름지기 영화는 선善의 힘과 어둠의 힘을 가져야 한다고 난 믿어요. 그래야 관객들이 어느 정도 스릴을 느끼면서 세상을 새로운 눈으로 볼 수 있으니까요. 만약에 감독이 그런 것들로부터 뒷걸음질 친다면, 그는 다름 아닌 쓰레기를 찍고 있는 겁니다."

"네가 형사하고 변태 중 어느 쪽인지 모르겠어." 데이비드 린치의 충격적인 신작 영화 〈블루 벨벳〉의 중요한 단계에서 샌디(로라 던)가 제프리(카일 매클라클런)에게 하는 말이다. 진짜로 적용되는 단어가 어느 쪽인지 우리는 결코 듣지 못한다. 작가이자 감독인 린치(그는 제프리를 그와 닮은 분신으로 창조했다)는 분명 제프리가 양쪽 다라고 주장할 테지만 말이다. 미국의 소도시가 포용할 수 있을 법한 것보다 훨씬 더 큰 말썽에 휘말린 일벌레 청년 수사관의 건방진 호기심은, 세상 물정 모르는 순진함 면에서 보면 책임이 전혀 없다고는 할 수 없다. 그는 도덕의 차원을 넘어선 범죄와 공포에 너무도 위압당한 탓에, 부패한 영혼과 가깝게 지낸다는 비난을 받을 수도 있다.

이 영화는 악몽 같은 성장담이자, 줄줄 흐르는 고름과 고름집을 보여주는 하디 보이스Hardy Boys, 10대 아마추어 탐정들이 주인공인 미스터리 시리즈 스타일의 스릴러다. 끈적끈적한 벌레들을 찾아내고는 남몰래 좋아하는, 그래서 강박적으로 들판의 돌덩이를 들추는 사람이 만든 영화이자 그런 사람을 다룬 영화다. 하지만 이 영화는 행복이란 사물들의 화사한 표면에만 자신을 고집스레 한정하는 일이라는, 벌레가 든 그 안쪽을 지나치게 깊이 살피지는 않는 일이라는 관념을 갖고 놀기도 한다. 그의 말이 일리가 있다는 걸 그 누가 부인할 수 있겠는가?

"이게 모든 면에서 내가 보는 미국입니다. 내 인생에는 몹시 순진하고 고지식한 특징이 있고, 공포와 혐오감도 있습니다. 모든 게 다 있습니다.

〈블루 벨벳〉은 대단히 미국적인 영화입니다. 이 영화의 비주얼에 대한 영감은 워싱턴주 스포캔에서 자란 내 어린 시절에서 얻었습니다. 럼버튼Lumberton, 목재(lumber)+소도시(ton)로 이루어진 지명은 실제 지명으로, 미국에는 지명이 럼버튼인 곳이 많습니다. 그 지명을 택한 것은 경찰 휘장이랑 관련 물품을 구할 수 있어서였습니다. 실제로 존재하는 소도시니까요. 그 지명이 내 뇌리에 일단 자리를 잡은 이후에 우리는 목재 수송 트럭들이 프레임을 가로지르게 만들고 라디오 광고("나무가 쓰러지는 소리에……")를 삽입했습니다. 그 모든 게 지명에서 도출된 겁니다.

이 영화에는 실제 내 인생의 자전적인 층위가 있습니다. 카일은 차림새가 나랑 비슷합니다. 우리 아버지는 워싱턴에 있는 농무부 소속 연구과학자였습니다. 우리는 늘 숲에 있었어요. 집을 떠날 무렵, 나는 숲을 물릴 정도로 경험한 터였지요. 하지만 통나무와 벌목꾼들, 그와 관련된 모든 것은 여전히 내게 대단히 미국적인 것들이에요. 오프닝 숏에 나오는 피켓 펜스와 장미들처럼 말이죠. 그 이미지는 내 머릿속에 깊이 각인돼 있어서 그런 이미지를 보면 무척 행복해집니다. 내 어린 시절의 상당 부분은 그런 이미지가 차지하고 있습니다."

매클라클런이 연기하는, 아주 똑똑한 소도시 청년 제프리는 어느 날 들판에서 소름 끼치는 단서를 찾아내고는 그걸 고지식한 동네 경찰관에게 넘겨주면서 시민의 의무를 충실히 이행한다. 이후 제프리는 로라 던이 연기하는, 경찰의 딸이자 빼빼 마른 10대 천사인 샌디에게 자신의 배짱을 보여주며 깊은 인상을 주려고 몇 안 되는 단서들을 추적하다가, 폭력적이고 섹슈얼한 미스터리의 어두운 복판으로 뛰어든다. 이건 마치 프랭크 카프라 영화에 등장하는 거실의 벽을 열어서는, 그 반대쪽에서 사드Sade가 펼치고 있는 공격적인 제식—거대한 흉물에게 (사랑을 위해) 순수함을 희생시키면서 돌이킬 수 없는 오점을 남기는 제식—을 드러내는 것처럼 보인다.

펄펄 날뛰고 쌕쌕거리는 불쾌한 프랭크(허풍을 장착한 데니스 호퍼)에 의해 멍들고 더럽혀지고, 제프리의 거실에서 샌디와 제프리의 어머니 앞에 발가벗고 선 채로 "그 사람이 나한테 자기 병病을 집어넣었어요!"라고 울부짖는, 이사벨라 로셀리니가 연기하는 도자기처럼 하얀 피부의 도로시는 세상사람 누구나 즐길 만한 굉장한 볼거리는 아니다.(꼼꼼한 연출로 누드에서 에로틱한 면을 없앴다.) 가여운 제프리는 어떻게 반응해야 할지를 모른다. 그는 이렇게 폭발하는 감정에 담긴 의미를 남자답게 받아들여야 하는지, 아니면 정당하게 회피할 수 있는지 확신하지 못한다.

그가 사건에 연루됐기 때문이다. 그는 (스토리의 한복판에는 샌디의 빛나는 분별력이 있음에도) 자신이 도로시와 사랑에 빠졌다고 상상하고, 도로시와 침대에 들었을 때 그녀가 "때려줘"라고 반사적으로 말하자 움찔하다가 요구에 따른다.

"〈블루 벨벳〉은 미국 소도시의 거죽 아래로 떠나는 여행입니다. 동시에 사람들이 보통 때는 마주치지 않는 사물들을 마주치는 장소 혹은 잠재의식을 철저히 살피는 심층 조사이기도 합니다. 어느 사운드 믹서는 이 영화를 일컬어 노먼 록웰Norman Rockwell, 미국인들의 일상을 주로 다룬 미국의 화가 겸 삽화가이 히에로니무스 보스Hieronymus Bosch, 상상 속의 풍경을 그린 작품들로 유명한 중세 네덜란드 화가를 만난 것과도 같은 영화라고 하더군요. 이 영화는 관객이 다다를 수 있는 가장 내밀한 곳으로 향하는 여행이자 관객에게 충격을 안겨주는 영화입니다. 대단히 내밀한 지점이 있고, 영화는 그 지점에서부터 후퇴해서 돌아옵니다.

제프리는 그곳에 기회가 있고 욕망이 있다는 것을 인지할 정도로 충분히 많은 것을 봤고, 그곳에 충분히 오래 있었습니다. 그런데 거기에는 그 자신에 대해 전혀 마음에 들지 않는 무엇이 있습니다. 그 무엇이란 인생과 관련된 것입니다. 사람들은 가끔은 자신이 감당할 수 있을 것 같은 가급적 먼 곳까지 한계를 넓히고는 합니다. 제프리는 그걸 파악하고 거기에 도달할 수도 있지만, 그곳은 그가 속할 만한 세계는 아닙니다. 그게 그의, 잘 모르겠지만, 그의 양심입니다. 감당할 수 없는 일들을 계속할 수는 없는 노릇입니다. 그랬다가는 사람이 이상해지거나 미칠 겁니다. 아니면 체포되거나 하는 이상한 일들이 벌어질 겁니다."

〈이레이저 헤드〉와 〈엘리펀트 맨〉 〈사구〉 〈블루 벨벳〉에서 병에 걸린 육체들(또는 영혼들)을 넋이 빠질 정도로 몰두해서 바라본 데이비드 린치가 장관이라고 느끼는 볼거리는 현미경으로 잠시 살펴본 꿈틀거리는 박테리아만큼이나 역겹거나 혐오스러울 것이다. 그의 호기심은 아이러니나 악의惡意, 괴팍함, 겸손함에 물들지 않았다. 모범생 같은 그의 외모는 거의 과학적이라고 할 만한 순수성을 풍긴다. 그는 능글맞게 웃지도 않고 윙크하지도 않으며 남들을 자기 멋대로 재단하지도 않는다. 〈블루 벨벳〉의 사운드트랙에 흐르는 고전적인 종교 음악은 아이러니한 장난이 전혀 아니다. 데이비드 린치는 이 영화에 그의 가장 심오한 종교적 감정들을, 그와 유사한 형태로

나마 집어넣을 수도 있었다. 이 영화는 아마도 그의 속살을 가장 많이 노출한 영화일 것이다. 그런데 린치만큼 수준 높은 아티스트들 중에서 그렇게 명백한 위험을 감수할 사람은 없을 것이다. 작정하고 몰두하려 하지 않는 한, 꽁무니를 빼는 자신의 모습이 혐오스럽다고 느끼지 않는 한 말이다.

〈블루 벨벳〉의 스토리에 문제가 있다는 의견이 대두될 것이다. 로스 토머스Ross Thomas, 미국의 범죄 소설 작가 같은 프리랜서 '스릴러 닥터'의 서비스를 받았다면 그런 문제를 개선하는 데 도움이 됐을 것 같다. 포괄적으로 보면 미스터리 측면의 스토리 요소들은 빈약하다. 기본적인 솜씨의 수준에서, 〈블루 벨벳〉은 때로 서투르게 느껴진다. 이 영화는 캐릭터들을 설정하는 기초 단계에서, 관객을 한 걸음 한 걸음 인도하는 단계에서 비틀거리고, 그래서 관객은 모든 것을 해석하는 방법을 항상 알아차릴 것이다. 이 영화는 모호함을 제거하려고 그런 모든 깔끔하고 효율적인 장치들을 엉망으로 만든다. 그러면서도 미친 듯이, 판돈 전부를 건 듯한 미숙함으로 흥청거리는데, 그런 광기와 미숙함은, 정확성을 무엇보다 높이 평가하는 일반 전문가의 솜씨로는 건드릴 수 없는 관객의 인식으로 곧장 파고든다.

"존 워터스를 만난 적이 있어요. 그를 좋아하고, 그의 작품들에 분명 연대감을 느낍니다. 하지만 나하고 그 사이에는 차이점이 많습니다. 그의 방식은 시시하고 부조리하고 인위적인 것들을 대단히 재미있는 웃음거리로 만드는 것입니다. 나는 조금 더 무미건조한 샛길을 통해, 특정한 유머를 통해 그쪽에 접근하고 싶습니다. 그렇게 하면 관객을 공포로 몰아넣을 수 있죠. 내가 영화로 만들려고 5년간 애쓴 〈로니 로켓〉은 대단히 부조리한데, 약간 방향을 틀면 대단히 섬뜩해질 수도 있는 작품입니다. 지나치게 과장되거나 지나치게 노골적일 수는 없습니다. 워터스는 대단히 솔직합니다. 요란한 색소폰과 비슷하죠. 나는 약간 다른 것으로 물러서고 싶습니다."

오프닝 크레디트에 깔리는 부풀어 오른 블루 벨벳 휘장은 루치노 비스콘티를 연상시키는 풍성한 이탈리아풍 분위기를, 썩어가는 낭만주의의 분위기를 풍긴다. 한편으로는 활력 있게 고동치는 무엇이나 피가 쏠린 세포막하고 비슷해 보이기도 한다. 관객은 이 영화에서 린치의 트레이드마크인 압도적인 노이즈들을 통해 유기체 내부에 갇힌 듯한, 창자나 쿵쾅거리는 심장의 심실 안에 들어선 듯한 느낌을 받는다.

〈블루 벨벳〉에 담긴 유기적인 요소들은 모두 유사한 활력을 보여준다. 꽃들은 화사한 색깔을 입고 주체 못 할 정도로 부풀어 올랐고, 녹색 화초들은 무덤에 핀 두툼한 풀잎처럼 영양이 과한 상태다. 환하게 빛나는 흰색 피켓 펜스와 핏빛처럼 붉은 장미들을 담은 달력 사진 같은 첫 이미지에서, 색상들은 사이키델릭한 분위기로 고조돼 있다. 마치 H. P. 러브크래프트의 「우주에서 온 색채」에 나오는, 이 세상의 것이 아닌 비료를 먹고 자란 식물들의 만개 상태와 같아 보인다.

〈블루 벨벳〉의 기저에 깔린 공포는, 이런 사물들 중에 이 세상의 것이 아니거나 인간의 것이 아닌 게 하나도 없다는 점에 기인한다. 관객은 지독히 역겨운 생물들이 보여주는 미친 듯이 강렬한 활기에 불안함을 느낀다. 데니스 호퍼가 연기하는 프랭크 같은 인간 괴물의 부패는, 이런 맥락에서 보면, 우리의 도덕의식에 생긴 종기다. (그 자체로 괴팍한) 호퍼의 연기에는 많은 고통이 깔려 있다. 이상하게 들썩거리는 에너지에서 생겨난, 영혼이 썩어 들어가는 병증이 안겨주는 괴로움. 관객은 그가 극심한 열병에서 비롯한 경련과 함께 격렬한 고통을 느낄 때면 맨손으로 사람의 머리를 으깨버릴 수도 있겠다는 느낌을 받는다.

"샌디는 짙은 어둠에 맞서 균형을 잡아야 합니다. 로라 던은 샌디의 이상적인 생김새와 꼭 닮은 데다 샌디가 해야 하는 일을 이해했습니다. 필요한 모든 것을 갖고 있었죠. 샌디는 균형을 잡아주는 추이면서 동시에 제프리를 이 사건에 끌어들인 장본인이기도 합니다. 제프리는 그녀가 아니었다면, 그 첫날 밤에 그녀의 아버지와 얘기를 나눈 후에 모든 것을 잊어버리고 집으로 갔을지도 모릅니다."

〈블루 벨벳〉에 담긴 함의는 한 줌의 진부한 견해—음陰과 양陽, 에고ego와 이드id, '어둠이 없으면 빛도 얻을 수 없다'는 인생관—로 축약될 수도 있었다. 하지만 린치는 이 기본적인 태도의 강인한 버전을 고수한다. 낭만적인 자연 숭배의 기미가 전혀 없기에, 그의 버전은 축약했다는 느낌을 전혀 풍기지 않는다. 그는 대단히 불쾌한, 혐오스러운, 괴물 같은 것들을 통합하는 작업 모델을 구축하고 그것들에 맞춤한 이름을 부여한다.

죽음과 부패도 딱정벌레와 박테리아를 먹여 살린다. 린치는 바로 그 악취 나는 유기적 과정에 대해 항상 무의식적으로 아는 듯 보인다. 그의 카메라는 벌레들이 꿈틀거리며 들끓는 검은 하층토 속으로 파고들려고 계속 노력한다. 첫 사례로, 제프리의 아버지가 앞마당 잔디에 물을 주다 풍을 맞았을 때 깊은 구멍이 열리면, 우리는 딱딱하고 검은 아래턱 수천 개가 내는 달가닥거리는 소리를 들을 수 있다. 해부학 교육을 받은 화가와 비슷하게, 거죽 아래에 있는 존재에 대한 그의 감각은 그걸 촬영하는 방식에 영향을 끼친다.

　"내가 형제처럼 느낄 수도 있겠다 싶은 예술가가 프란츠 카프카입니다. '그래, 당신과 세상 모든 사람들' 하고 비아냥대는 반응이 늘 있는 터라 이런 말을 하는 걸 좋아하지 않지만요. 나는 그를 정말로 좋아합니다. 그의 몇 작품은 내가 여태까지 읽어본 중에 가장 스릴 넘치는 단어들의 결합입니다. 카프카가 범죄 영화의 시나리오를 썼다면 나는 그걸 영화로 만들 겁니다. 분명 그 영화를 연출하고 싶을 거예요. 『심판』을 영화로 연출하고 싶습니다. 〈이레이저 헤드〉의 주인공 헨리는 약간은 카프카의 세계에 들어가 있습니다.

　헨리는 무슨 일이 벌어지고 있다는 건 아주 잘 알고 있습니다만, 그게 무엇인지는 전혀 파악하지 못합니다. 그는 사물을 몹시 조심스럽게 관찰합니다. 그게 무엇인지 가늠하려고 애쓰는 거죠. 그는 시야에 들어왔다는 이유로 당신 머리 옆에 있는 파이 상자의 모서리를 조사할지도 모릅니다. 자기가 있는 자리에 어쩌다 앉게 됐는지 궁금해할지도 모르고요. 만사가 새롭습니다. 그는 그런 것에 겁먹지 않을지도 모르지만, 아무튼 그건 무엇엔가로 들어가는 열쇠가 될지도 모릅니다. 세상 모든 것은 꼼꼼히 살펴봐야 합니다. 그 안에 실마리가 있을 수도 있으니까요."

　일부 관객들은 〈블루 벨벳〉에서 이사벨라 로셀리니를 야수처럼 만든 것에 대해 지독하게 역겹다는 반응을 보일 것이다. 그들이 보기에 그 시퀀스들은 이 영화가 틀렸다는 증거일 수도 있다. 우리가 이 영화에 반응하는 것은 그런 본능적인 방식의 기이함 때문이다. 따라서 그런 역겨움은 의도적으로 불러일으킨 것이라거나 감독이 이런 감정을 제공한다고 전제할 필요는 없다. 행위를 연출하는 사람은, 그걸 꿈꾸는 사람은 종종 그 행위가 불러일으킨 부정적인 반응의 대상이 된다.

이 점은 어떤 의미에서는 완벽하게 타당하다. 예를 들어, 소설가는 타락을 묘사하기 위해 누군가를 그런 상황에 끌어들일 필요가 없다. 누군가에게 그런 곳에 들어가라고 강요할 필요가 없다. 반면에 영화를 연출하려면 영화가 묘사하거나 탐구하는 행위에 가까이 다가가야 한다. 그런 행위를 촬영하려면 그보다 앞서 그런 행위를 연출해야 하기 때문이다. 심지어 감독이 어떤 인간적인 행위가 지나치게 불온해서 흉내조차 내지 못하겠다고 판단한다면, 그 감독은 그런 행위에 대한 영화를 만들지 못할 거라고 가정할 수도 있다.

"내면에 그런 성향을 가진 사람들이 있을 겁니다. 그런데 그들은 그 욕구를 채우려고 텔레비전이나 영화, 다른 누군가를 보면서 살아가죠. 따라서 그들은 한 걸음 떨어진 곳에 있고 그래서 더 깨끗합니다. 그들은 손을 더럽히지 않지만, 여전히 거기에 존재하죠. 막장 드라마를 시청하는 사람들은 이런 역겨운 일들을 대단히 좋아하고 있는 겁니다. 그들도 그 점을 이해합니다. 기회만 있다면 그들도 그와 똑같이 역겨운 짓을 할 겁니다.

섹스는 대단히 매혹적인 일입니다. 말하자면 팝송 한 곡은 그저 여러 차례 들을 수 있을 뿐이지만 재즈는 아주 많은 변주곡이 있듯이요. 섹스는 재즈와 비슷합니다. 동일한 선율을 변주한 곡이 많죠. 그걸 알기 시작하면, 그와 비슷한 것들이 섹슈얼한 것이 될 수도 있다는 것을 알면서 충격을 받을 수도 있습니다. 약간은 이상한 것이 될 겁니다. 그런데 삶의 진실들도 상당히 비슷합니다. 〈블루 벨벳〉에 진정한 설명 따위는 존재하지 않습니다. 한 사람의 내부에는 그토록 추상적인 것이 존재하기 때문입니다."

존 업다이크의 소설 『이스트윅의 마녀들』(마술을 원시 종교의 초기 형태로 묘사하는 재미있는 책)에 등장하는 어느 캐릭터는 동네 교회에서 설교를 한다. 우리의 소장小腸에 둥지를 튼 회충의 감정에 관한 아주 괴상한 설교다. "반쯤 소화된 커다란 스테이크 덩어리나 중국 음식이 철벅거리며 그에게 내려옵니다. 그는 여러분이나 저처럼 진짜 생물체입니다. 그는 사람처럼 고상하게 잘 설계됐습니다. 정말로 귀엽게 설계됐지요."

데이비드 린치 또한 이 아마추어 생물학자(그리고 아마추어 목사)가 매혹된 것, 즉 가장 메스꺼운 자연적 과정이 수반하는 복잡한 형체와 기발한 기능에 매혹을 느낀다. 어떤 현상이 유독하거나 사람을 체하게 만들 정도로 추악할 때, 어쩐 일인지 그 상황은 꽤나 즐겁기까지 하다.

"도로시가 언급하는 '병'은 추상적인 용어로, AIDS나 그와 유사한 어떤 걸 뜻하지는 않습니다. 시나리오에는 그 주제에 대해 더 많은 내용이 있었습니다. 도로시의 질병은 이전에 그녀에게 무슨 짓인가를 했고, 그녀는 그 짓을, 그 역겨움을 압니다. 사람들은 나한테 윌리엄 버로스William Burroughs, 미국 소설가를 많이 언급합니다만, 나는 버로스의 작품은 하나도 읽지 않았습니다. 필독서라는 건 압니다만……."

공교롭게도, 린치가 가진 몽환적인 비주얼 재능은 지성주의와 논리적 분석을 완벽하게 대체한다. 그는 으스스한 감각을 우리에게 감염시키는 마술사다. 그래서 그는 그게 무슨 뜻인지를 가늠하는 중간 단계를 거칠 필요가 전혀 없다.

"어떤 면에서 이건 판타지 영화입니다. 미스터리 스토리 안에 포장된 기이한 욕망들에 대한 꿈이라고 할까요. 이 영화는 당신이 품은 판타지가 동났을 때 일어날 수 있는 일입니다."

〈블루 벨벳〉의 이런 들쭉날쭉한 구조는 〈미싱Missing〉과 〈언더 화이어Under Fire〉, 특히 〈살바도르〉 같은 미국의 최근 정치 영화들이 채택한 '지옥행 여행'의 포맷을 그대로 반영한다. 이들 이야기에서 발견되는 새로운 신화는 우리가 당연한 것으로 받아들이는 (법적이거나 자연적인) 법칙들이 더 이상은 적용되지 않는 듯 보이는 어두운 곳으로 들어가는 여정이다. 사회적 사슬에서 벗어난 사람들 내부에서 끓어오르는 야생적이고 초현실적인 야망에 의해 모든 게 무너져 내린다. 공포라는 마지막 활력소는 이 카오스가 어느 정도는 그런 믿음들이 낳은, 그리고 남들에게 그 믿음들을 강요하려는 우리의 시도가 낳은 직접적인 결과물이라는 깨달음과 함께 찾아온다. 우리는 정치적 부패의 심연을 응시하고 거기서 우리를 노려보는, 순수한 사람이 흘린 피로 얼룩진 턱들을 늘어뜨린 우리 자신의 얼굴들을 본다.

뇌 절제술을 받아 멍청해진 여피족 출세제일주의자의 얼굴 앞에서, 할리우드를 잠식한 편의적인 낭만주의의 얼굴 앞에서, 지독히도 신랄한 비관주의는 삶을 보여주는 징표가(독립적인 판단에서 비롯한 행위가) 될 수 있다.

"비치 보이스가 했던 말에 비유할 수 있습니다. '네가 다니는 학교에 충실하라Be true to your school.' 우리는 우리가 가진 아이디어에 충실해야 합니다. 그 아이디어들은 우리가 그것들에 대해 처음 생각했던 것보다 훨씬 더 거대하기 때문입니다. 우리가 아이디어에 충실하지 않는다면, 아이디어는 부분적으로만 작동할 겁니다. 아이디어는 하늘이 준 선물이나 다름없습니다. 우리가 그걸 100퍼센트 이해하지 못한다고 해도요. 우리가 그 아이디어들에 충실하다면, 그것들은 다른 층위들에서도 진실하게 들릴 것이고 진실한 모습을 보일 겁니다. 하지만 우리가 아이디어를 과도하게 수정한다면, 아이디어는 진실한 소리는 고사하고 소리 자체를 내려고 하지 않을 겁니다. 철컹거리는 소음에 불과한 소리를 내고 말 겁니다.

얼마나 괴상한 스토리가 됐건, 연출자가 그 스토리 안으로 한 걸음을 내디디는 순간, 연출자는 이 세계에 나름의 규칙들이 있다는 것을, 그리고 그런 규칙들을 따라야 한다는 걸 깨닫습니다. 그렇게 하지 않을 경우 관객들은 연출자가 뭔가 부정직한 짓을 하고 있다는 것을 감지할 겁니다. 감독이 자신의 아이디어들에 충실해야 하는 이유입니다. 어떤 영화들은 지나치게 거죽에서만 작동을 하기 때문에 거기에 실제 규칙들이 있다는 느낌을 주지 못합니다. 그런 경우 관객은 실제로 더 멀리, 여기저기로 가버릴 수 있습니다.

권력이 약간이라도 존재하면 언제든, 그런 권력을 역겹다고 생각하는 사람들이 있을 겁니다. 어떤 감독이 극단까지 치달은 많은 경우, 그는 자신을 웃음거리로 만들거나 영화를 웃음거리로 만들 수가 있습니다. 어떤 것들을 진술하게 만들려면 그것들을 철석같이 믿어야 합니다. 나는 그런 아이디어들에 충실하려고, 관객을 조종하지 않으려고 정말로 노력합니다. 거기에 다다라서 소재가 나에게 얘기를 하게 만들려고, 꿈 안에서 작업하려고 애씁니다. 그걸 그냥 경험하기만 하면 아이디어들이 튀어나오면서 그 세계에 있게 될 겁니다. 그러면 잘된 겁니다. 그런 세계를 믿는다면 감독은 거의 모든 얘기를 할 수 있습니다."

블루 무비

제프리 페리 — 1 9 8 7

내 기억에 최근 그 어떤 영화도 대중의 견해를 이처럼 양분한 적은 없었다. 이사벨라 로셀리니에게 성적인 수모를 가하는 참혹한 신들이 등장하는 〈블루 벨벳〉이 최근 몇 년 사이 가장 논란 많은, 그리고 혹자에 따르면 가장 역겨운 영화로 3월에 여기에 당도했다. 데이비드 린치 감독은 반항적인 태도를 견지하고 있다.

지난 10월에 열린 뉴욕영화제에서, 일주일간 영화제의 비즈니스를 위한 비공식 사령부였던, 르네상스를 흉내 낸 호사스러운 호텔에서 뉴욕의 정상급 에이전트 한 명이 나를 갑자기 불러 세웠다.

"무슨 일이 있더라도 〈블루 벨벳〉은 꼭 보도록 해요." 그 에이전트는 낮은 소리로 말하며, 그걸 강조하려는 듯이 새빨간 손톱으로 내 팔뚝을 깊이 눌렀다. "다들 그 영화 얘기를 해요. 최근 몇 년 사이에

〈페이스Face〉 1987년 2월호(no. 82)에서.

가장 논쟁적인 영화예요." 에이전트는 그러고는 급하게 뒷걸음으로 자리를 떴다. 분명 또 다른 미팅을 갖고 또 다른 100만 달러짜리 계약을 따내려고 서두르는 것이리라.

요 근래 기억에 데이비드 린치의 저예산 깜짝 히트 스릴러만큼 미국의 견해를 양분한 영화는 한 편도 없었다. 미국의 전원적인 소도시를 배경으로 살인과 폭력, 사도마조히즘을 다루는 이 충격적인 이야기가 상영될 때마다, 관객 중 최소 몇 명은 도중에 극장을 나간다.

이 영화를 사랑하는 사람들도 있다. 〈뉴스위크〉에 따르면, 시카고에서 〈블루 벨벳〉을 보다가 심장마비가 온 어느 환자는 급하게 병원으로 이송돼 심박 조율기를 조정하고는 영화의 결말을 보려고 서둘러 극장으로 돌아왔다. 〈투나잇 쇼〉에서 영화를 평론하는, 뚱보와 키다리 콤비로 활동하는 평론가 로저 이버트와 진 시스켈은 둘이 함께한 이래 의견이 가장 심하게 갈렸다. 이버트는 〈블루 벨벳〉에 "여태껏 만들어진 가장 역겨운 영화 중 하나"라는 딱지를 붙인 반면, 시스켈은 이 영화를 올해의 최고작 열 편 중 하나로 꼽았다.

〈블루 벨벳〉은 성장 영화다. 어느 청년이 가족과 친구들, 이웃들로 구성된 표면 바로 아래에 자리한 힘과 정서를 발견하는 이야기다. 작가이자 감독 데이비드 린치가 보기에, 그 힘들에는 사랑과 증오, 살인, 도착倒錯, 부패, 인격 비하가 포함된다. 〈블루 벨벳〉은 원죄原罪의 땅 내부로 떠나는 여정이다.

〈블루 벨벳〉은 극단적인 영화다. 나무가 쓰러지는 소도시 럼버튼(노스캐롤라이나에 있는 실제 소도시)에서, 새들은 늘 지저귀고 하얀 피켓 펜스는 여름철 구름처럼 환히 빛나며, 이웃들은 어찌나 상냥하고 우호적인지 〈페티코트 정션Petticoat Junction〉미국 시골을 배경으로 한 1960년

^{대 시트콤}에서 곧장 걸어 나온 것 같다. 한편 범죄자들은 너무도 사악하고 악랄하고 인격 비하는 너무 심해서, 영화를 본 관객은 일종의 원초적인 공포를 겪는다. 때로 그 공포는 감당하지 못할 지경에 이른다. 괴짜 대학생이 구사하는 많은 유머가 영화 곳곳에 스며들지 않았다면 말이다. 〈엑소시스트〉(내 마음속에서 1970년대에 가장 무시무시했던 공포 영화)처럼, 〈블루 벨벳〉이 불러일으키는 공포는—괴물이나 살인자에 의한— 외적인 공포가 아니라,—우리 자신의 마음과 영혼 속의 사악함에 기인한— 내적인 공포다.

"그 영화는 우리를 뼛속까지 발라내잖아." 이 영화를 무척 좋아하는 내 친구가 한 말이다. 그는 이 영화를 보러 같이 간 네 명 중 두 명이 중간에 극장을 나갔다고 덧붙였다.

미국인 다수가 보기에 〈블루 벨벳〉의 가장 논쟁적인 측면은 운 나쁜 나이트클럽 가수 도로시(이사벨라 로셀리니) 캐릭터다. 그녀는 무서운 변태 성욕자 프랭크(데니스 호퍼)에 의해 강제로 폭력적이고 가학적인 섹스를 한다.

여기까지는 희소식이다. 나쁜 소식은 도로시가 그걸 즐긴다는 것이다. 그녀는 구타당하고 모욕당할 때마다 성적으로 흥분된다. 제프리(카일 매클라클런)를 유혹한 그녀는 자기를 때려달라고 애원한다. 제프리는 그 부탁을 따른다. 도로시 캐릭터는 맹렬한 비난을 받아왔다. 남성들이 품는 최악의 판타지를 구현한다, 지난 20년간 이루어진 페미니즘의 발전을 거부한다, 강간을 조장한다 등등.

"사람들 입에 오르내리는 것보다 더 나쁜 것은 사람들 입에 오르내리지 않는 것이다." 친애하는 오스카^{Oscar} 옹은 말했다. 데이비드 린치는 분명 이 말에 동의하지 않는다. 마흔 살의 이 감독은 그의 영화가 불러온 빗발치는 비난에 너무 크게 불안을 느낀 나머지, 이 영화에 대해 논의하는 것을 지나치리만치 조심하게 됐다. 창피한 일이다. 〈블루 벨벳〉은 대단히 개인적인 창작물이기 때문이다. 이 영화의 강점 중 하나는 할리우드 위원회가 흔히 쓰는 체크 리스트(영웅, 악당, 애정 관계, 플롯 라인, 갈등 해결 등)를 갖고 만들어낸 상품이 아니라, 그 모든 것을 강력하게 아우르는 대단히 강렬한 비전으로 관객을 납득시키는 개인적인 작품이라는 점이다. 플롯 상의 몇몇 디테일이 피상적이라거나 명확하지 않다는 사실은, 린치가 들려주고 싶어 하는 내장을 쥐어짜는 듯한 스토리의 맥락에서는 거의 문제가 되지 않는다.

내 재촉에 결국 입을 연 린치는 말했다. "모든 논란에 대해 할 수 있는 유일한 말은, '이게 순전히 내가 지어낸 이야기인가, 아니면 실생활에 이 이야기와 비슷한 사례가 존재하는가?'입니다. 실생활에는 이와 비슷한 사례들이 헤아릴 수 없이 많아요. 그런데 이런 이야기를 영화에 집어넣으면 왜들 그렇게 화를 내는 걸까요?"

윤기가 흐르는 갈색 머리카락을 이마에 늘어뜨린, 호기심 가득한 동그란 눈을 가진, 흰색 셔츠의 단추를 목까지 꼼꼼하게 채운, 말할 때는 콧소리로 어린아이를 대하는 듯한 감탄사를 내는 린치는 전형적인 미국 청년과 아주 흡사하다. 감독을 30초만 바라보면 이 영화의 젊은 주인공(성실하고 호기심 많으며 지적인 대학생 제프리)은 감독 자신을 반영해서 창조한 캐릭터에 다름 아님을 알게 된다.

그는 그가 창조한 가장 논란 많은 캐릭터이자 사도마조히스틱한 도로시의 편을 든다. "사람들은 온갖 종류의 기이한 상황에 휘말립니다. 우리는 그들이 그걸 즐기고 있다는 것을 믿지 못하지만, 그들은 사실 그걸 즐기고 있습니다. 마음만 먹으면 거기서 벗어날 수도 있지만 그러지 않아요. 그 이유는 많습니다. 그걸 이해하려면 정신 의학의 세계로 들어가야 해요."

데니스 호퍼의 프랭크 연기는 여태껏 스크린에 등장했던 중에 가장 섬뜩하고 무시무시한 살인광을 우리에게 선사한다. 호퍼는 '술꾼 약쟁이'(호퍼 자신이 쓴 표현이다)로서 할리우드 안에서 유형자 생활을 몇 년간 한 끝에, 드디어 앤서니 퍼킨스의 노먼 베이츠영화〈싸이코〉(1960)의 주인공와 더불어 영화사에 기록될 운명적인 연기를 펼치며 귀환했다.

"데니스가 어느 날 전화를 걸어 왔습니다." 린치의 설명이다. "시나리오를 읽은 후에요. 그가 말하더군요. '데이비드, 내가 프랭크를 연기하게 해줘야 해요. 내가 프랭크니까요.' 굉장히 섬뜩하더군요."

프랭크라는 주제에서, 우리는 〈블루 벨벳〉을 만든 린치의 동기 뒤에 자리한 게 무엇인지에 대한 힌트를 얻는다.

"나한테 프랭크는 미국인들이 아주 잘 아는 사내입니다." 그의 설명이다. "거의 대부분의 사람들이 자라는 동안 프랭크 같은 사람을 만난 적이 있다고 확신합니다. 그와 악수를 하고 함께 술을 마시러 가지는 않았을지 몰라도, 그런 사람은 눈만 마주쳐도 전에 만난 적이 있다는 것을 알게 되죠."

린치에 따르면, 프랭크는 사악하기보다는 뒤틀린 존재다. "프랭크는 사랑에 푹 빠져 있습니다. 그걸 보여주는 방법을 모를 뿐입니다. 그는 뭔가 이상한 일들(몇 가지만 언급하자면 근친상간적인 역할 놀이가 동반된 가학적인 섹스와 살인, 신체 절단, 헬륨 흡입, 마약 거래, 잠재된 동성애 등)에 빠졌을 겁니다. 하지만 그는 여전히 긍정적인 것들에서 동기를 부여받습니다. 〈블루 벨벳〉은 러브 스토리입니다."

데이비드 린치는 이사벨라 로셀리니를 처음 만났을 당시의 이야기를 즐겨 들려준다. 그는 〈블루 벨벳〉 캐스팅 과정에서 그와 그녀를 둘 다 아는 친구로부터 레스토랑에서 그녀를 소개받았다. 그녀의 차분한 유럽풍 미모에 강한 인상을 받은 그는 "당신이 잉그리드 버그먼의 딸이라고 해도 믿겠네요"라고 그녀에게 말했다. "'이 멍청아' 하고 내 친구가 말했죠. '진짜 잉그리드 버그먼의 딸이야!'"

린치는 〈블루 벨벳〉으로 사람들을 도발해서 격분케 만들려는 목적은 전혀 없었다고 주장한다. 로셀리니를 도로시 역할에 선택한 것은 그녀가 린치가 찾고 있던 세련됨과 신비감을, 더불어 연약함과 무력감을 풍겼기 때문이다. 그런데 린치가 논란을 일으키고자 했더라도 이사벨라 로셀리니보다 나은 대안은 없었을 것이다.

잉그리드 버그먼의 딸이자 랑콤 화장품의 '얼굴'로서, 그녀는 흡사 영국 왕실처럼 언론과 TV에 의해 '국유화'되면서 공공의 재물이 되는 미국 스타들의 성좌에서도 가장 높은 곳에 자리하고 있다. 〈피플〉 매거진과 그 아류 매체들의 검사관이 겁 없이 나서기도 전에, 이런 유명 인사들의 슈퍼마켓 방문은 매번 대중이 즐기는 오락거리가 된다. 이사벨라 로셀리니가 성적으로 변태적인 도로시를 연기하면서, 〈블루 벨벳〉은 누가 봐도 괴상한 감독이 만든 마이너 예술 영화에서 미국인의 도덕성을 공격하는 메이저 영화로 즉시 탈바꿈했다.

유행이 지난 검정 카디건을 입고 화장을 거의 하지 않은 실제 로셀리니는 차분하고 품격 있게 그녀의 슈퍼 스타덤을 발산했다. 우리가 점심을 먹으려고 언론인들의 소굴인 (뉴욕 기준에 따르면) 적당히 가식적인 샘스 카페에 앉았을 때, 이사벨라는 영화사가 샘스 카페를 고른 이유가 "우리 어머니 영화 〈카사블랑카〉에 나오는" 릭스 카페와 이름이 닮아서는 아닌지 궁금해했고, 데이비드 린치는 커피 잔에 대해 "내가 태어나서 본 것 중에 가장 큰 잔이네요. 이런 잔을 앞에 둔 사람은 자신이 왜소하게 느껴지지 않을까요?"라며 열변을 토하기 시작했다. 나는 슈퍼스타의 딸과 아트 스쿨 졸업생이 인터뷰를 앞두고 거울 앞에서 각자의 역할을 리허설 했을 거라는 생각에 절망했다.

그런데 이사벨라의 어머니는 1940년대에 할리우드 전체에서 가장 아름다운 여성이었다는 것이 40년대 할리우드에 관한 대단한 권위자(즉 우리 어머니)의 견해라는 말을 내가 내놓자, 이사벨라는 상냥하면서도 진정으로 고마워하는 태도로 반응했다.("오, 무척 고마운 말씀이에요.") 심지어는 약간 놀라는 기색까지 보였다. 그녀의 반응은 진심에서 우러난 것이어서 나는 감동을 받았다.

내가 숭고한 주제에서 끈적끈적한 주제로 교묘하게 옮겨 가며 말했다. "이사벨라, 평론가 렉스 리드는 당신이 〈블루 벨벳〉에서 연기한 역할을 당신 어머니가 봤다면 무덤 속에서 한탄할 거라고 말했는데요."

"그에 대해서는 말하고 싶지 않아요." 그녀는 조용히 대답했다. "우리 부모님은 모두 돌아가셨어요. 그분들이 없는 세상을 사는 것은 내게 충분히 힘든 일이에요. 그래서 그분들 얘기는 남들 몫으로 맡겨뒀어요. 그런 말을 해대는 사람들은 홍보하기 좋은 카피를 만들려고 그러는 소름 끼치는 사람들이 분명하다고 생각해요. 나는 부모님 묘지를 들쑤시는 일은 하지 않습니다."

"그분들이 이 영화를 좋아하셨을지 아니었을지 모르겠어요." 그녀는 단호한 어조로 말을 이었다. "그분들은 여기에 안 계세요. 내가 아는 거라고는 어머니가 (린치가 연출한) 〈엘리펀트 맨〉을 사랑했고 아버지는 데이비드를 만났을 때 그를 아주 마음에 들어했다는 게 전부예요."

다른 행성에서 40년간 휴가를 즐기다 지금 막 돌아온 독자들을 위해 설명하자면, 잉그리드 버그먼은 1949년에 그녀를 임신시킨 이탈리아 영화감독 로베르토 로셀리니를 위해 할리우드에 있는 첫 남편을 떠나면서 세계적인 스캔들을 일으켰다. 할리우드는 잉그리드가 간통을 처음으로 발명했다는 식의 반응을 보이면서 이후 10년 넘게 미국 영화계에서 그녀의 캐스팅을 금지했다. 영화감독으로서는 천재지만 여성과 관련된 문제에서는 절대 성인 군자라 할 수 없었던 로셀리니는 이사벨라가 아주 어렸을 때 잉그리드를 떠났다.

어렸을 때 아버지가 천재인 걸 알았느냐고 이사벨라에게 물었다. 그녀가 답했다. "어린아이였을 때 아버지는 신神이라고 생각했어요. 그러다 나이를 먹으면서 평가를 조금씩 격하시켜야 했고, 결국에는 아버지는 천재라고 말했죠. 우리 어머니도 신이었어요. 하지만 나는 늘 아버지하고 더 가까웠어요. 나는 아버지를 더 좋아하는 딸이었어요."

이사벨라는 유년기의 대부분을 아버지와 함께 로마에서 살았고, 파리에 있는 어머니를 자주 방문했다. 1972년에 뉴욕으로 이주한 뒤 처음에는 이탈리아 국영 TV 소속 텔레비전 저널리스트로 일하다 패션모델이 되었다. 랑콤 화장품과 200만 달러에 5년짜리 계약을 했던 그녀는 지난해에 계약을 갱신했는데, 그 계약으로 세계에서 가장 많은 보수를 받는 모델 중 한 명이 됐다. 서른넷의 나이는 성공

여부는 고사하고 패션모델로서도 상당히 많은 나이다.

"일단 한 모델이 어떤 회사의 이미지가 되고 나면, 회사로서는 그 이미지를 바꾸기가 굉장히 힘들어요. 그래서 그 모델을 장기간 묶어 두는 거죠." 이사벨라는 모델답지 않은 겸손함을 보이며 설명했다.

도로시 역할을 맡을 때, 이사벨라는 자신이 어떤 역할에 뛰어드 는지를 정확히 알고 있었다. 린치처럼 그녀는 캐릭터가 사실적이고 복잡해서 흥미를 느꼈다. 그녀는 할리우드에서 현재 유행하는 일차 원적인 커리어우먼 캐릭터를 위해 시간을 할애할 생각은 조금도 없 다. "나는 도로시를 피해자이자 고통받는 사람이라고 봐요." 그녀의 설명이다. "그래요, 그녀는 이런 상황에 처했어요. 그리고 맞아요, 그 녀는 얻어맞는 것을 좋아해요. 그녀는 어쩌면 뒤틀리고 완전히 정 신 나간 애처로운 사람일 거예요. 하지만 그녀는 영화가 끝날 때 그 런 처지에서 벗어나기 시작해요. 이 영화는 기본적으로 미지의 영역 으로 들어가는 수색이에요. 수색 과정에서 관객은 무엇인가를 발견 해요. 무엇인가를 이해하기 시작하죠. 좋건 나쁘건 자기 자신에 대 해 이해하고, 세상과 자신이 선택 대안들을 갖고 있다는 걸 이해하 는 거예요. 그건 지식을 얻는 과정이자 경험이에요. 나는 단순히 캐 릭터가 아니라, 캐릭터의 성장을 그려내려고 애썼어요."

자립심과 연기에 대한 헌신 면에서 그녀는 어머니를 쏙 빼닮았다. 온기를 발산하는 친근한 미소를 지을 때는 말할 나위도 없다. 그녀 앞에 선 사람은 중절모를 한쪽 눈앞으로 당기고는, 이 미친 세상에 서 두 사람에게 중요한 일에 대해 입 한쪽 구석으로 느릿느릿 말하 고 싶을 것이다.

로셀리니는 〈블루 벨벳〉 이후에 비중이 작은 역할 대여섯 개("아무 일도 하지 않으면서 기다리기만 하는 걸 싫어해요")와, 노먼 메일러가 자기 소설을 영화로 만든 〈터프가이는 춤추지 않는다 Tough Guys Don't Dance〉에서 라이언 오닐의 상대역인 비중 큰 역할 하나를 연기했다. 〈블루 벨벳〉에서 로셀리니가 펼친 연기에 깊은 인상을 받은 메일러는 특별히 그녀를 위해 그녀의 역할을 고쳐 썼다. 그녀는 메일러에게서 그리 깊은 인상을 받지는 못했다. 그리고 이제 막 완성된 영화에서 뭔가 대단한 것을 기대하지도 않는다.

"나는 여전히 신인급 연기자예요. 메일러도 신인급 감독이고요. 우리는 모든 면에서 함께 헤맸다고 생각해요. 그 영화에는 나름의 문제점들이 있어요."

그녀는 "세상 모든 영화가 〈블루 벨벳〉 같다면" 풀타임으로 연기를 할 작정이라고 말한다. 그리고 그런 기회가 생길 때까지 연기에 풀타임으로 전념하려는 오픈 마인드를 갖고 있다. "아버지는 호기심을 가지라고 늘 격려했어요. 무언가를 발견하는 데서, 지식을 얻는 데서 늘 믿기 힘들 정도의 기쁨을 찾아내셨죠. 내게 있어 살면서 최고의 것은 자신을 확장하는 것, 가장 심오한 호기심을 충족하는 겁니다. 가십거리 같은 것에 대한 호기심이 아니라 지식을 향한 호기심을요. 내게는 그게 바로 행복이에요."

제국帝國이 지배하던 세기에 미합중국이 세계 문화에 독창적인 기여를 한 게 있다면, 그것은 아마도 사물의 표면과 외적인 이미지를, 사물 내부적으로 그리고 그 밑에 깔린 의미로 이어지는 실마리로서 탐구하는 예술 형식을 발전시킨 것일 것이다. 이런 접근 방식 또는 감수성(워홀리언 Warholian 감수성이라고 부를지도 모르겠다)은 현대 소비사회에 특히 적합하다. 현대 소비사회에서 우리가 날마다 다뤄야 하는 상품들은 그 어느 때보다 복잡해진 반면, 그것들을 판매하는 포장과 광고는 상품들이 어느 때보다도 단순하게 보이게 하려고 영리하게 수를 쓴다.

데이비드 린치는 이런 감수성을 영화 연출에 도입했다. 그는 1977년 작품인 컬트 클래식 〈이레이저 헤드〉의 주인공 헨리를 다음과 같이 묘사한다. "헨리는 무슨 일이 벌어지고 있다는 건 아주 잘 알고 있습니다만, 그게 무엇인지는 전혀 파악하지 못합니다. 그는 사물을 몹시 조심스럽게 관찰합니다. 그게 무엇인지 가늠하려고 애쓰는 거죠. 그는 시야에 들어왔다는 이유로 당신 머리 옆에 있는 파이 상자의 모서리를 조사할지도 모릅니다. 자기가 있는 자리에 어쩌다 앉게 됐는지 궁금해할지도 모르고요. 만사가 새롭습니다. 그는 그런 것에 겁먹지 않을지도 모르지만, 아무튼 그건 무엇엔가로 들어가는 열쇠가 될지도 모릅니다. 세상 모든 것은 꼼꼼히 살펴봐야 합니다. 그 안에 실마리가 있을 수도 있으니까요."

〈블루 벨벳〉에 대해서는, "무언가의 표면은 늘 존재하고, 그리고 그 표면 아래에서 진행되는 완전히 다른 무엇이 늘 있습니다. 분주하게 움직이는 전자^{electron}들과 굉장히 비슷합니다. 하지만 우리는 그것들을 보지 못하죠. 영화가 하는 일 중 하나가 그겁니다. 그런 갈등을 보여주는 거죠."

〈블루 벨벳〉의 핵심 이미지는 제프리가 들판에 떨어져 있는 것을 발견한 절단된 귀다. 제프리가 귀를 뒤집자, 개미 수백 마리가 들끓고 있다. 그 귀가 어쩌다 거기에 있게 됐는지 알아보기로 그가 마음먹으면서 이야기가 전개된다. 린치에 따르면 그 귀는 "다른 세계로 가는 티켓입니다."

린치는 유년기를 미국 북서부에 있는, 숲이 우거지고 바위가 널린 소도시들에서 보냈다. 그의 아버지는 미국 산림청 소속 과학자였다.

"숲에서 불을 피우면서 많은 시간을 보냈어요."

"숲을 좋아했나요?"

"아뇨."

"그러면 나무들을 태우면서 무슨 일을 했던 건가요?"

"다른 게 아니라 요리를 해보려고 그랬어요."

그가 10대일 때 그의 가족은 워싱턴 D.C.의 교외로 이사했다. "내 시스템에서 숲을 내보내야 했습니다. 지금은 도시를 좋아합니다. 숲도 여전히 좋아하지만요." 고등학교 졸업 후 그는 아트 스쿨 세 군데를 다녔다. 코코란 미술학교, 보스턴 뮤지엄 스쿨, 펜실베이니아 미술 아카데미. "미술과 그림을 사랑합니다. 여전히 사랑하죠."

린치에게 미술에 대해 묻자, 분위기가 갑자기 밝아졌다. 그는 쾌활하고 열정적으로 변했다. 마치 로드 스튜어트^{축구 선수 출신의 록 보컬}를 인터뷰하다 갑자기 주제를 음악에서 축구로 옮긴 것 같았다. 그건 일이고, 이건 오락이다. 린치가 〈블루 벨벳〉을 요약한 표현으로 좋아하는 것 하나가 "노먼 록웰이 히에로니무스 보스를 만났다"이다. 그에게 미술을 그토록 좋아하는 이유가 뭐냐고 물었다. "예술 인생^{art life}은…… (잠시 침묵) 다른 식으로 말하면 위대한 인생입니다."

"데이비드." 로셀리니가 거의 어머니 같은 배려심을 보이며 끼어들었다.(그녀는 전남편 존 바이데만과의 사이에서 낳은 세 살 난 딸 엘레트라의 어머니다.) "당신 지금 너무 수수께끼 같아 보여요."

로셀리니는 린치의 비밀스러운 모습 때문에 자칫 내가 그의 재능을 제대로 알아보지 못할까 봐 염려하는 듯 보였다.

그에게 영향을 준 핵심 인물과 작품들에는 스탠리 큐브릭, 히치콕, 자크 타티 같은 감독들, 〈선셋 대로〉〈길〉〈롤리타〉 같은 작품들, 작가 프란츠 카프카 등이 있다. 가장 큰 영향을 준 게 무어냐고 묻자, 그는 잠시도 주저하지 않았다.

"필라델피아."

"끔찍한 곳이라는 뜻인가요?"

"맞아요. 끔찍하죠. 하지만 굉장히 흥미로운 방식으로 그래요. 거기에는 퇴락해도 좋다는 허가를 받은 곳들이 있어요. 공포와 범죄가 너무 만연해서 아주 잠깐 동안은 다른 세계로 이어지는 틈바구니가 생기는 곳이죠. 무서운 곳이긴 하지만 자석처럼 강렬하고 너무 마술적이라, 필라델피아에서는 늘 상상력이 유발돼요. 지금도 필라델피아에 대해 생각만 하면 아이디어들이 생겨요. 바람 소리가 들려요. 어디엔가 있는 어둠 속으로 떠나요."

도시 재개발이 필라델피아를 청소한 이래로 그런 마력이 파괴됐다고 린치는 말한다.

그는 〈블루 벨벳〉이 현재 제작비 500만 달러를 회수하고 수익을 내고 있어서 무척 만족스럽다. "이 영화가 상업적으로 흥행할 거라고 예상한 사람은 아무도 없었어요. 이제 이 영화는 돈을 벌었어요. 예외적인 영화로 기록됐죠. 그런 일이 벌어지면 환상적이에요."

이 영화가 잘됐으니 다음 프로젝트인 〈로니 로켓〉을 진행하기도 좋을 것이다.

"〈이레이저 헤드〉를 완성한 뒤 10년 동안 그걸 써왔어요. 특이한 존재의 힘을 다룬 부조리한 미스터리예요. 전기electricity에 대한 영화지요."

아무렴, 당연하지. 전기. 그것 말고 달리 무엇이 있겠는가?

최근 몇 달 사이, 이사벨라 로셀리니와 데이비드 린치(둘 다 이혼자다)가 그렇고 그런 사이라는 소문이 돌았다.

"이사벨라, 당신들 두 사람이 사귀고 있다고 이해해도 되나요?"

"그건 당신이 상관할 일이 아니에요."

"데이비드, 만약 〈블루 벨벳〉의 스토리가 엔딩을 지나서까지 이어졌다면, 제프리는 두 여자 중 어느 쪽하고 맺어질까요? 미국의 전형적인 금발인가요, 아니면 어둡고 신비감에 싸인 이국적인 나이트클럽 가수인가요?"

"내 나름의 생각은 있지만, 영화는 거기서, 끝난 지점에서 끝나야 옳다고 생각해요. 어쨌든 그건 아주 명백한 일이에요."

"미안한데, 우리는 이제 가봐야겠어요."

배우와 감독은 상냥하게 미소를 짓고는 일어났다. 두 사람 다 점 잖은 검정색 차림새로 말없이 레스토랑을 나갔다.

미국에 들이민 짙은 렌즈

리처드 B. 우드워드 — 1990

뉴올리언스의 프렌치 쿼터 끄트머리에서, 이 도시의 매력이 빈민
가로 곤두박질치며 들어가는 곳에서, 데이비드 린치가 신작 〈광란
의 사랑〉의 한 장면을 연출하고 있다. 오전에 헌팅을 하러 나온 그는
그전부터 여기 술집에 모여 있는 대여섯 사람이 마음에 들었다. 그
래서 그들을 숏에 합류시키기로 했다. 니컬러스 케이지와 로라 던이
젊은 연인으로 출연하는 이 영화는 이 커플이 사악한 어른들의 세
력을 피해 도망 다니는 것으로 액션이 이루어진다. 뉴올리언스는 그
들의 많은 은신처 중 한 곳일 뿐이다.

시나리오에 따라 세일러가 룰라를 지저분한 호텔에서 데리고 나
와 그의 차에 태운다. 대사를 약간 주고받은 후 차를 출발시킨다. 린
치는 그 지역 출신의 나이 든 여성을 호텔 문 옆에 세우고는 원하는

〈뉴욕 타임스 매거진New York Times Magazine〉 1990년 1월 14일자에서.

바를 침착하게 지시했다. 길 건너편에서 확성기를 통해 하는 말이었다. "루시, 담배를 피우고 맥주를 마신 다음 그들이 차를 몰고 오면 무심한 표정으로 바라봐요. 무슨 일이 있어도 카메라는 쳐다보지 말아요." 큐 사인이 나자, 루시는 흠 잡을 데 없는 연기를 펼치면서 즉흥적으로 연출한 신에 리얼리즘이라는 불쾌한 인상을 더했다.

여행객과 주민들이 촬영을 구경하려고 중앙 분리대에 모인 것을 본 린치는 또 다른 아이디어를 얻었다. 그가 조감독에게 속삭이자 조감독은 조수에게 속삭였다. "저 사람들 중에서 괴상한 사람 열 명을 찾아 모아서 준비시켜. 이 장면을 다시 찍을 거야." 카메라가 돌 준비가 됐을 무렵, 40명에서 50명쯤 되는 구경꾼이 호텔 문 양쪽에 서 있다. 이번에 케이지가 던을 데리러 도착하자 린치는 그들 무리에게 신호를 보내 소리치도록 했다. "굿바이, 세일러! 굿바이, 룰라!" 그런 다음 케이지가 모는 65년형 선더버드 컨버터블이 도로에 타이어 자국을 남기고 떠나자 감독의 얼굴이 환히 빛났다. "재미있었어요." 그가 말했다. 최종적으로 어떤 테이크가 최종 편집판에 합격되건—불쾌한 현실을 그대로 담은 절제된 테이크, 아니면 비정상적인 희열 — 그 테이크는 어둠과 빛에 대한 애정 때문에 미국의 흔한 장소와 경험을 비틀어 작품화하는 미국산 초현실주의자 데이비드 린치의 인장을 담게 될 것이다. 어떤 신을 쇼킹한, 기분 전환거리로 만드는 부조리한 디테일을 찾아내는 안목과, 위험스럽고 때로 그로테스크한 소재를 다루는 취향 덕분에 그는 아마도 할리우드에서 가장 존경받는 괴짜이자 노먼 록웰의 사이코패스 버전이 아닐까 싶다.

린치는 놀라운 장편 영화 데뷔작인 1977년작 〈이레이저 헤드〉로 출발해 1980년에 아카데미상 두 부문(감독상과 각색상) 후보 지명과 함께 주류에서 처음 성공을 거둔 〈엘리펀트 맨〉을 거쳐, 그리고 1986년에 전미비평가협회상 작품상을 수상한 에로틱한 탐정 스토리 〈블루 벨벳〉에 이르기까지 고유한 특징을 발전시켜왔다. 공포와 미스터리의 분위기가 구축되는 사이, 프레임 내부나 사운드트랙에서는 심란한 일들이 일어난다. 예를 들어, 닭들이 갑자기 두 날개를 움직이며 피를 쏟아내는 저녁 식사가 등장하는 〈이레이저 헤드〉에 낮게 깔리는 바람 소리. 데니스 호퍼가 미친 듯이 연기하는 〈블루 벨벳〉의 범죄자 프랭크 부스는 오르가슴에 도달하려면 산소마스크가 필요하고, 그가 로이 오비슨의 노래와 함께할 때면 사람들은 겁에 질린다. 린치의 영화에는 캐릭터들에게 무슨 일이건 닥칠 수 있다는 불길하면서도 흥분되는 느낌이 있다. 그 캐릭터들이 기이한 상황들을 얼마든지 당연한 일로 받아들인다는 사실은 그들에게 코믹한 차원을 부여하는데, 그렇기 때문에 섬뜩한 부분들이 한층 더 섬뜩해지기도 한다.

그의 영화들은 처음부터 착취라는 이슈를 불러일으켰다. 비평과 흥행 면에서 성공한 〈블루 벨벳〉은, 말할 것도 없이, 린치가 영화의 변태적인 섹스와 폭력을 즐긴다는 비난을 받았다. 일부 평론가들은 구타당하는 걸 즐기는 도로시 발렌스 캐릭터가 받은 대접에 개탄했다. 많은 사람이 그의 영화들을 보며 자리를 지키고 있는 것을 불편하게 느끼면서도 그 작품들을 감상하지 않을 수 없다는 사실을 인정한다. 〈블루 벨벳〉을 칭찬한 평론가인 〈뉴요커〉의 폴린 카엘은 〈블루 벨벳〉을 짜릿하게 만드는 것과 관련해 누군가 이렇게 말하는 소리를 들었다고 썼다. "역겨운 놈 소리를 들을지도 모르겠지만, 나는 그 영화를 다시 보고 싶어." 린치는 그의 가장 불쾌한 판타지들을 검열하지 않는다. 그것들은 스크린에 곧바로 올라간다.

"데이비드는 미국인의 정신psyche에 연결돼 있습니다." 신작 영화에서 사립 탐정을 연기하는 해리 딘 스탠턴의 견해다. "그는 사건을 끝까지 가져가는데, 우리는 현재 그런 것들이 간절히 필요합니다." 끝으로 향하건 그걸 넘어서건, 린치는 어느 누구의 작품과도 닮지 않은 영화들을 만든다. 그가 미국의 악몽들에 얼마나 급하게 달려들건, 그는 자신의 리듬에 가장 충실한 상태다. 두 번 결혼하고 두 번 이혼했으며 두 아이를 뒀음에도 린치는 소년의 마음가짐을 아주 잘 유지해왔다.(유년기의 안도감 및 경이로움과, 뭔가 어른스럽고 알지 못하는 것, 위험한 것 사이의 긴장 상태 속에서 말이다.) 그에게 세상은 좋은 것과 사악한 것 모두를 발견하는, 살아 숨 쉬는 곳이다.

데이비드 린치를 처음 만나는 사람은 누구나 그가 평범하고 말쑥하게 보인다는 사실에서 깊은 인상을 받는다. 그의 작품은 종종 브뉘엘과 콕토 같은 유럽의 초현실주의자들을 연상시키지만, 실제로 만나본 그는 건전한 미국인이다. 체구는 운동을 한 것 같지 않은 평범한 체구다. 머리카락은 굵고 헤어스타일은 보수적이다. 보통 흰 양말을 신으며 셔츠는 맨 위 단추까지 다 채운다. 마흔셋 먹은 사람이 아니라 초등학생처럼 보이는 1950년대 복고풍 차림이다. 〈엘리펀트 맨〉을 제작하고 그를 감독으로 기용한 멜 브룩스는 그를 '화성에서 온 지미 스튜어트'라고 불렀다. 아닌 게 아니라 배우 지미 스튜어트의 다정한 얼굴과 서민적인(머뭇거리면서도 진심이 담긴, 콧소리가 나는) 목소리가 분명 있다.

그런데 그와 얘기를 나누려면 우선 그를 붙잡아야 한다. 지난 1년 반 동안, 린치는 여러 창작 작업에 매달리느라 그의 프로젝트에 관여되지 않은 사람에게는 시간을 좀처럼 내지 못했다. 린치의 〈사구〉(프랭크 허버트의 SF 클래식을 각색한 영화)와 〈블루 벨벳〉을 제작한 디노 드 로렌티스의 영화사가 1988년에 파산하면서, 그는 영화화되지 못한 시나리오 대여섯 편과 함께 묶이는 신세가 됐다. 거기서 느낀 낙담과 잃어버린 시간을 벌충하려는 듯, 린치는 신작 여러 편을 폭발적으로 쏟아냈다.

그는 (로리 앤더슨다양하고 실험적인 활동을 벌인 미국 예술가이나 데이비드 번여러 분야에서 활동한 스코틀랜드 출신 미국 뮤지션과 유사한) 컬트 명인이라는 위상 덕에 다른 매체에 접근하는 게 가능하다. 현재 후반 작업 중으로 가을에 개봉이 예정된 〈광란의 사랑〉 작업 외에도, 그는 추상과 구상의 사이를 떠다니는 은은하고 무드 있는 그림들을 계속 그리고 전시한다. 린치는 가수 줄리 크루즈의 앨범을 제작하고 작사했는데, 그녀의 〈사랑의 미스터리들〉은 〈블루 벨벳〉의 클로징 넘버였다. 또 지난 11월에는 뉴욕을 찾아 브루클린 음악 아카데미에서 〈산업 교향곡 No. 1〉을 공연했다. 그가 작곡가 안젤로 바달라멘티와 함께 집필하고 연출한 이 무대 작품에는 통나무에 톱질을 하는 난쟁이와 반라의 여성 곡예사가 등장하며, 피날레에서는 갓난아기 인형 10여 개가 줄에 매달려 천장에서 런웨이로 내려온다.

아마도 가장 주목할 만한 것은, 린치가 텔레비전의 프라임타임에 침투할 참이라는 것이다. 그가 공동으로 집필하고 연출한 시리즈인 〈트윈 픽스〉를 봄에 ABC에서 볼 수 있다. 〈트윈 픽스〉는 흔히들 예상하듯 불온한 부분을 삭제하고 축약한 작품이 아니라, 한눈에 봐도 린치의 작품이다. 프롬 퀸이 살해된 사건을 뒤쫓으면서 미국 북서부 소도시의 고등학교 생활을 다루는 강렬한 판타지로, 프롬 퀸은 다들 알고 있던 것과는 달리 순수한 학생이 아님이 밝혀진다. 이 시리즈는 그녀의 죽음과 그곳 소도시의 연관성, 그리고 그에 대한 FBI의 수사를 탐구한다. 정교하게 질감을 살린, 나른한 환각을 일으키는 능력을 형식에 주입하는 통속 드라마의 일종이다. 감독 자신과 비슷하게, 이 시리즈는 관습적이면서도 미쳤다 싶을 정도로 뒤틀려 있다.

린치가 외모처럼 평범한 사람은 아니라는 힌트는 그가 좋아하는 맨해튼 레스토랑 중 하나인 소호의 제리스에서 점심을 먹으려고 앉은 후에 나왔다. 린치는 따르는 제식이 많다. 〈광란의 사랑〉 뉴올리언스 세트에서 그는 날마다 점심때면 명상을 하러 촬영장을 빠져나가고는 했다. 명상은 그가 17년간 지켜온 관행이다. 또 다른 제식은 레스토랑임이 드러났다. 그는 날마다 같은 장소에서 식사를 하고 같은 음식을 주문하는 것을 좋아한다. 그는 전날에도 제리스에 왔었고, 자신이 무엇을 원하는지 잘 안다.

"특정 음식들을 같이 먹으면 그것들 사이에 화학 작용이 일어난다는 얘기를 듣는 통에 지금 위기 비슷한 것에 빠져 있어요." 그가 BLT 샌드위치를 베어 무는 사이사이에 한 말이다. "이제 난 뭘 먹어야 할지 정말로 모르겠어요. 내가 먹는 모든 게 잘못됐고 올바른 먹을거리가 무엇인지를 모르니까요. 이건 나한테만 문제가 아니라 수백만 명에게 문제예요."

그는 농담을 하는 게 아니다. 프렌치프라이를 하나 더 입에 넣는 동안에도 진짜로 걱정하는 표정이었다. 이 남자는 할리우드 힐스에 있는 자신의 저택을 몇 년간 가구를 거의 비치하지 않은 상태로 유지해왔다. 이유는 자기가 "그것들에 대해 생각할 필요가 없게끔" 하기 위해서다. 사람들이 거기로 자신을 방문하는 것도 원치 않았다. "나는 사람들이 보지 않았으면 하는 일들을 하고 있었어요." 그의 설명이다. 그 일들이 무엇이었느냐고 압박하듯 물으면 그는 이런 말만 할 것이다. "이런저런 거요." 그는 계속해서 음식을 주제로 이야기했다. "나는 일들이 정돈돼 있는 것을 좋아해요. 7년간 밥스 빅 보이에서 식사를 했어요. 사람들이 몰리는 점심시간이 끝난 뒤인 2시 30분에 가고는 했죠. 초콜릿 셰이크하고 (설탕을 듬뿍 넣은) 커피 네 잔, 다섯, 여섯, 일곱 잔을 먹었어요. 초콜릿 셰이크에도 설탕이 많이 들었죠. 은으로 만든 고블릿에 담긴 셰이크가 걸쭉했어요. 그렇게 설탕을 다량 먹고는 격한 흥분 상태를 맞곤 했고, 그러면서 아주 많은 아이디어를 얻었어요! 아이디어들을 냅킨에 옮겨 적고는 했죠. 종이로 덮인 책상을 가진 거나 다름없었어요. 난 그저 펜을 잊지 않고 가져가기만 하면 됐죠. 하지만 깜박하고 안 가져가도 웨이트리스가 빌려줬어요. 나갈 때 돌려주기만 하면요. 밥스에서 얻은 아이디어가 많아요."

린치와 대화하다 보면 10대와 인터뷰하는 듯한 느낌이 든다. 그는 좋아하는 감독 두 명을 묘사할 때 '깔쌈하다neat'와 '끝내주는thrilling', '짱쿨하다coolest' 같은 표현을 썼다. "큐브릭은 짱쿨하고, 마티(스코세이지)도 그와 엇비슷해요." 린치는 비평적인 분석은 피한다. 이미지의 흐름을 막을 거라는 두려움 때문이거나 그의 아이디어들이 움트는 곳이 어디인지를 솔직히 그도 모르기 때문이다. "내 아이디어들은 추상적인 관념이나 자연에 기초하고 있어요." 그의 모호한 설명이다. 설탕 다량 섭취도 하나의 설명이기는 하지만 말이다. 〈블루 벨벳〉에서 고통받는 도로시 발렌스를 연기했고 현재는 린치의 로맨틱한 반려자인 이사벨라 로셀리니는 그를 '무아지경에 빠진, 천사 같은 사람'이라고 부른다. "사람들 대다수가 이상한 생각들을 하지만, 그들은 그런 이상한 생각들을 합리적으로 설명해요. 그런데 데이비드는 자신의 이미지들을 논리적으로 해석하지 않아요. 그래서 그 이미지들은 날것 그대로, 감정을 자극하는 상태로 남죠. 내가 그에게 아이디어가 어디서 나온 거냐고 물을 때마다 그는 물고기 잡는 거랑 비슷하다고 말해요. 자기도 뭘 잡을지 전혀 모른다면서요."

이 천사 같은, 무당 같은 사내는 그와 동시에 현실에 굳건히 발을 디디고 있다. 그는 정원을 가꾸고 이런저런 것들을 만든다. 촬영장에서는 불가사의할 정도로 과묵하고 자신이 뭘 원하는지 잘 알고 있다. 제작비 예산과 스케줄을 잘 인식하고 책임감을 느끼는 그는 어떤 신이든 절대 스토리보드로 그리지 않는다. 자신을 우연이나 연상聯想에 열린 상태로 놔두는 것이다. 그는 괴짜가 아니다. 진정한 체제 전복 세력이 그렇듯, 그는 남들에게 평범한 사람으로 통할 수 있다.

"데이비드를 만났을 때 어떤 걸 기대해야 할지를 몰랐습니다." ABC의 드라마 시리즈 개발 부문 부사장 게리 S. 러바인이 한 말이다. "그런데 만나보니 대단히 명확한 비전을 고수하는, 점잖은, 거의 소심하기까지 한 사람이더군요. 그는 엄청나게 책임감이 강하고 집중력도 강해요. 〈트윈 픽스〉는 제작비 예산 내에서 시간에 맞춰 납품됐습니다. 그가 사무실에 들어오기 전에도 작품 전체가 머릿속에 있었을 거라고 생각합니다."

1946년에 몬태나 미줄라에서 태어난 린치는 농무부 소속 연구과학자의 아들이다. 그의 가족은 아버지 직업 때문에 아이다호 샌드포인트에서 워싱턴 스포캔으로 북서부 쪽을 돌다가 마지막에는 동쪽으로 향해 버지니아 알렉산드리아로 이사했다. 그는 거기서 고등학교를 다녔다. 〈블루 벨벳〉과 〈트윈 픽스〉는 확실히 그가 초년에 경험한 미국의 전형적인 청소년기를 반영하고 있다. 대부분 백인으로 구성된 자그마한 공동체가 있는 임업 도시에서 성장하고, 공립 학교를 다니고, 밤중에 스릴을 찾아 다운타운을 배회하는 것.

"10대 때 나는 하루 24시간을 정말로 재미있게 보내려고 애쓰고 있었어요." 린치의 회상이다. "스물인가 스물한 살이 돼서야 생각이라는 것을 하기 시작했어요. 멍청한 짓거리를 꾸준히 하고 있었죠." 그와 같은 고등학교를 다닌 잭 피스크 감독에 따르면, 린치는 여자 친구와 함께 투표를 통해 '제일 귀여운 커플'로 선정됐고, 졸업 앨범에는 그 둘이 2인용 자전거를 타는 사진이 실렸다. "데이비드는 중산층이 거주하는 교외에서 양육된다는 현실과 싸우고 있었던 것 같아요." 피스크의 설명이다. "그런데 한편으로 그는 그런 종류의 안정감에 매혹을 느껴요. 그게 환상이라는 걸 알면서도 자신의 영화들을 위해 거기에 의지하죠."

동시대의 많은 할리우드 감독과 달리, 그는 자랄 때 영화에 푹 빠져 지내지는 않았다. 그는 화가가 되고 싶었다. 그와 피스크 둘이서만 쓰는 작업실이 있었는데, 그들은 그 공간을 검정색으로 칠했다. 고등학교를 졸업한 린치는 보스턴 뮤지엄 스쿨에 입학했지만 그곳이 마음에 들지 않았다. 이후 두 사람은 표현주의 화가 오스카 코코슈카 밑에서 공부하려고 유럽으로 떠났다. 거기서 4년을 보내려던 두 사람의 계획은 열흘 만에 무산됐다. 린치는 알렉산드리아로 돌아왔고 부모님은 유감스러워했다. 그 뒤 린치는 저임금 일자리에서 연달아 해고됐다. 린치가 자기 본연의 면모를 발견한 것은 필라델피아로 이사하면서부터였다. 그와 피스크는 펜실베이니아 미술 아카데미에 등록했다. "필라델피아에서 난생처음으로 짜릿한 생각들을 하게 됐어요." 그의 설명이다. 그는 〈이레이저 헤드〉에 담긴 비전의 출처로 필라델피아를 자주 거론한다. 느리고 암울한 이 영화는 내내 음침하고 가난한 공단 지역을 배경으로 비참한 커플과 그들이 낳은 돌연변이 아기를 다룬다. "삶의 부조리를 제대로 인식하기 시작했습니다." 그의 설명이다. 그는 오후 5시에 일어나 밤새 작업하고는 했다. 린치와 피스크는 범죄가 들끓는 빈곤 지역의 집을 임대했는데 옆에는 팝스 다이너가 있었고 대각선 방향에는 시체 안치소가 있었다. "데이비드는 격식에 맞게 옷을 차려입고 시체 안치소를 방문하고는 했어요." 피스크의 설명이다. "그는 거기에 매료됐습니다. 항상 타이를 적어도 두 개는 맸어요. 하나는 불운을 피하기 위해서였죠." 동네에서는 살인 사건이 드물지 않게 일어났다. "필라델피아에서 믿을 수 없는 일을 무척 많이 목격했습니다." 린치의 설명이다. "다 큰 여자가 두 가슴을 움켜쥐고는 젖꼭지가 아프다고 불평하면서 갓난아기처럼 칭얼대는 것도 봤어요. 그런 일들에 맞닥뜨리면 사람들은 기겁을 할 거예요."

린치는 학교가 주최한 미술 콘테스트에 내려고 첫 영화를 만들었다. 머리 여섯 개가 구토를 한 다음 불길에 휩싸이는 모습을 보여주는 10초짜리 애니메이션 루프였다. 그는 1등 상을 공동 수상했다. 이 작품을 무척 좋아한 동료 학생이 자기 거실에 놓겠다며 내부에서 영화가 상영되는 조각품을 만들어달라고 린치에게 1000달러를 건넸다. 몇 달간 작업하면서 돈이 바닥났고, 그렇게 탄생한 작품은 카메라 결함 때문에 '기다랗고 흐릿한 형체'만 남은 것이었다. "프레임라인frame line, 필름의 프레임과 프레임 사이를 구분하는 선조차 없었어요." 어째선지 그는 속상하지 않았다. "굉장히 괴상한 일이었습니다. '내가 낙심해야 옳은데 왜 안 그러는 거지' 하고 생각하던 기억이 납니다." 그는 그 일을 '숙명'이라고, 자신을 영화 연출의 세계로 인도한 행로라고 회상한다. 본인이 "힌두교 신자인 것 같다"고 말하는 린치인 만큼 숙명과 운運은 필수적인 개념이다.

린치는 아버지한테서 받은 돈으로 스토리 없이 애니메이션과 실사 액션이 결합된 4분짜리 영화 〈알파벳〉을 만들었다. 그 영화를 로스앤젤레스에 있는 미국영화연구소에 보냈고, 연구소는 그에게 〈할머니〉의 제작비를 지원했다. 〈할머니〉는 정신적으로 장애가 있는 소년이 심은 씨앗이 할머니로 자란다는 내용을 담고 있다.

1970년에 미국영화연구소의 고급영화연구센터에 들어간 린치는 체코슬로바키아 영화감독 프랭크 대니얼 밑에서 공부했다. 대니얼의 영화 분석 강의는 그의 집필과 연출 습관을 형성했다. "그가 나한테 가르친 건 간단한 거였어요." 린치의 설명이다. "장편 영화를 만들고 싶다면, 70신을 만들 아이디어가 있어야 한다. 신에 대한 아이디어를 3×5인치 카드에 적어라. 그런 카드를 70장 갖게 되면 장편 영화 한 편을 얻은 셈이다." 린치는, 지금은 조감독에게 지시를 내리는 입장이라는 점만 다를 뿐, 여전히 이런 식으로 작업한다.

그런데 학교에 다시 불만을 느끼고 영화와 회화 사이를 오가며 작업하던 린치는 자퇴할 준비를 했다. 연구소 측에서 그에게 떠나지 말라면서 정말로 하고 싶은 일이 뭔지 말하라고 하자, 그는 대답했다. 〈이레이저 헤드〉.

1971년부터 1976년까지, 이 이해하기 힘들고 섬뜩하며 독창적인 영화는 린치, 그리고 지금도 그와 친한 사이인 친구 몇 명으로 이뤄진 작은 집단을 사로잡았다. "데이비드는 온전히 그만의 것인 영화 문법을 개발하고 있었습니다." 〈블루 벨벳〉과 〈광란의 사랑〉도 함께 작업한 촬영감독 프레더릭 엠스가 한 말이다. 〈이레이저 헤드〉는 당시 미국영화연구소가 본부로 쓰던 베벌리힐스의 그레이스톤 맨션에서 대부분 촬영했는데, 린치는 아내와 헤어진 후 불법으로 거기서 거주했다. 창문을 담요로 막은 그의 방은 그의 세계가 됐다. 그는 경비원이 의심하지 않도록 밤이 되면 자기 방에 자물쇠를 채워달라고 엠스에게 부탁하고는 했다.

린치는 1967년에 미술을 공부하는 동료 학생과 결혼했고 1년 후에 딸 제니퍼가 태어났다. 〈이레이저 헤드〉에서 우리는 아버지가 되는 데 따르는 책임감을 감당할 수 없어 두려워하는 남자를 본다. 그 영화의 고통스러운 모티프 중 하나는 괴물같이 생긴 무력한 아기가 울음을 절대로 멈추지 않는 것이다. "데이비드는 〈이레이저 헤드〉를 만드는 동안 영적인 위기를 겪었습니다." 넋이 나간 남편을 연기했던 잭 낸스의 설명이다. "그가 명상 프로그램을 개발한 게 그때입니다."

다른 인터뷰에서, 린치는 '예술 인생'의 중요성에 대해 말했다. 예술 인생에서는 예술을 창작하는 데 필요한 절제력과 시간이 다른 무엇보다 우선돼야 한다. "예술가의 인생은 대단히 이기적입니다." 그가 오늘 한 말이다. "하지만 무언가를 창작하는 것은 스릴이 넘치는 일이고, 그런 일을 해내려면 어떤 체제를 갖춰야 해요. 그러니 의무를 많이 짊어질 수가 없는 거죠."

"내 입장에서는 곤란한 일이 아닙니다. 내가 다른 사람들에게 폐를 끼치고 있다는 걸 알 때에만 곤란하죠. 그런데 그들이 나한테는 그렇단 말을 하지 않고 있었던 듯합니다.”(그는 전처들이나 자녀들과 좋은 관계를 유지하고 있다. 그의 스물한 살 난 딸 제니퍼 린치는 다음 달에 직접 시나리오를 쓴 〈남자가 여자를 사랑할 때^{Boxing Helena}〉로 감독 데뷔할 예정이다. 어떤 남자가 여자 친구의 사지를 잘라 상자에 보관하는 이야기로, 그녀의 말에 따르면 ‘강박적인 현대의 러브 스토리’다. 이 플롯에 아버지의 영향이 어느 정도나 있었느냐고 묻자, 그녀는 말했다. “사실 아버지는 이 소재를 꽤나 불쾌해했어요. 그러면서도 내가 무척 특이한 시나리오를 썼다고 생각하시죠.”)

〈이레이저 헤드〉는 린치의 돈이 거듭 바닥나는 바람에 완성까지 5년이 걸렸다. 그의 부모를 포함한 많은 사람의 도움으로 완성됐다. 1977년에 뉴욕의 시네마 빌리지에서 심야 상영으로 개봉한 뒤 초반에는 반응이 더뎠지만 이후 로스앤젤레스와 샌프란시스코, 런던의 공포 영화 순회 유통망에서 히트작이 됐다. 같은 해, 린치는 잭 피스크의 동생 메리와 결혼했다.(1982년에 두 사람은 아들 오스틴을 낳았다.) 로스앤젤레스에 거주하던 그때가 그에게는 ‘창고 건축’ 또는 ‘초기 밥스 빅 보이’ 시절이라 할 만한 시기의 시작이었다. 그가 얻은 유일한 일거리는 〈월스트리트 저널〉을 배달하는 일이었다. 그는 길거리에서 모은 목재로 L자 형태의 박공지붕을 얹은, 이집트 스타일을 가미한 차고를 짓고 가족과 거기서 살았다. 그는 더없이 만족스러웠다. ‘날알로 된 행복’이라고 부르는 설탕에 빠진 것도 그 무렵이었다. 그런데 2년 후, 그는 잠시도 쉬지 못하는 성격 탓에 〈엘리펀트 맨〉의 작가 중 한 명으로 영화계에 돌아왔다. 모든 스튜디오가 시나리오를 거부하자, 멜 브룩스가 그의 회사인 브룩스필름스를 통해 영화를 제작하기로 결정했다. 감독으로 린치가 물망에 오르자 브룩스는 〈이레이저 헤드〉를 보러 갔다. 린치가 극장 밖에서 신경을 곤두세우고 기다리는 가운데 상영이 끝났고, 브룩스가 나오면서 소리를 질렀다. "자네 미친놈이군. 마음에 쏙 들어. 합격이야."

〈엘리펀트 맨〉의 무드, 그리고 산업화 시대 영국을 뒤덮은 어둠과 몇 움큼의 빛으로 구현한, 손에 만져질 듯한 비전은 린치에게 빚진 바가 크다. 그리고 그의 경력에서 유일하게, 분위기를 창출하는 그의 재능이 명백히 극적인 스토리와 결합했다. 즉 애처로우리만치 기형적으로 생긴 존 메릭과 그의 주치의 사이의 관계. 이 영화가 박스오피스에서 성공을 거두면서 린치의 지위는 컬트의 세계를 넘어섰다. 디노 드 로렌티스가 오리지널 시나리오들을 발전시키라며 린치에게 돈을 건넸는데, 그중 하나가 〈블루 벨벳〉이 됐다.

그런데 린치는 이 두 히트작 사이에 〈사구〉를 만들었다. 〈사구〉는 드 로렌티스 입장에서는 4000만 달러짜리 재앙이고, 지금도 그 영화에 대해 "말을 꺼내려면 극도로 고통스럽다"고 밝히는 감독 입장에서는 감정적 실패작이다. 〈사구〉는 물이 없는 행성에서 왕가王家의 구성원들과 권력을 움켜쥐는 소년의 이야기를 다룬 초현대적인 서사 영화로, 통상적인 극장 러닝타임에 맞추려고 린치의 동의 없이 상당히 많은 내러티브를 쳐냈다. 영화는 엉망이고 지지부진하지만 비주얼만큼은 관객을 사로잡는다. "그 경험 덕에 교훈을 하나 얻었습니다." 린치의 설명이다. "최종 편집권을 갖지 못한 영화를 만드느니 영화를 만들지 않는 편이 낫습니다."

〈블루 벨벳〉에서 린치는 예술가로서 통제권을 가졌다. 그가 밥스에서 냅킨에 적은 아이디어에서 출발한 이 영화의 신들은 감독의 잠재의식에서, 즉 교과서에 세뇌당하지 않은 프로이트적인 스토리라인에서 곧장 튀어나온 것처럼 보인다. 투병하는 아버지를 보러 집으로 돌아온 젊은이 제프리 보몬트는 숲을 거닐다 사람의 귀를 발견한다. 이 발견으로, 그리고 귀의 주인이 누구인지 알아내려다 시작한 수사 작업으로 인해 그는 소도시의 복판에 자리한 부패를 목도하고, 도로시 발렌스와 프랭크 부스가 섬뜩하게 재현하는 원초적인 광경을 옷장 안에서 목격하기에 이른다. 부스가 쓴 산소마스크는 제프리의 아버지가 병원에서 쓴 장비와 유사하다. 제프리는 형사의 고등학생 딸에게 도움을 요청하고, 두 사람은 함께 악당들을 찾아낸다. 사랑은 세상을 다시 정복하고 어둠은 걷히며, 개똥지빠귀는 지저귀고 청년의 아버지는 쾌유된다.

〈블루 벨벳〉은 하디 보이스 스타일의 X 등급 모험물인 동시에 관음증의 쾌감과 위험을 뚫어져라 탐구하는 연구물이다. 한 청년이 성인의 세계에 느끼는 두려움과 함께, 그가 어른들의 섹스와 죽음에 대해 더 많이 알려는 욕구를 극화한다. 린치의 동료 다수가 카일 매클라클런이 연기한 제프리 보몬트를 작가의 대역代役으로 본다. "카일의 캐릭터에서—걸음걸이와 버릇에서— 데이비드의 면모를 많이 봤어요." 잭 피스크가 한 말이다. 감독과 캐릭터 사이의 거리감이 이토록 결여되면 관객은 불안할 수도 있다. 즉 우리는 감독 자신의 과열된 판타지들을 훔쳐보고 있는 듯한 느낌을 받는다. 폴린 카엘이 리뷰에 다음과 같이 적은 대로 말이다. "당신이 당신과 감독의 마음 사이에 예술적인 것이 너무 적게 존재한다고 느낀다면, 그건 이 영화가 일반 수준에 비해 감정 표현을 덜 억제하기 때문일 것이다." 제프리가 목격한 사건들을 감안할 때 해피 엔딩은 아이러니한 듯 보이고 지나치게 작위적인 느낌이지만, 린치와 (학생 샌디 윌리엄스를 연기한) 로라 던의 생각은 다르다. "데이비드는 프랭크 부스를 믿는 만큼이나 개똥지빠귀를 믿는 사람이에요." 그녀의 설명이다.

린치는 어린 시절에 느낀 불안들에 주의를 기울이는 한편으로, 이 소재를 그 특유의, 일관적인 필름 스타일로 채웠다. 느린 디졸브, 스포트라이트 비추기, 극단적인 클로즈업, 어둠에서 불쑥 튀어나오는 인물들, 어떤 장소나 사건의 사운드와 질감에 맞춰 비트를 더해 포착한 숏들. 그는 안면 기형과 과장된 노이즈, 병적인 말장난, 코믹하리만치 시시한 대사에 흥미가 있다. 캐릭터들은 터무니없이 구체적일 수도 있다. "디테일들은 영화에 특징을 부여합니다." 프레더릭 엠스의 설명이다. "데이비드를 즐겁게 해주려면 맥주도 그 브랜드의 맥주여야 해요. 그는 캐릭터가 모는 자동차의 종류에 대해서도 생각이 많습니다." 이런 디테일들(다른 시대에 등장하는 브랜드 이름들) 때문에 종종 연대기적으로 혼란스러운 상황이 벌어지고, 그래서 모든 일이 꿈속 시간에 일어나는 듯하다.

극의 배경이 되는 소도시에서 이름을 따온 새 텔레비전 시리즈 〈트윈 픽스〉도 이런 요소들을 모두 갖고 있다. 이 시리즈는 〈블루 벨벳〉과 직접적인 관계가 있다. 파일럿의 첫 이미지—나무에 앉은 새—는 개똥지빠귀에서 따왔다. "내 캐릭터를 성장한 제프리 보몬트로 봅니다." 연방 요원을 연기하는 카일 매클라클런이 한 말이다. "그는 상황에 따라 행동을 취하는 게 아니라 그가 속한 세상을 호령하죠." 그런데 그 요원도 특유의 린치안^{Lynchian} 기벽들을 갖고 있다. 예컨대 그는 지역의 울창한 나무들에 익숙해지지 못하고, 머릿속에 떠오른 생각을 모두 마이크로카세트 녹음기에 대고 읊는다.

그 소도시 자체도 괴짜들로 그득하다. 어디를 가건 통나무를 지니고 다니는 여인, 끔찍한 광경을 보면 울먹이는 경찰관, 10대 소시오패스들. 출연진에는 잭 낸스와 마이클 온트킨, 파이퍼 로리, 조앤 첸, 그리고 오래된 TV 시리즈 〈모드 스쿼드〉에 출연했던 페기 립튼 등이 있다. 이 시리즈에는 다른 TV 시리즈에 대한 언급(J. R. 유잉인 기 TV 시리즈 〈댈러스Dallas〉의 주인공 캐릭터의 이니셜이 플롯에 등장한다)도 있고 〈선셋 대로〉와 〈웨스트 사이드 스토리〉(이 영화에 출연했던 리처드 베이머와 러스 탬블린이 출연한다)도 언급된다.

〈블루 벨벳〉에서처럼, 이 소도시는 캐릭터들보다 앞서 존재했다. "우리는 지도를 그렸습니다." 린치와 공동으로 시나리오를 쓰고 제작하는 마크 프로스트의 설명이다. "호숫가에서 물에 씻기는 시체 이미지가 시작이었죠. 그 도시에 제재소가 있다는 건 알았지만 세부적인 것들은 미확정 상태였어요." 그들은 석 달간 집중적으로 논의한 뒤 열흘 만에 시나리오를 집필했다.

두 가지 버전이 있다. 살인 미스터리를 해결하는 두 시간 길이의 비디오카세트, 그리고 첫 번째 에피소드 그룹이 끝난 후에도 살인자가 여전히 밝혀지지 않은 시리즈. 살인에 마약과 야한 잡지, 결박bondage이 관련돼 있지만 〈트윈 픽스〉에서 섹스와 폭력은 덜 중요해 보인다. 이 시리즈의 제목은 여자의 가슴을 두고 남자들이 하는 농담이다. 어쨌든 서부의 풍경은 그랜드티턴Grand Toton을 두드러지게 그려낸다.

마크 프로스트가 보기에 린치의 작업 마인드를 보여주는 전형적인 이미지는 파일럿에 등장하는, FBI 요원이 시체 안치소에 누워 있는 소녀의 시신을 확인하는 장면이다. 그 요원은 핀셋으로 그녀의 손톱 아래 박혀 있을 거라 판단되는 조그만 증거를 찾고 있는데, 많은 시청자가 이 모습을 불안하게 받아들일 수 있다. "데이비드는 사물의 표면 아래로 직진하는 것을 좋아하고, 사람들을 불편하게 만드는 것을 좋아합니다."

린치는 그 장면도 좋아하지만, 좋아하는 이유는 다르다. "내가 그 신을 좋아하는 것은 카일이 강박적이기 때문입니다. 나쁘지 않은 방식으로요. 그는 얼간이죠."

"모든 사람이 형사입니다." 그는 이어서 말했다. "우리 모두는 무슨 일이 벌어지는지 알고 싶어 합니다." 관객의 두려움을 이용해먹으려 하지 않으면서도 그는 사람들이 "늘어져 앉은 자리에서 자세를 바짝 고쳐 앉기를" 바란다고 인정한다.

"관객이 느껴야 하거나 곤경에 빠져드는 마술 같은 선^{line}이 있습니다." 그의 설명이다. "때로 관객은 그걸 느낀다고 생각하지만 실제로는 그렇지 않습니다. 그 선에 가까이 가는 것은 흥미롭습니다. 우리는 마땅히 그 선에 가까이 가야 합니다. 하지만 그 선을 넘어가서는 안 됩니다. 손톱은 그 선에 가까이 있지요."

ABC의 임원들은 미국 사회가 이 괴상하고 실험적인 연속극에 어떻게 반응할지에 대해 모호한 생각만 갖고 있다. "케이블 테스트를 해봤는데 꽤 긍정적이었습니다." 게리 러바인의 설명이다. "압도적으로 좋지는 않지만, 긍정적이기는 합니다." 검열과 시간제한 같은 텔레비전의 제약들이 린치를 귀찮게 만든 것 같지는 않다. "파일럿은 운이 좋았습니다. 만사가 제대로 들어맞았어요." 그의 설명이다. "그런데 시간제한은 하나같이 임의적이고 터무니없어요. 드라마를 특정 시간 내에 끝내야 한다는 법은 없습니다. 한 시간에 드라마를 끝내지 않는 나라들도 있거든요. 어느 나라인지는 모르지만, 그런 나라들이 있다고 들었어요."

하지만 그는 텔레비전이 끈질기게 보여주는 폭력에 대해서는 진정으로 우려했다. "현대 세계에서 일어나는 최악의 일은 사람들이 텔레비전에서는 사람이 고통도 없고 피도 흘리지 않으면서 죽는다고 생각하는 겁니다." 그의 설명이다. "누군가를 죽이는 것이 그리 골치 아픈 일이 아니라는 생각이, 그다지 아프지 않다는 생각이 아이들 머릿속에 주입될 겁니다. 내가 진짜로 역겨워하는 건 그겁니다. 진짜로 역겨운 일입니다."

제리스에서 음식이 서서히 줄어들어 먹을거리가 커피 반 잔만 남았을 때, 린치는 영화 연출 과정이라는 복잡한 주제에 대한 질문에 답했다. "테크닉에 대해서는 생각하지 않습니다." 그의 대답이다. "아이디어가 모든 걸 지시하죠. 그런 아이디어에 충실해야만 해요. 그러지 않으면 우리는 죽은 사람이나 진배없습니다."

텔레비전 시청자가 린치의 괴상한 아이디어들을 받아들이건 말건, 그에게는 억제되지 않고 발작적으로 쏟아져 나오는 상상력을 담은 영화들이 있다. 〈광란의 사랑〉은 〈블루 벨벳〉보다 훨씬 더 폭력적이고 성적으로 뒤틀려 있으며, (자위와 권총, 음료수병 두 개가 등장한다는 것을 제외하면 카니발 게임과 사뭇 닮은 제식을 보여주는) 오싹한 고문 장면도 등장한다. 린치는 그걸 남들에게 보여주기 겁났다. "난 감옥에 가게 될 거라고 생각했어요." 그 신은 이 영화의 토대가 된 배리 기포드의 책에서는 찾아볼 수 없다. 그 아이디어가 싹튼 곳이 어디인지 린치는 말할 수가 없다.

웨이터가 커피를 리필해주려고 다가오자 린치는 컵 위에 손을 얹

었다. "고맙지만 됐어요." 그가 미소를 지으며 말했다. "드디어 내가
딱 좋아하는 방식으로 섞었거든요."

영화 세트장에 거주했던 남자

데이비드 브레스킨 — 1990

데이비드 린치는 1946년에 몬태나 미줄라에서 태어났다. 아버지는 숲에서 일하는 공무원이었고 어머니는 집에서 살림하며 데이비드와 남동생, 여동생을 키웠다. 이들 가족은 워싱턴의 스포캔, 아이다호의 샌드포인트와 보이시를 거친 끝에 버지니아의 알렉산드리아에 정착했다. 거기서 린치는 고등학교를 불만족스럽게 다녔다.(학급 회계 담당자에 출마한 그가 내건 슬로건은 "데이비드와 함께 저축을Save with Dave"이었다. 그는 떨어졌다.)

워싱턴 D.C.의 코코란 미술학교와 보스턴 뮤지엄 스쿨을 다니고 나서, 그러고는 그가 몹시 좋아한 작품들을 그린 화가 밑에서 공부하려고 유럽으로 실패한 여행을 다녀오고 나서, 린치는 일련의 애처

데이비드 브레스킨, 『이너뷰: 영화감독과의 대화Inner Views: Filmmakers in Conversation』(Expanded Edition)(De Capo Press, 1997)에서.

로운 직업들을 전전했는데, 그가 보여준 재능이라고는 해고당하는 재능뿐이었다. 연장된 청소년기의 진창을 구르던 그는 아트 스쿨로 후퇴했다. 이번에는 필라델피아에 있는 펜실베이니아 미술 아카데미였다. 거기서 그의 시작은 회화 공부였지만, 4년 후에 실사 영화인 〈할머니〉를 만드는 것으로 끝을 맺었다. 이 영화에서 야뇨증이 있고 부모에게 학대당하는 소년은 남몰래 씨앗을 심어 자애로운 할머니로 길러낸다.

1970년에 린치는 로스앤젤레스에 있는 미국영화연구소의 고급영화연구센터에 연구원fellow으로 들어갔다. 그가 처음으로 만든 고급스러운 영화 〈이레이저 헤드〉는 1977년이 되어서야 개봉됐다. 그사이 그림을 그리고, 〈월스트리트 저널〉을 배달하고, 폐기물을 모으고, 헛간을 짓고, 동물들을 절개하고, 이혼하고, 담배 피우고, 셰이크를 후루룩 마시고, 의자에 말없이 앉아 생각을 하느라 적잖은 시간을 보냈기 때문이다. 갓난아이 양육(걱정거리로 점철된 가상의 축제)에 대해 암울하게 코믹한, 즐겁게 역겨운 명상을 하는 영화인 〈이레이저 헤드〉는 심야 영화 히트작이 됐다. 다음 영화 〈엘리펀트 맨〉은, 상대적으로, 감상적인 영화라기보다는 세련되고 절묘한 영화였다. 린치가 볼 때 빅토리아 시대 영국은 야수가 미녀인 곳이었다. 그 시대 영국을 대상으로 쓴 음시tone poem, 시적인 내용을 음악화한 곡인 이 작품은 오스카 8개 부문에 후보로 지명됐고 린치에게는 상업적으로 성공한 감독이라는 위상을 안겨주었다. 그러나 그런 위상은 유일하게 흥행과 비평 모두에서 폭탄을 맞은 작품인 〈사구〉로 급속히 훼손됐다. 린치는 이 영화의 거대한 내러티브를 몽환적인 무드와 방식들을 이용해 하나로 꿰어 맞추려고 애썼지만, 거창하게 실패하고 말았다.

〈블루 벨벳〉은 린치 특유의 형식과 규모, 직관으로 돌아간 작품이었다. 미국의 소도시를 배경으로 린치가 집착하는 모든 소재를 삐딱하면서도 재미있게, 지나치리만큼 잘 조화시킨 〈블루 벨벳〉은, 논쟁의 여지는 있지만, 1980년대에 나온 가장 독창적이고 강렬한 미국 영화였다. 폭력을 도저히 용납 못 할 지경으로 그려냈다고 대체로 기억되고 논의되는 이 작품은 린치를 선도적인 미국 감독의 자리에 올려놓았다.

그의 차기작인 〈광란의 사랑〉은 그의 '유명 상표'가 된 초현실적인 사이코섹슈얼 슬랩스틱으로, 전작보다 한술 더 떴다. 〈광란의 사랑〉은 칸에서 황금종려상을 수상했지만 〈블루 벨벳〉 같은 걸작은 아니었다. 이 영화의 괴상함은 인위적이고 작위적으로 다가왔고, 위태로울 정도로 자기 패러디에 근접했다. 그럼에도 〈광란의 사랑〉은 여전히 기이하고 매력적인 영화로, 린치가 발휘하는 상상력의 저지대를 관통하는 재미있는 조이 라이드joy ride, 남의 차를 훔쳐서 폭주하는 것다.

이 두 영화 사이에, 린치와 파트너 마크 프로스트는 〈트윈 픽스〉를 공개했다. TV에 적용되는 모든 규범을 (파괴하지는 않으면서) 기발하게 전복시킨 작품이다. 시청자에게 대접하려고 내놓은 이 괴상한 아메리칸 파이 한 조각에 담긴 뒤틀린 가치관은 세상의 인정을 받았고, 그러면서 린치 스타일의 키치하고 달달한 작품이 탄생했다. 1990년 봄에 언론의 광적인 주목을 이끌어내면서 공개된 〈트윈 픽스〉 첫 시즌은 대단히 성공적이었다. 춤추는 난쟁이들과 울어대는 부엉이와 미국 TV 역사상 그 어느 것하고도 비슷하지 않은 아우라로 이뤄진 아홉 시간. 그러나 두 번째 시즌은 늘어지고 따분한 것으로 드러났고, 시리즈는 얼마 가지 않아 취소됐다. 낙담한 린치는 마지막 말이 될 작품을, 이 경우에는 최초의 말이 될 작품을 찾았다. TV 시리즈의 프리퀄인 〈트윈 픽스〉 영화판은 상업적 텔레비전의 제약에서 벗어난 자유로운 상태에서 이 신화적인 소도시에서 일어난 사실 같지 않은 일들을 탐구하려는 그의 시도를 이어갈 터였다.

지금까지 데이비드 린치는 시나리오 집필과 연출에 그치지 않고 천진난만한 스타일의 노래 가사도 썼고, 팝 앨범 여러 장과 교향악이 아닌 〈산업 교향곡 No. 1〉을 제작했으며, 〈L.A. 리더〉에 만화 「세상에서 가장 화난 개」를 수년간 연재했다. 그는 사진을 찍고 그림을 그리고 향수 광고를 만든다. 그리고 자신이 수집한 비주얼 작품들을 엮은, 치아 위생에 대한 그의 관심이 반영될 커피 테이블 북^{대개 사이즈가 큰 하드커버 책으로, 사진이나 그림 위주로 구성되어 있다}도 준비하고 있다.

우리는 〈트윈 픽스〉 첫 시즌과 둘째 시즌의 사이인 1990년 6월 말과 7월 초에 총 두 차례 대화를 나누었다. 인터뷰 첫 세션은 그와 함께 작업하는 전문 뮤지션 안젤로 바달라멘티가 소유한 맨해튼 미드타운의 아파트/스튜디오에서 이루어졌는데, 당시 안젤로는 옆방에서 작업 중이었다. 그다음 세션은 린치가 무척 좋아하는, 유행 따위는 신경 쓰지 않는 간이 식당인 할리우드의 스튜디오 커피숍 부스에서 이루어졌다.

린치는 시간을 엄수했고, 공손했다. 하지만 심층 인터뷰가 요구하는 논리적 분석과 언어로 속내를 표현하는 과정을 엄청나게 불편해했다. 그의 부끄럼 많은 미국적 기질^{Americanism}과 지식인에게 반감을 띤 견해—화성에서 온 지미 스튜어트 페르소나—는 유쾌하게 괴상했다. 재미있고 편안하면서도 쿨하고 초연한 거리감을 풍겼다. 그는 내 모든 질문을 숙고하는 것 같았다. 하지만 자기가 지닌 가방을 지하실에서 그대로 다 꺼내 오고 싶어 하지는 않았다.

세션 1

당신은 어린 시절에 대해 말하기를, 더할 나위 없이 행복한 추억들로 가득하지만 몹시 충격적인 공포도 많았다고 했습니다. 이 문제를 좀 더 자세히 얘기해 줄 수 있나요?

으음, 자세히는 설명하기 어렵습니다. 브루클린에 계신 조부모님을 뵈러 뉴욕에 오고는 했는데, 그게 공포에 해당하는 부분입니다. 공포의 일부였죠. 나는 대도시에 와서 이곳에 많은 공포가 있다는 것을 깨달았습니다. 너무 많은 사람들이 가까이서 함께 살고 있었으니까요. 공기 중에서 그걸 감지할 수 있었어요. 도시 사람들은 분명 거기에 익숙해졌을 거라고 생각하지만, 그 분위기는 미국 북서부에서 대도시로 온 사람을 기차처럼 강타했습니다. 지하철처럼요.

실제로 나는 지하철을 타러 가면 지옥으로 내려가는 기분이었습니다. 계단을 내려가 더 깊이 들어갈 때면, 다시 위로 올라가 여기서 벗어나는 것이 계속 앞으로 나아가 지하철을 타는 것만큼이나 어려울 거란 느낌이 들었어요. 미지의 것―열차에서 불어오는 바람, 소리, 냄새, 판이한 빛과 무드―이 주는 총체적인 공포였습니다. 정말로 충격적인 방식으로 특별한 것이었죠.

아이다호 보이시에서도 트라우마들이 있었습니다. 그것들은 훨씬 더 자연적natural이었다고 말하고는 하지만요. 거기는 주변이 더 밝았고, 공중에 떠다니는 공포도 그리 많지 않았습니다.

당신은 젊은 시절에 본 파란 하늘과 피켓 펜스, 체리나무에서 기어 나오는 빨간 개미 떼와 체리나무를 대비시킵니다.

그건 워싱턴주 스포캔에서 있던 일입니다. 집 뒷마당에 체리나무가 있었습니다. 아주 오래된 나무였죠. 그 나무에서 수지樹脂가 흘러나오고 있었습니다. 정말로, 실제로 흘러나오고 있었어요. 그러자 개미들이 나무에서 살아 움직이는 듯 보였습니다. 나는 그걸 몇 시간이나 응시하고는 했습니다. TV를 시청하는 것처럼요.

집안 풍경은 상당히 평범했습니다. 당신은 부모님이 술과 담배를 안 했고 다툰 적이 한 번도 없다고 말합니다. 그런데 그런 점 때문에 당신은 그분들이 창피했다고 하죠. 당신은 그분들이 서로에게 불평하기를 바랐습니다. 집안에 존재하지 않는 기이함을 원했어요.

맞아요. 50년대에는 그런 식이었어요. 잡지에 실린 많은 광고가 잘 차려입은 여성이 오븐에서 파이를 꺼내는 모습과 그녀의 얼굴에 가득한 환한 미소를 보여주거나, 활짝 웃으면서 피켓 펜스가 처진 집으로 함께 가는 부부의 모습을 보여줬습니다. 나는 그런 미소를 아주 많이 봤어요.

하지만 당신은 그런 것들을 믿지 않았죠.

그 웃음들은 이상했어요. 세상이 마땅히 지어야 하거나 지을 법한 방식의 웃음이었습니다. 그 웃음들 때문에 난 미친 듯이 꿈을 꾸게 됐습니다. 그래도 나는 그 웃음의 전반적인 모습은 많이 좋아합니다. 내가 갈망하는 것은…… 재앙 같은 일이 아니라, 평범한 데서 싹튼 어떤 일이 일어나는 겁니다. 세상 모두가 나를 안타깝게 여기게 될 어떤 일, 그래서 내가 피해자 비슷한 존재가 되는 그런 일 말이에요. 엄청난 사고가 일어났는데 나만 혼자 남는 식 말이죠. 그건 근사한 꿈 같았어요. 하지만 상황은 평범하게 계속 흘러갔습니다.

고아가 됐으면 좋겠다고 남몰래 바랐던 건가요?

글쎄요. 내가 바랐던 것은 고아가 되는 게 아니라, 특별하면서도 만약을 위해 준비해둔 아이가 되는 거였습니다. 그건 뭔가 다른 일을 하지 않아도 된다는 핑곗거리였죠. 어느 순간 중요한 인물이 되는 겁니다. 나는 특정한 방식으로 그런 존재를 만들어냈고, 그런 일들을 생각하고 있었습니다. 우리 부모님이 너무도 평범하다는 사실이 창피했습니다.

친구들 집에서는 비정상적인 일이 많이 벌어지고 있었나요?

맞아요! 그랬어요.

그래서 그런 것을 당신 삶에 들여오려고 위험을 추구했군요?

위험한 일에 그렇게 많이 뛰어들지는 않았어요. 그리고 나는 위험한 일에 대해서는 그다지 많은 얘기를 하지 않아요. 누구나 자신들이 하는 일을 어떤 식으로건 계속할 거예요. 하지만 그런 아이디어를 남들한테 납득시키는 것은 그리 바람직한 일이 아니에요. 창작을 위해 위험한 일을 많이 할 필요는 없으니까요. 일부 사건에 대한 생각을 남에게 알려주는 건 그다지 도움이 되지 않아요.

당신은 부모님이 다투기를 바랐지만, 다른 자리에서는 긴장이나 갈등을 좋

아하지 않았다고, 늘 만사를 매끄럽게 만들려고 노력하고 있었다고 말했습니다.

그래요. 그랬었죠. 나쁜 느낌이 감도는 분위기로 돌아가니까요. 조금 전까지만 해도 잘 어울리던 친구들의 관계가 갑자기 어그러지는 것을 볼 때가 있었어요. 그러면 나는 그 문제로 돌아가 관계를 매끄럽게 만들려고 애쓰고는 했죠. 우리 모두가 즐겁게 지내도록 하려고요.

당신이 얘기한 광고에 나오는 '웃음' 말인데요, 당신은 내적으로 이 웃음과 유사한 어떤 걸 느끼던 중이었나요, 아니면 전혀 판이한 것을 느낀 건가요?

아뇨, 내가 지은 웃음은 엄청나게 보기 좋은 웃음이었어요. 크리스마스트리 아래에서 순수한 행복에 겨워 환히 웃는 내 모습을 찍은 사진이 있어요. 그 정도로 행복했어요.

그런데 동시에 거기에는 당신이 신뢰하지 않았던 뭔가가 있었죠.

그건 다른 문제예요. 일이 잘못될 가능성은 너무나 많아요. 그래서 우리는 그런 일에 대해 걱정하고는 하죠. 그리고 세상에는 감춰진 것들이, 그래서 비밀처럼 보이는 것들이 많고 많아요. 사람들은 자신이 피해망상증에 걸린 건지, 아니면 정말로 비밀들이 있는 건지 여부를 확실히 몰라요. 사람들은 이런저런 실험을 해왔고, 그래서 원자原子 같은 것이 있다는 것과 보이지 않는 존재들이 많다는 것을 알아요. 그러면서 걱정거리도 많이 생겨났고요. 따라서 무시무시한 것들에 노출되면, 정말로 많고 많은 일이 잘못된 것을 보고 수많은 사람이 기이하고 섬뜩한 일에 참여하고 있는 것을 보면, 평온하고 행복한 삶이 사라지거나 위협받을 수 있다는 우려가 드는 거죠.

마음을 상하게 만들거나 걱정하게 만든 어떤 일들이 있었나요?

그냥 공기 중에서 느끼는 모든 종류의 부정적인 것이 상황을 악화시키고 있었어요.

좀 더 구체적으로 얘기해보죠. 당신은 세부적인 것들을 능란하게 다루는 거장이잖아요. 그러니……

(웃음) 그래요, 맞아요! 필라델피아에서 어느 가족이 세례식에 가던 중이었어요. 나는 우리 집 3층에서 검정 페인트를 칠하고 있었죠. 당시 내 아내였던 페기는 한 살배기 우리 딸 제니퍼를 유아차에서 꺼내고 있었어요. 그 유아차는 유아차계의 캐딜락이라 할 만한 것으로, 굿윌Goodwill, 기부받은 물품을 판매하는 단체에서 1달러쯤 주고 샀는데 엄청나게 좋은 물건이었죠. 스프링이 달려 있고 승차감은 커다란 캐딜락 못지않았어요. 어쨌든, 페기가 유아차를 잡고 계단을 내려가는데 어느 대가족이 자그마한 아기를 데리고 세례식을 해주러 가고 있었어요. 그런데 길거리 맞은편에서 갱단이 나타나 그 가족을 급습한 거예요. 10대 아들이 가족들을 보호하려고 애쓰고 있었는데, 갱단은 그를 때려눕히고는 뒤통수에다 총을 쐈어요. 그런 종류의 일들은 분위기를 영영 망쳐버리고 엄청나게 악화시켜요.

예술은 그런 종류의 일에 맞서는 유일한 방어 수단인가요?

방어 수단 같은 것은 없어요. 우리가 느끼는 공포 중의 공포는 우리 모두가 너무도 통제 불능이라는 점에 있어요. 그에 대해 고민하기 시작하면 걱정을 오래도록 하게 될 수도 있죠.

그런데 당신은 그런 상황에서도 어찌어찌 살아남았죠.

음, 동의해요. 나 자신이 기본적으로 계속 살아남을 수 있는 무척 운 좋은 사람이라는 것을 깨달았어요.

당신은 어렸을 때 "모든 것에 동반되는 세력을, 일종의 격렬한 통증과 부식 decay"을 느꼈다고 말한 적이 있습니다. 그 통증은 어떤 것과 비슷했나요?

내가 그 얘기에서 뭘 말하려던 건지 모르겠네요. 다만 우리가 무엇이건 물건을 완성하고 나면, 그 물건은 부식하기 시작해요. 그 즉시요. 뉴욕시도 그렇죠. 뉴욕시라는 개념은 엄청나게 큰 개념이에요. 사업과 거주와 관련된 것들을 모두 한꺼번에 가질 수 있고, 사람들도 다 있고, 정말 근사한 레스토랑과 공연장, 영화관, 훌륭한 건축물들이 있죠! 너무도 거대해 보이는 빌딩들은 정말로 잘 지어졌어요. 빌딩들은 기능적인 건물이지만 한편으로는 조각품이기도 하죠. 그런데 시간이 흐르면서 교각들은 너무 심하게 부식되고 있어요! 도로와 빌딩은 무너져 내리고 있고요. 신축 건물들이 올라가지만, 그것들은 동일한 방식으로 지어지지 않죠. 부식과 관련된 문제는, 그리고 세상 어느 것도 변치 않고 남아 있는 게 아니라는 점은 우리가 염려해야 할 또 다른 문제예요.

우리 신체도 비슷합니다.

분명히 그렇죠. 우리 몸은 성장하고, 그러다가 그 과정을 스스로 거스르기 시작해요. 그리고 이상한 일들이 일어나죠. 사람들은 "그런 일은 나한테는 일어나지 않을 거야. 그런 일은 절대로 없을 거야!" 하지만 어느 날 거울을 들여다보면 그런 일이 일어나고 있죠.

거울을 본 당신에게 큰 충격을 준 사건으로는 어떤 게 있나요?

양쪽 귀 바로 윗부분에 물고기 비늘 같은 새치들이 났더군요.

그것들을 처음 봤을 때?

정말로 믿어지지가 않았어요.

그때가 당신도 죽는다는 관념을 처음으로 얻은 때는 아니겠죠.

그럼요.

당신이 말했던 '격렬한 통증' 말인데요, 무엇 때문에 통증이 격렬해지나요?

통제가 불가능하다는 점이죠. 보세요, 그림이나 영화 같은 작은 세계는 우리가 어느 정도는 통제 아래 있다는 환상을 줘요. 또는 우리가 통제하고 있다는 환상을 주죠. 세계가 작아질수록 우리는 더 안전하다고, 더 잘 통제하고 있다고 느낀다고 생각해요.

그래서 당신은 세계를 짓는군요.

맞아요. 나는 세계를 지어요. 나는 다른 세계로 들어가는 것을 무척 좋아해요. 영화는 그런 기회를 제공하죠. 〈이레이저 헤드〉는 다른 영화들보다 더 그랬어요. 내가 그 세계에 실제로 살았으니까요.

당신은 세트에 거주했었죠.

세트에서 살았어요. 내 정신도 그 세계에 살았고요. 그 세트는 많은 도움이 됐어요. 조명과 세트의 무드가 도움이 됐어요. 시간이 너무 오래 걸린 덕에 나는 그 세계에 빠져들 수 있었어요. 그런데 요즘 영화들은 너무 빨리 진행돼요. 세트 안으로 이동해서 무드가 적절한지 확인하고는 곧바로 그곳을 촬영하죠. 그러고 나면 얼마 안 가 세트를 불도저가 밀어버려요. 그러니 세트를 필름에 담았다고 하더라도, 그 세계에 잠시 동안 실제로 살아보면 정말로 재미있어요.

당신이 예전에 하던 것과 동일한 방식으로 당신 영화에 거주하고 있다는 느낌을 지금은 받지 못하는 거군요.

그렇죠. 그런 느낌을 길게 받지도 못하고 만족스럽지도 않아요.

당신이 말한 걱정거리 말인데요, 그 걱정거리의 본질은 뭔가요? 왜 부식을 받아들이지 않는 건가요?

으음, 세상일들을 받아들이려면 먼저 그 방법을 배워야 해요. 그런데 나는 그걸 좋아하지 않아요. 세상 어느 누구도 세상사를 받아들이는 것을 좋아하지 않죠. 우리는 다리에 페인트를 칠하는 것으로 부식에 맞서 싸워요. 샌프란시스코의 금문교는 끊임없이 페인트칠을 하죠. 사물들을 고스란히 유지하려면 무슨 일인가를 해야만 해요. 한눈을 파는 시간이 길면 길수록 그걸 원래 상황으로 되돌려 놓기가 더 힘들어지죠. 많은 사물이, 오래될수록, 유지 보수를 잘 받으면 또 다른 품질을 획득해요. 자연이 그런 사물에 약간씩 작업을 하지만, 사물들은 제대로 유지, 보수될 경우 골동품이라고 불리면서 적잖이 돈이 되죠.

녹 때문에 생기는 파티나patina, 금속의 표면에 생기는 녹청**는 아름다울 수 있죠.**

바로 그거예요. 파티나. 딱 맞는 말이에요.

당신의 열다섯 번째 생일에 당신을 본 사람이 있다면, JFK의 취임 퍼레이드를 위해 백악관 VIP석 옆에 유니폼을 입고 앉은 걱정 많은 이글 스카우트를 본 사람이 있다면, 그는 당신이 평범하지 않다거나 남들과는 다른 아이디어를 가진 아이라고 생각했을까요?

아뇨. 나는 평범한 사람 같았어요. 위층upstairs, 여기서는 머리를 뜻함에서는 사건이 그리 많이 일어나지 않았어요. 나는 열아홉 살이 되기 전까지는 정말이지 생각이라는 게 없었어요. 내 기억에는 그래요.

무엇이 당신을 생각하게 한 건가요?

몰라요. 필라델피아인 것 같아요.

위층에서 사건들이 벌어지기 시작할 때, 그건 늘 이미지의 관점에서 일어나나요?

그리고 사운드도요. 하지만 그 부분에 대해서는 한참 나중이 될 때까지 정말로 몰랐어요. 나는 어렸을 때부터 늘 그림을 그렸어요. 그러다 회화에 빠져들었죠. 하지만 내가 그린 그림의 배후에 대한 생각은 정말로 없었어요.

부모님이 당신의 초기 작업에 도움을 줬나요?

도움을 아주 많이 주셨죠. 어쩌면 우리 어머니가 나를 구하셨던 건지도 몰라요. 어머니는 나한테 컬러링 북을 사주지 않았어요. 그 점이 무척 흥미로워요. 컬러링 북을 일단 갖게 되면 모든 생각이 선과 선 사이에 머무르면서 컬러에 대한 압박을 많이 받으니까요. 그런 제약을 받지 않았기 때문에…… 그리고 종이도! 아버지가 공무원이어서 집에 모눈종이를 잔뜩 갖고 오고는 했죠. 한 면에는 철 지난 뉴스들이 실려 있고 뒷면은 백지인 것들도요. 그래서 종이가 많았고, 나는 원하는 건 뭐든 언제든 그릴 수 있었어요. 아버지는 내가 고등학생일 때 미술 스튜디오 임대료를 보태주시기도 했어요. 첫 영화의 제작비도 도와주셨고요.

그런데도 당신은 당시 미친 듯이 반항을 하고 있었군요.

맞아요. 그랬었죠.

열네 살쯤 때부터 서른 살 무렵까지요?

맞아요. 요즘 시대에는 대다수 사람들이 더 긴 기간 동안 반항을 한다는 게 내 지론이에요. 치명적인 사건이 생기거나 기이한 질병이 돌지 않은 덕에, 우리는 더 장수하게 됐어요. 그러면서 인생의 모든 단계가 결과적으로 더 오래 지속되게 됐죠. 그래서 다 커서도 부모님 집에 거주하면서 이런 이상한 반항 단계를 거치는 사람들을 보게 될 거예요. 그들은 환갑이 돼서야 자신들이 어른이라는 것을 깨닫고는 세상사에 진지해질지도 몰라요.

당신이 반항하던 대상은 무엇이었나요?

그에 대한 생각은 정말로 전혀 하지 않았어요. 사람들은 그걸 반항이라고 부르지만요. 나는 회화, 그리고 예술 인생을 사는 것 외에는 어떤 것과도 관계 맺고 싶지 않았어요. 그것들 말고는 재미있는 게 하나도 없었어요.

당신은 남들이 당신이 뭘 하고 있는지 모르기를 바랐죠, 그렇죠?

나는 남들이 알아서 좋아할 리 없을 거라고 짐작 가는 일들을 많이 하고 있었어요. 그래서 비밀스러운 삶을 살아야만 했죠.

비밀을 갖는 데에는 일종의 권력이 따릅니다.

비밀에는 공포도 존재하죠.

무슨 공포인가요?

있잖아요, 비밀을 유지하려고 애쓰는 것.

비밀이 뭐였나요? 비밀은 당신이 누군가에게 반드시 말해야만 하는 거예요!

음, 맞아요. 거기에는 그런 문제점도 있죠.

당신이 무슨 일을 하고 있는지를(당신이 이런 심한 야행성 예술 인생을 살고 있다는 것을) 남들이 모른다는 사실이 당신이 온전한 한 사람의 개인이라는 기분을 갖는 데 도움을 줬나요?

맞아요. 그전에도 내가 한 사람의 개인이라고 느끼기는 했지만, 사물들에 대해서는 같은 방식으로 생각하지 않았어요. 말하자면 나는 담배를 피웠어요. 그때는 마약 같은 것들이 유행하기 전이었죠. 내가 마약에 빠져들었을지 아닐지는 모르겠어요. 하지만 내가 절대적으로 담배를 피우려고 태어난 사람이라는 것은 분명했어요. 나는 할아버지가 담배 피우는 모습을 지켜보는 것을 무척 좋아했어요. 좀처럼 기다릴 수가 없었죠. 담배의 맛을 사랑했어요. 담배에 중독되는 것과는 별개로, 나는 흡연의 모든 부분을 정말로, 진정으로 사랑했어요. 연기의 질감, 흡연과 관련된 모든 일, 라이터와 성냥을 요. 담배의 맛은 특히 그랬어요.

10대로서 섹스는 어땠나요? 무서웠나요?

으음, 무슨 이딴 인터뷰가 다 있나요, 데이비드?(웃음) 말해주죠. 섹스는 꿈같았어요. 내게는 너무도 신비로운 세계라서, 내가 살아가야 하는 인생에 이런 환상적인 질감이 있다는 것을 믿을 수가 없는 지경이었어요. 너무 환상적이었어요. 새로운 세상—섹슈얼한 꿈—이 열리는 것을 볼 수 있었죠. 삶이 정말로 근사하고 살 만한 가치가 있다는 것을 보여주는 또 다른 위대한 징표였어요. 욕정과 두렵고 폭력적인 섹스부터 반대쪽 끝에 있는 진정으로 영적인 섹스까지, 그 방대한 영역에 갖가지 층위가 있다는 걸 알게 되면서 섹스에 대한 내 생각은 지속됐어요. 섹스는 삶의 어떤 환상적인 미스터리로 들어가는 열쇠였어요.

그런데 당신의 영화들에는 육체는 믿을 수 없는 것이라는 관념이 있습니다.

으음, 나는 어떤 사람이 특정한 수준의 진화 단계에 도달하기 전까지는 신뢰 같은 것은 존재할 수 없다고 생각해요.

그런 진화 단계는 어떤 단계일까요?

(침묵) 당신이 진화를 믿는다면, 인간의 성장에는 여러 수준이 있다는 것을 알 거예요. 인식 수준이나 의식 수준이 다 다르죠. 이 진화의 경로 끝에서, 완전히 인식하고 완전히 의식하는 사람을 볼 수 있을 거예요. 이성을 가진dealing with a full deck, '카드 한 벌을 다 다룬다'는 뜻도 있다

사람도요. 당신이 카드 한 벌을 다 다룰 수 있다면 꽤나 믿음직한 사람이라고 생각해요.

당신이 가진 것에는 카드가 몇 장 들어 있나요?

그에 대해서는 생각해보지 않았지만, 52장은 아니에요.

당신의 유럽 경험은 대단히 짧게……

짧은 경험이었죠.

오스트리아는 지나치게 깨끗한……

오스트리아는 지나치게 깨끗했어요. 내가 왜 거기서 그렇게 일찍 잠에서 깨는지 그 이유를 당시에는 몰랐는데 돌이켜보니 알 것 같아요. 여행의 초기 단계라서 시차로 인한 피로감을 느끼면서 일찍 잠들었어요. 그런데 젊었던 때라 그런 피로감도 행동 속도를 늦추지 못했고 잠에서 일찍 깼는데, 이건 나한테는 아주 드문 일이에요. 나는 그걸 오스트리아의 깨끗한 공기 탓으로 돌렸어요. 당시 나한테 예술 인생의 일부는 (숲과 그 밖의 자연이 딸린 무척 깨끗한 곳에서 자랐기 때문에) 미국의 도시 생활이었어요. 그래서 나는 잘츠부르크에 마음을 붙이지 못했어요. 거기 가서 기뻤지만, 일단 그런 쪽으로 생각이 접어들자 여행 전체가 흐트러지기 시작했어요. 하지만 오리엔트 특급을 탄 것은 믿기 힘들 정도로 좋은 여행이었어요.

예술 인생의 뜻은 늦게까지 깨어 있고, 담배를 피우고, 결혼하지 않고, 자식을 두지 않고, 거죽 아래에 있는 것을 보는 데 계속 전념하고, 커피를 마시는 것

이군요. 그런데도 당신은 결혼을 한 번도 아니고 두 번 했고, 자녀도 둘 뒀죠.

(침묵) 일이 그렇게 됐네요.

일이 그렇게 된 건가요, 아니면 당신이 그렇게 만든 건가요?

으음, 일종의 쌍방과실이죠. 나한테는 아무 일도 없었어요. 탱고를 추려면 두 사람이 필요해요. 그렇게 된 일이에요.

그런 모순 속에서 살아가는 것은 어땠나요?

좀 힘들었어요. 그렇지만 절대적으로 좋았고, 그게 내 운명이었어요. 때로 우리가 인생의 특정 시점에서 느끼는 전기의 짜릿한 느낌이 도움이 돼요. 사람을 약간 더 깨어나게 만들죠. 사람의 내부에 무슨 일인가가 일어나게 만들죠. 무슨 일이 일어나고 있는지는 제대로 이해하지 못했지만, 내가 이런 새로운 책임들을 짊어지게 됐기 때문에 그게 정말로 도움이 됐다고 생각해요. 그리고 그 책임이 작업에 포개졌어요. 영화를 만들기 시작한 참이었는데, 그런 책임을 지고 있기에 상황에 더 집중해서 더 진지하게 일을 해나갈 수 있었어요. 그렇지 않았다면 상당히 오랫동안 방랑 생활을 했을지도 몰라요.

〈이레이저 헤드〉는, 어느 수준에서는, 아버지가 될 준비가 전혀 돼 있지 않은, 그런 상황을 두려워하는 남자가 한 작업으로 보입니다.

〈이레이저 헤드〉는 추상적인 영화예요. 단 하나만을 다룬 영화가 아니기를 바라지만, 그런 요소가 있는 것은 분명하죠.(음흉한 미소)

필라델피아에서 시체 안치소에 갔던 것은 또 다른 전환점이죠.

아니, 필라델피아 자체가 전환점이에요. 특이한 것들을 많이 봤어요. 시체 안치소는 일종의 임상 훈련이었어요. 대단히 강렬한 곳으로, 나한테는 그리 뒤틀린 곳이 아니었어요. 우리 이웃집 개를 볼 때랑 무척 비슷했어요. 그 개는 내가 절대로 잊지 못할 이미지였어요. 이웃 사람들이 먹이를 지나치게 많이 먹인 탓에, 그 개는 말 그대로 작은 다리들이 달린 물 풍선처럼 보였죠. 네 다리가 삐쭉 튀어나온 것 같았죠. 그 개는 거의 걷지도 못했어요. 머리는 자그마했고요. 멕시칸 치와와의 배에 수박을 넣은 모습 같달까요. 방에는 사탕이 담긴 작은 그릇이 많이 있었는데, 나한테는 그런 것들이 상당히 인상적이었어요.

그 개가 당신이 초현실주의나 달리Dali와 브뉘엘과 관련을 맺은 첫 연결 고리였나요?

브뉘엘 영화는 본 적이 없었어요. 한참 나중에 〈안달루시아의 개〉는 봤는데 나머지는 몇 편 안 봤어요. 초현실주의에 대해서는 많이 알지 못해요. 나는 그냥 근처를 떠다니는 것들을 취했던 것 같아요. 지나치게 세련되고 수준 높은 것들은 접하지 못했어요.

〈이레이저 헤드〉를 찍는 동안 당신이 겪은 영적靈的 위기는 무엇이었나요?

내가 완벽하게 행복해야 할 이유를 모두 갖고 있다고 생각한 게 영적인 위기였어요. 나는 내가 만들고 싶어 한 영화를 만들고 있었어요. 너무도 훌륭한 스태프와 친구들과 작업하고 있었고, 내가 해야 할 일이라고 생각했던 일들의 목록에는 모두 체크 표시가 돼 있었죠. 내가 완벽하게 행복해야 마땅하다고 생각한 바로 그 자리에 앉아 있었던 거예요. 그러면서 나는 행복이라는 개념에 대해, 그건 어떤 것일까 하고 생각해보게 됐어요.

행복을 간절하게 원했나요?

오, 그럼요. 당연하죠!

행복은 여전히 가장 중요한가요?

음, 그건 많은 것을 일컫는 용어죠. 다른 말로 하면 52장의 카드예요.

그런 불만이 당신을 초월 명상으로 이끌었나요?

맞아요. 그래서 그렇게 된 거예요.

그래서 카드를 섞을 정도는 된 거고요?

그래요, 그랬죠. 나는 명상에 대한 얘기는 하지 않아요. 많은 사람이 명상을 거부하죠. 하지만 나는 좋아해요. 1973년부터 명상을 해오고 있어요.

화가라는 당신의 배경 때문에 질감과 단일 이미지에 초점을 맞추는 영화 스타일이 만들어진 듯합니다. 프레임을 통해 진짜 실험을 해야 하잖아요. 캔버스에서 필름으로 이동했을 때 그런 것을 의식했었나요?

아뇨, 용어를 까먹었는데…… 아, 그래요, 구도composition. 구도라는 것은 대단히 추상적이에요. 사물들과 관계들을 배치한 곳에서는 굉장히 강력하죠. 하지만 지적인 요소들만 갖고는 작업하지 못해요. 작업하는 사람은 그냥 액션을 취하고 리액션을 받을 뿐이죠. 그건 모두 직감에서 나와요. 법칙들을 준수해야 하지만, 그 법칙들은 어느 책에도 들어 있지 않아요. 기본 구도의 법칙들은 농담거리에 불과해요.

세련된 구도는 세련된 음악처럼 작동해요. 관객은 자신이 보는 것을 믿을 수가 없을 거예요. 어떤 위대한 작품은 몇 년에 걸쳐 꼼꼼히 살펴볼 수 있는데, 그래도 여전히 완벽한 작품이라 새로운 요소들을 찾을 수 있어요. 위대한 교향곡도 그렇잖아요. 그 화음이 그렇게 흘러가는 게, 그러다가 급강하해서 아래로 내려가는 게 믿어지지 않을 정도로 너무나 대단하죠. 너무 짜릿하고요. 그 작품들이 어떻게 그렇게 됐는지는 미스터리예요.

그래서 당신은 당신의 회화와 영화 연출 사이에 설득력 있는 유사점을 딱히 발견하지 못한다는 건가요?

못했어요. 둘 다 어느 정도 같은 법칙을 따르긴 하지만, 그게 전부예요. 게다가 그 법칙들은 자연에서도 발견돼요. 오리하고 비슷합니다. 동물이라면 뭐든 상관없지만 오리를 예로 들죠. 오리는 많은 면(질감과 비율, 형체 등)에서 정말로 훌륭해요. 형태가 만들어진 과정과 각 부위들이 놓인 지점에 대해 생각해보면, 회화에서 활용할 완벽한 구도에 대한 실마리를 얻을 수 있어요. 만약 당신이 오리를 해석할 수 있다면, 당신은 오리의 법칙들을 갖고 작업할 수 있고, 구도가 잘 잡힌 회화에 가까운 것을 얻을 수 있어요.

당신이 처음으로 망친 유명한 의뢰작 말인데요, 아트 스쿨 재학 당시 두 달간 촬영하며 작업했지만 카메라가 고장 난 바람에 기다란 블러^{blur}만 나온 작품이요. 당신은 그 작품이 당신을 영화로 이끌었다고 했습니다. 그런데 그건 나중에야 제대로 파악한 일 아닌가요?

재미있는 기분이었어요. 굉장히 이상한 일이었죠. 2분 25초짜리를 찍는 데 두 달이 걸렸어요. 프레임을 확인하려고 필름을 조명에 비춰봤는데 프레임이 하나도 안 보이는 거예요. 낙심하진 않았어요. 어떻게 된 일인지 알고 싶어서 호기심이 동했지, 낙담 같은 건 없었어요. 누군가 나한테 "속상하지 않아?" 하고 물었던 게 기억나요. "아니" 하고 답했죠. 상황은 나중에야 파악했어요. 작품이 제대로 나와서 내가 그걸 미국영화연구소에 보냈더라도, 그건 내가 나중에 받은 보조금을 받을 정도로 좋은 작품은 아니었을 거예요. 물론 나는 보조금을 받아야만 했어요. 영화의 세계로 들어가려면요. 그러니 운명은 나한테 미소를 짓고 있던 거죠.

후속작이 적합한 작품이 아닌 것으로 판명된 후에 느낀 기분이 썩 희망적이지는 않았을 겁니다. 〈사구〉 말입니다.

하지만 〈사구〉를 하면서 많은 걸 배웠어요. 나는 〈사구〉를 하면서 내 원칙들을 무시하거나 바꿨어요. 돌아보면 그건 누구의 잘못도 아닌 내 잘못이에요. 그 영화는 하지 않는 게 옳았던 것 같아요. 하지만 내가 사랑하는 것들을 작품으로 구현할 수 있는 무수히 많은 가능성을 봤어요. 그 작품은 내가 그 안에 들어가서 그런 일들을 해낼 수 있는 구조물 같은 거였죠. 하나의 세계를 창조할 수 있는 여지가 아주 많았어요. 그런데 나는 라파엘라 드 로렌티스와 디노 드 로렌티스로부터 그들이 어떤 종류의 영화를 기대하는지에 대한 강한 암시를 받았어요. 나한테 최종 편집권이 없다는 것도 알았고요. 조금씩, 아주 조금씩,―이게 위험한데, 그런 일은 한꺼번에 일어나는 게 아니라 미세하게 깎아내고 미세하게 갈아내는 식으로 일어나니까요 ― 모든 결정이 늘 그들이 마음먹은 데 따라 내려졌고 영화는 그들이 원하는 영화가 돼갔어요. 내가 그들의 사고 체계에서 벗어날 수 없게 된 거죠. 따라서 그 영화는 내게는 실패작이 될 운명이었어요.

〈사구〉가 실패한 덕에 〈사구 2〉와 〈사구 3〉를 하지 않을 수 있었잖습니까.

맞아요. 그게 긍정적인 점이죠. 사실 내가 〈사구 2〉를 작업하고 있기는 했지만요. 시나리오를 절반, 아니 조금 더 써놓은 상태였어요. 그 작품에 정말로 흥분해 있었죠. 그건 훨씬 더 탄탄하고 뛰어난 스토리였어요.

자신을 실패자로 느꼈나요?

네. 상황이 날 실패자처럼 느끼게 만들었고, 나는 실제로 실패자라고 느꼈어요. 그런 적이 전에도 여러 번 있었어요. 〈엘리펀트 맨〉을 할 때, 나를 끝장낼 거라는 판단이 드는 일들을 몇 건 겪었어요. 하지만 〈사구〉는 상황이 워낙 나빴죠. 심지어 후반 작업 동안에도 불길한 징조를 느꼈어요.

〈엘리펀트 맨〉에서 당신을 끝장낼 거라 생각한 게 뭐였나요?

엘리펀트 맨의 모형을 만들기로 돼 있었어요. 영국에서 두 달 넘게 작업했는데, 내가 만든 것은 완전히 재앙이나 다름없었어요. 내가 인간 모형을 만들 준비가 안 돼 있었기 때문에 재앙이었죠. 나는 어떤 것들이 어떻게 작동하는지도 몰랐어요. 내가 작업한 부분들은 흥미로웠지만, 어쨌거나 전체적으로는 재앙이었어요. 나흘 동안 밤마다 악몽을 꿨어요. 그러다 깨어나면, 깨어 있다는 사실이 더 나쁜 악몽이었죠. 멜 브룩스(그 영화의 프로듀서)가 영국으로 건너와 우리한테 남은 시간 동안 그 작업을 해낼 사람을 찾아줬어요. 멜이 관대한 태도를 보여준 덕분에 나는 완벽한 실패작이 될 거라는 고뇌에서 벗어났어요.

학교에 들어가기 전과 들어간 후, 몇 년간 변변찮은 직업들을 전전하면서도 그런 기분을 느껴본 적이 있나요?

아뇨. 그 시절에는 실패자라는 기분은 들지 않았어요. 그저 크나큰 좌절감을 느꼈을 뿐이죠. 그렇게 느끼는 사람들이 지독히도 많아요. 나는 그런 기분을 오랫동안 느꼈어요. 그림을 그리려면 캔버스와 스트레처, 물감, 붓, 테레빈유가 있어야 해요. 그릴 장소, 시간도 있어야 하고요. 그림에 대한 고민을 할 어느 정도의 정신적인 자유도 있어야죠. 그런데 그 사람이 직업이 있거나 다른 책임을 짊어지고 있거나 페인트를 여기저기에 묻혔다는 이유로 고소당할 수도 있는 아파트에 살고 있다면요? 그림 그릴 준비만 하려 해도 장애물이 많아요. 최초의 경비 지출은 그저 작업 환경을 마련하는 용도일 뿐이에요. 장애물이 너무 많아서 극복하기가 어려워요. 무슨 일을 할 준비를 마칠 무렵이면 온몸이 휘청거리죠. 사진 작업을 할 계획이면 암실만 구하면 돼요. 그런데 그림의 경우는 도중에 멈추게 만드는 일이 많아서 좌절감이 굉장히 커요. 나는 그 시절 내내 좌절감을 느껐고, 작업할 수 있는 여건을 전혀 만들지 못했어요.

화제를 바꿔볼까요. 당신의 모든 영화에 등장하는 듯 보이는, 영화마다 약간씩 다르기는 하지만, 일부 요소에 대해 이야기했으면 합니다. 먼저, 당신은 강박관념을 갖고 있습니다.

맞아요. 갖고 있죠.

〈블루 벨벳〉 도중에, 프랭크가 도로시를 학대하고 겁탈하는 신을 촬영하던 중에 당신은 정신을 놓고 폭소를 터뜨렸죠. 그게 어느 수준에서는 재미있다고 생각한 건가요?

정신과 의사라면 대부분 왜 내가 그렇게 깔깔댔는지 지금 당장이라도 말해줄 수 있을 거라 확신하지만, 나로서는 잘 모르겠어요. 난 너무 웃었어요. 프랭크는 완전히 강박 관념에 사로잡혔어요. 초콜릿 가게에 들어간 개처럼 주체를 못 하는 거예요. 그는 거기에 완전히 몰입했어요. 그런데 나는 웃고 있었어요. 나는 인간이니까 내가 웃은 것을 설명하는 논리적인 이유가 분명히 있겠죠. 너무 무시무시하고 섬뜩해서, 그리고 너무 강렬하고 폭력적인 까닭에 결국에는 유머의 차원에 도달해버렸다는 사실과 뭔가 관련이 있을 거예요.

왜 그런지는 모르지만, 그런 요소가 있어요. 그건 사람들이 스스로 주체하지 못하는 정도의 강박 관념과 관련이 있어요. 특히 뉴욕에서, 길거리에서 항상 그런 걸 볼 수 있죠. 길거리에서 보는 일이기 때문에 우리는 거주하는 아파트에서도 그런 일이 행해진다는 것을 알아요. 그런데 거리의 가난한 사람들에게는 그런 일을 사적으로 하려고 갈 만한 곳이 없잖아요. 이런 종류의 일들에서 나는 종종 유머러스하다는 인상을 강하게 받아요.

당신은 강박적인 사람인가요?

그럼요. 나는 분명 그런 사람이에요. 습관은 강박적인 행위예요. 특정 방식으로 일을 처리하죠. 그게 유머러스할 때가 있어요.

그건 통제 불능이라는 느낌에서 비롯할 수 있죠. 습관들을 중심 도구로 활용해서⋯⋯

오, 당연하죠. 나는 완전히 통제 불능인 게 분명해요.

당신이 그토록 심한 습관의 피조물이라서요?

맞아요. 나는 할 수 있는 최대한 내 주변 환경을 통제하려 하는 걸 좋아해요. 그런데 그렇게 하는 것은 불가능해요.

실제로 통제 불능이라고 느끼나요?

그럼요. 우리가 어떤 종류의 통제력을 갖고 있다는 것이 환상에 불과할 때가 분명 많이 있어요. 그런 느낌을 조금이나마 얻는 것은 하늘이 준 선물이죠. 우리에게 다가와서 그때까지 베풀던 도움의 손길을 너무도 빠르게 거둬버리는 일들이 대단히 많아요.

당신에게 통제력이 전혀 없다는 것을 아는 데에서 해방감을 느끼나요? 그렇다면 그에 대한 걱정을 그리 많이 하지 않아도 되잖아요.

그래요. 하지만 우리는 여전히 최대한 통제력을 가지려고 해요. 그건 통제를 위한 통제가 아니에요. 어떤 것을 특정한 방식으로 얻는 문제죠. 어떤 것을 특정한 방식으로 만드는 것은 엄청나게 어려워요. 우리가 작업하고 있는 것을 훼손하려고 움직이는 세력이 아주 많으니까요. 그 세력보다 한 걸음 앞에 머무는 것, 아니면 열 걸음이나 스무 걸음 뒤가 아닌 그저 두세 걸음 뒤처져서 따라가는 것은 재미있어요. 어떤 면에서는 그게 그런 작업의 전부예요.

통제 불능이라고 느끼면 두려운가요?

맞아요. 굉장히 두렵죠. 그런데 그에 대해 할 수 있는 일이 하나도 없어요.

일어날 수 있는 최악의 일은 뭔가요?

그건 확실히 정신과 의사가 물어볼 법한 질문이군요. "일어날 수 있는 최악의 일은 뭔가요, 데이비드?"(웃음) 그런데 그런 일을 대면할 수 있다면, 우리는 무슨 일이건 대면할 수 있어요. 일어날 수 있는 최악의 일은…… (긴 침묵) 모르겠어요. 미지의 것에 대한 공포도 있어요. 무슨 일이 일어날지를 그 누가 알겠어요? 영화의 경우, 일어날 수 있는 최악의 일은 〈사구〉 같은 일이에요. 절반은 썩 괜찮고 나머지 절반은 그렇지 않은 영화죠.

당신 작업에서 가장 중요한 것으로 보이는 다른 것을 살펴봅시다. 즉 잔인함과 육체적·정신적 학대.

(안젤로 바달라멘티가 들어와 커피 마시고 싶은 사람 있느냐고 물었다.)

안젤로, 당신이 지금 마술의 주문을 외웠어요! 연하게! 설탕 넣고! ……잔인함이라, 그렇죠.

그건 어디서 비롯한 건가요?

전혀 모르겠어요.

저 밖 34번가에 그런 게 존재한다는 걸 부정하는 게 아닙니다. 하지만 세계에 대한 당신의 비전에는 그런 잔인함이 유독 많습니다.

그런 것 말고도 다른 많은 것이 잔인할 수 있어요. 어떤 면에서는 내가 저 밖에 있다고 느끼는 것이 잔인할 수 있어요. 또 다른 면에서는 나를 매료시키는 스토리들이 잔인할 수도 있죠. 그 긴장감이란. 보세요, 나는 요즘 들어 더욱더 영화들을 다른 모든 곳에 있는 어떤 현실하고도 별개의 것으로 봐요. 영화는 동화나 꿈에 더 가까워요. 내게 영화는 정치적이지 않아요. 의견을 개진하는 수단도 아니고 특정한 강의 도구도 아니에요. 하나의 사물^{thing}일 뿐이에요. 우리가 진입하기로 선택할 경우에 진입하는 또 다른 세계죠. 다만 영화는 특정한 규칙들을 준수해야 해요. 회화도 마찬가지고요. 추상적인 이런 규칙들은 자연에서도 발견됩니다.

그중 하나가 대비^{contrast}예요. 순수한 행복이라는 평평하고 똑바른 선線으로만 존재할 수는 없죠. 그런 영화를 만들면 보는 사람들은 잠들어버릴 거예요. 따라서 영화에는 갈등들과 목숨을 건 투쟁들이 있어요. 나는 살인 미스터리가 좋아요. 거기에 완전히 사로잡혔죠. 그것들은 미스터리이자 삶과 죽음을 다루기 때문이에요. 그래서 나는 즉시 푹 빠져들어요. 스토리가 지나치게 단순하거나 구조가 적절하게 잡혀 있지 않다면 실망할 거예요. 그다지 만족스럽지 않을 테니까요. 그래도 어쨌든 처음에 '미스터리'와 '살인'이라는 말을 들으면 어김없이 거기에 걸려들어요. '호텔'과 '공장'이라는 단어를 들으면 더 빠져들 거예요.

그러니까 당신은 잔인함을 좋아하는 이런 성향이 어디서 비롯한 건지 모른다는 거군요.

몰라요. 나는 어렸을 때 고통스러운 일을 겪지 않았어요. 누군가 고통을 겪는 것을 본 적도 없고요. 그래서 이런 게 내 영화를 관통하는 것은 우연의 일치이거나, 이유가 있더라도 저 뒤편 어딘가에 있거나 둘 중 하나예요.

좋아요. '대비'라는 측면을 살펴봅시다. 당신 작품에는 선과 악, 빛과 어둠, 천진함과 지식 사이의 이분법이 존재하고, 그 지식은 죄책감과 위험, 공포와 나란히 존재합니다. 지식은 일종의 질병이죠.

맞아요. 지나치게 많은 것을 아는 사람과 마찬가지로 그릇된 일을 아는 것은 종종 정말이지 고역이에요.

궁금한 것은 당신이, 영화라는 잘 구축된 세상의 바깥에서도 이런 대단히 강렬한 선악 이분법적인 시각으로 보느냐 하는 여부입니다. 세상을 복잡하고 통합된 것으로 보는 시각의 반대 입장에서 말이죠.

아뇨. 나도 세상이 복잡하다는 걸 알아요. 사람은 누구나 세상사를 꿰뚫고 있는 실가닥을 많이 붙잡고 있죠. 하지만 나는 영화에서는 스토리를 돕기 위해 흰색은 약간 더 하얘지고 검정색은 약간 더 까매진다고 생각해요. 그 대비가 영화의 장점 중 하나이자 영화가 가진 힘이에요. 양쪽을 골고루 뒤섞은, 두 힘이 동등한 기세로 싸우는 캐릭터를 갖는 것은 대단히 아름다운 일이 될지도 몰라요. 하지만 그렇게 하면 사람들은 자기 자리를 가만히 고수하고 있을 거예요.

당신은 삶과 죽음을 언급했습니다. 당신의 모든 영화에 출산 신이, 또는 어떤 유형의 추상적인 출산 신이 있고 사망 신과 살인이나 살해 의도가 담긴 신이 있다는 것을 주목하지 않을 수 없습니다. 급기야 〈광란의 사랑〉에 이르면 (낙태 때문에) 출산 신이 곧 사망 신이죠. 우리가 어떻게 출발하고 어떻게 끝나느냐가 당신 앞에 놓인 가장 큰 주제인 듯 보입니다.

그렇고말고요.(침묵)

그게 당신의 하드 디스크에도 들어 있나요?

그럴걸요.(웃음) 분명 그럴 거예요. 있잖아요, 인터뷰를 하다 보면 종종 그런 것을 이해할 수 있어요. 사고思考는 대부분의 시간 동안 더 추상적인 영역에 존재해요. 우리는 자신이 예전에 했던 일들에 대해서는 걱정조차 하지 않아요. 이 일들이 저 밖에 있는 것인지 이 안에 있는 것인지 여부도, 균형이 맞는지 등등에 대해서도 그렇죠. 그냥 가던 길 계속 가면서 새로운 세계와 또 다른 스토리로 이어지는 이 환상적인 열차를 잡아탈 뿐이에요.

내 말은 그 열차들이 온갖 목적지를 향해 달리면서 온갖 배경을 거치고 있다는 겁니다.

그래도 모든 열차가 결국에는 한곳으로 가고 있는지도 모르잖아요.(웃음)

아뇨, 전혀요. 하지만 그 열차들은 달리는 동안에도 여전히 린치빌Lynchville

에 있습니다! 당신이 처음 만든 4분짜리 애니메이션 〈알파벳〉에서조차, 대문자 A는 피를 흘리며 소문자 a를 낳습니다. 〈할머니〉에는 몹시도 고통스러운 출산 장면이 있고, 〈이레이저 헤드〉에는 심란한 출산들이 있으며, 〈엘리펀트 맨〉 등 의 경우에도 그렇습니다. 그런 상황의 어떤 점에 매료된 건가요?

  굉장히 오랫동안, 그리고 지금도 그런데, 나는 출산이라는 아이디 어는, 섹스처럼 순전한 살덩이와 피와 털 같은 것들이 관여된 미스 터리하고 환상적인 일이라고 생각해요. 그리고 동시에, 삶과 영적인 것에 대한 느낌도 있어요. 출산과 관련해 진행되는 일이 무척 많아 서 그것에 매료되지 않기란 불가능해요. (커피가 도착했다.) 안젤로, 복 받을 거예요. 이 커피 틀림없이 마음에 들 거예요!

  당신 아이들을 출산할 때 그 자리에 함께 있었나요?
  두 번 다 함께 있었어요. 제니퍼의 경우, 그 시절에 필라델피아의 병원에서는 아버지가 분만실에 들어오는 것을 허락하지 않았어요. 그래서 나는 나 자신이 정말로 자랑스러웠어요. 출산하는 모습을 보 는 걸 감당할 수 있다고 의사를 설득해냈거든요. 그가 내 아내 페기 한테서 계속 피를 뽑고 있었는데, 내 짐작에는 필요한 양보다 더 많 이 뽑는 것 같더군요. 내가 기절하거나 하지는 않나 보려고 말이죠. 내가 그 광경을 감당할 수 있다는 걸 확인한 의사는 오케이 사인을 냈고 나는 안에 들어갈 수 있었어요. 손을 싹싹 문질러 씻고 초록색 신발과 복장을 착용했어요. 안에 들어가서는 지구상의 250억 명의 다른 사람들처럼 그 광경을 목격했죠. 직접 보는 건 막연히 생각하 는 거랑 전혀 달라요. 세상에서 가장 기묘한 일이었어요. 정말로 기 묘했어요.

갑자기 그 공간에 누군가 생기는 거죠.

방 안에 많은 게 있는 것 같은 기분이었어요! 우리가 볼 수 없는 것들이요. 무척 강렬한 장면이었어요.

당신이 출산이나 사망 장면 없는 영화를 만들 수 있을까요?

그럼요. 그럴 수 있어요. 그런데 그건 수레를 말 앞에다 놓는 격이에요. 그런 걸 좋아하는 사람들은 "이것에 대한 영화를 만듭시다"라고 말하죠. 그러고는 그 아이디어를 뒷받침하는 전체 이야기를 창작해요. 그건 역방향으로 작업하는 거예요. 반면에 내가 하는 방식으로 만든 영화의 경우, 관객은 그 영화가 다루는 내용이 무엇인지를 나중에야 찾아낼 거예요. 그게 더 좋다고 말하는 게 아니에요. 내 입장에서는 그게 더 자연스럽다는 거죠. 그리고 그런 일이 한꺼번에 일어나지는 않아요. 아이디어들은 조각조각 생겨나요. 책을 읽을 때도, 우리는 책을 한 챕터에서 다른 챕터로 읽어나가는 식으로 조각들로 읽지요. 우리는 이런 사건들을 통해 앞으로 나아가고, 그러다 보면 하나의 세계가 마음속에 들어오기 시작합니다. 다만 내 입장에서, 정신세계는 불분명해요. 완결된 세계가 아니에요. 거기에는 구멍이 숭숭 뚫려 있어요. 썩 잘 공유할 수 있는 세계가 아니죠. 그걸 구체적으로 만들고 많은 요소들이 함께 헤엄치게 만들면, 모두가 공유할 수 있는 대단히 강력한 세계가 됩니다.

이제 민감한 주제를 꺼내겠습니다. 당신 영화들에서 여성이 차지하는 위상이라는 주제죠. 〈블루 벨벳〉의 경우 당신은 여성에게 한편으로 학대를……

사람들이 도로시를 그냥 도로시로 받아들이지 않고, 도로시가 모든 여성을 대표하는 전형이라는 생각을 갖고 있어서 그래요. 거기서 문제가 시작되는 거예요. 만약 도로시는 그냥 도로시고 이건 그녀의 사연이라고 받아들이면(나는 그럽니다만) 모든 게 괜찮아요. 그러나 도로시를 모든 여성을 대표하는 전형이라고 받아들이는 것은 전혀 조리에 맞지 않아요. 앞뒤가 안 맞죠. 완전히 틀린 거예요. 그들은 화낼 준비가 돼 있는 겁니다.

아이디어들은 정말로 괴상해요. 그것들은 저 밖에 둥둥 떠다녀요. 그러다 그걸 잡으면 우리는 그것들로 무엇인가 구축할 수 있어요. 테이블 같은 것을요. 아이디어는 바로 저기를 떠다니다가 우리 마음속에 떠오르죠. 불쑥 그걸 붙잡으면 그건 콸콸 솟아나서는 스스로 모습을 드러내요. 그러면 작업장으로 가서 그것들을 조립할 수 있는 거예요. 이 일들은 그렇게 진행돼요.

당신 영화들에 등장하는 여성들에 대해, 도로시가 가진 '질병'에 대해 더 구체적으로 얘기해보죠. 〈트윈 픽스〉와 〈광란의 사랑〉과 〈블루 벨벳〉에는 여성 관객들을 정신적으로 괴롭히는 신체 위협이 있습니다. 그리고 그런 괴롭힘에는 여성들도 상당히 많이 연루돼 있죠. 〈트윈 픽스〉에서조차, 죽기 직전까지 구타당한 로넷 풀라스키는 백화점 지배인이 지닌 비밀 콜걸 장부에 빨간 하트 네 개로 평가됩니다. 그리고 우리는 잔혹하게 살해당한 로라 파머가 백설공주처럼 순결한 존재는 아니라는 것을 압니다. 당신은 일종의 '피해자 비난하기'에 근접한 쪽으로 슬며시 다가가는 게 두려운가요?

무슨 말을 하는 건지 알겠어요. 다시 말하지만, 로넷 풀라스키의 경우, 그녀는 여성을 대표하는 전형이 아니라 그냥 로넷 풀라스키예요. 세상사람 모두는 그 여성이 이런저런 이유로 그런 상황에 동의

하는 상황을 자신들 마음속에 그릴 수 있어요. 또한 그 여성이 "나는 이 일에는 조금도 끼어들고 싶지 않아요!"라고 말하며 밖으로 나가는 상황을 그릴 수도 있죠. 그리고 경계선이 있는데, 그 경계선은 딱 어떤 사람이 감당할 수 있는 지점에 그어져 있어요. 흥미롭기는 하지만 역겹거나 두렵거나 지나치거나 등등. 이 세상에는 이런 것들이 가지각색의 비율로 섞여 있습니다. '여성들' 대對 '한 여성'에 대해 말하기 시작하면, 이런 일반화의 영역에 들어가게 되고, 그러면 그 캐릭터를 여성 일반을 대표하는 존재로 보는 사람들을 이겨낼 수가 없어요. 일반화는 존재하지 않아요. 세상에는 10억 개의 다른 스토리와 가능성이⋯⋯.

치안이 불안한 도시에는요⋯⋯.

당연하죠.

이제 그 여성들 얘기를 해봅시다. 〈블루 벨벳〉의 도로시와 〈트윈 픽스〉의 로라는 '질병'을 갖고 있습니다. 로라는 자신을 거의 죽일 뻔한 남자에게 흥분을 느낍니다. 그게 섹스를 끝내주게 만들어주니까요. 당신에게 '질병'은 무엇인가요? 그에 대해 더 솔직하게 말해줄 수 있나요?

으음, 못 하겠어요.

말해주세요, 데이비드.

못 해요. '질병'이라는 단어가 그런 방식으로 쓰였으니까요⋯⋯. 그 말을 추상적으로 놔두면 굉장히 근사해요. 구체적으로 만들고 나면, 그 말은 많은 사람들에게 더 이상 참되지 않아요. 추상적인 경우에만 모든 사람에게 어느 정도의 진실을 전달할 수 있어요.

그렇지만, 우리는 여기에 일종의 마조히즘이 있다는 것을 압니다.

그런데 그토록 복잡해질 수 있기 때문에 그에 대한 얘기를 시작하는 것만으로도 현실을 제대로 반영할 수가 없어요. 그렇게 하면 그 질병을 항상 실제보다 덜 복잡하게 만들 거예요. 그건 믿기 힘들 정도로 복잡하니까요. 질병이 복잡하지 않다면, 사람들은 너무 쉽게 질병을 고칠 수 있고 완벽해질 수 있을 거예요. 그건 그냥 너무 복잡해요.

어느 평론가가 〈블루 벨벳〉의 여성들은 남자들에게 학대받는 존재 아니면 남자들에게 유용한 존재 둘 중 하나라고, 그리고 여성들이 가진 유일한 선택지는 남자들이 그녀들 앞에 놓아둔 것들뿐이라고 지적했습니다.

그건 그 사람이 너무 독단적으로 받아들인 거예요. 그가 말한 내용하고 샌디(로라 던)하고는 어떤 관계가 있나요? 그 누구도, 그러니까 어떤 남성도 그녀를 조금도 조종하지 않아요. 그녀는 많은 일을 스스로 해요. 그녀는 좋아하는 일들이 있고, 좋아하지 않는 일들이 있어요. 그녀는 스스로 결정을 내립니다. 자신만의 판단으로 행위하고 반응해요. 그녀는 제프리를 자기 힘으로 이런 상황에 개입시켜요. 혼자 힘으로요. 그녀는 그 여자의 집으로 가는 대신, 제프리의 관심을 끌고 제프리에게 열의를 불어넣을 수 있어요. 그래서 제프리는 궂은일을 다 하죠. 한편, 바버라 아주머니하고 집에 있을 때 그들이 할 수 있는 일이라고는 TV로 상황을 보는 게 전부예요. 그들은 집 밖에 나가는 것조차 원치 않아요. 사건을 자기들의 안전한 거실에서 볼 거예요. 하지만 사건에 흥미를 갖고는 있죠. 이 영화는 순전히 감춰지고 미스터리한 일들을 향한 흥미에 대한 얘기예요. 샌디는 대단히 영리하고 대단히 확신에 찬 여성이에요. 그 평론가가 말하는 바는 일반적인 종류의 이야기예요. 그걸 실제로 영화에 담긴 내용과 대조해보면 그의 주장은 전혀 조리에 맞지 않아요. (린치는 그 평론가가 남자일 거라고 잘못 전제하고 있다.)

그런데 〈광란의 사랑〉의 룰라는 어떤가요? 영화 속의 룰라(여기서도 로라 던)는 자기주장과 적극성, 주변 세계에 대한 통제력의 관점에서 원작 속의 룰라에 비해 분명 한 걸음 뒤떨어진 캐릭터입니다. 책에서 룰라는 세일러에게 떠나야 할 곳을 말하고 언제 운전할지 지시를 내립니다. 그녀는 그가 클럽에서 다른 여자와 춤추는 것을 발견하고는 병을 던져서 그를 맞힙니다. 그렇게 그에게 열 받았음을 알리죠. 반면 영화에는 세일러(니컬러스 케이지)가 그녀를 '구출하는' 클럽 신이 있습니다. 그는 그녀와 춤추려고 하는 남자를 상대로 자기 영역을 방어하죠. 당신이 원작을 재해석하는 과정을 통해 룰라를 덜 현대적인 여성으로 만들었다고 할 수도 있지 않을까요?

(짜증 난 표정으로 긴 침묵) 글쎄요. 나는 현대 여성에 대해서는 아는 게 없어요. 예외라면 룰라가…… 어쩌다 보니 두 신 다 촬영을 했지만, 시간과 이런저런 여건 때문에 영화에 넣지를 못했어요. 그녀가 그에게 병을 던지지 않더라도, 세일러가 그런 식의 행동을 했을 경우 그녀가 그에게 대단히 열 받았다는 것을 보여줄 행위들은 많아요. 그녀가 존재하는 방식 자체에서 그걸 알아차릴 수 있죠. 내가 세일러와 룰라에게 매료된 것은 그들의 관계 때문이었어요. 그들은 서로에게 너무나 좋은 사람들이고 사랑하기 때문에 서로 존중하

는 마음으로 대한다는 게 내 의견이에요. 나는 현대 남성이나 현대 여성에 대해서는 모르지만, 그건 현대적인 로맨스예요. 세일러는 쿨하고 남성적일 수 있기 때문이에요. 그는 그러면서도 룰라에게 애정을 갖고 있고 그녀를 동등한 사람으로 대해요. 그녀를 깔보는 투로 말하는 법이 전혀 없어요. 그녀에게 스스럼없이 말하고, 룰라가 그를 대하는 방식도 똑같아요. 내가 이 관계와 그 책을 사랑하는 이유 중 하나는 그들이 동등한 존재들이라는 거예요.

하지만 책에서 그녀는 그의 말투가 그녀를 깔보는 투인 것 같다는 사실에 민감합니다. 그녀는 늘 '땅콩'이라고 불리는 것을 좋아하지 않습니다. 그녀는 말하죠. "당신이 나를 땅콩이라고 부르는 걸 내가 그렇게 썩 좋아하는지는 모르겠어. (…) 그렇게 부르는 건 날 먹이사슬의 저 밑바닥으로 떠미는 거야."

오, 그건 미처 기억하지 못했네요. 아니, 그녀는 땅콩이라고 불리는 것을 무척 좋아해요.

책에 그렇게 나와 있습니다. 다음으로, 당신의 영화들에는 오이디푸스 콤플렉스에 해당하는 사건들이 있습니다. 주인공이 세상을 떠난 어머니와 신비롭게 재회한다거나……

으음, 〈엘리펀트 맨〉이네요. 그건 그 이야기 특유의 것이에요. 엘리펀트 맨이 가장 좋아하는 기억은 어머니였어요. 그의 인생 전체가 어머니가 그에게서 원했을 거라고 상상하는 삶에 합당한 삶을 살려고 애쓰면서 구축됐어요. 따라서 그가 죽을 때는 그런 방식이 필요했어요. 어머니와 함께하는 장면이요. 그게 적절하다고 생각했어요. 다른 영화들은 어떤 거죠?

〈블루 벨벳〉하고 다른 영화에 '엄마와 섹스'하는 종류의 사건이 들어 있죠.

어째서 그렇죠?

프랭크는 젖먹이처럼 도로시를 "엄마"라고 부르고 어느 순간에는 "아기는 하고 싶어!"라고 말합니다.

그는 아빠이거나 아기예요.

그리고 〈광란의 사랑〉에서, 룰라의 어머니(다이앤 래드)는 딸의 남자 친구 세일러에게 추파를 던지죠.

그런 일은 〈이레이저 헤드〉에서도 일어나요!

맞아요. 메리의 어머니가 헨리(잭 낸스)에게 추파를 던지죠. 그리고 〈트윈 픽스〉에서는 벤저민 혼이 매음굴 침실에서 딸 오드리와 마주칩니다. 여기에 어떤 패턴이 있습니다.

으음, 맞아요. 곤란한 점은 우리가 어떤 것을 한 번 이상 하면 사람들이 비교하기 시작한다는 거죠. 많은 경우 그 비교는 현실이나 그게 발생한 방식하고는 아무런 연관 관계도 없는 이상한 결론으로 사람들을 이끌어요. 그건 우연의 일치일 수 있어요. 각각의 이야기는…… 나는 그중 어떤 것들은 집필하지도 않았고 고안하지도 않았어요. 시나리오에 관여하기는 했지만요. 아이디어들이 생겨납니다. 그중 어느 정도가 나한테서 나온 걸까요? 내 내부에서 나온 아이디어가 많은 것을 지시하지만, 외부에서 생겨난 아이디어도 큰 부분을 차지합니다. 나도 모르겠어요. 인간이 하는 많은 일이 대단히 매혹적이지만, 동시에 약간 기이해 보이기도 해요.

우리가 타고나길 그런 것 같습니다.

딱 맞는 말이에요. 그리고 그런 점들이 영화에서 작업하기에 너무도 흥미로운 거죠. 세상사가 말 그대로 정상적이라면, 우리는 집에 그냥 있는 편이 나을 겁니다. 인간의 그런 면들은 영화에 들어가기에 충분할 정도로 기묘해요. 영화에서 사건들은 과장돼요. 관객들은 사건들을 좀 더 과장되게 보고 좀 더 과장되게 느껴요.

이 문제에 대해서는 방어적인 듯 보이는군요.

그 비슷한 상황들이 세상에 존재하는지 여부를 나도 모르니까요.

음, 논평할 주제를 하나 더 꺼내겠습니다. 당신 영화들의 결말에는 상상력 자체가, 판타지가 사람을 구원하는 힘을 가지고 있다는 관념이 있습니다. 그것들은 유치하지는 않지만 어린아이 같은 관념이라 당신은 무언가를 완전한 새것으로 보거나 상상하고 싶어 하는 듯합니다. 당신의 상상력이 가진 가능성들이 당신을 구원하는 것처럼.

맞아요. 다시 말하지만, 일반적인 일에 대해 말하는 건 힘들어요. 하지만 나는 진화의 힘을 믿어요. 나는 어둠과 혼란 속에 존재하는 것이 정말로 흥미로워요. 그런데 그 어둠과 혼란 뒤에서는 그런 것에서 벗어나 사물들을 그것들이 실제로 존재하는 방식으로 볼 수 있어요. 전체 사건에는 일종의 진실이 있습니다. 우리가 그걸 볼 수 있고 살live 수 있고 느낄 수 있는 지점에 도달할 수 있다면요. 그건 길고 긴 길이라고 생각해요. 한편으로는 고통과 어둠과 혼란과 부조리가 있어요. 사람들은 뺑뺑이를 돌고 있어요. 환상적이에요. 기묘한 카니발과 비슷해요. 무척 재미있지만 무척 고통스러워요.

순전히 어둠과 혼란뿐인가요?

모든 건 상대적이에요. 나는 이 세계는 우리가 소망할 수 있는 가장 화사한 장소는 아닐 거라고 말하겠어요.

그 혼란 중 하나는 예술이 무슨 의미를 가지는지에 대한 것인 듯합니다. 당신이 한 말을 인용해보죠. "사람들이 인생은 이해되지 않는 것이라는 사실을 받아들이면서도 예술은 이해되기를 바라는 이유는 뭔가요?" 우선, 나는 사람들이 인생이 이해가 되지 않는다는 사실을 받아들인다고 생각하지 않습니다. 이해할 수 없기 때문에 사람들이 끔찍이도 힘든 거라고 봐요. 종교와 신화는 그런 상황에 맞서려고, 인생을 이해시키기 위해 발명된 겁니다. 당신은 예술도 거기에서 비롯했다고 생각하지 않나요?

부분적으로는 그럴 거예요. 그런데 나는 웨스턴유니언학파the Western Union school입니다. 어떤 메시지를 발송하고 싶으면 웨스턴 유니언미국의 통신 회사으로 가세요. 책임이라는 문제도 있어요. 사건들을 고안하려면 자유로워져야 해요. 아이디어들이 생겨나고, 그 아이디어들은 스스로 한 덩어리로 뭉치고, 그렇게 형성된 사건은 우리에게 행복감을 주거나 혐오감을 안겨줘요.(그러고 나면 우리는 그 아이디어들을 내다 버리겠죠). 아이디어들이 만족스럽게 한데 묶이면, 그것들은 우리 작업을 전진시키는 스토리를 형성해요. 우리가 그걸 죽여버릴 수 있는 첫 방식은 남들이 그걸 어떻게 생각할까 신경 쓰는 거예요. 친한 친구들이나 가족들이 어떻게 생각할지를 걱정하기 시작하면 그 아이디어는 바로 그 자리에서 숨을 거둬요. 다음으로 신경 쓸 대상은 일반 대중이에요. 일반 대중은 대단히 추상적이라서 우리는 즉시 그 아이디어를 죽여버려요. 그런 후에는 미래의 사람들을 신경 써야 해요. 그들이 어떤 것을 좋아할지를 상상할 수가 없으니 그들이 좋아하지 않을 거라고 짐작해야만 하죠. 우리는 그냥 자기 자신을 신뢰해야 해요. 우리가 도덕적인 일이나 한계선을 넘어서지 않으려 한다면, 그게 우리 스토리의 형체를 규정할 거예요. 그러다가 그걸 영화로 만들어도 좋다는 허락을 받고 돈을 갖게 되면 그렇게 일이 진행되는 거죠. 영화를 보다가 화가 나면 제발 극장에서 그냥 나가세요. 영화가 맘에 안 들 수 있죠. 다만 나는 그런 관객이 그 영화의 프레임 하나라도 봐야만 했다는 사실이 정말로 유감스러워요. 하지만 사람들은 이런 영화들을 창작할 수 있어야 합니다.

하지만 그건 그런 아이디어들이 아무런 의미도 갖고 있지 않다고 말하는 건 아니잖아요?

아니죠. 하지만 우리가 세상만사의 의미를 고민하기 시작한다면, 우리의 빈약한 지적 능력으로 얻을 수 있는 지식은 극히 일부밖에 되지 않을 공산이 커요. 어떤 것이 추상적인 상태로 머문다면, 그게 진실하게 느껴지는 영역에 머문다면, 그리고 그게 적합한 방식으로 끌려 들어온다면, 그게 다음 아이디어로 이어지게끔 우리를 흥분시킨다면, 그게 움직이면서 일종의 직감적인 의미를 만들어낸다면, 그게 정말로 좋은 가이드라인이에요. 우리가 믿어야만 하는 특정한 종류의 논리와 진실과 올바른 작업들이 있어요. 그게 우리가 따라야 할 유일한 일이에요. 15조 개나 되는 의사 결정이 이와 동일한 과정을 거쳐요. 그런 아이디어는 기각되거나 채택되거나 둘 중 하나죠. 또는 이런 방식, 저런 방식으로 바뀌어요. 세상일은 그런 식으로 진행돼요.

그래서 당신은 당신의 영화들이 뭔가를 의미한다는 아이디어에 반대하지 않는 건가요?

조금도요. 하지만 그 영화들은 각자에게 각자의 의미를 띠어요.

그러기를 바랍시다.

그래요. 다만 그렇더라도, 많은 사람에게 어느 정도 같은 의미를 띠는 영화들도 있어요. 그건 괜찮아요. 관객에게 숟가락으로 떠먹이는 단일한 메시지만 있는 게 아닌 한에는요. 바로 그게 할리우드의 스튜디오들을 좌지우지하는 위원회가 만드는 영화들이 결국 귀결되는 신세예요. 나는 그런 게 정말로 실망스러워요. 메시지 없는 영화를 만들기란 어려워요. 사람들은 영화에 무슨 의미든 부여할 테니까요. 메시지가 없는 영화는 만들 수 없어요. 그건 불가능합니다.

그렇다면 인생이 의미를 갖지 못하기 때문에 예술이 의미를 가질 필요가 없다고 말하는 것은……

인생은 대단히, 대단히 복잡하고, 그러니 영화도 그래야 마땅해요. 세상사는 그런 식으로 존재하는 쪽에 더 가까워요.

당신이 넘어서고 싶고 직감이 넘어서라고 말하지만, 사람들이 감당하기에는 과한 일이라서 뒷걸음질을 치는 선이나 한계가 있는 이 여과filtering 과정(15조 개의 의사 결정)에 속한 요소가 있나요?

있어요. 〈광란의 사랑〉에서 그런 일이 일어났어요. 영화를 만드는 것은 수프를 끓이는 거랑 비슷해요. 그릇에 수프를 담기 전까지 너무나 많은 것이 증발하죠. 다음으로 스푼에서 없어지는 것도 일부 있을 거고, 일부는 먹는 사람의 이빨에 끼었다가 나중에 뱉어지겠죠. 여기서 오로지 중요한 것은 마침내 먹는 사람의 위에 들어가는 것, 스크린에 올라가는 거예요. 따라서 영화를 만드는 과정은 관객이 극장에 앉기 전까지는 멈추지 않아요. 사람들이 하는 말처럼, 최종 편집권을 가진 사람은 영사기사예요. 그들은 어떤 것들을 가위질하고 릴들을 재배치해요. 그래서 직감적으로 하고 있는 일들을 계속 확인해야 해요. 〈광란의 사랑〉에서처럼 많은 사람이 객석에서 일어나 극장을 떠날 경우, 의사 결정을 해야만 해요.

그들은 수프를 체로 거르고 있는 거군요.
그냥 수프가 마음에 들지 않는 거죠.

〈광란의 사랑〉의 두 차례 테스트 상영에서—자위와 총격전, 병 관련 신이 등장했을 때— 엄청나게 많은 사람이 극장을 나갔습니다.

맞아요. 그 신이 문제였어요. 하지만 그런 요소들이 정말로 그런 식으로 관여된 건 아니었어요. 그 신은 현재 온전한 상태로 영화에 들어 있는 셈이에요. 하지만 나는 그 사건에서 배운 게 있어요. 관객은 감독 편이라는 거요. 그런데 그들 눈앞에서 지나치게 많은 것을 자꾸 들먹이면(내가 이런 식으로 작업했다고는 생각하지 않지만) 관객은 "이제 그만!" 하고 말하면서 밖으로 나갈 거예요. 감독이 그들을 탓할 수는 없어요. 나는 그런 식으로 하면 더 강력한 신이 될 거라고 생각했지만, 그게 너무 과한 수준까지 갔어요.

우리는 그 신의 끝부분을 쳐냈어요. 그랬더니 안전한 지대로 돌아오더군요. 그 신은 필요해요. 한번은 내가 그 신을 전부 들어냈는데,

그 신이 없으니 목숨에 대한 위협이 없어지더라고요. 그 신은 그 영화의 나머지를 이해하는 데 대단히 중요했어요.

특정한 이미지를 감상하는 사람들에게 어떤 것이 그런 불편함을 불러일으켰다고 생각하나요?

모르겠어요. 다시 말하지만, 노련한 의사라면 우리에게 해답을 줄 수 있을 거예요. 내가 아는 거라고는, 그게 한 걸음 더 멀리 나갔고 그게 스토리에 관여한 것을 망쳤다는 게 전부예요. 관객들은 스토리에서 빠져나왔고, 그다음에는 객석에서 일어났고, 결국에는 극장을 나갔어요. 그리고 남아 있는 사람들은 그다음부터는 다시 영화에 집중하지 못했어요. 나는 정말로 그들을 탓하지는 못하겠어요.

지루해서가 아닌 다른 이유로 당신 자신도 지켜보지 못하는 게 있나요?

오, 그럼요. 분명히 있죠. 그게 뭔지는 나도 모르지만, 우리 모두가 보고 싶지 않은 것은 세상에 많아요.

당신이 보지 않으려는 게 뭔가요? 감당할 수가 없어서 고개를 돌리거나 전원을 꺼버리는 것은 무엇인가요?

(긴 침묵) 으음, 볼까요. (긴 침묵) 기억이 안 나네요. 기억을 못 하겠어요.

강제수용소를 촬영한 필름은 봤나요?

음, 그 필름은 지켜보기가 어려우면서 동시에 보지 않기가 어려울 거예요. 많은 사람이 그걸 보고 있지 못할 거예요. 인간이 다른 인간에게 하는 짓들은 때로 이해하거나 믿을 수 없지만, 여전히 인간들은 그런 짓을 하죠. 그래서 우리는 우리가 인간으로서 어디까지 갈 수 있는지 정보를 얻으려고 그걸 보고 싶어 해요. 정말 믿어지지가 않아요. 따라서 우리는 그걸 감상하려는 동기에 대해 의문을 제기할 수 있고 그걸 감상하지 않으려는 동기에 대해서도 의문을 제기할 수 있습니다. 그 문제는 복잡해요.

테스트 관객들이 〈광란의 사랑〉의 그 신을 덜어내라고 말해서 깜짝 놀랐나요?

그래요. 놀랐어요. 그때 나는 테스트 시사회에 대한 생각을 고쳐먹었어요. 한 공간에 수백 명이 앉아 있다는 건 뭔가 특별한 거예요. 시사회가 끝났을 때 각자 받은 카드에 써내는 내용이 중요한 게 아니라, 그들과 그 공간에 같이 있을 때 느끼는 기분이 중요해요. 그들이 어떤 사람인지는 중요하지 않아요. 300명이 함께 있을 때 할 수 있는 특정한 일이 있어요. 당신의 영화를 함께 보는 존재가 중요해요. 그러면 대단히 많은 것을 배울 수 있어요. 주위에 있는 사람들의 느낌을 나에게 전달할 수 있는 기계가 있다면…… 뭐, 그런 기계는 없죠. 바로 옆자리에 앉은 그런 영혼들이 필요해요. 그러면 상황을 완전히 판이하게 느끼게 돼요. 믿어지지 않을 지경이에요. 너무 섬뜩한 일이지만 대단히 중요한 일이기도 해요. 사람들이 그런 상황을 좋아하지 않는 이유는 견디기가 몹시 힘겹기 때문이에요. 따라서 그들은 말하죠. "나는 테스트 시사회가 싫어. 그런 걸 믿지 않아." 글쎄요. 나는 그런 걸 믿어요. 그걸 좋아하지는 않지만요. 어쨌든 나는 지금은 그런 걸 믿어요.

| 『데이비드 린치』 **마음산책**

데이비드 린치

컬트 영화의
기이한 아름다움

리처드 A. 바니 엮음
윤철희 옮김

독자님, 안녕하세요. 마음산책입니다.

마치 꿈속으로 들어가는 듯한 데이비드 린치의 영화들을 보면서 그에 대해 항상 궁금했습니다. 마음산책 영화감독 인터뷰 신간 『데이비드 린치』를 편집하며 그의 영화에 대한 철학과 작업 방식, '인간' 린치에 대해서 알아갈 수 있어서 즐거웠습니다. 이 책에는 1960년대부터 영화를 만들어온 린치의 영화 인생이 고스란히 담겨 있습니다.

영화 학도였던 시절, 〈이레이저 헤드〉를 제작하며 영화 세트에 본인이 직접 거주했던 일화, 숏과 숏 사이 실제 촬영 시기가 1년이나 차이가 날 만큼 고군분투하며 연출했던 이야기에서 감독 린치의 초창기를 볼 수 있습니다. 1984년에 연출한 〈사구〉로 흥행과 비평 모두 실패를 경험하고서는 '최종 편집권을 갖지 못한 영화는 만들지 않는 편이 낫다'는 교훈을 얻었다고 밝히기도 하고요. 카프카를 향한 애정을 고백하면서 소설 『심판』을 영화화하고 싶다고도 합니다. 영화 연출뿐 아니라 가구를 디자인하고 만화를 그리는 등 장르를 넘나드는 예술가로서 린치의 면모도 확인할 수 있습니다. 직감을 중시하는 예술가 린치가 스스로를 설명하는 한마디로 이 글을 마칩니다. "나는 어떤 걸 지적으로 이해하기보다 그것에 대한 이해를 느끼는 것을 더 좋아합니다."

마음산책 드림

따라서 당신은 중요한 층위에서 관객이 어떻게 생각하는지는 신경 쓰지 않지만, 그들과 소통은 하고 싶다는 거군요. 그렇죠? 당신 자신만을 위해 영화를 만들지는 않는 거군요.

그래요. 나 자신을 위해서 만들지는 않아요. 하지만 자신을 위해 영화를 만들지 않는다면…… 일이 어떻게 돌아갈지 모르겠네요. 우리는 감독이 자신을 위해 영화를 만들고 있다고 생각할 수는 있어요. 하지만 300명과 함께 앉아 있으면, 그 영화를 정말로 자신을 위해 만들었다고 하더라도, 좀 다르게 만들었을 텐데 하는 깨달음이 와요. 그게 어떻게 그렇게 되는지 정확히는 모르겠지만, 사람들은 거기에 있다는 그 자체만으로 감독에게 어떤 얘기를 들려줘요. 솔직하고 진심 어린 눈으로 봤을 때 제대로 작동하고 있다는 생각이 들면서 혹했던 것들인데도 극장에서 300명과 함께 보면 제대로 작동하지 않는 경우가 분명히 있어요. 따라서 관객을 극장에 앉히는 것은 사실은 감독 자신의 생각이 옳은지를 확인하는 방법이에요.

세션 2

실제 제작으로 이어지지 않은 당신 작업에 대해 얘기해보죠. 〈가든백〉부터 얘기할까요.

〈가든백〉은 좋은 사례예요. 그건 단편 영화로 만들 생각이었어요. 아주 추상적인 영화로요. 그 시나리오는 내가 〈할머니〉와 함께 고급영화연구센터에 제출했던 거예요. 내가 그걸로 뭘 만들려고 하는지 제대로 이해하는 사람이 없었어요. 그들을 탓하지는 않아요.

당신은 그걸 '간통을 다룬 추상적인 영화'라고 했습니다.

실제로 그랬어요. 그들이 나한테 그렇게 말하게끔 만들었죠. 결국, 프랭크 대니얼이 나한테 물었어요. "이 영화는 간통을 다룬 건가?" 내 생각에 그런 것 같기는 했지만 사실 다른 것들을 다룬 영화이기도 했어요. 저예산 공포 영화들을 만든 어떤 사람이 그걸 장편으로 만들면 제작비로 5만 달러를 주겠다고 했어요. 그 역시도 그 시나리오를 이해하지 못했지만, 그 시나리오에는 괴물이 등장했고, 그는 거기에만 관심이 있었어요. 그는 그걸 괴물이라고 생각했으니까요. 그 당시 5만 달러면 지금 누가 나한테 500만 달러를 주겠다는 거나 마찬가지였어요. 그런데 그걸 장편으로 확장해야만 했고……

그런데 그런 상황이 프로젝트를 날렸고요?

그 상황이 프로젝트를 확실하게 날려버렸죠. 갈수록 덜 추상적이돼가면서 지루한 방식으로 점점 '평범'해졌거든요.

그 죽은 프로젝트에서 뭔가 훔쳐올 만한 게 있었나요?

약간은요. 그 요소는 회화와 많은 일에 스며들었어요. 나는 정원에 매혹됐어요. 그림 속에서 사람들이 밤중에 정원에 서서 어떤 형체를 이루었는데 그게 정말로 마음에 들었어요. 그러다가 아주 낙담하게 됐죠. 하지만 그게 〈이레이저 헤드〉로 이어졌기 때문에 모든 게 좋았어요.

당신이 만들지 못한 가장 칭찬받은 작품은 〈로니 로켓〉입니다. 그건 완전히 명을 다한 건가요?

아뇨, 아뇨, 아뇨, 아뇨. 절대로 아니에요. 100만 년 안에는 그럴 일이 없어요. 내가 다음 작품으로 〈로니 로켓〉을 만들 거라고 말하기는 어려워요. 그게 만들어질지 아닐지도 모르겠어요. 그렇지만 죽지 않은 것은 분명해요. 나는 그 작품 얘기를 무척 많이 떠벌렸고 시나리오도 돌아다니고 있어요. 그게 영화로 만들어지는 다음 단계가 진행되기를 기다리는 중이에요. 다음 단계라는 게 있다면요. 영화가 완성돼서 내가 다른 신경 쓸 일이 없는 시간이 오기를 기다리고 있어요. 〈로니 로켓〉 같은 영화는 상업 영화가 아니라서 사람들이 겁먹기 때문에, 나는 충분히 신경을 쓰고 있어요. 그 영화는 공장 굴뚝이 나오는 미국의 산업 풍경을 다뤄요. 석탄, 석유, 전기와 관련이 있죠. 내가 사랑할 영화가 될 가능성이 있지만, 많은 사람들이 좋아할지는 모르겠어요. 아주 추상적인 영화라서요.

일관되게 진행되는 내러티브가 없나요?

글쎄요, 내 생각엔 제법 표준적인 영화예요. 꾸밈이 없는 영화에 속한다고 봐요. 그런데 부조리한 영화이기도 해요. 일반적인 영화 같지는 않아요. 그 세계에 들어가 한동안 거기서 사는 시간을 가졌으면 하는데, 그러려면 돈이 들죠. 정말이지 〈로니 로켓〉을 일반적인 11주 촬영 스케줄에 맞춰 만들고 싶지는 않아요. 소규모 스태프와 함께 작업하면서 세트들을 짓고는 한동안 거기서 살고 싶어요. 그 세트가 우리가 앞서 말했던 파티나로 덮이도록 놔두면서요.

당신에게 그런 기회를 제공하려는 사람이 있나요?

관심을 보이는 사람들이 있어요. 돈이 너무 많아서 영화가 반드시 수익을 내야 한다는 것에는 신경을 쓰지 않는 사람들이죠. 그들은 투자금 회수에는 연연하지 않을 거예요.

할 수만 있다면 내러티브를 내다버릴 건가요? 당신이 할리우드의 상업 영화 바깥에서 작업할 수 있다면 그 일을 제일 처음 할 건가요?

그럴 일은 절대로 없을 거예요. 당신이 내러티브라고 부르는 게 뭔가요? 스토리인가요?

그렇죠. 직선적인, 'A는 B로 이어지고, B는 C로……'

글쎄요, 반드시 그럴 필요까지는 없죠. 때로는 그런 게 먹혀들고 필요하기도 하죠. 그런 선형적인 구조는 그리 화끈하지는 않아요. 그런 구조는 우리를 표면 아래로 데려가지 못하고, 놀라움이나 스릴을 허용하지 않아요. 하지만 나는 스토리는 정말로 믿어요. 정말 중요한 것은 그걸 말하는 방법이에요.

〈블루 벨벳〉 이후, 당신이 관심을 가진 프로젝트가 두어 개 있었습니다. 토머스 해리스가 〈양들의 침묵〉 이전에 쓴 〈레드 드래곤〉은 어떻게 됐나요?

그 작품에 약간 관여했었어요. 싫증이 나기 전까지는요. 나는, 내 입장에서는, 아주아주 폭력적인 일이 벌어질 세계로 들어가고 있었어요. 완전히 타락한 세계로요. 결점들을 만회할 장점이 하나도 없는 세계였죠.

그러면 그 영화는 당신의 컨트리클럽에 들어올 수 없었군요.

나는 그게 내 컨트리클럽에 들어오는 것을 원치 않았어요. 그 영화는 이미 만들어졌어요. 제목이 〈맨헌터〉예요.

당신이 마크 프로스트와 함께 한 첫 프로젝트였지만 착수조차 제대로 하지 못한 작품이 〈여신〉입니다. 그 작품 얘기를 해주시겠어요?

그게 마크하고 내가 처음 만났을 때예요. 수많은 사람들이 그렇 듯 나는 메릴린 먼로를 좋아했어요. 그녀의 인생에 매혹됐고요. 그 래서 그 아이디어가 등장했을 때 흥미가 생겼지만, 어떻게 만들면 좋을까 싶었죠. 나는 신중하게 그 작품에 몰두했어요. 그들은 그 아 이디어에 작가를 붙일 계획이었죠. CAA^Creative Artists Agency는 사람들 을 패키지로 묶는 것을 좋아해요. 그래서 나하고 마크도 패키지로 묶였는데, 마크를 만나보니 마음에 들더군요. 우리는 계획을 세우고 원작을 쓴 앤서니 서머스를 만났어요. 우리가 파고들면 파고들수록 그건 일종의 UFO 같았어요. 사람들은 UFO에 매료되지만 그게 실 제로 존재하는지를 제대로 입증하지는 못하잖아요. 사진을 보거나 이야기를 듣더라도, 심지어 사람들에게 최면을 걸더라도 제대로 된 사실은 절대로 알 수가 없죠. 메릴린 먼로와 케네디 형제도 같은 식 이었어요. 지금은 어떤 게 실제고 어떤 게 꾸민 이야기인지 분간도 못 하겠어요. 그 이야기는 전기 영화의 영역과 케네디 형제의 이야 기를 파고들었고, 몰락하는 여배우에 대한 영화에서는 멀어졌어요. 나는 열의가 식었죠. 누가 그녀와 동침했는가에 대한 우리 생각을 시나리오에 넣자, 스튜디오는 정말로 재빠르게 뒷걸음질을 쳤어요.

정치적인 이유에서요?

맞아요.

당신이 지목한 게 누군가요?

관심 두지 말아요. 알 것 없어요.(웃음)

당신이 먼로에게 매력을 느낀 것은 당신이 '망가진 미녀'에 매력을 느끼는 것에 대해 웬디 로비〈트윈 픽스〉에 출연했던 배우가 한 말의 또 다른 사례인가요?

그게 뭔지는 나도 모르겠어요. 그건 아름다움에 깃든 슬픔이에요. 미스터리와 아름다움과 슬픔 같은 거예요.

〈원 설라이버 버블〉. 스티브 마틴, 마틴 숏, 캔자스. 군사용 위성에서 발사된 광선. 그리고 무슨 일이 일어나나요?

그러고는 온갖 종류의 정신 나간 것들이 풀려나죠. 완전히 정신 나간 멍청한 코미디예요. 클리셰에서 클리셰로 이어지죠.

〈매드 매드 대소동〉의 당신 버전인가요?

맞아요. 그런 영화의 일종이에요. 그걸 생각하면 폭소가 터져요. 마크하고 나는 그걸 쓰면서 미친 듯이 웃어댔어요. 나는 비행기에서 이 아이디어를 떠올렸어요. 그전에 스티브 마틴하고 만났었고 우리는 이 특별한 프로젝트에 관심이 있었어요. 우리 둘 다 읽은 책이 있는데, 그게 뭔지는 까먹었네요. 그는 그 프로젝트를 무척 마음에 들어했고 지금도 그래요. 유일한 문제는, 내가 거기에 전념할 준비가 되고 나면 매번, 그 영화에 알맹이가 충분치 않다는 게 내 입장에서는 문제라는 생각이 든다는 거예요. 그 영화를 만들 수 있는 사람은 많다고 생각해요.

제목은 어디서 왔나요?

위성을 고장 내버린 재미있는 사건에서 온 거예요.

〈레무리아 사람들〉는 어떻게 됐나요?

〈레무리아 사람들〉은 마크하고 내가 TV 드라마로 만들려던 작품이었어요. 대단히 사악한 땅으로 여겨진 가상의 레무리아 대륙에 기초한 작품이죠. 그 대륙은 아틀란티스 대륙이 솟구치기 전에 가라앉았어요. 너무도 사악했기 때문에요. 자크 쿠스토^{Jacques Cousteau,} _{프랑스 출신의 해양 탐사 전문가}가 해양 탐사 초기에 무심코 바위를 옮겼어요. 그 작품에 "자크는, 자크는 바위를 옮겨야 했어"라는 부분이 나와요. 레무리아 대륙을 노래한 시詩도 많이 나오고, 레무리아의 고갱이가 태평양 바다에서 흘러나오는 것을 둘러싼 설화도 있어요. 어쨌든, 그 고갱이가 흘러나오면서 우리 세상의 모든 선善을 위협해요. 코미디죠!

NBC에서 그랬죠. "대단히 감사합니다⋯⋯"

"⋯⋯여러분을 만나서 정말 좋았습니다." 〈레무리아 사람들〉의 문제는 너무 복잡한 드라마라는 거예요.

외계인들을 추적하는 형사들이 등장하죠. 맞아요?

맞아요. 그리고 온갖 것들이 나오죠. 너무 복잡한 드라마라, 지금 당장은 다른 드라마를 시작할 시간조차 없어요. 이 작품이 우리의 집중력을 작업이 불가능한 수준까지 떨어뜨린다는 뜻이에요.

팬케이크로 만들기에는 지나치게 얄팍한······

나는 정말 얄팍한 팬케이크예요! 팬케이크 끄트머리에 위태위태하게 서 있는 신세고요.

〈카우보이와 프랑스인〉은 어떤가요?

그건 정말로 선보이고 싶어요. 이사벨라하고 파리에 있을 때였어요. 어느 프랑스인이 우리를 레스토랑으로 데려갔어요. 아주아주 근사한 레스토랑이었죠!

지금 이곳만큼이나 훌륭했군요!

맞아요. 그런데 우리 식사는 언제 하는 건가요? 너무 배고픈데요. 오후 4시잖아요. 당신은 확실히 미쳐가고 있어요! 아무튼 그 사람이 이런 일을 하려 한다고 얘기했어요. 프랑스 신문 〈피가로〉가 프랑스혁명 200주년을 기념해서 프랑스에 대해 이야기하는 단편 영화를 찍을 감독 여섯 명을 구하고 있는데, 나는 미국 쪽 감독이 될 거라더군요. 그래서 "그런 제안을 해주셔서 기쁩니다만, 지금 당장은 작품 아이디어가 없습니다. 그리고 바쁘고요. 만약에 2주 안에 아이디어가 떠오르면 전화를 드리겠습니다"라고 했어요. 그건 정말 사소한 일이었죠.

그런데 그날 밤에 아이디어가 떠올랐어요. 전화를 걸었더니 그가 "정말 좋군요. 한 작품에 클리셰가 두 개라니!"라고 하더군요. 나는 "바로 그겁니다!"라고 했고요. 그래서 그걸 만들었어요. 러닝타임은 4분으로 예정돼 있었지만, 내 작품은 러닝타임이 21분이나 됐어요. 제작비는 초과하지 않았지만 러닝타임은 초과했죠. 작업이 정말로 재미있었거든요. 해리 딘 스탠턴하고 잭 낸스, 트레이시 월터, 마이클 호스, 그리고 그 프랑스인 피에르가 출연했어요. 기이한 음악과 말馬들도 나왔죠. 도시 외곽의 작은 농장에서 작업했어요.

그 영화는 부조리한 코미디예요. 한 프랑스인이 뉴욕에 있었는데, 센트럴 파크에서 무척 친절한 사람들이 그에게 알약을 몇 개 줘요. 그가 그 알약들을 먹고 나서 보니까 자기가 서부의 한 농장에 있는 거예요. 해리 딘 스탠턴은 농장 감독이고 잭하고 트레이시는 조수들이에요. 그들은 그의 정체를 모르다가 그의 여행 가방을 살펴보게 돼요. 마침내 그들은 그가 프랑스인이라는 것을 알아내고 사건은 거기서 시작됩니다.

그 작품은 대단히 몽환적입니다. 본인의 꿈을 작품에 활용하나요?

아뇨. 그런 적이 딱 한 번 있긴 했어요. 아니, 두 번이군요. 〈이레이저 헤드〉에서 잘려나간 신이 있었어요. 〈블루 벨벳〉에서는 엔딩을 해결하느라 상당히 골치가 아팠어요. 진짜 '엔딩'이 아니라 결말 가까운 지점에서요. 어느 날 유니버설 스튜디오에 갔어요. 거기 왜 갔는지는 까먹었는데, 아무튼 시나리오를 들고 갔어요. 시나리오를 끝내려는 중이었고 의자에 앉았죠. 리셉셔니스트가 있었고 나는 글을 쓰기 시작했는데 쓰다가 그 전날 밤에 꾼 꿈이 기억났어요. 그 꿈이 불현듯 선명해지더군요. 도로시의 거실 장면이었는데 제프리가 노란 정장을 입은 남자의 주머니에 손을 뻗는 게 보였어요. 그 꿈에서 두 가지를 가져왔어요. 경찰 무전기, 그리고 노란 정장을 입은 남자의 재킷에 든 권총. 집으로 돌아가서 그들이 벤의 집으로 차를 몰고 가는 신을 썼어요. 그가 "경찰 무전기를 숨겨"라고 말해요. 그래서 프랭크는 그가 무전기를 갖고 있다는 것을 제프리가 안다는 걸 알게 되죠. 아무튼, 그런 것들이 꿈에서 온 거예요. 그런 건 그때뿐이었어요.

1988년에 〈젤리 선생님〉에서 연기 데뷔를 했잖아요? 당신이 한 선택으로선 좀 괴상해 보였는데요. 왜냐하면 영화 자체가 너무 점잖을 빼고 달착지근한데, 당신이 한 작업들은 전혀 그렇지 않잖아요. 이사벨라가 주연이었던 점을 제외하면, 왜 그 영화를 선택했는지 도무지 이해가 안 가요.

그건 전부 이사벨라 때문이었어요. 이사벨라 때문에 티나(티나 래스본, 작가 겸 감독)를 만났는데 그녀가 무척 마음에 들었어요. 티나가 그렇게 달착지근한 영화를 만들 거라고는 생각하지 않았어요. 그건 티나의 첫 장편이었는데, 이런저런 일들이 연달아 일어났어요. 연기를 한 주된 이유는 내가 연기를 할 수 있는지 확인하고픈 욕심이 있어서였어요. 연기를 극도로 무서워했기 때문에 그 공포를 극복하려는 의도도 컸고요.

당신의 남성적인 가슴을 노출할 수 있어서 연기를 한 건 아니라는 뜻인가요?

많은 남자들이 자기 가슴에 대해 몹시 불쾌한 기분이 들까 봐 걱정됐어요. 미안합니다.

지금도 키트를 만들고 있나요? (린치는 모형 공작 전문점에 있을 법한 '키트'를 만들기 위해 작은 동물들을 절단하고는 했다.)

키트를 만들고 싶은 욕심이 무척 강요. 〈사구〉를 하는 동안 오리 키트하고 닭 키트를 작업했어요. 생선 키트도 했고요. 〈블루 벨

벳〉때는 아무것도 하지 못했어요. 최근에는 하나도 작업하지 않았
어요. 오리 키트는 썩 잘 만들어지지 않았어요. 사진이 굉장히 흐릿
해서 거기 적힌 내용을 읽을 수가 없어요. 생쥐 키트를 작업하고 싶
어요. 아동용 생선 키트—성인용 생선 키트보다 훨씬 더 간단해요
— 책에 들어갈 만한 사진을 갖고 있어요.

**〈블루 벨벳〉이후의 시기에 당신은 당신의 프로듀서인 디노 드 로렌티스의
파산에 묶인 처지였습니다. 그건……**
힘든 시기였냐고요?

네.
그래요. 힘들었어요. 당시 나는 〈원 설라이버 버블〉을 만들기 직전
이었어요. 로케이션 헌팅도 마쳤고, 출연진도 확보한 상태라 촬영에
들어갈 준비가 다 끝나 있었어요. 디노는 촬영을 계속 연기하고, 연
기하고, 또 연기했어요. 그 작품이 만들어지지 않을 거라는 게 점차
명확해졌죠. 돈이 한 푼도 없었으니까요. 그 직후 회사가 파산했죠.
우리는 불길한 징조를 본 셈이었어요.

당신이 작업을 하지 못하던 시기가 있었나요?
아뇨. 하지만 내가 당시 〈로니 로켓〉을 만들고 싶어 했더라도 만
들 수는 없었을 거예요. 디노가 내가 쓴 그 스토리의 저작권을 소유
하고 있다는 걸 알게 됐거든요. 〈호수에서〉하고 〈원 설라이버 버블〉
도 그랬고요. 그는 그 작품들의 저작권자였을 뿐 아니라 그걸로 돈
도 벌었어요. 그래서 그걸 되찾아왔을 때, 나는 누군가 그 프로젝트

들을 영화로 만든다면, 상당한 액수에 달하는 최초 수익의 일부를 디노가 이미 손에 넣은 DDL로렌티스가 소유한 식품 회사에 지불해야만 할 거라는 것을 알게 됐어요.

디노는 어떻게 그것들로 돈을 번 건가요?
자기 자신한테 급여를 지불했거든요.

좋은데요. 그와 결별하는 과정은 어땠나요?
굉장히 우호적이었어요. 디노는 자기가 할 일을 했어요. 그를 나무랄 수는 없어요. 그는 특정한 방식으로 모든 사람보다 한두 걸음 앞서갔어요. 남들이 그 게임의 원리를 파악했을 땐 이미 상처를 상당히 받은 뒤였죠.(웃음)

〈트윈 픽스〉로 가보죠. 필라델피아 미술관에 간 적이 있죠?
바로 옆에 살았었어요.

그랬을 것 같았어요! 그런데 인터뷰를 할 때는, 데이비드, 때로는 답이 너무 뻔한 질문도 물어야만 하는 법입니다. 1946~66년에 만들어진 마르셀 뒤샹의 작품을 아나요? 그 작품은 당신이 필라델피아에 가기 직전에 완성됐을 텐데요.
아뇨.

음, 그 작품은 〈주어진 것: 1) 폭포 2) 발광 가스〉라고 불립니다. 어둡고 텅 빈 방에, 벽을 따라 짙은 색 나무 판들이 못으로 박혀 있습니다. 그 판에는 눈높이에 작은 엿보기 구멍이 두 개 나 있고, 그 구멍들을 통해 몸매가 좋은 여성을 볼

수 있습니다. 발가벗고 죽은 여인이 등을 대고 누워 있고 오른쪽에는 작은 폭포가 있습니다. 그게 호수가 아니란 사실만 제외하면, 그 장면은 어떤 작품의 충격적인 도입부 같은데……

……〈트윈 픽스〉의 도입부죠. 어이쿠, 깜짝이야!

현대의 엿보기 구멍인 TV는 역설적인 방식으로 어둠을 드러냅니다. 당신이 그 작품을 봤을 수도 있다는 생각이 드는데요?

아마 그럴 거예요. 봤겠죠. 하지만 폭포는 시나리오에 없었어요. 우리는 거기에 폭포가 있을 거라는 걸 몰랐어요. 그리고 그 여자는 발가벗었지만, 텔레비전에서는 그걸 보여줄 수 없죠.

그녀는 발가벗은 듯 보이지만, 우리는 볼 수가 없죠.

비닐 밑은 못 보죠. 그런데 다들 옷 아래는 알몸이잖아요.(웃음)

뉴욕시 호텔 방에서 파일럿을 보는 기분이 어땠나요?

사실, 적잖이 우울했어요. 이미지와 사운드의 질이 형편없다는 사실에 깜짝 놀랐어요. 품질이 어마어마하게, 엄청나게 손상됐더군요. 우리가 했어야 마땅한 방식을 알고 있었다면, 그리고 그런 걸 경험했더라면, 그 작품은 전혀 달라졌을 거예요.

그래서 우울했군요.

그래요. 하지만 광고는 나를 우울하게 만들지 않았어요. 광고는 마음에 들었어요. 광고는 스릴을 안겨주는 존재라고 생각했어요. 살아서 팔딱거리죠. 전국 곳곳에 방영되고요. 근사한 존재예요.

그런데 〈트윈 픽스〉는 드라마가 방영되기 전에 당신이 '덩치 큰 폭력적인 훼방꾼'이라고 부른 광고들부터 내보냈습니다. 당신은 그 광고들을 퍽 부조리하게 여겼고, 시스템은 제대로 작동하지 않았던……

음, 나는 지금도 광고는 부조리하다고 생각해요.

하지만 시리즈의 첫 해가 끝날 무렵에 당신은 광고주가 누구인지 보려고 TV를 시청하고 있었고, 대기업들이 광고주라는 것을 알고 기뻐했죠? 당신은 변했고, 광고의 세계에 더 깊이 참여하게 됐습니다.

그래요, 나는…… 나는…… 그건 맞는 말이에요. 나는 부조리한 세계에 합류하고 있어요.(웃음)

그래서 광고를 만드는 데 대한 태도가 달라진 건가요? 아니면 누군가가 당신에게 발행한 수표 때문이었나요?

아뇨. 나는 제대로 된 광고는 딱 한 편 찍었을 뿐이에요.

헤로인 파는 광고였죠, 맞죠?

아편 광고였어요.'아편'을 뜻하는 입생로랑의 향수 '오피움Opium'의 광고를 가리킨다. (웃음) 지금은 다른 회사의 광고 한 편을 또 찍고 있어요. 하지만 그 회사 이름은 언급하지 않을 거예요.(캘빈 클라인의 옵세션Obsession)

계속 비밀로 묻어두기는 힘들걸요. 광고를 찍는 것은 본질적으로 경제적인 이유 때문인가요, 아니면 도전을 좋아해서인가요, 그것도 아니면 당신이 늘 은밀하게 마음속으로 상품을 팔고 싶어 했던 건가요?

어디 볼까요. 그건 일종의, 그건 분명, 그건 일면 돈 때문일 거예요. 그런데 이런 광고란 게…… 나는 광고라는 개념을 좋아해요. 그리고…… 나는 지금도 정신없게 만드는 일을 하고 있어요. 약간 부조리한 일이기는 하죠.

엄청나게 정신 사나운 창조성인가요?

그래요. 그와 비슷한 거죠. 내가 지나치게 분에 넘치는 일을 하고 있는 게 아니기를 바라요. 오피움 광고는 오래전에 방송됐어요. 마음에 들어요. 꽤 근사한 광고예요.

〈트윈 픽스〉로 돌아가보죠. 이 시리즈에 나오는 특정 캐릭터들이 존중받지 못한다는 느낌이 있습니다. 어떤 캐릭터를 비웃는 것과 그들을 놀려먹는 것은 종이 한 장 차이죠.

우리가 어떤 캐릭터를 놀려먹고 있나요?

안대를 한 나딘 캐릭터나 비탄에 잠긴 릴랜드, 머리에 장식을 쓰고 인형의 집에 머리를 부딪치는 조니가 그렇죠. 이런 요소들을 나는 볼만하고 재미있다고 보지만, 어떤 경우에는 폭소를 터뜨리면서도 마음 한구석이 편치가 않습니다. 여기에 위험한 설정이 있다고 생각하나요?

위험은 구석구석 도사리고 있어요. 내 생각은…… 그건, 음……
상황에 달렸죠. 조니가 시청자가 놀려먹을 수 있는 질병이나 어떤 것을 갖고 있다면, 그건 별개의 일이 될 거예요. 그는 정서적인 문제를 갖고 있지만 거기에서 벗어날 수 있어요. 그는 자신의 전체 모습도 가장할 수 있어요. 그건 시청자가 어떻게 보느냐에 달린 문제예요. 내가 사람들을 불쾌하게 만들겠다거나 누군가를 놀려먹겠다는 의도를 갖고 있다는 뜻은 아니에요. 하지만 동시에, 그는 그 나름의 존재 방식을 갖고 있기 때문에, 우리가 피할 수 없는 유머러스한 측면이 있어요. 많은 경우, 외모가 볼썽사나운 사람은 뭔가 재미있는 일을 할 수 있어요. 사람들은 웃어대죠. 동시에 그 웃음 아래에는 많은 동정심이 있을 수 있어요. 세상이 돌아가는 방식이 그래요. 굉장히 이상하죠. 우리는 이런 문제에 있어서는 모두 한통속이에요. 그런 일들에 대한 현실적인 태도를 위해서는 조금 여유를 가져야 해요. TV와 이런 모든 일을 도덕 교과서에나 나올 법한 인물들과 설정만 등장하는 타잔 영화들로 축소시킬 수는 없는 노릇이에요. 그렇게 되면 우리는 더 이상 어떤 작품도 만들지 못하게 될 거예요.

'똥 같은 순간Moment of Shit'이라는 말 들어봤나요?

(크게 흥미를 보이며) 아뇨, 못 들어봤어요.

'똥 같은 순간'은 TV 작가들이 모든 게 한데 등장하는 때를 일컫는 표현입니다. 시청자에게 메시지를 전하기로 돼 있는, 즉 시청자를 교화하는 순간을 그렇게 부르죠. 윤리적인 가르침을 제공하고……

우리 시리즈에는 그런 순간들이 많아요.(웃음)

〈트윈 픽스〉의 근사한 점은 팬들이 이 모든 것에 관심을 갖게 만든다는 겁니다. 자, 당신은 1972년에 〈이레이저 헤드〉를 촬영할 때, 캐서린 콜슨이 안경 쓴 모습을 유심히 보다가 "당신 팔에 통나무가 보여요. 언젠가 내가 시리즈를 작업할 건데, 당신이 로그 레이디Log Lady가 돼주겠어요?"라고 말했다는 게 사실인가요? 거의 불가능한 일로 보이는데요.

어느 정도는 사실이에요. 그때 캐서린하고 나는 〈앰퓨티〉라는 작품을 하고 있었어요. 길이가 대략 4분인가 7분짜리였죠. 그 작품을 보여주고 싶네요. 캐서린은 대단히 흥미로운 배우예요. 〈이레이저 헤드〉에서 카메라 뒤쪽에 있었던 그녀는 이후 카메라 어시스턴트가 됐고, 쭉 그 일을 하다가 로그 레이디가 됐죠.

나한테는 "내 통나무가 모든 지식 분야의 시험을 치르게 만들 거야"라고 부르고 싶은 프로그램 아이디어가 있었어요. 그리고 그 얘기는 사실이에요. 나는 캐서린이 아들이나 딸과 함께 사는 여성이 되었으면 했어요. 그 여성은 남편이 화재로 목숨을 잃는 바람에 싱글이죠. 집 벽난로는 판자로 완전히 막혀 있는데, 그 안에는 남편이 쓰던 파이프들과 빵모자, 이런저런 물건들이 있어요. 그녀는 통나무를 각종 과학 분야의 다양한 전문가에게 가져가요. 치과 의사한테 간다면, 통나무가 치과 의자에 앉는 식이에요. 작은 턱받이를 하고요. 치과 의사는 통나무의 엑스레이를 찍고 이빨이 어디 있는지도 찾아낼 거예요. 그는 통나무 어린아이에게 이렇게 말하겠죠. "우리 통나무 이빨에 작은 구멍이 났구나. 우선 국소마취제를 놔야겠어." 이런 단계들을 모두 거치는 거예요. 이렇듯 통나무를 통해, 이런 종류의 부조리한 상황을 통해, 시청자는 프로그램에서 수많은 지식을 배우고 습득하게 되는 거예요. 당시 시청자들은 과학자를 만나는 일이 잘 없었잖아요. 보통 간이식당에 잠깐씩 들러서 거기서 이런저런 얘기들을 들을 뿐이었죠. 내게는 상당히 중요한 프로그램이었어요.

〈트윈 픽스〉 파일럿을 촬영할 시간이 되었을 즈음 캐서린에게 전화를 걸었어요. 그래서 그녀는 시애틀에 혼자 와서는 친구 집에 머물면서 촬영장에 와서 이런 연기를 했어요. 주민 회의에 나타나 불을 딱 켜죠. "저 사람은 누구죠?" "우리는 그녀를 로그 레이디라고 불러요." 그게 다였어요. 강한 인상을 남긴 것들 중 하나에 불과하지만요. 결과적으로 그건 그 이상의 것이 됐어요.

사이코 킬러에 대해 얘기해봅시다. 〈블루 벨벳〉과 〈트윈 픽스〉 〈광란의 사랑〉에서 당신은 자석처럼 사람들을 끌어당기는 대단히 매력적인 사이코 킬러들을 보여줍니다. 그런 캐릭터들을 쓰게끔 당신을 잡아끄는 요인은 무엇인가요?

대단히 지적인 정신의 소유자이지만 악에 사로잡히고 악한 일을 하는 데 몰두하는, 그러면서도 어떤 식으로건 잘못된 게 하나도 없는 사람이 있는데 그를 안다면, 또는 그가 수상쩍다면 그것만큼 세상에서 무서운 일도 없을 것 같아요. 너무도 믿기 어렵고, 그래서 짐작하기도 어려운 일이죠.

그 사람들 입장에서 그건 자유의지에서 비롯한 행위라고 생각하나요? 그들이 악행을 저지를 만한 분위기에 놓여 있기 때문에 그러기로 '결심'했다는 건가요?

아뇨. 그건 복잡한 일이라고 생각해요. 그들에게는 전기에 의해서건 화학적인 이유에서건 약간의 장애가 있다고 봐요. 그리고 어떤 사람들은 그보다 더 심한 수준도 밀을지 몰라요. 그들이 당신을 보면서 미소를 지을 때에도 약간은 심란할 텐데, 그 눈을 보면 사람을 오싹하게 하는 무언가가 보일 거예요. 당신이 그들에게 웃음으로 화답한다고 해서 그들의 마음이 바뀌지는 않아요. 당신이 그들에게 사주는 식사, 그들이 다니는 학교, 그 어느 것도 그 사람들을 눈곱만치도 달라지게 만들지 못해요. 그들은 어떤 상황에서건 개의치 않고 할 일을 해요.

대중은 이런 캐릭터들에 강한 애착이 있는 게 분명합니다. 영화와 TV에만 국한되지 않고, 뉴스에서도 말입니다. 그 캐릭터들은 예의범절이라는 경계선에서 우리를 해방시키는 사람들처럼 보이죠. 그들이 하는 일에 일종의 호방한 자유가 있다는 점이 매력 요인입니다.

그게 전부라고는 생각하지 않아요. 우리는 그들에 대한 애착을 원해서 갖는 게 아니에요. 그들에게 매혹되는 유일한 이유는…… 그 매혹이 무엇인지 정확하게는 절대 가늠하지 못했지만, 우리는 그것을 이해해서 정복할 수 있기를 바란다고 생각해요. 무엇보다도, 우리는 그런 캐릭터를 정말로 보고 싶어 해요. 그것이 진실인지 확인하려고 말이죠. 그건 그리고, 또…… 우리 흥미를 사로잡는 무엇인가가 있어요. 하지만 그건 질병은 아니에요. 질병이라고는 생각하지 않아요.

〈이레이저 헤드〉와 〈블루 벨벳〉 사이에 당신에겐 10년의 시간이 있었습니다. 오리지널 작품들 사이에 그토록 긴 기간을 보낸 당신이, 〈블루 벨벳〉 다음 작품으로 사실상 다른 사람이 쓴 이야기인 〈광란의 사랑〉을 택한 이유가 궁금합니다.

글쎄요, 가늠하기 어렵네요.(긴 침묵) 그 시기에 쓴 내 스토리 중 다수가 디노 소유였어요. 머릿속에서 굉장히 근사하게 구체화되고 있던 아이디어들을, 내가 생각하고 있던 특정한 일들을, 디노나 다른 사람이 취했어요. 그래서 그 작품들은 작업할 수 없었죠. 내 마음은 다른 작업을 거부했어요. 그 아이디어들을 원했죠. 내 자신의 작품으로 다음 걸음을 내딛으려면 그 작품들을 해야만 했어요. 〈이레이저 헤드〉도 완성하지 못하던 기간이 있었는데, 그걸 마무리하기 전에는 아무것도 시작할 수 없었어요. 그래서 정말이지 낙담스러운 상황에 놓인 처지였죠. 〈블루 벨벳〉 이후에 했던 시도에서, 내 나름의 진정한 아이디어들은 나로부터 완전히 차단돼 있었어요. 배리 기포드의 원작을 읽었는데 딱 의사가 나한테 지시한 그대로인 거예요. 공중에 있는 수많은 것들이 이 길로 가라고 가리켰어요. 때로는 그리로 가더라도 빨간 불만 계속 받을 거고, 그러면 한동안 고군분투할 수 있겠죠. 그러다 얼마 안 있어 한 블록을 운전하고 가다 멈추고, 또 한 블록 가다 서는 듯한 상황이 돼요. 이 작품은 파란 불을 연달아 미친 듯이 받았어요.

영화와 책은 늘 서로 다른 동물(서로 다른 소리를 내고 다른 것들을 먹죠)임이 분명하지만, 당신은 그 원작을 철저히 변화시켰습니다. 영화의 플롯은 완전히 다르게 전개되고 느낌도 판이합니다. 어떻게 이런 상황에 도달했나요?

원작을 읽을 때 그런 아이디어가 떠올랐어요. 배리는 "당신이 이걸로 뭘 어떻게 만들건 상관없어요. 배리 기포드의 『광란의 사랑』이 있고 데이비드 린치의 〈광란의 사랑〉이 있는 거니까요. 대세를 따르세요. 원하는 것을 추구하세요"라고 말했어요. 그게 많은 것들의 출발점이 됐어요. 다만 내가 그 책을 좋아한 진짜 이유인 세일러와 룰라는 작품 내내 그 상태를 유지했어요.

〈오즈의 마법사〉의 요소들이 그렇게 노골적으로 들어갈 거란 걸 처음부터 알았나요?

아뇨. 그건 각기 다른 시기에 서서히 파고들었어요. 마지막으로 들어온 게 잭 낸스가 연기하는 캐릭터가 말할 때였어요. "내 개가 짖어대는군. 당신들은 〈오즈의 마법사〉의 토토를 상상할지도 모르겠어."

당신은 그걸 대놓고 전면에 내세우는 흥미로운 미학적 선택을 했습니다. 감지하기 힘든 방식이나 잠재의식에 호소하는 방식하고는 정반대로 말입니다. 어려운 결정이었나요?

세일러와 룰라는 〈오즈의 마법사〉에 매료된 사람들이에요. 그건 그들의 일부죠. 많은 사람들이 그렇듯이요.

당신도 매료됐나요?

오, 그럼요. 그렇고말고요.

〈블루 벨벳〉의 도로시 이름도 거기서 나온 건가요?

그렇다고 생각해요.

〈블루 벨벳〉에는 프랭크 부스와 링컨 아파트도 있습니다. 링컨을 암살한 존 윌크스 부스에 대한 언급이죠. 그건 우연이 아니라고 생각하는데요.

아뇨. 세상에는 온갖 종류의 그런 일들이 있어요.

룰라에 대한 것도 달라졌습니다. 원작에서 그녀는 겁탈을 당하는데 영화에서는 훨씬 더 폭력적이고 충격적인 일을 당하죠. 왜 그렇게 바꾼 건가요?

내가 원작 내용을 진짜로 믿지는 않았기 때문이에요.(웃음) 나는 바비 페루(윌렘 대포)가 세일러와 룰라 모두에게 압박을 가하길 바랐어요. 그가 룰라에게 한 일이 그녀가 예전에 당했던 일들과 한데 엮이길 바라기도 했고요. 그 짓은 룰라가 자신을 속이고 있음을 가

197

리키기도 해요. 우리 모두가 그러는 것처럼 그녀는 룰라로 계속 존재할 수 있도록 현실의 많은 부분을 기억에서 지워버려요.

그걸 부인denial이라고 부르는 것 같습니다. 부인은 이집트에 있는 강 이름이죠. Denial is a river in Egypt. '어떤 것을 심리적으로 부인하는 상태에 있음'을 가리키는 관용적 표현인 'denial is not a river in Egypt'를 뒤튼 말.

그래요, 부인. 고맙습니다, 의사 선생님.(웃음)

〈광란의 사랑〉을 뭐라고 표현하겠어요? 전에 당신이 썼던 '로드 무비, 러브 스토리, 심리 드라마, 폭력적인 코미디'라는 표현은 쓰지 말고요.

글쎄요. 그렇다면 그 영화를 표현할 도리가 없겠는데요.(긴 침묵) 그 영화를 한 문장으로 정확히 담아내지는 못하겠어요.

당신은 〈블루 벨벳〉을 도덕적인 영화라고 했었죠.

내가 그랬어요?

네. 제프리가 세상을 배우는 영화이고 그 과정에서 그가 도로시를 돕는 영화라고 말했어요. 〈광란의 사랑〉에 대해서도 똑같은 주장을 펼 건가요?

글쎄요. 내가 늘 말하듯, 우리는 모두 다른 관점에서 대상에 다가가요. 세일러와 룰라는 올바르게 살아가려고 애쓰고 있다고 생각해요. 그들은 세상사람 모두가 그러듯이 어둠과 혼란 속에서 분투하고 있어요. 그건 말로 하기 어려워요. 확실하게는 모르겠어요. 정말로 쿨한 세상에는 사랑을 위한 공간이 있다는 생각이 난 참 흥미로워요.

영화의 끝부분에서 방울bubble에 든 착한 마녀는 말합니다. "사랑을 외면하지 말아요, 사랑을 외면하지 말아요, 사랑을 외면하지 말아요." 데이비드 린치가 메시지를 전송하려고 웨스턴 유니언으로 향하고 있다고 비난하는 사람도 있을까요?

아뇨. 그건 착한 마녀가 하는 말이에요.

하지만 당신은 실제로 일어난 사건에서 물러나는 듯 보이는 방법으로 그 스토리와 영화를 풀어갑니다.

어떤 면에서는 그렇죠. 하지만…… 봐요, 나는 원작의 엔딩을 믿지 않았어요. 시나리오 초고의 엔딩은 원작에 충실했어요.(세일러와 룰라가 각자의 길을 간다.) 그런데 감정적으로, 그건 전혀 사실처럼 들리지 않았어요! 새뮤얼 골드윈(광란의 사랑)의 배급사 소유주이 나한테 "그는 왜 떠나는 거요?"라고 물었을 때 그 이유를 떠올릴 수가 없었어요. 그는 그 엔딩을 싫어했어요. 솔직한 엔딩이었다면 나도 대답을 내놨을 거예요. 어쨌든 나는 "나도 그 엔딩이 싫습니다"라고 대답했어요. 그들은, 판타지를 통해서이기는 하지만, 이런 식으로 더 많은 것을 배우고 성장했다고 생각해요. 다른 방식은 사실은…… 패배죠.

해피 엔딩으로 만족감을 얻었나요?

글쎄요, 문제는…… 그래요. 물론 그랬죠. 그리고 나한테는 그게 사실처럼 들려요. 세일러와 룰라는 커플로서 너무 환상적이라고 생각해요. 나는 그들을 정말로 많이 좋아해요.

그래서 당신은 달리 방도가 없을 때는 사랑의 가혹한 현실들을……

해피 엔딩으로 모면하느냐고요? 아뇨. 대답은 오히려 정반대예요. 시스켈과 이버트조차 그런 얘기를 했어요. 상업적으로 부정적인 엔딩은 그리 좋지 않다고요. 따라서 나는 내가 흥행을 시키려고 애쓰고 있지 않다는 걸 보여주기 위해서 비참한 엔딩을 하고 싶었어요. 그런데 그건 잘못이죠. 이중으로 잘못된 거죠. 내가 말했듯 솔직하게 느껴야만 해요. 그리고 솔직하게 느꼈다면 그걸 실행해야 하죠.

〈블루 벨벳〉은 해피 엔딩이었습니다. 예상 밖의 전개가 딸린.

그것도 똑같아요……. 두 영화 모두 갈등의 해결책이 있어요. 두 영화 다 해피 엔딩이죠.

두 영화 모두 결국에는 무언가를 상기시키는 상상력과 판타지의 힘에 의존합니다. 벌레를 부리에 물고 찾아오기는 했지만 개똥지빠귀, 또는 판타지를 현실로 만들어주는 당신 나름의 착한 마녀. 그런데 당신에게 판타지가 바닥나면 어떻게 되나요?

세상이 지루해지기 시작하죠.

당신이 학생 때 만든 첫 영화인 10초짜리 애니메이션 루프에서는 사람 머리들이 불길에 휩싸이고 구토를 합니다. 〈광란의 사랑〉의 지배적인 이미지인 구토는 되풀이되는 모티프로……

(웃음) 거기서 벗어나지를 못하겠어요!

어머니와 딸 둘 다 구토하는 모습이 나오는 영화는 흔치 않습니다!

그렇죠. 그건 정말로 설레는 일이에요. 그거 하나만으로도 극장 입장료를 치를 가치가 있어요.

그리고 토사물에 몰려든 파리들······

내가 좋아하는 숏이에요! 문이 열리고, 그것들이 날아가죠. 세일러가 들어올 때요.

그게 그 영화에서 당신이 좋아하는 숏이라고요?

좋아하는 대여섯 숏 중 하나예요. 그 숏을 정말로 좋아해요.

이런 모티프들이 당신의 초기 작품들에도 있다는 것은 흥미롭습니다.

맞아요. 그런 게 많죠. 〈알파벳〉에도 이후 작품에 계속 돌아오는 그런 것들이 많아요. 〈할머니〉도요. 우리는 그런 것들을 거듭해서 똑같이 할 거예요.

과거에 당신은 당신 작업에 영감을 주는 것은 인생이라고 했습니다. 예술과는 반대라고 얘기했는데, 당신의 그런 주장은, 이상하게도, 당신을 포스트모더니스트 진영이 아닌 모더니스트 진영에 세웠습니다. 그런데 우리가 저번에 나눈 대화에서, 당신은 갈수록 인생에서 영화가 분리되는 걸 느끼고 있다고 말했습니다. 여기에 달라진 게 있나요?

아뇨. 내게 영화에 발을 들이는 것은 늘 평상시의 인생에서 멀리 떨어진 곳으로 가는 일이었어요. 한참 먼 곳으로요.

그런데 당신의 영감은 활력을 계속 유지하나요?

오, 그럼요. 내가 얻을 수 있는 아이디어의 출처에 가깝게 있을수록 그 아이디어의 위력은 세지니까요.

당신은 지나치게 바빠지는 걸 결코 원하지 않는다고 했습니다. 지나치게 바쁘면 바다에 다이빙해서 내려가 대어를 낚을 수 없으니까요. 그런데 지금 당신은 미친 듯이 바쁘잖아요!

맞아요. 지금은 대어를 한 마리도 낚지 못하고 있어요. 현재 나는 모터보트에 타고 있어요. 속도를 늦추지 않고도 잡을 수 있는 것을 잡으려고 가능한 모든 힘을 다해 물 밑을 훑어 올리고 있죠. 그렇게 잡히는 고기는 수면 가까이 있는 고기들이에요. 나는 모터를 끄고 낚싯줄을 던져 넣고는 그 줄이 모든 방향으로 퍼지도록 만들어야 해요.

몇 년 전에 당신은 당신 영화들이 당신의 공포들을 드러내는 동시에 감춘다고 말했습니다. 지금도 그 말이 옳다고 생각하나요?

그럼요. 그렇고말고요. 직감이나 잠재의식이나 그런 무엇을 받아들일 때는 그걸 제대로 걸러낼 수 없어요. 그게 찾아와서 일어나게끔 놔둘 도리밖에 없어요. 방해하는 일 없이요. 그런 아이디어를 논리적으로 실명하거나 그에 내해 의사에 운을 네민, "맙소사, 세상에, 그건 너무 나빠요. 나는 사람들이 그런 생각을 안 했으면 좋겠어요!"라는 말을 들을지도 몰라요. 그러면서 그 작은 물길을 필터로 거르고 막아버리기 시작하는 거예요. 따라서 어떤 면에서는 그 아이디어들이 의미하는 바나 그것들을 해석하는 방법에 대해 지나치게 많이 알지 않는 편이 나아요. 그러지 않으면 너무 두려워서 그런 일이 계속 일어나게끔 놔둘 수 없을 거예요.

그런데 영화들은 당신의 공포를 어떻게 감추나요?

영화들이 공포를 감추는 이유는, 공포가 불쑥 고개를 내밀면 그건 이미 감춰진 상태이기 때문이에요. 공포는 우리에게 그다지 현실적인 모습으로 나타나 말을 걸지 않아요. 꿈과 상당히 흡사하죠. 공포는 우리가 시달리는 질환을 묘사하는 문장하고는 한두 걸음 떨어진 곳에 있을지도 몰라요. 그래서 해석에 더 많이 열려 있을 수 있는 상징적인 것들에 가까워요. 썩어가는 고깃덩이 한 조각에 대해 얘기하는 것하고 사뭇 비슷하죠. 특정한 세팅 안에 있는 그런 고기를 우연히 발견할 경우, 사람들은 그 고기의 아름다움에 탄성을 지를 수도 있어요. 그게 실제로 어떤 고기인지를 알게 되기 전까지는요. 그 고기의 정체를 알아차리고 나면 그걸 더 이상 아름답게 보지 않을 거예요. 정체를 아는 순간 사람들은 그 고기에 이름을 붙이죠.

이름이 붙은 것에서는 아름다움을 전혀 찾아볼 수 없을 때도 있습니다. 당신이 정신 분석을 받지 않게끔 막는 것도 그런 느낌 아닌가요?

으음, 아뇨. 정신 분석을 받으러 한 번 갔었어요. 사람들은(적어도 나는) 버릇을 갖고 있잖아요. 나는 특이한 버릇 하나에 대해 자세히 알아보고 싶었어요.

충격적이었나요?

나에게도 다른 사람들에게도 충격적이었어요.

자기 파괴적이었나요?

아뇨. 그건…… 그래요. 어떤 면에서는 그래요. 그래서 친구가 추

203

천한 정신과 의사를 만나러 가기로 결심했어요. 사람이 마음에 들더군요. 그의 진료실에 앉아서 잠시 얘기를 나눴어요. 흥미롭더라고요. 누구든 자신을 평가하려 들지 않는 사람과 얘기하고 싶어 한다는 걸 나는 숱하게 깨달았거든요. 그게 그런 상황의 멋진 점이죠. 그게 아이디어를 얻는 데 대단히 유익할 거라는 걸 알 수 있었어요. 누군가에게 내 얘기에 귀를 기울여달라면서 돈을 주는 것이 말이죠. 그런데 그 사람이 단순히 귀를 기울이는 수준에 머무르지 않고, 엄밀히 따지면 내가 하는 이야기에 매혹되는 거예요. 얘기를 더 들려달라고 꼬드기기까지 하고 말이죠. 흥미로웠어요. 그러고 나서 내가 물었죠. 상담이 창조성에 영향을 끼칠 수 있는지를요. 이렇게 답하더군요. "어쩌면요." 그래서 그걸로 끝이었어요.

영향을 끼친다는 게 반드시 망가뜨린다는 뜻은 아니잖아요. 창조성을 변화시킨다는 뜻 아니었을까요?

창조성을 개선해줄 만한 거라면 뭐든 좋아요. 하지만 내가 그 의사에게 물은 것은 그게 창조성에 부정적인 영향을 끼칠 수도 있는지, 또는 창조성을 방해할 수도 있는지 여부였어요. 그렇게 되면 별로 좋지 않을 거예요. 나한테 책임이 맡겨진 둥지를 내가 과하게 망가뜨릴 수도 있었어요. 무슨 일이 일어날지 모르는 거죠.

당신은 너무 많이 알고 싶지는 않은 것 같네요.

나는 그걸 다른 방식으로 시작하고 싶어요.

당신 나름의 탐구 방법으로요?

그래요.

**심리학이 당신이 아주 행복하게 타고 오른 나무의 껍질을 벗기는 게 두려웠
나요?**

심리학이 하는 일은 미스터리를, 이런 종류의 마술 같은 특징을
파괴하는 거예요. 심리학은 사람의 심리를 특정한 노이로제나 다른
특정한 것들로 환원할 수 있어요. 지금 우리의 심리는 그런 식으로
명명되고 규정되는 바람에 광대하고 무한한 경험을 할 수 있는 자기
나름의 미스터리와 잠재력을 상실했어요.

그래서 당신은 그때와 같은 충격적인 버릇 패턴을 여전히 갖고 있나요?

네!

그걸 강의를 듣는 수강생들에게 알려주실래요?

(웃음) 그런다고 달라지는 건 하나도 없을 거예요.

**당신은 당신을 지배했던 그런 종류의 공포를, 즉 제약당하는 것에 대한 두려
움을 가졌었죠.**

그래요. 그랬을 거라고 짐작해요.

그 공포를 어떻게 극복했나요?

아직 극복 못 했어요. 그게 내가 돈을 그토록 좋아하는 이유라고
생각해요. 돈은 사람을 자유롭게 하기 때문에 그만큼 강한 치유력
을 갖고 있다고 생각해요. 우리가 하고자 하는 모든 일은 결국 하고

싶은 걸 할 수 있는 힘을 갖는 거니까요. 그걸 할 수 있으면 해방감을 얻죠.

내가 겪은 좌절 중 한 가지이자 나를 제약한 하나는 돈이 부족한 거였어요. 아직도 내가 하고자 하는 모든 일을 하기에 충분할 만큼의 돈은 없어요. 그래도 그 당시보다는 많이 갖고 있죠. 회화를 놓고 보면, 나는 스튜디오도 없고 붓질할 장소도 없지만, 좋은 캔버스를 마련하고 필요한 물감을 살 돈은 충분해요. 나는 물감을 두텁게 바르는 것을 정말로 좋아하거든요.

카뮈는 후기작 중 한 편에서 인생의 실존적인 문제들을 해결하려면 돈이 필요하다고, 돈이야말로 자유이기 때문이라고 말합니다.

맞아요. 어떤 지점까지는 분명히 그래요. 만약 중병을 앓고 있다면 도움이 되지 않겠지요. 화성에 가기를 간절히 바랄 경우에도 도움이 안 될 테고요.

당신이 집 밖으로 나가는 것을 실제로 두려워하던 시기가 있었죠.

운 좋게도, 그때 학교가 나타났어요. 하지만 밖에 나가는 것을 두려워하는 그런 질환의 기미가 있기는 했죠.

당신을 세상에서 가장 화난 개로 만든 게 그건가요?

으음, 나는 엄청난 분노에 휩싸였었어요. 명상을 시작한 초기에 나를 떠나간 것들 중 하나가 어마어마한 분노였어요. 그게 어떻게 떠났는지는 모르겠어요. 그냥 증발해버렸어요.

어떤 종류의 분노였나요? 어디서 비롯한 건가요?

어디서 비롯한 건지는 나도 몰라요. 아주 소중한 것을 향한 분노였어요. 그래서 내 주위에 있는 사람들의 삶을 비참하게 만들기도 했죠. 정말 실망스러운 일이었어요. 내가 그런 짓을 하고 있다는 것을 알았더라도 그런 분노가 찾아왔을 때 내가 할 수 있는 일은 그리 많지 않았어요. 그래서 분노(분노에 대한 기억)가 「세상에서 가장 화난 개」를 낳았죠. 이제 더 이상은 분노가 아니에요. 이제 내가 느끼는 것은 인생을 향한 쓸쓸함이에요. 내 분노가 어디서 왔는지도 모르겠고, 어디로 갔는지도 모르겠어요.

당신은 창작을 할 수 있어서 행복해야만 하는 동시에 행복하기 위해 창작을 해야만 한다고 말했었습니다. 심각한 닭과 달걀의 문제가 여기 있군요.

맞아요. 창작은 나를 더 행복하게 해줄 거예요. 하지만 내가 정말로, 정말로 비참하다면 창작하고 싶은 기분이 들지 않을 겁니다. 그런데 창작에 진정으로 몰두하면 특정한 종류의 행복을 만나요. 나무 한 조각을 다른 조각에 접착제로 붙이는 행복. 내가 나무를 좋아하는 사람이고, 햇빛이 적절하고, 접착제가 있으면 그걸로 충분해요. 철사 약간하고요. 나무가 어떤 일을 할지를 알고 접착제가 무슨 일을 할지를 알고 철사를 알면, 내 상상력은 전체 사물을 봐요. 약간의 작용과 반작용도 필요하죠. 그건 환상적인 일이에요. 나를 더 행복하게 만들어줄 수 있어요. 처음에는 그런 일을 하려는 분위기에 젖어야 하는데, 그건 특정한 종류의 행복이에요.

과정과 성취 중에 어느 쪽에 더 의미를 두나요?

내게 과정은 즐거운 거여야만 해요. 그저 최종 결과물만 생각할 수는 없어요. 그렇지 않을 경우에는 결국 일을 그만둬야 한다고 생각해요. 우리가 어떤 과정이 너무 싫다면 아침에 어떻게 잠자리에서 일어날 수 있을까요. 얼마 못 가 그 업계를 떠나게 되겠죠. 그러니 그 여정을 사랑해야만 해요.

몇 년 전에 당신은 당신 인생이 순진함과 고지식함, 역겨움과 공포로 양분돼 있다고 말했습니다. 여전히 그런 양극성을 느끼나요?

네. 나는 우리 아버지가…… 아버지는 70대인데요, 정말로 천진해 보여요. 나처럼 고지식하고요. 어느 정도까지는, 바보가 되지 않는 한 좋다고 생각해요. 일반적으로 봤을 때 유럽인들은 훨씬 더 세련된 사람들이에요. 여기 주위에는 여전히 천진하고 고지식한 것들이 헤엄치고 있어요.

당신은 무엇에 대해 순진한가요?

글쎄요……(긴 침묵) 순진하다기보다는 세련되지 못하다는 말이 맞겠군요. 어떤 것에 더 쉽게 충격을 받거나, 적어도 충격받은 모습을 드러내기를 두려워하지 않으니까요. 어떤 사건들은 그런 일이 일어난다는 걸 아직도 믿지 못하겠어요.

몇 년 전에 아프리카에서 보카사Bokassa, 중앙아프리카공화국의 독재자가 정적政敵들을 악어가 들끓는 구덩이에 던진 사건 같은 것 말인가요? 아니면 그가 피해자들의 살덩이를 식사로 먹은 것 같은 거요? 그런 사건에 여전히 충격을 받나요?

물론이죠!

한편으로, 당신 인생에서 무시무시하고 역겨운 건 뭔가요?

아니, 당신은 그걸 전혀 알고 싶지 않을 거예요.(웃음)

알고 싶어요. 데이비드, 알고 싶다고요.

함께 헤엄치는 많은 것들이 있어요.

정액 말고요.

(웃음) 온갖 일들이 진행되고 있어요.

무시무시하고 역겨운 것들인가요?

맞아요. 그냥 아이디어들이에요. 대부분이 아이디어 수준에 머물러 있어요. 그게 최후의 변경frontier이라고 생각해요.

요즘에 당신을 심란하게 만드는 것은요?

오, 그래요. 많은 게 나를 심란하게 만들어요. 요즘에 나를 심란하게 만드는 게 뭔지 말해줄게요. 이번에도 공기 중에 있는 거예요. 내가 느끼기에 부식은 건축 과정보다 더 빨리 번지고 있어요.

음, 우리를 둘러싼 바로 그 공기가 부식되고 있군요.

맞아요. 모든 게 우리가 치우거나 짓거나 올바르게 만드는 것보다 더 빨리 무너지고 있어요. 자연의 그런 측면이 승리하고 있어요. 그게 바로 우리 자신의 본성이죠. 많은 경우 그건 사실 우리 잘못이 아니에요. 우리는, 우리가 오존에게 그러듯이 우리가 뭘 하고 있는지 알지 못했으니까요. 그런데 이따금 뉴욕시에 갈 때마다 도시가 더 빨리 무너졌다는 것을 감지해요. 도시는 유지되고 있는 게 아니라 무너지고 있어요. 그게 우리가 사는 많은 장소에서 일어나는 일을 보여주는 징표이지만, 그걸 보기는 더 어려워졌어요.

정치적으로는 어떤가요? 당신은 본인 영화들을 정치적이라고 생각하지 않는다고 밝혔지만, 1980년대에 자기 여자를 '엄마'라고 부른 가장 유명한 두 남자가 프랭크 부스와 로널드 레이건이죠.

(깜짝 놀라며) 정말요?

레이건이 낸시레이건 전 대통령의 부인를 '엄마'라고 부른 거 알잖아요.

몰랐어요. 정말 놀랐네요.

당신은 백악관에서 그를 두 번 만났죠.

그랬죠. 이런 말을 하면 아주 지적이고 훌륭한 많은 이들이 나한테 화를 내리란 걸 알지만, 나는 정말로 로널드 레이건을 좋아해요. 레이건에게는 내가 처음부터 좋아했던 뭔가가 있어요. 사람들이 그를 싫어하는 이유를 알 수 있지만, 나는 그가 주지사일 때도 싫어하지 않았어요. 나는 언센가 그를 지시하는 언설을 했고, 그로 인해 내가 약간 우파적인 사고 틀 쪽으로 옮겨 간 게 분명하다고 생각해요. 그것 역시 공중에 떠도는 것이었어요. 그가 구식 할리우드 바람을, 카우보이와 벌목꾼들의 바람을 일으킨 게 가장 마음에 들어요. 그가 이 나라를 진정 하나로 단결시킨 인물이라고 한동안 생각했죠. 지식인들에게는 그렇지 않을지 모르지만, 다른 많은 사람에게는 그랬어요. 아마도 지식인 다수에게도 그럴 거예요.

어쨌든, 정치 얘기는 해봐야 승산이 없어요. 정치는 내가 눈곱만 치도 알지 못하는 주제예요. 이상 끝!

하지만 당신도 투표는 했잖아요.

그런데 투표할 때 내가 할 일이라고는 연필을 집어 드는 게 전부 예요. 아니, 연필도 아닌가.

대다수 미국인들은 여론 조사라고 하면 질색을 하고 도망칩니다. 투표권자 중 소수만이 투표를 하는 세상에 민주주의는 절대로 존재할 수 없다고 생각합니다.

맞는 말이에요.

따라서 당신이 투표를 하는 것은 당신이 대단한 애국자라고, 진정한 미국인이라고 여기기 때문이군요.

맞아요. 당신이 말한 대로예요.(웃음) 당신도 투표하죠?

그럼요. 나는 대단한 애국자라고 느낍니다. 다른 나라에서 사는 나 자신은 상상할 수도 없어요.

문제는, 미국은 그런 것에 시달리고 있어요……. 모두들…… 아마도 지금은 약간 변하고 있어요. 조금은 과거로 돌아가고 있죠. 그런데 한동안 우리는 우리 자신을 너무 싫어했어요. '애국적'이라는 단어는 조금도 쿨하지 않아요. 우리가 그런 이름 아래 너무, 너무 못된 일을 많이 해왔기 때문이죠. 아무튼, 정치는 나한테는 이길 가능성이 없는 게임이고, 내가 만드는 영화들하고는 아무 관계도 없어요.

관계가 없다고 생각하나요?

눈곱만큼도요.

하지만 레이건에게 투표하게끔 이끈 일들—반드시 지적으로 분석할 필요는 없더라도 당신이 내면에 품은 느낌들—이 당신의 미학적인 결정들이나 당신이 보여주기로 선택한 것, 그리고 x나 y나 z를 보여주는 방식과 관련이 있다고 생각하지 않나요?

(긴 침묵) 그렇게 말할 수도 있지만, 사실은 그렇지 않아요. 다만 많은 일이 아이디어에서 시작돼요. 나한테는 대단히 이질적으로 보여요. 그게 중요하다는 것은 알지만, 나한테는 아주 중요하게 보이지는 않아요.

당신 작업을 아는 나로서는 당신이 투표하는 걸 그려본 적이 없습니다. 내 머릿속에서 당신은 으레 그렇게 투표를 하는 모습이 아니라, 괴상한 정치인이나 권력 자체에 관심을 보이는 모습이었거든요.

아뇨, 나는 투표를 했어요. 내가 투표를 하지 않은 시기가 있기는 한데 아마 투표일이라는 걸 알아차리지 못해서였을 거예요.

백악관에서 열린 행사들은 뭐였나요?

처음 간 자리는 국빈 초청 만찬이었어요. 참석자들은 다 잊어버렸는데, 아르헨티나 대통령을 위한 자리였을 거예요. 백악관에 가서 대통령을 만나고 저녁을 먹었죠. 믿기 힘든 일이었어요.

어떻게 초대받은 건가요?

어떻게 초대받은 건지 모르겠어요. 처음 갔을 때는 〈사구〉가 케네디센터에서 개봉될 예정이었어요. 그 다음번엔 이사벨라가 초대를 받았고 그녀가 나를 데려갔죠.

정치는 심각한 일이라고 생각하나요?

내가 그 문제에 대해 얘기하는 걸 안 좋아한다는 거 알잖아요.

그럼 데이비드, 내가 당신의 친구가 되려 한다면 그 얘기를 하게 만들면 안 되는군요.

(웃음, 침묵) 그건 대단히 심각한 일이라고 생각해요.

정치는 이런 것과 비슷합니다. 당신이 어떤 스토리를 쓰고 문 하나를 열면, 캐릭터들이 그 문으로 들어옵니다. 그러면 당신은 되돌아가서 다른 문을 열 수는 없습니다. 그리고 각각의 문은 두 개의 또 다른 문으로 이어지고 당신은 그때마다 결정을 내려야 하죠. 선거나 정치는 이와 비슷합니다. 그렇게 생각하지 않나요?

봐요, 당신이 느끼는 걸 종이 여러 장에 옮겨 적으세요. 그러면 내 기분이 좋을 거예요.

음, 당신이 받는 느낌을 알고 싶습니다.

말해주죠. 뭐가 정말로 역겨운지 말해주겠어요. 봐요, 나는 그저…… 나는 여기 있는 무언가에 관여할 따름이에요. 나는 정치라는 것에 대해 아는 게 하나도 없어요. 내가 정치에 대해 말을 없는 것은 아주 말도 안 되는 일이에요. 거기에 대해서는 전혀 알지 못해요.

그래도 시민 린치 씨, 당신은 투표권을 행사했습니다.

그게 전부예요.

지금 불편해하는 게 느껴지네요. 그런데 당신의 작업을 아는 사람들은 당신이 아주 피상적으로 보이는 일들을 바탕으로 정치적인 결정을 내렸다는 사실에 적잖이 놀랐을 거라고 생각합니다. 또 당신이 그 사람의 헤어스타일을, 그가 행복하다는 사실을, 벌목꾼 이미지와 왕년의 할리우드 배우 느낌을 마음에 들어 했다는 것에도 크게 놀랐을 거라고 봐요. 당신의 작업은 수많은 신화를 갈기갈기 찢으면서 표면 아래로 침투해 들어가는 듯 보이니까요. 내 생각엔 그 사실 자체로 사람들은 심란하거나 아니면 혼란스러울 것 같습니다. 당신은 좋건 나쁘건 공공의 영역에 있는 공인이니까요.

그게 승산이 없는 상황이라고 말한 이유가 그거예요. 영화 이외의 모든 일은 조금도 중요하지 않아요. 내가 거기에 대해 할 수 있는 말은 하나도 없어요.

영화에 대해 얘기할 때조차 당신은 할 수 있는 말이 하나도 없다고 하죠.

그렇죠……. 음, 그 말은……. 안타깝게도 이게 내가 하고 싶은 얘기의 전부예요.

당신이 질문에 대답할 수 없을 경우에 대답을 스케치로 그려서 나한테 줄 수 있도록 스케치북을 줄까 생각 중입니다.

대답을 그려서 줄 수 있어요. 맞아요.

우리가 지난번에 얘기했던 주제로 돌아가봅시다. 비밀들에 대해서요. 당신은

〈광란의 사랑〉의 세일러에게 원작에는 없는 이 대사를 줬습니다. "우리 모두에게는 비밀스러운 측면이 있어, 베이비." 그건 당신의 작업에 되풀이되는 모티프입니다. 나는 비밀에는 특정한 힘이 있다고 말했고, 당신은 거기에 공포도 있다고 했습니다. 그 방정식의 양쪽 측면에 대한 의견을 말해줄 수 있나요?

글쎄요, 그건 상식 같은 거예요.

그게 어떤데요, 닥터 린치?

우리는 너무 많이 아는 남자에 대해 얘기했었죠. 세상에는 대단히 다양한 비밀이 있어요. 비밀들은 내게 특정한 미스터리를 띤다는 점에서 중요해요. 어두운 비밀이요. '어두운 비밀'이라는 단어는 그 자체로 너무도 아름다워요. 다시금, 같은 이유에서 나는 워싱턴주 스포캔으로 돌아가고 싶지 않아요. 무언가를 명확하게 보고 싶지 않아요. 그랬다가는 상상에만 존재하는 이미지가 파괴될 테니까요. 나는 비밀과 미스터리가 정말이지 고마워요. 그것들을 배우게끔 하는 매력을 제공하니까요. 그러면 저 밖 세상을 둥둥 떠다닐 수 있어요. 어떤 면에서는 내가 전체적인 대답을 전혀 갖고 있지 않았으면 해요. 그 대답이 급격한 행복감을 동반하지 않는 경우에는요. 나는 미스터리로 들어가는 과정 자체를 너무 좋아해요.

당신은 자신에 대해 비밀스럽죠. 그렇지 않나요?

그럴 가능성이 있죠. 맞아요.

잭 낸스는 자기가 아는 사람 중에 당신이 가장 비밀스러운 사람이라고 말했습니다.

글쎄요. 당신하고 지나치게 많은 말을 하고 있는 건지도 모르겠네요.(불편한 웃음)

1980년대 중반에 나온 글 몇 편에는 당신이 손님을 들이지 않는다는 사실이 언급돼 있습니다. 그때 당신의 반응은, 본인 집이 정돈된 방식이 맘에 들지 않아서도 아니었고 "우리 집은 좁아요. 손님을 들일 수가 없어요"라든가 "나는 시내에 살지 않거든요" 같은 말도 아니었습니다. 이런 말들은 손님을 들이지 않을 때 내세울 완벽한 핑곗거리인데……

내 반응이 뭐였나요?

"나는 사람들이 보고 싶어 하지 않는 일들을 하고 있어요"였습니다.

당시의 나는 그랬을 거예요. 내가 집에서 늘상 이런 일들을 하고 있는 게 아니에요.(웃음)

봐요, 하지만 무슨 일을 하고 있는지는 아무한테도 말하지 않았어요.

그랬죠.

그러니까 당신은 비밀을 창조한 거예요.

으음. 그랬을 거라고 생각해요. 질문에 대한 대답을 하는 와중에 비밀을 창조했어요.

당신이 비밀에 매력을 느끼는 이유가 비밀에는 일종의 힘이, 통제권이 있어서가 아닐까 궁금합니다. 10대들이 비밀을 중요시하는 이유 하나도 그들이 보기에 세상이 완전히 통제 불능이기 때문이지 않을까 싶고요.

모르겠어요. 그 시절의 비밀들은 나한테 무척이나 충격적인 것들이었어요. 나는, 내 생각에, 내 세계를 부정적인 방식으로 바꿀 수도 있는 일을 엄청나게 많이 하고 있었기 때문이에요. 나는 무서운 상황 속에 살고 있었어요. 비밀과 미스터리들은 내가 둥둥 떠다닐 수 있는 아름답고 작은 복도들을 제공했고, 거기에서는 많고 많은 경이로운 일이 일어날 수 있었어요.

자, 이제 당신이 어느 여성의 자궁을 병에 담아 어디엔가 보관하고 있다는 루머에 대해, 그 사실을 부인하든가 모든 미국인 앞에서 시인할 시간이 왔습니다.

그에 대해 어떤 얘기를 들었나요?

당신이 신체 부위에 흥미 있다는 걸 세상 모두가 알죠. 어느 여성 프로듀서가 자궁 절제술을 받는데 당신이 그 조직을 따로 챙겨두라고 그녀에게 부탁했다고 들었습니다.

그렇게 된 게 아니었어요! 그녀가 수술을 받으면서 의사에게 나를 위해 그걸 챙겨달라고 부탁했어요. 내가 가지고 싶어 할 것 같다는 생각에서요. 나한테 선물로 준 거예요.

일종의 밸런타인 선물 같은 거군요.

맞아요. 우리 집에는 내 소유물이 많이 있는 게 당연하겠죠, 그렇죠? 그런데─로그 레이디가 그러하듯이─ 특정한 사람들과 결부되면서 대단히 흥미로운 물건들로 남는 그런 것들이 있어요. 그 자궁도 그런 것들 중 하나가 될 수 있다고 봐요.

〈광란의 사랑〉 (1990)

다른 층위, 하나의 화음

미셸 시망, 위베르 니오그레 ─ 1990

〈광란의 사랑〉의 출발점은 무엇이었나요?

소설 자체였습니다. 그 영화의 프로듀서 중 한 명인 몬티 몽고메리가 아직 출판도 되지 않은 배리 기포드의 소설 『광란의 사랑: 세일러와 룰라의 이야기』를 읽고 있었어요. 몬티는 출간되지 않은 스토리를 찾던 중이었는데, 저자 배리 기포드를 만난 적이 있었기 때문에 이 작품이 눈에 들어온 거죠. 기포드는 캘리포니아의 출판업사 블랙 리사드와 같이 일한 적이 있었어요. 몬티는 그걸 자기가 직접 연출할 수 있도록 시나리오 작업을 내가 도와줬으면 했습니다. 나한테 그 책을 읽으라고 하기에 내가 농담을 했죠. "알았어. 그런데 내가 이 작품이 너무 마음에 들어서 직접 연출하겠다고 나서면 어쩔 거야?" 그는 그럴 경우에는 내가 연출해도 좋다고 말했습니다. 그

〈포지티프Positif〉 1990년 10월호에서.

렇게 농담으로 던진 말이 씨가 된 겁니다. 그 책은 제목 자체로도 내게는 대단히 인상적이었습니다. 광란의 사랑. 거칠고 미친 세상의 이야기였고, 중심에는 러브 스토리가 있었고, 상상하기 어려울 정도로 다정하고 사랑스럽고 온화한 사람들이 있었죠. 더 간접적인 접근 방식을 취하려는 방편으로 플래시백들을 사용한 것도 마음에 들었습니다.

당신이 직접 소설을 각색했는데, 각색은 어떤 식으로 접근했나요?

이 소설은 본질적으로 성격 묘사 소설이라 상당히 많은 것을 바꿨습니다. 소설에서 실제로 일어나는 사건은 그리 많지 않습니다. 특정 캐릭터들과 특정 사연들은 짤막하게만 언급됩니다. 게다가 내게는 간접적인 요소들이 무척 매력적이라서 그것들을 주요 스토리라인에 끌어들였습니다. 플래시백과 관련된 것들도 바꿨습니다. 그러고는 어쩌다 보니 세일러와 룰라가 갈라서는 울적한 엔딩을 작업하게 됐죠. 내 시나리오가 야성적이었으면 했는데 초고의 엔딩은 지나치게 폭력적이었어요. 바로 그게 대형 스튜디오 대다수에 제출한 버전이었는데, 모두들 그 시나리오를 거절했습니다. 그들은 그걸 지나치게 폭력적인 작품으로 여긴 데다, 작품에서 흥행 잠재력을 전혀 보지 못했어요. 그러다 새뮤얼 골드윈을 만났는데, 유일하게 그 사람만 나한테 엔딩을 싫어한다고 말했습니다. 그는 왜 그런 엔딩을 좋아하는 거냐고 물었죠. 나는 내 입장을 옹호하려고 애썼지만 잘되지 않았고 결국 그가 그 영화를 제작하든 안 하든 엔딩을 바꾸겠노라고 했습니다. 그가 다른 엔딩을 원한 것은 상업적인 이유에서 그런 건지도 모르지만, 나는 지금도 애초 엔딩이 제대로 먹혀들지 않았을 거라고 생각해요. 엔딩 작업을 다시 거치면서 다른 많은 것을 바꿨고, 전체적인 분위기가 변했어요. 〈오즈의 마법사〉의 일부를 가져와 합쳤더니 특히 더 그랬고요. 시나리오는 상상력이 풍부한 또 다른 차원으로 이동했고, 나는 스튜디오에 두 번째 버전을 제출하면 상황이 아주 다르게 풀려나갈 거라고 봤죠. 그 시나리오가 바로 내가 촬영한 버전입니다.

미국 영화에서는 플래시백을 심리적이거나 극적으로 사용하는 게 일반적입니다만, 〈광란의 사랑〉에서는 그러지 않고 시적詩的으로 사용됩니다. 불火과 같은 요소들과 함께 잘 활용되고, 노래 〈내 사랑이 타서 없어졌네〉에도 불이 등장하죠. 거기에 더해, 〈블루 벨벳〉의 주요 컬러가 제복처럼 블루인 데 비해 이 영화의 컬러는 레드입니다.

레드와 옐로입니다. 사실 불은 원작 소설에는 나오지 않습니다. 불은 성냥에서 비롯했죠. 성냥은 세일러와 룰라를 재결합시키는 요소가 됐고, 그들의 관계를 망가뜨리기도 합니다. 그래서 나는 불이 그들 사이에 꾸준히 있기를 바랐고, 그러면서 담배와 성냥을 익스트림 클로즈업으로 잡게 됐어요. 불과 연관된 요소들 대부분이 시나리오에 들어 있었어요. 나는 기본 구조로서 그 스토리가 주요하다고 믿습니다. 그런데 촬영을 하는 중에 특정 요소들이 시나리오에서보다 한층 더 큰 중요성을 갖게 될 수도 있어요. 배우들이 한 장면을 반복해서 연기할 때마다, 우리는 텍스트를 부분적으로 바꾸었습니다. 어떤 부분들은 제대로 효과를 내지 못했고, 그러면 우리는 새 대사를 첨가했어요. 그런 수정 작업은 촬영이 완료될 때까지 계속되었죠. 그리고 그건 편집 과정에도 동일하게 적용됩니다. 〈광란의 사랑〉의 최초 버전은 엄청나게 길었는데요, 편집감독인 듀웨인 던햄은 이 영화에 새로운 형식을 부여했습니다. 우리는 그 수많은 이야기를 동시에 들려주는 새로운 방식을 찾아내야 했어요. 원작에 있는 사연 상당수는 메인 스토리를 전개하는 데 아무 역할도 하지 못했습니다. 그것들을 들어내면 간단했을 테지만, 잃고 싶지 않았어요. 그래서 우리는 그 문제를 해결하느라 고된 작업을 해나갔죠. 중심 라인을 잃는 일 없이 한 장소에서 다른 장소로 이동하고 다른 영역들로 이동해가도록 말이에요. 시행착오를 거친 끝에 결국 최종 버전에 도달했습니다. 그런데 그 일부는 시나리오에 적힌 대로였고, 일부는 촬영 도중에 저절로 드러난 거였어요.

시나리오를 쓰는 중에 영화들을 특징지을 구체적이고 물리적인 요소들을 찾아다니나요? 아니면 내레이션에만 관심을 갖나요? 시나리오를 집필하는 동안 영화의 비주얼에 대해서도 구상하며 작업하나요?

그렇게 합니다. 하지만 그 작업은 어떤 면에서는 더 추상적이에요. 촬영장에서는 모든 걸 더욱 명료하게 보게 되죠. 프로덕션 디자이너가 새로 가져온 램프에서 아이디어 몇 가지를 떠올릴 수도 있습니다. 예를 들어, 그리 많이 사용되지는 않았지만, 말 라디오^{horse-radio}가 있어요. 이구아나 모텔에 있는 것으로, 윗부분에 말이 장식되어 있고 가죽으로 싸인 근사한 라디오죠. 그건 서부에서, 텍사스에서 만든 물건이었는데, 프로덕션 디자이너 퍼트리샤 노리스는 바로 그 이유에서 그 라디오를 주목했고, 라디오가 그 모텔의 심벌이 되면서 그 자체로 작은 캐릭터 역할을 했습니다. 룰라가 그 라디오를 만지는 순간 라디오가 룰라에게 말을 하죠. 그 말馬 덕분에 관객들은 룰라가 어느 곳에 있는지를 알 수 있습니다.

그런 디테일을 첨가할 때 이미 편집 과정에 대해서도 생각하고 있는 건가요?

그럴 때도 있죠. 예를 들면, 뭘 누르면 움직이는 누드 댄서를 등장시키기로 했어요. 우리는 그걸 신의 맥락에서 벗어나게 촬영했는데, 그 덕에 나는 앞선 신의 끝부분으로 되돌아갈 수 있었어요. 그 장면에서 세일러가 버튼을 누르면 댄서가 움직이는 거죠. 그런 설정은 편집 과정 동안 완벽하게 맞물려 들어갔습니다. 일부 다른 장면 전환들도 세일러가 춤을 출 준비가 됐다고 말할 때처럼 동일한 방식으로 고안해냈고요. 즉 그는 몸을 흔들기 시작하고, 룰라도 침대로 움직이기 시작하며, 쿠션들은 위아래로 들썩거리고 숏은 줌으로 컷해 넘어갑니다. 그런 장면 전환들은 일찌감치 생각한 거지만 나머지는 하면서 찾아냈어요. 종종 그것들은 정말 좋은 효과를 발휘했습니다.

몹시 폭력적인 계단 신으로 영화를 시작한다는 건 작업에 착수할 때 이미 내린 결정인가요?

원래 첫 신은 그게 아니라, 스토리와 직접적인 관계는 없는─역시 아주 폭력적인─ 오토바이 사고 신이었어요. 그런데 우리는 촬영 스케줄에 뒤처진 상태였고, 프로듀서가 가진 돈이 바닥을 보이는 것 같더군요. 제2 제작진이 촬영하기로 돼 있던 시퀀스였기 때문에, 우리는 그 촬영을 연기할 수 있을 거라고 생각해 편집 작업을 하다 촬영을 하러 돌아갔습니다. 그 무렵 우리는 우리한테 필요한 게 무엇인지, 어떤 장면 없이도 할 수 있는 일이 무엇인지를 정확하게 알고 있었어요. 그러다 편집 도중에, 듀웨인 던햄이 밥 레이 레몬 캐릭터로 영화를 시작하는 아이디어를 떠올렸습니다. 썩 그럴듯해 보였어요. 그 신에는 영화를 시작하는 데 필요한 강렬한 힘이 다 담겨 있었고, 우리가 원래 고안했던 신보다 스토리와 훨씬 더 밀접하게 연결되기도 했습니다. 내가 미국영화연구소의 체코슬로바키아인 교수 프랭크 대니얼에게 배웠던 때가 생각나는데요, 그는 관객에게 이제 보게 될 영화가 어떤 종류의 영화라는 걸 비교적 일찍 알려줄 필요가 있다고 했습니다. 그렇게 하면 감독이 관객을 어느 방향으로 데리고 갈지 보여줄 수 있기 때문이죠.

세일러는 다른 신 딱 한 신에서만 사람을 때립니다. 그런데 이번에 그 신에서 그는 피해자 대신……

그런데 첫 신에서도 그는 무엇보다도 피해자에 가깝습니다. 감옥에 가게 되니까요. 스토리의 끝부분에서도 그는 피해자입니다. 실제로 무슨 일이 일어나고 있는지 재빨리 파악하지 못하면, 당신은 그가 상황에 대한 통제력을 갖고 있다고 생각하게 될 겁니다. 그가 하는 일은 마리에타 페이스(다이앤 래드가 연기하는 역할)에게 반응하는 것 말고는 없는데 말입니다.

당신이 이 스토리의 오프닝 역할을 할 예정이던 사고 장면을 촬영하지 않았더라도, 이 영화에는 스토리와 전혀 무관하지만 영화의 진정한 주제와 전적으로 관계가 있는 다른 사고가 두 건 등장합니다. 그중 첫 사고는 대단히 인상적입니다.

소설에는 없습니다만, 소설의 제목을 보면서 떠올린 사고입니다.

'와일드'요. 사고를 더 많이 집어넣는 것도 생각해봤지만, 지금 있는 사고들이 균형을 잘 잡고 있다고 생각해요. 나는 여행 가방들이 전부 부서져 열리는 바람에 옷들이 도로 사방에 흩어져 있는 사고 신을 포함시키기로 했습니다. 밤중에 일어나는 신으로 구상했고, 그 이미지를 머릿속에 갖고 있었어요. 야간 운전을 하던 중에 옷가지들이 조금씩 조금씩 나타나요. 이 영화에서 내가 좋아하는 신 중 하나로, 단계적으로 형체를 잡아나갔습니다. 마지막에 첨가된 건 음악이었죠. 그 장면을 보면 여러 감정들—두려움, 미스터리, 공포—이 올라와요. 그러다가 어떤 여자가 난데없이 나타납니다. 대사에는 유머가, 섬뜩한 유머가 담겨 있고, 모든 것이 슬픔에 젖어 있습니다. 그리고 음악은 그 신을 다른 차원으로 끌어올리죠. 아이들이 좋아하는 종류의, 굉장히 단순한 음악이잖아요. 세일러와 룰라 입장에서는 대단히 좋은 신이에요. 그들의 관계를 더 잘 규정하고, 그들이 어떻게 더 가까워졌는지를 보여주니까요.

당신은 아주 판이한 두 종류의 음악을 활용합니다. 로맨틱하고 서정적이며 이탈리아 음악에 가까운 안젤로 바달라멘티의 음악이 하나이고, 다른 하나는 보큰롤이죠.

안젤로 바달라멘티는 이 영화를 위해 쓴 곡보다 〈블루 벨벳〉을 위해 쓴 곡이 더 많습니다. 〈광란의 사랑〉은 기존 곡들이 더 많이 삽입돼 있어요. 두 곡을 작곡했는데, 최종 편집판에는 〈업 인 플레임스〉 한 곡만 쓰였습니다. 시카고 출신 블루스 가수인 코코 테일러는 우리가 절실히 필요로 했던 사람입니다. 그녀가 노래를 부른다는 사실 하나 덕에 전체 스토리가 활력을 띠어요. 정말 멋지죠.

영화를 구상할 때 음악은 어떤 역할을 했나요?

다시 말하지만, 〈광란의 사랑〉이라는 제목을 유념하는 게 필수적입니다. 음악은 극히 중요한 역할을 해요. 이 영화의 특징을 표현하는 중추적인 곡이 파워 매드가 부른 아주 빠른 노래 〈도살장〉으로, 나는 끝내주는 힘이 있는 그 곡을 좋아합니다. 리하르트 슈트라우스의 〈4개의 마지막 노래〉 중 한 곡은 독일에서 들은 건데, 영화에 다른 톤을 넣으려고, 벌어지고 있는 사건에 훨씬 더 강력한 힘을 부여하려고 삽입했습니다. 그런데 아무 음악이나 다 집어넣을 수 있는 건 아닙니다. 필수적으로 전체 작업 과정 동안 많은 실험을 거쳐야 해요. 사운드를 믹싱하는 시점에는 항상 과하게 많은 음악을 집어넣는데, 결과적으로 효과가 별로 없어요. 그러면 다른 음악 트랙들을 제거해야만 하는 상황이 돼버리죠. 어떤 지점들에서는 모든 게 극단적으로 조용해서 아무 소리도 들리지 않고, 또 다른 부분들에서는 스물다섯 개의 사운드가 모두 한데 섞입니다. 우리 모두가 잘 알듯, 대비contrast가 상황을 효과적으로 만들어요.

선곡을 촬영 중에 하나요, 편집 중에 하나요?

촬영 전에 많은 곡을 선곡합니다. 사전에 거의 모든 곡을 선곡하고 싶어요. 나만 음악과 함께 대사를 들을 수 있도록 사운드 엔지니어가 내 이어폰으로 음악을 '전송'하는 일이 아주 잦거든요. 대사의 톤이 음악과 잘 어울리는지 여부를 알 수 있어요. 대사가 없는 일부 숏의 경우도 마찬가지예요. 음악에 귀를 기울이면 그 음악이 효과적일지 아닐지를 알 수 있어요.

차에 탄 해리 딘 스탠턴이 도로로 처음 나가는 숏을 찍을 때도 그랬나요?

내가 잘 아는 곡인 〈베이비, 뉴올리언스로는 제발 가지 마〉를 촬영 도중에 듣게 됐어요. 1950년대와 60년대 음악, 30년대나 40년대 음악 같은 옛날 노래들을 방송하는 라디오 방송국들이 있거든요. 우리가 어떤 음악이 필요한데 마침 딱 어울리는 곡이 흘러나올 때가 있잖아요.

〈광란의 사랑〉의 독특한 특징 하나는 〈블루 벨벳〉보다 클로즈업을 더 많이 사용했다는 건데요.

〈블루 벨벳〉에도 클로즈업이 꽤 있습니다만, 그 영화는 스토리가 더 전통적이고, 끝날 때까지 몇 안 되는 캐릭터를 중심으로 전개되지요. 〈광란의 사랑〉은 그 영화보다는 많은 갈래로 갈라져나가는 영화로, 캐릭터가 많고, 부차적이면서 병행으로 진행되는 스토리 라인이 더 많습니다. 나는 영화광은 아닙니다만, B급 영화들의 아이디어를 좋아해요. 니컬러스 케이지와 로라 던은 어떤 면에서는 B급 영화의 캐릭터들이에요.

〈광란의 사랑〉은 두 상브가 교차되는 영화입니다. 한쪽은 (《살 권리》〈그들은 밤에 산다〉〈우리에게 내일은 없다〉에서처럼) 도주 중인 젊고 불운한, 사랑에 빠진 커플이 등장하는 갱스터 영화이고, 다른 쪽은 마리에타나 삼촌 또는 아버지로 대표되는 가족 멜로드라마죠. 당신은 전통적인 장르들을 다루는 데 흥미가 있나요? 그리고 아이러니를 조금도 느끼지 않는지요?

그런 생각은 정말로 해본 적이 없습니다만, 유머와 아이러니는 '실제보다 과장된' 관념과 연계돼 있어요. 나는 B급 영화들을 늘 그런 식으로 봐요. 그리 현실적이지는 않고 '실제보다 과장된.' 그건 대단히 현실적이었다가 순식간에 우리가 아는 세상하고는 한참 떨어진 세상으로 돌변하는 세계입니다.

그게 필름 누아르의 세계인가요?

맞습니다. 제목 때문에 특히 그렇습니다만, 단순히 제목 때문에 그런 것은 아니에요. 나는 영화 내내 상당히 많은 빛을 보여주는, 그 빛으로 대비와 긴장을 능란하게 연출하는 영화를 만드는 게 가능하다는 것을 압니다. 그런데 오싹할 정도로 순전히 어두운 요소들로 작업할 수 있다면, 그 결과물은 어두운 데서 그치지 않고 강렬한 수준에 다다르죠.

그건 당신이 앞선 장면에서는 개가 물고 가는 손이나 허공으로 날아가는 얼굴을 보여주는 극단적인 지점까지 갔다가 (〈러브 미 텐더〉와 애인에게 돌아가는 남자와 결합된) 착한 마녀로 영화를 마무리하기 때문인가요? 관객에게 비현실적인 엔딩을 맞을 준비를 시키는 거라고 할 수 있을까요?

상황을 한계까지 밀고 가고 싶다면, 후반부에 어떤 것까지 보여줄 수 있는지를 영화가 시작될 때부터 관객에게 보여줘야 해요. 따라서 총신을 짧게 자른 산탄총이나 건물 뒤편으로 손을 덥석 물고 가는 개로 그런 효과를 낳는 것은 전적으로 가능합니다.

이 영화의 멜로드라마를 고조시키는, 셸리 윈터스 또는 앤절라 랜스베리와 약간 비슷한 마리에타 캐릭터는 전형적으로 미국적인 캐릭터입니다.

유럽 사람들은 그런 식으로 보더군요. 그런데 내 말 믿으세요. 미국인들에게 그녀를 전형적인 미국 어머니로 보느냐고 물으면 그들은 아니라고 대답할 겁니다. 마리에타는 소설 속 인물이고, 그녀는 다이앤 래드예요. 다른 배우가 그 역할을 연기했다면 그와 동일한 수준에 이르지 못했을 겁니다. 그건 특정 여배우들만이 기회를 거머쥐고 전력을 다할 준비가 돼 있기 때문입니다. 따라서 다이앤하고 일한 건 끝내주는 작업이었습니다.

그녀는 친딸과 연기했지요.

그래서 정말 좋은 결과가 나왔어요. 로라 던은 그녀 나름의 방식으로 미친 연기를 펼쳤고, 자기 어머니도 그렇다는 것을 알고 있었죠. 모녀 사이가 아주 좋았습니다. 그들은 진정한 연기자예요.

다이앤은 즉흥 연기도 했나요?

자신의 첫 신을 연기할 때 그녀는 내가 집필한 텍스트하고 동떨어진 연기를 했어요. 그 신의 진정한 취지를 완벽하게 포착했지만, 시나리오에 든 대사는 한 단어도 하지 않았습니다. 그래서 내가 그녀를 한쪽으로 데려갔고, 이후로 우리는 서로 굉장히 잘 작업했어요. 그녀는 시나리오에 적힌 대로 대사를 연기하는 것은 제대로 못 했지만, 시나리오가 요구하는 감정에 완전히 사로잡혀서 몰입하는 것을 진정으로 즐겼습니다. 그 모든 에너지를 담아내는 것은 정말로 대단한 일이었어요.

역시 엄청난 에너지를 지닌 윌렘 대포는 그의 캐릭터를 창조하는 데 큰 역할을 했습니다.

그의 연기를 지켜보는 것은 진짜 근사한 경험이에요. 그는 연기를 무척 세심하게 통제하는 배우이고 대단히 정확한 연기를 펼치는 배우입니다. 그는 감정을 조금도 허비하지 않아요. 그가 해낸 연기는 환상적이었어요. 호텔 방에서 그와 룰라가 펼친 신들의 경우, 다른 배우들이 연기했어도 그런 효과를 냈을지 의문입니다. 그가 캐릭터(바비 페루)를 구상하는 데 의치가 도움을 줬다고 봐요. 의치를 끼는 순간부터 그의 말투는 조금 달라졌고, 웃을 때면 독특한 웃음을 짓는다는 걸 발견했습니다.

어떤 면에서 바비 페루 캐릭터는 이 영화의 모든 제작 취지와 스타일을, 감정과 아이러니의 혼합물을 구현합니다. 그는 대단히 극적인 존재입니다. 관객은 그가 하는 말을 믿게 되죠. 그런데 그는 느닷없이 폭소를 터뜨리고는 합니다. 자신이 연기하는 캐릭터를 캐리커처에 가깝게 연기해내는 동시에 그런 감정을 유지하는 식으로 균형 잡힌 연기를 하는 건 분명 어려운 일 아니었을까요?

상황을 한쪽 방향에서만 본다면, 그게 무엇이 됐건, 영화는 잠재적인 재앙이 될 우려가 있을뿐더러 그 영화를 만들 수도 없을 겁니다. 나는 원래의 아이디어에 충실하려 노력했고, 그 감정과 이미지들은 우리가 작업을 진행하는 동안 모습을 드러냈습니다.

〈광란의 사랑〉에는 〈블루 벨벳〉에서 데니스 호퍼가 맡은 역할을 이런저런 방향으로 확장한 '악당들'이 여럿 있습니다. 해리 딘 스탠턴과 윌렘 대포, J. E. 프리먼 등이 그렇습니다.

해리 딘 스탠턴은 악당이 아니에요. 그는 사립 탐정이고, 마리에타에게 당하는 최악의 피해자이며, 사실은 정말로 좋은 사람이기 때문에 가장 감동적인 캐릭터에 속합니다. J. E. 프리먼은 그의 첫 신을 촬영하기 전날에야 산토스 역할에 캐스팅됐는데, 이 영화의 세계에 완벽하게 어울렸습니다. 나는 그가 한 연기를 참 좋아합니다. 윌럼 대포에 대해서는 이미 말씀드렸죠. 그리고 미스터 레인디어를 연기한 모건 셰퍼드는 〈엘리펀트 맨〉에서 같이 작업했던 배우입니다. 펍을 배경으로 한 신에서 단역을 연기했죠. 제정신이 아닌 사람인데, 그래도 그와 다시 작업하고 싶었습니다. 그는 오래전에 어떤 프로젝트에 간절히 참여하고 싶어 했는데 그 프로젝트는 그리 좋은 결실을 맺지 못했죠. 그는 생김새가 괴상해요.(존경의 표현.) 영국식 억양이 강하고요. 하지만 그에게는 사악한 측면과 아주 다정한 측면이 공존합니다.

레인디어와 여자들을 함께 등장시키는 시퀀스는 어떻게 구성한 건가요?

그 시퀀스는 소설에는 나오지 않습니다. 우아한 곳을 배경으로 한 작은 신이지만 관객은 그 기저에서 내내 뭔가 끔찍한 느낌을 받지요. 상황이 물 흐르듯 흐르는 것 같고 아름답지만, 공포감이 모습을 드러내요. 스토리에 반드시 있어야 하는 신은 아니지만, 그 신은 내 마음속에서 또 다른 세계를 창출했습니다. 미스터 레인디어의 삶을 언뜻 본 관객은 꿈을 꾸게 됩니다. 그러고는 불이 피어나고……

사물의 표면과 그 아래에 놓인 것 사이의 은밀한 관계는 〈블루 벨벳〉의 한복판에 이미 존재했습니다.

맞습니다. 그에 대해서는 의심의 여지가 없죠. 그런데 내 영화들

각각이 모두 그런 걸 다룹니다. 내가 감춰진 것들에 집착하는 건지도 모르겠고 이런 주제에 항상 집착하는 건지도 모르겠어요. 과학자와 사립 탐정들은 날마다 세상을 관찰하고 새로운 것들을 발견하지만, 그들은 그러는 동안에도 자신들이 모르는 게 아주 많다는 것을 잘 압니다.

하지만 당신은 스크린에서는 사실주의를 추종하지 않습니다.

그건 확실합니다. 사실주의를 믿는 감독들조차 사물의 겉면만을 고수할 수는 없어요. 자기가 꿈꾸는 것을 막을 수 없죠. 어떤 신을 촬영하다가 갑자기 젊은 아가씨의 얼굴에 그림자가 드리우면, 그 순간은 그 순간의 맥락 때문에, 앞서 일어난 사건들 때문에, 사운드 때문에 등의 이유로 물리적인 디테일의 차원을 넘어선 느낌을 창조합니다. 그러면 관객의 마음이 움직이기 시작해요. 외양만 고수하는 건 불가능합니다. 한번은 어떤 레스토랑에 갔는데, 젊은 중국 여성 둘이 서로 마주 앉지 않고 옆으로 나란히 앉아 있었어요. 굉장히 고급스러운 레스토랑이었고 그 두 사람은 무척 우아했어요. 나는 그들이 아주 느리게 식사하는 것을 지켜보며 꿈을 꾸기 시작했죠. 한 편의 시 같은 그 상황을 보면서 무슨 일이 벌어지고 있는지를 나 자신에게 물었습니다. 두 사람은 얼굴을 동일한 방식으로, 지독히도 느린 속도로 움직였어요. 그 배경에 놓인 그들은 대단히 기이해 보였습니다. 어떤 상황에 놓인 사람이 자신에게 이런저런 질문을 던지는 것, 그리고 그 사람의 마음이 이리저리 방랑하는 것은 세상 그 무엇도 막을 수 없어요. 영화적인 경험도 그와 비슷하다고 생각해요. 내적인 느낌들에 가까이 다가가면 마술 같은 일이 일어나요.

〈블루 벨벳〉이 그런 사례였죠. 그 영화는 처음에는 전통적인 수사 과정에 착수한 남자에 초점을 맞춥니다. 그 남자는 많은 비밀을 조금씩, 조금씩 알아내고 결국에는 자기 자신의 모습을 발견합니다.

작품에 층위가 많을 때는 늘 좀 더 흥미롭고 짜릿해요. 내가 보기에, 많은 영화가(작업 때문에 아주 오랫동안 영화를 한 편도 보지 못한 처지라 이런 코멘트를 할 권리가 있는지는 모르겠습니다만) 단일한 주제만을 다루는 듯 보여요. 그런데 건반에 있는 음音을 딱 하나만 치더라도 화음이 들리잖아요. 영화도 그런 것을—동시에 많은 것을 환기하는 것을— 달성할 수 있습니다.

현재 미국 영화에는 미스터리가 거의 없다시피 하다고, 당신의 영화처럼 거울의 다른 쪽에 성공적으로 도달하는 영화들이 드물다고 생각하지 않나요?

어떻게 해서 그렇게 되는지 얘기해드리죠. 어느 사무실에 열 명 정도 사람이 있다고 칩시다. 그들에게 대단히 추상적이고 독창적인 이야기를 들려주려는 한 남자가 들어옵니다. 그가 이야기를 시작하고, 사람들은 그에게 하나둘 질문을 던져요. 사람들이 그 이야기를 이해하지 못하는 탓에 그는 자기가 하고자 하는 말을 부지불식간에 너 많은 말로, 더 정확하게 설명해야 하는 저지가 됩니다. 그가 이야기를 마칠 무렵이면 그 사무실 안의 모든 사람이 그의 이야기를 이해하지만, 이야기는 한 가지로 축약됩니다. 거기에는 더 이상 화음이 없는 셈이죠. 그리고 그 시점이 바로 그들이 영화에 제작비를 대기로 결정하는 때입니다. 하지만 그들은 이미 미스터리를 죽였어요. 나는 그러는 대신, 사람들이 내가 하려는 작업에 대해서는 지나치게 많이 알지 못하도록 하는 게 좋다고 생각합니다.

다른 감독들, 예를 들어 브뉘엘 같은 감독에게 친밀감을 느끼나요?

그간 들어온 얘기로 짐작건대, 내가 그의 영화들을 봤다면 그를 사랑했을 거예요. 그런데 내가 아는 그의 작품은 〈안달루시아의 개〉 뿐이에요. 나는 펠리니와 베르히만, 큐브릭, 히치콕, 타티, 그리고 〈오즈의 마법사〉를 정말로 좋아합니다!

〈광란의 사랑〉에서 〈오즈의 마법사〉를 인용하는 부분은 오리지널 소설에서는 찾아볼 수 없습니다.

우리가 세일러를 만났을 때, 그가 룰라와 헤어진 직후에 구타를 당할 때 그 아이디어가 떠올랐다고 생각해요. 그 순간에 그는 원하면 언제든 떠날 수 있다는 아이디어에 매달리기로 결심하죠. 자신이 틀렸다고 하더라도 그 아이디어를 고수하기로 마음먹습니다. 그 스스로 취한 태도죠. 그가 영화의 끝부분에 깡패들한테 공격을 당했을 때, 착한 마녀가 그를 찾아오는 것이 자연스러워 보였어요. 세일러는 대단히 마초적인 캐릭터입니다. 그는 아주 쿨한 사람으로, 아직도 룰라를 그와 대등한 존재처럼 잘 대해줍니다. 그는 제스처에서나 하는 말에서나 룰라에게 전혀 거들먹거리지 않아요. 그리고 착한 마녀와 맺은 관계에서도 동일한 평정심을 보여주죠. 대중이 그런 그의 성격 특성을 좋아하는 것 같습니다.

〈앨리스는 더 이상 여기 살지 않는다〉부터 〈자도즈〉까지 당대의 많은 영화에 〈오즈의 마법사〉가 등장하는데, 그 이유가 뭐라고 생각하나요?

내 생각에 그 영화는 정말로 중요합니다. 〈블루 벨벳〉에도 도로시의 이름과 빨간 구두 등의 암시가 일부 나오죠. 〈오즈의 마법사〉는 대단히 큰 힘을 가진 영화입니다. 마틴 스코세이지와 존 부어먼도 나처럼 어렸을 때 그 영화를 봤고, 그 영화에서 대단히 강한 인상을 받았을 겁니다. 그 영화가 지난 몇 년간 우리와 함께해왔다고, 우리는 그 영화가 나온 이후 오랫동안 어떤 영향을 미쳤는지를 우리 영화들에서 발견해왔다고 생각해요. 〈오즈의 마법사〉는 꿈과도 같은 작품이자, 정서적으로 엄청난 힘이 있는 작품입니다.

당신의 배경에는 회화가 있습니다. 그 배경은 연출에 접근할 때 어떤 방식으로 영향을 끼치나요?

나는 늘 화가입니다. 두 가지를 고려할 필요가 있어요. 하나는 카메라 앞에 있는 것, 다른 하나는 그걸 촬영하는 것. 나는 그 문제에 대해서는 우리 프로덕션 디자이너인 퍼트리샤 노리스와 촬영감독인 프레드 엠스와 상의해요. 우리는 처음부터 이상적인 콘셉트를 갖고 특정한 컬러들을 구상하지만, 그런 생각들은 빠르게 와해됩니다. 로케이션 장소들을 찾아다니고 촬영할 장소에 가 있으면, 전체 세계를 다시 색칠하는 건 불가능하거든요. 때로는 더 나은 새 아이디어들을 찾기도 합니다. 어쨌든 어디에선가 새로 시작할 필요가 있어요. 프레드와 함께 시나리오를 읽을 때, 우리는 느낌과 감정에 대해, 차가움과 뜨거움 같은 기초 요소들에 대해, 뚜렷하게 보이는 것과 그렇지 않은 것에 대해 상의해요. 각각의 신에서 우리가 보고자 하는 것과 그렇지 않은 것을, 경우에 따라 그게 어두울지 뜨거울지 등의 여부를 결정하죠. 형광 플래시와 직접 조명, 백열 조명에 대해 상의하고요. 우리가 해야 할 일은 각 시퀀스의 분위기^{ambience}를 강조하는 겁니다.

예를 들어 〈블루 벨벳〉의 도입부에서는 하얀 피켓 펜스와 붉은 장미들이 명랑하면서도 거짓된 분위기를 자아내죠.

그 아이디어는 『우리 거리의 좋은 시절Good Times on Our Street』이라는 책에서 얻었어요. 학교에 다니는 미국의 모든 어린이가 받은 책이죠. 그 책은 행복에 대해, 일상적인 주변 환경에 대해, 좋은 이웃이 되는 것에 대해 얘기합니다. 부유한 가정 출신의 젊은 미국인 입장에서, 낙원은 그가 살고 있는 거리와 비슷해야 마땅해요. 나는 그런 환경에서 자랐어요. 나무로 된 울타리와 고택들. 그 너머에서는 분명 무시무시한 일들이 일어났을 거라고 생각합니다만, 어린 마음에는 모든 게 차분하고 아름답게 보였어요. 비행기들은 하늘을 천천히 가로질렀고, 고무 장난감들은 물 위를 떠다녔으며, 음식들은 적어도 5년간은 그 상태를 유지할 듯 보였고, 낮잠은 한없이 계속될 것 같았죠. 만사가 즐거웠고, 『우리 거리의 좋은 시절』은 그런 시나리오를 재창조했습니다. 딕과 제인, 그들의 개 스폿이 겪는 모험들을 들려주는 책을 읽으면서 배웠죠. 물론, 이제 그 세계는 까마득히 멀어진 듯하고, 지금은 그 책에서 묘사한 분위기를 가깝게 느낄 사람이 없을 테니 학교들은 분명 더 이상 그 책을 교재로 쓰지 않겠죠.

그건 표면적으로는 〈트윈 픽스〉의 세계이기도 합니다.

확실히 그렇죠. 그건 우리가 들어가고 싶어 하는 세계예요. 사람을 불안하게 만드는 세계이기는 하지만, 처음에는 어느 정도 이상적인 곳처럼 보이기 때문이죠. 그 주제는 내 에이전트인 토니 크란츠가 제안했는데, 그는 마크 프로스트의 에이전트이기도 합니다. 마크가 〈힐 스트리트 블루스〉의 여러 에피소드를 집필했던 사람이라서, 토니는 그전에도 우리가 텔레비전 작업을 함께 하게 만들려고 했어요. 그보다 앞서 우리는 어느 코미디 작품의 공동 작가였는데 우리 둘 다 텔레비전용 영화를 공동 작업하는 것을 썩 좋아하지는 않았습니다. 내 입장에서는 의구심이 들었어요. 흥미로운 아이디어가 스스로 모습을 드러내지 않는 한, 그런 작업을 할 이유가 없었죠. 마크의 경우에는 텔레비전 방영을 위한 작업이 얼마나 무서운지 잘 알고 있었어요. 작업을 진행하고 있을 때조차 시간은 우리 것이 아니에요. 납품 시간에 맞추는 게 관건이니까요. 그러다가 우리는 통속적인 드라마와 수사극이 결합된 프로젝트를 떠올렸어요. 나는 에피소드가 마무리되지 않고 계속 이어지는 식으로 전개되는 스토리 아이디어에 오래전부터 매력을 느꼈습니다. 우리는 캐릭터들을 하나씩 하나씩 그려나갔고, 그 캐릭터들은 스토리에 등장했으며, 하나의 세계가 차츰차츰 형체를 갖췄습니다. 그런 방식으로 우리는 〈트윈 픽스〉 프로젝트를 맡아 진행했어요. 토니는 더할 나위 없이 흡족해하면서 우리를 ABC에 보냈습니다. ABC가 대본을 제출하라고 해서 여드레인가 아흐레 만에 대본을 썼어요. 그게 첫 에피소드, 즉 파일럿이었죠. 정신을 차리고 보니 시애틀에서 촬영하고 있었어요! 얼어 죽을 것 같은 날씨에 21일간 성신없이 촬영을 하고 나니까 작품이 완성돼 있더군요! 내가 그토록 짧은 시간에, 물론 하루하루는 엄청 길었지만, 93분짜리 영화를 제작할 수 있다는 사실이 믿어지지 않았어요. ABC는 내 작품을 마음에 들어했지만 한편으론 우려하기도 했습니다. 나는 〈트윈 픽스〉에 너무 빠져 있어서 〈트윈 픽스〉가 여타 텔레비전 시리즈와 크게 다르다는 걸 알지 못했어요. 텔레비전을 거의 안 보고 지내다 보니 더더욱 그랬죠. 텔레비전에서 '기존의 것들과 다른' 모든 것은 성공작 아니면 대실패작이 될 운명이었고, 대부분은 실패를 면치 못했어요. 그래서 방송사는 작품 방영에 신중을 기해야 하고요. 다행히도 〈트윈 픽스〉는 대히트를 했습니다.

〈트윈 픽스〉의 다른 에피소드들에서 당신은 어떤 역할을 하나요?

내가 집필하고 연출할 때처럼 속속들이 관여하지는 않습니다. 마크하고 나는 스토리의 전개 과정을 감독해요. 우리는 대본들을 읽고 의견을 개진하고, 상황이 궤도에서 지나치게 벗어나지 않도록 신경을 쓰죠. 다만 우리가 상황을 통제하는 데 몇 가지 제약도 있는데요, 때로는 감독이 작품을 책임지고 진행하게끔 놔둬야 한다고 봐요. 나는 후반 작업을 하는 동안에는 사운드 믹스와 음악에 대해 조언합니다.

앞으로 몇 편의 에피소드가 만들어질까요?

올해에는 파일럿 말고 일곱 편의 에피소드가 방영돼요. 각각 45분 길이예요.(광고 포함해서 방송 시간은 한 시간.) 내년에는 열세 편이 나올 겁니다.

〈트윈 픽스〉의 도입부에서 우리는 막장 드라마의 세계에 있습니다. 소도시에서 누군가 살해당하고, 시신이 호숫가에서 발견되고, 누군가 보안관을 부르고, 그러고서 영화는 차츰 〈달라스〉나 〈다이너스티〉와 차별화되어갑니다. 미스터리가 생겨나고, 기이한 캐릭터들이 등장하고, 분위기가 음울해지죠. 파일럿의 결말에서 우리는 부지불식간에 전혀 다른 25년 후의 세상에 가 있죠.

그 엔딩은 유럽 시장에 판매된 비디오 버전을 위해 만든 걸로, 이야기의 결론을 보여줍니다. 내가 서명한 계약서는 무척 두툼했는데요, 나는 어떤 계약에 합의하는지를 몰랐어요. 서명하는 내용에 주의를 기울이지 않은 건 순전히 내 탓이죠! 미국인들은 유럽이 화성만큼이나 멀리 떨어진 곳이라는 멍청한 생각을 아직도 어느 정도는 갖고 있고, ABC는 '클로즈드closed' 엔딩에 대해 듣게 될 사람은 아무도 없을 거라고 생각했습니다. 제작 도중에 누군가 나한테 그걸 촬영해야 한다는 사실을 상기시켜줬어요. 내 작업 스케줄은 그때도 이미 극도로 빠듯해서, 나는 엔딩 구상에 전념할 시간은 고사하고 엔딩 촬영에 전념할 시간을 어떻게 내야 할지도 몰랐어요. 그런데 갑자기, 이상하게도 아이디어가 떠올랐어요. 게다가 제작사에서 나를 완전히 자유롭게 해줬어요. 엔딩을 촬영하면 이야기가 결론지어졌다는 분위기를 풍기게 될 거라는 불안감을 느끼면서도 말이죠. 걸린 시간은 아주 짧았어요. 우리는 난쟁이와 로라 파머, 꿈, 댄스가 있는 엔딩 숏들을 위해 로스앤젤레스로 돌아와 하루 동안 추가 촬영을 했어요. 개인적으로 그 4분이 무척 마음에 듭니다. 그것들은 또 다른 형식으로 재등장해요. 일곱 번째 에피소드에서 볼 수 있을 거고, 열세 번째 에피소드에서 다시 볼 수 있을 겁니다.

영어하고 비슷하게 들리는 그 난해한 언어는 어떻게 만든 거죠?

모든 것을 거꾸로 촬영했어요. 연기자들이 시퀀스의 도입부에 이를 때까지 걸음걸이와 말을 거꾸로 한 다음, 우리가 그걸 정상적으로 영사했습니다.

사운드트랙과 비주얼 요소들을 엄청나게 많이 작업하는 당신 같은 감독들

입장에서, 텔레비전 작업은 '밋밋한' 사운드와 축소된 이미지라는 제약이 주어지는 건 분명하죠.

〈트윈 픽스〉의 사운드는 텔레비전이라는 한계를 감안하면 할 수 있는 최선의 상태라고 생각해요. 어쨌든 우리는 사운드를 영화 작업할 때 하는 것처럼 녹음했습니다. 사운드 믹싱의 경우, 사람들은 소형 스크린을 위한 작업이라 작업이 훨씬 쉬울 거라고 생각했지만 사실 우리는 텔레비전용으로 더 복잡한 작업을 해냈어요! 〈트윈 픽스〉를 좋은 객석이 있는 대형 스크린에서 감상하면 작품의 위력을 한층 더 실감할 겁니다. 텔레비전의 사운드와 이미지는 너무 미약해서 시청자가 정말 많은 걸 놓치게 돼요. 비디오나 텔레비전으로 영화를 볼 때, 오리지널하고 한참 떨어진 작품인데도 우리는 진품을 보고 있다고 생각하죠! 실제 사이즈로 제대로 상영된다면 그 영화는 관객을 휘감고 그 세계로 빠뜨려요. 거기서 벗어나기가 아주 어려울 정도로요. 그런데 우리가 텔레비전 앞에 있을 때는 고개만 돌려도 그 분위기에서 빠져나오게 됩니다.

영화 일을 시작한 초반에 당신은 앨런 스플렛과 함께 엄청난 양의 사운드 작업을 한 것으로 유명했습니다.

사운드는 실제로 영화의 절반을 차지하기 때문에 대단히 중요해요. 사운드와 이미지, 신들의 순서가 올바르다면 영화 전체는 부분들을 합친 것보다 더 클 수 있습니다. 사운드를 작업할 때 나는 사운드가 영화와 감정선을 받쳐주게끔 하려고 해요. 나아가 가능하다면 어떤 것의 수준을 더 올려줬으면 하죠. 감독은 사운드가 제대로 작업되어야만 자기 영화를 제대로 볼 수가 있어요. 사운드가 제대로

241

작업되면, 뭔가 마법 같은 일들이 생겨납니다.

당신은 〈이레이저 헤드〉나 〈블루 벨벳〉〈광란의 사랑〉에서 했던 일하고는 대조적으로 〈트윈 픽스〉의 미장센에서는 자신을 더 '억제하는' 듯 보이는데요. 영화를 위한 언어와 텔레비전을 위한 언어는 다르다고 생각하나요? 예를 들어, 〈광란의 사랑〉에서는 액션의 핵심에 즉각 관여하면서 당신의 관점을 적용할 수 있잖아요.

맞는 말이라고 생각해요. 텔레비전 작업을 하고 있다는 걸 인지하면 우리는 안경을 바꿔 쓰죠. 머릿속에서 섹슈얼한 신이나 폭력적인 신을 쳐냅니다. 특정 영역에는 접근할 수 없다는 것을 잘 알고, 넘지 말아야 할 경계선을 잘 알죠. 그런데, 이게 참 이상한 일인데요, 그럼에도 작업하면서 여전히 쾌감을 느끼고 진정한 만족감을 경험해요. 〈트윈 픽스〉를 촬영하는 동안 내가 할 수 없는 여러 일들이 있다는 말을 끊임없이 되뇌었어요. 애초부터 나 자신의 작업 영역에 제한이 있을 거라고는 판단했기 때문에 그게 맞는 말이라는 데는 의심의 여지가 없었지만, 그래도 그 영역에서도 나 자신을 표현해낼 수 있었습니다. 전통적으로 텔레비전은 비주얼보다는 내러티브가 더 중요한 매체입니다만, 나는 〈트윈 픽스〉를 영화와 비교해도 괜찮은 작품이라고 생각합니다.

한편, 비디오로 옮겨놓은 영화들은 소형 스크린을 위해 반드시 클로즈업으로만 촬영할 필요는 없다는 것을 증명했습니다. 물론 영화를 텔레비전에 맞게 조정할 경우 많은 게 손실됩니다만, 좋은 작품이기만 하면 여전히 대단히 좋은 효과를 거둘 겁니다. 그런데 나는 〈트윈 픽스〉에서 카메라를 지나치게 멀리 배치하는 실수를, 그

래서 캐릭터들이 탁구공 크기로 보이게끔 만드는 실수를 두 번인가
저질렀죠!

〈블루 벨벳〉과 〈광란의 사랑〉 사이의 3년간은 무슨 일을 했나요?

〈로니 로켓〉을 제작하려 힘썼고 〈원 설라이버 버블〉도 한 차례 더
제작을 시도했죠. 〈로니 로켓〉은 〈이레이저 헤드〉 다음으로 쓴 작
품이에요. 아주 추상적인 내 아이디어가 정말 마음에 들었어요. 부
조리한 코미디였어요. 그 작품은 기이하고 침울한 세계라는 점에서
〈이레이저 헤드〉와 닮았습니다. 제작으로 이어지기까지 대여섯 번
쯤 실패했어요. 프랜시스 코폴라하고 특히 얘기가 잘됐는데, 그러다
그의 회사인 조이트로프Zoetrope가 파산하고 말았죠. 또 다른 기회로
는 디노 드 로렌티스하고 얘기가 잘됐는데 그 역시 파산하고 말았어
요! 그런데 후자의 경우, 제작이 무산된 것은 금전적인 이유에서가
아니었습니다. 디노가 프로젝트를 제대로 이해하지 못해서 거기에
애정을 느끼지 않았던 이유가 더 커요. 그 시나리오가 일단 영화로
제작되면 내가 원한 형식을 갖추지 못한 영화가 되면서 곤란한 점이
많을 거라는 걸 감지했어요. 지금도 〈로니 로켓〉을 제작하고 싶지만,
큰 수익을 내려고 하지 않는 사람들에게 지원을 받고 싶어요. 그 영
화는 역사적으로 특정 시대를 구체적으로 다루고 있지는 않지만 로
큰롤의 뿌리와 많은 관련이 있어요. 50년대에 대한 영화를 원한다
면 그 영화가 딱입니다. 그 이야기는 과거에 그랬듯 거대한 공장이
많이 있는 또 다른 세계에서 전개돼요. 요즘 공장들은 규모도 작아
지고 깨끗해진 데다 모든 것이 전산화됐잖아요. 나는 그런 공장이
무서워요. 캐스팅은 이사벨라 로셀리니와, 〈트윈 픽스〉에 출연한 난

쟁이로 로니 로켓을 연기하기로 한 리틀 마이크로 모두 갖춰놓은 상태예요.

〈원 설라이버 버블〉은 약간 비정상적인 영화였어요. 무서운 일은 하나도 안 일어나는, 가족 코미디의 일종이었죠. 흑인이 백인의 자리를 차지하고 백인은 흑인의 자리를 차지하는 〈대역전〉하고 약간 비슷하게, 특정 역할을 대체하는 사람들이 엄청나게 많이 나와요. 그 아이디어는 비행기로 여행하던 중에 구상했는데, 당시에는 그와 비슷한 영화가 2500만 편이나 제작되고 있다는 사실을 미처 생각 못 했죠. 그게 내가 영화로 만들지 않은 이유 중 하나예요. 역할 대체를 주제로 한 코미디가 하나의 장르라면, 그런 작품을 더 만들지 말아야 할 이유가 있나요? 스티브 마틴이 배역 하나에 크게 흥미를 보였어요. 그리고 사실상 두 역할을 연기하기로 했죠. 다른 배우도 두 역할을 연기하기로 돼 있었고요. 따라서 역할 대체가 극대화될 예정이었어요!

당신의 초기작에 출연했고 〈블루 벨벳〉에도 출연한 카일 매클라클런은 당신의 분신이라고 볼 수 있나요?

사람들은 그렇다고들 말합니다. 그런데 내가 그런 생각을 떠올린 적은 한 번도 없어요. 니컬러스 케이지는 그런 존재라고 봐도 무방해요.

〈트윈 픽스〉와 〈블루 벨벳〉은 프랭크 카프라의 세계를 180도 뒤집어놓은 세계에 가깝습니다. 아메리칸 드림은 악몽이 되죠. 그게 당신의 유년기와 어떤 연관이 있을까요?

나는 내가 일찍이(이건 분명 누구나 경험하는 일입니다만) 이상적이고 완벽한 세계의 가능성을 잠시 봤다고 생각해요. 그 관념이 얼마나 많이 악화되는지를, 그리고 세계가 더욱더 사악해지는 모습을 차츰차츰 목도했습니다. 아버지는 농무부 소속 연구원으로 일하다 지금은 은퇴하셨는데, 삼림에 퍼지는 질병과 곤충을 대상으로 실험을 했어요. 작업을 위해 마음껏 사용할 수 있는 거대한 삼림을 갖고 있었죠. 그분은 나무에 관한 한 현자賢者예요. 어머니는 전업 주부였지만, 몇 가지 언어를 가르치기도 했어요.

어느 지역에서 태어났나요?

몬태나에서 태어나 한동안 거기서 살았습니다. 아버지는 그곳의 밀밭 한가운데 있는 목장에서 자랐고요. 아버지 쪽 친척 대부분이 지금도 몬태나에 살아요. 그 이후로는 아이다호와 워싱턴주에서 살았습니다. 어머니는 브루클린 출신이에요. 부모님은 듀크대학교 재학 중에 환경 과학 강의를 듣다 만나셨어요. 나는 워싱턴 D.C. 바로 옆에 있는 버지니아에서 고등학교를 다녔습니다.

당신은 로큰롤의 시대가 정점에 달했을 때 학교 교육을 끝마쳤습니다.

맞아요. 그렇게 봐도 무방하죠. 그 시기는 1955년부터 1965년까지 지속됐으니까요. 완전히 그 시대에 속해 있었네요.

당신이 예술에 처음 보인 관심은 그림 그리기drawing였죠.

어린 시절에는 영화에 대해서는 정말이지 생각해본 적이 전혀 없었어요. 화가가 된다는 생각 역시 하지 않았고요. 내가 보기에 회화는 시대에 뒤떨어진 활동이었고, 현대 세계에서 어떻게 하면 화가가 될 수 있는지 그 방법을 도무지 찾아볼 길이 없었기 때문입니다. 버지니아를 떠나 워싱턴에서 살게 되었을 때 화가 아버지를 둔 친구를 만났는데, 처음 한동안은 그 친구 아버지가 주택에 페인트칠을 하는 사람이라고 생각했어요. 그런데 아니었어요. 그는 예술가의 반열에 오른 대단한 화가였습니다. 그분의 스튜디오를 방문하고 나서 나도 그분처럼 될 수도 있겠다는 생각이 들었어요. 이후로 보스턴의 아트 인스티튜트에서, 그다음에는 필라델피아의 아트 인스티튜트에서 공부했습니다. 보스턴 뮤지엄 스쿨에서 1년간 한 경험은 만족스럽지 않았어요. 하지만 펜실베이니아 미술 아카데미에는 멋진 선생님 몇 분과, 당시 나처럼 공부 중이던 제임스 하버드 같은 화가가 있었어요. 모두들 열심히 공부했죠.

지금도 그림을 그리나요? 전반적으로 지향하는 화풍은 무엇인가요?

지금도 그립니다. 기이한 느낌이 있는 표현주의에 가까운 그림이라고 할 수 있겠네요. 〈블루 벨벳〉을 만든 후, 영화 리뷰를 쓰다 미술 비평으로 전향한 저널리스트 크리스틴 매케나가 내 드로잉과 회화 몇 점을 보고는 그것들을 전시할 갤러리를 찾으라고 나를 부추겼어요. 난 내 캔버스들을 세상에 자랑할 수 있을 정도로 회화에 전념하고 있다고는 생각지 않았기 때문에, 그런 일을 해보겠다는 생각은 전혀 없었어요. 그런데 조금씩 설득에 넘어갔고, 그녀는 나를 로스앤젤레스에 있는 몇몇 미술상에게 소개했습니다. 제임스 코코란은 나를 위해 전시회를 두 차례 기획했고, 그가 레오 카스텔리의 친구라서 나는 뉴욕에서도 전시회를 열었습니다. 최근에는 댈러스에서 전시를 했고요. 따라서 지난 3년간 전시회를 네 번 했죠.

당신의 친한 친구로 프로덕션 디자이너이자 감독인 잭 피스크는 언제 알게 됐나요?

잭과 나는 버지니아의 고등학교에서 만났어요. 거기서 스튜디오를 함께 썼죠. 그러다가 나는 보스턴으로 갔고 그는 뉴욕의 쿠퍼 유니언에 공부하러 갔어요. 그는 자기가 뉴욕에서 한 경험을 내가 보스턴에서의 경험을 싫어하는 만큼이나 싫어했기 때문에, 우리는 필라델피아의 학교에 들어가기로 했죠. 필라델피아는 내가 증오하면서도 사랑하는 도시예요. 잭은 내 가장 오래된 친구이고, 나는 그의 여동생과 결혼해서 오스틴이라는 아이를 낳고 이혼했습니다.

당신의 작업을 아는 우리는 당신이 테런스 맬릭의 작업에 흥미를 가지는 게 당연하리라고 예상합니다. 잭 피스크는 맬릭의 프로덕션 디자이너로 일했었죠.

사실, 잭 피스크를 테런스 맬릭에게 소개한 게 나하고 앨런 스플렛이에요. 우리는 당시 로스앤젤레스에 있는 미국영화연구소에서 맬릭과 함께 공부하던 중이었죠. 〈화이트 노이즈〉의 권리를 취득하고 그 영화의 감독으로 나와 계약하고 싶어 한 프로듀서가 두 명 있었어요. 그 프로듀서들은 현재 테런스 맬릭이 쓴 시나리오 두 편을 갖고 있습니다. 나는 테리가 영화계로 돌아올 거라고 생각해요.

당신의 첫 단편들인 〈할머니〉와 〈알파벳〉은 픽실레이션pixilation, 피사체로 사람을 이용하는 애니메이션 기법 **같은 애니메이션 테크닉을 이용했습니다. 그래픽 아트 경험이 영화 작업을 하는 데 얼마나 도움이 되었나요?**

많은 도움이 되었다고 생각하지만, 처음에는 그걸 깨닫지 못했어요. 처음에 나는 회화를 움직이게 만들고 싶었어요. 애니메이션으로 그걸 만들어낼 수 있었죠. 영화에 대해서는 아는 게 하나도 없었어요. 16밀리 카메라는 특정 유형의 카메라라고 생각했고 다 똑같을 거라고 여겼어요. 카메라를 빌리고 싶어 알아봤다가 카메라 가격이 천차만별이라는 걸 알고 충격을 받았죠. 그래서 필라델피아 다운타운의 작은 가게에 있는, 카메라에 대해 나보다 그다지 더 아는 것도 없는 사람들과 이런저런 얘기를 나눠보고는 제일 싼 카메라를 장만하기로 했어요. 그들에게서 조금씩 정보를 얻어나갔고, 몇 가지 실험을 거쳐 환자 여섯 명을 보여주는 피드백 루프로 설치한 1분짜리 영화를 만들었어요. 영화의 제목도 그거였고요! 그 작품에는 조각품 스크린sculpted screen이 있었어요. 반은 조각이고 반은 영화로, 전체적으로는 움직이는 예술 작품이었죠. 그때 영화의 마술에 사로잡혔고, 이후로는 한 번도 중단하지 않고 계속 영화 작업을 했습니다.

당신에게는 제3의 예술 활동인 음악도 있죠.

안젤로 바달라멘티가 음악의 세계를 알려줬죠. 그는 곡을 쓰고 나는 작사를 했어요. 둘이서 작품의 분위기에 대해 상의하고, 가사가 곡에 영향을 미치고 역으로도 영향을 미치는 거죠. 내 인생에서 가장 행복한 경험 중 하나였습니다. 시간이 멈춘 듯했죠. 우리는 노래를 40곡 만들고 줄리 크루즈와 함께 앨범을 만들었어요. 이 모든 활동 즉 시나리오 집필, 비주얼 작업, 음악은 서로 연결돼 있고, 그 각각이 다른 활동을 위한 아이디어가 됩니다. 그러니까 음악 작업은 나한테 비주얼에 대한 영감을 줄 수 있죠.

〈외국인들이 본 프랑스〉 시리즈를 위해 프랑스 TV 방송국이 제작한 단편을 만들었죠.

맞습니다. 〈카우보이와 프랑스인〉이라는 작품이죠. 엄청난 경험이었어요. 그 작품을 하면서 해리 딘 스탠턴과 트레이시 월터, 마이클 호스, 그리고 나중에 〈트윈 픽스〉에서 배역을 맡은 인디언을 만났습니다. 촬영은 로스앤젤레스에서 했어요.

미국영화연구소에서의 경험은 어땠나요?

먼저, 연구소는 나한테 필요한 도구들과 일할 장소를 마련해줬어요. 그리고 학과장인 프랭크 대니얼이 영화에 대한 분석으로 많은 도움을 줬습니다. 사운드와 백그라운드 사운드, 특정 노이즈를 반복하는 작업의 역할에 대해 우리에게 알려주었어요. 코드명을 붙인 카드들을 만들라고 했는데 그 카드들은 그런 요소들을 우리가 기억할 수 있게 해줬고, 각각의 신과 연결해주었죠. 카드가 70장이 되었을 무렵 영화 한 편이 완성됐습니다! 그 방식은 내게 효과가 있었어요. 나는 미국영화연구소에 다니던 5년 중 3년간은 사실상 언더그라운드였습니다. 더는 강의를 듣지 않았으니까요. 그 시점에 나는 연구소의 모두와 동떨어진 별개의 장소에서 작업했는데, 연구소는 나를 쫓아내지 않았어요. 그 기간에 〈이레이저 헤드〉를 찍었는데, 그렇게 오랜 시간이 걸린 이유는 돈이 없어서였어요. 연구소는 내내 나한테 기꺼이 도움을 줬습니다. 할리우드에 있는 CFI 현상소의 책임자 시드 솔로는 내 네거티브를 무료로 현상해줬어요. 그런 대우를 받은 학생은 나만이 아니었습니다.

학생들 사이에 경쟁의식이 있었나요?

그렇지 않았습니다. 나는 연구소에서 그리 많은 사람과 얘기를 나누지 않았어요. 심지어 요즘에도 난 동료들과 내 창작에 대해 말하기가 어려워요. 테런스 맬릭이 쓴 단편 영화용 시나리오를 읽고는 마음에 들었던 기억이 납니다. 그는 환상적인 작가예요. 미국영화연구소에 작업 집단working group이 있었을 가능성은 있지만 아무튼 나는 그런 데는 참여하지 않았어요. 나만의 구석에서 작업하면서 남들이 뭘 하든 관심 두지 않았죠. 전체적으로 미국영화연구소는 아주 신나는 곳이었어요. 공중을 떠다니는 기운 같은 게 있었어요. 그 프로그램에 입학한 인원은 열다섯 명으로, 코스는 2년간 지속됐습니다. 연구소가 문을 연 지 2년째에 내가 다니기 시작했으니까, 그 프로그램에는 서른 명이 있었죠.

그 시기는 유럽에 있는 우리가 할리우드에서 르네상스가 일어나고 있다는 인상을 받았을 때입니다. 그걸 알고 있었나요?

아뇨. 나는 영화에 대해서는 아주 무지했어요. 게다가, 내가 좋아한 영화들은 〈선셋 대로〉 〈이창〉, 또는 자크 타티의 작품이었습니다. 〈이레이저 헤드〉를 촬영하는 동안 그 영화들을 감상했어요. 할리우드에 부활의 바람이 분다는 것은 전혀 감지하지 못했습니다. 오히려 그 반대일 거라 생각했죠. 거기서는 아무 일도 없는 듯 보였어요! 그 시절에 나한테 깊은 인상을 남긴 영화는 큐브릭과 스코세이지가 만든 영화들뿐이었습니다.

언젠가 당신은 처음 본 영화가 헨리 킹의 〈태양이 빛날 때까지 기다려, 넬리〉

라고 했죠.

그 영화를 다시 보고 싶지는 않습니다. 5년 전쯤에 텔레비전에서 방영하기에 일부를 짧게 봤는데, 내가 기억하는 영화랑 너무 달라서 믿기 힘들 정도였어요. 곧바로 채널을 돌렸습니다. 그렇지만 다시 보면 어린 시절의 내 정신 상태를 되찾을 수 있을지 궁금하긴 해요. 어렸을 때 그 영화를 부모님과 함께 드라이브인 극장에서 봤어요. 엄청난 인상을 받은 신이 있는데, 어린 여자애 목에 단추가 걸리는 신이었죠. 틀림없이 아주 짧은 순간이었을 테고 사람들도 많이 못 봤을 거예요. 그런데 어린아이 식도에 단추가 걸리는 경험에 어떤 인상을 받았는지 지금까지도 기억이 나요. 어쨌든 그게 내가 기억하는 첫 영화입니다.

어렸을 때 영화를 보러 다녔나요?

사실 전혀 안 그랬다고 할 수 있어요. 아이다호에서는 이따금 토요일 오후에 영화를 보러 갔습니다. 길 끄트머리에 극장이 있었거든요. 내가 본 영화들에 대해 남들한테 즐겨 얘기해주고는 했어요. 영화들은 내게 아주 현실적으로 보였고 남들도 다 그럴 거라고 생각했죠. 그런데 내가 영화를 만들 운명이라고 명확하게 생각한 건 아니었어요. 헨리 맨시니의 음악을 정말로 높이 평가했고, 샌드라 디와 트로이 도노휴가 나오는 영화 〈피서지에서 생긴 일〉이 기억납니다. 여자 친구랑 그런 종류의 통속극을 보는 건 환상적이었어요. 우리를 꿈에 젖게 만들었죠!

그림보다 책을 더 좋아했나요?

아뇨, 책은 읽지 않았고 그림도 보지 않았어요. 익스트림 클로즈업 숏―예를 들어 피가 섞인 침을 찍은 숏―이나 평화로운 환경을 찍은 롱 숏들에서 인생을 봤어요. 당시 내가 무슨 생각을 하고 있었는지 지금은 기억나지 않네요. 어쨌든 독창적인 숏은 전혀 아니었어요. 텔레비전도 보지 않았어요. 음악을 들었지만 어떤 의무감을 갖고 몰두하지는 않았고요. 내가 제대로 한 일들은 그림 그리기, 수영, 야구였지만, 그것들도 썩 중요한 활동은 아니었습니다. 나는 내가 살던 곳의 전반적인 분위기가 좋았어요. 세상이 경이로워 보였기 때문에 몽상에도 자주 빠졌죠. 나만의 아이디어를 갖게 됐다는 느낌이 처음 든 것은 필라델피아로 돌아갔을 때였습니다.

그래픽 작업과 애니메이션으로 시작한 당신이 감독으로서 배우들과 관계 맺는 일은 확실히 새로운 경험이었을 것 같습니다. 영화 일을 해나갈수록 그런 관계 문제도 나아지던가요?

일견 그렇습니다. 그런데 나는 늘 사람들과 잘 어울려 지냈어요. 소통하기가 끔찍할 정도로 어려운 성격을 가진 사람들이 있는데, 그건 영화하고는 별개의 문제입니다. 영화는 한 사람이 각양각색의 개인을 상대해야 하는 매체니까요. 나는 영화를 시작하던 그 순간부터 그런 문제는 겪어본 적이 한 번도 없어요. 상대방과 불편해질 때도 있지만, 나는 나를 그들의 관점에 맞췄고, 그러면 결국 좋아져요. 배우들하고 작업하는 게 참 좋습니다. 때로는 작업 초반에 내 아이디어를 그들에게 설명하느라 어려움을 겪기도 하지만, 점차 서로를 이해하게 되죠. 배우들과 관계는 늘 그런 식으로 풀어갑니다.

집필과 연출과 편집 중에 선호하는 게 있나요?

나에게 각 단계는 그 나름의 즐거움이고 최종 결과물에서도 비슷하게 중요합니다. 단계마다 자신을 철저히 쏟아부을 필요가 있어요. 그러지 않으면 일이 잘되지 않으니까요.

어린아이의 눈으로 바라본 세계

크리스틴 매케나 — 1992

데이비드 린치와 나눈 다음 대화는 1992년 3월 8일 아침에 할리우드 힐스에 있는 그의 저택에서 이루어졌다. 그날 린치는 조만간 개봉될, 그의 TV 시리즈 〈트윈 픽스〉를 각색한 영화를 위해 작곡가 안젤로 바달라멘티와 함께 뉴욕에서 음악 작업을 하다가 LA로 막 돌아온 참이었다. 이튿날에는 몇 달간 그 영화의 사운드 믹싱 작업을 하러 버클리로 떠날 예정이었다. 린치는 끊임없이 일하고 있다. 그러니 그의 다층 대저택이 석삲은 시간 동안 거주인 없이 비어 있는 집이라는 분위기를 풍기는 것도 당연하다. 집 안에는 가구가 별로 없고(1950년대 스타일의 의자 몇 개와 낮은 소파, 커피 테이블 하나), 장식은 차분한 톤으로 정돈됐으며, 벽에는 아무것도 걸려 있지 않다.(린치는 최근에 좋아하는 사진작가 다이앤 아버스의 사진을 두 점 구입

『데이비드 린치』(Colección Imagen, 1992)에서.

했는데 벽에 걸지는 않았다.) 주방에는 린치가 애지중지하는 카푸치노 메이커와 함께, 깔끔하게 정돈된 시나리오와 비디오, 책 무더기가 있다. 이 집은 바쁜 사람이 사는 집이다. 누군가 여유롭게 시간을 보내면서 휴식을 취했다는 증거는 어디서도 찾아볼 수 없다.

일요일 아침인데도 업무 전화들이 쇄도한다. 통화 사이사이에 린치와 얘기를 하다 보면, 이 남자의 인생에 한가한 휴식 시간은 존재하지 않는다는 결론에 이른다. 그는 엄청난 분량의 고도로 창조적인 활동을 하루하루에 어찌어찌 쑤셔 넣는다. 다음의 대화에서 볼 수 있듯, 린치의 창조성과 인생은 철학적 믿음이라는 탄탄한 구조 위에 구축됐다. 확장일로에 있는 다양한 작업의 한복판에서 그가 어마어마한 활력을 얻는 곳이 바로 이 믿음의 구조라고 주장할 수도 있다.

당신의 그림들은 공포에 질린 어린아이의 눈으로 바라본 세계처럼 보입니다. 정확한 평가인가요?

꽤 정확한 편이에요. 나는 어린아이의 관점을 사랑합니다. 아이의 세상에는 미스터리가 대단히 많기 때문이죠. 우리가 어린아이일 때는 나무 같은 간단한 사물도 이해를 하지 못해요. 나무는 멀리서 보면 작아 보이지만 가까이 다가갈수록 자라는 듯 보이죠. 어린 시절에는 그런 법칙들을 이해하지 못해요. 어른이 됐을 때에야 그 법칙들을 이해한다고 여기는데, 우리가 실제로 경험한 내용은 상상의 폭을 좁힙니다.

당신이 어린아이의 관점을 그토록 뚜렷하게 파악하고 있고, 또 그런 관점을

유지해온 배경은 어떤 건가요?

내가 어렸을 때 미스터리 장르에 몰입했다가 머리를 심하게 얻어맞지 않았을까 싶어요. 당시 나는 세상은 완전히, 철저히 매혹적이라는 것을 알게 됐고, 그런 생각은 꿈결 같았어요. 사람들은 행복한 유년기를 보낸 사람은 뭔가를 기억에서 지워버리고 있다고 말합니다만, 나는 실제로 한 가지 기억을 갖고 있습니다. 물론 학교에 가는 것 같은 평범한 공포들을 갖고 있었죠. 등교에는 여러 가지 문제가 있다는 걸 알고 있었거든요. 하지만 남들도 모두 그 문제를 감지하고 있었고, 따라서 내 공포는 꽤나 평범했다고 할 수 있죠.

미스터리와 공포라는 단어를 썼는데, 둘 사이에는 어떤 관계가 있나요?

미지의 것에 대한 공포는 늘 존재하는데, 미지의 것에는 미스터리가 있죠. 인생의 진실을 깨달으면서 공포가 자취를 감추는 상태에 도달할 수는 있어요. 많은 사람이 그런 상태에 도달했고요. 그런데 그렇지 않으면서도 그들에게 뒤지지 않는 사람들이 지구상에 있죠. 아마 소수일 테고요.

그런 정도의 통찰력 수준에 도달했는데도 여전히 창삭 작업에 내몰리는 사람이 있을까요?

그들은 자연의 법칙에 완전히 부합되는, 다른 종류의 창작 작업을 하죠. 그들의 작업은 그들이 위치한 차원에는 아직 도달하지 못한 사람들을 거드는 동시에 우주를 더 높은 차원으로 고양시키는 데 바쳐질 겁니다.

자연의 법칙은 잔혹한가요?

절대로 그렇지 않습니다. 잔혹한 듯 보이는 이유는 우리가 전체 설계도에서 아주 사소한 부분만을 보기 때문이에요. 우리는 상반되는 것들로 구성된 세계에, 극단적인 사악함과 폭력이 선함과 평화와 맞서는 세계에 살아요. 이유는 그런 식이지만, 우리는 그 이유가 무엇인지를 파악하느라 힘든 시간을 보내고 있습니다. 이유를 이해하려고 분투하는 과정에서 균형에 대해 배우고, 바로 거기에 신비로운 문이 있다는 것을 배우죠. 우리는 힘을 모으면 언제든 그 문을 통해 들어갈 수 있어요.

당신의 정서적인 나이는 몇 살이라고 느끼나요?

대체로 아홉 살에서 열일곱 살 사이이고, 여섯 살 정도 될 때도 있어요. 우리는 여섯 살 때 거리 저편을 보며 거기에 다른 블록이 있을지도 모른다는 걸 깨달을 수 있습니다. 그런데 그때 느끼는 세상의 크기는 두 블록밖에 안 돼요.

당신이 최근에 그린 그림 중에 〈그래서 이것이 사랑이다〉는 사랑에 대한 퍽 어두운 관점을 취한 듯 보입니다. 이미지 한복판에는 황량하고 텅 빈 공간 위로 머리를 한껏 추어올린, 다리가 비현실적으로 긴 키다리 인물이 있죠. 비행기가 그 사람 머리 옆을 지나면서 밤하늘에 연기를 뿜어내고요. 이 작품에 대해 조금이라도 얘기해줄 수 있나요?

그건 내 유년기에 대한 부정적인 이미지예요. 현실에서 그 하늘은 테크니컬러Technicolor로 구현한 것 같은 파란색이었을 거고 비행기는 웅웅거리는 커다란 군용기였을 겁니다. 비행기가 하늘을 가로지르기까지 긴 시간이 걸렸고, 그 비행기가 내는 소리는 아주 조용했어요. 비행기가 하늘을 관통할 때 세상은 더욱 조용해진 듯했어요.

기분 좋은 기억인데도 그걸 음울한 이미지로 옮긴 거네요. 왜죠?

그 이후로 어둠이 슬그머니 파고들었기 때문입니다. 그 어둠은 세계와 인간의 본성과 나 자신의 본성이 모두 하나의 쓰레기 덩어리로 합쳐져버렸다는 깨달음이에요.

당신이 그린 많은 그림이 낭만적인 사랑과 육체적인 상처, 죽음에 대한 암시를 결합합니다. 질병illness과 부식decay에서 뭔가 에로틱한 것을 발견했나요?

에로틱요? 아뇨. 하지만 질병과 부식은 자연의 일부예요. 강철 조각이 걸린 질병은 녹rust입니다. 빗속에 종이 한 장을 던지고는 며칠 있다 돌아오면, 그 종이에는 작은 곰팡이가 피어 있겠죠. 따라서 그건 마술 같은 일에 가깝다고 할 수 있어요. 질병은 아주 안 좋은 일입니다만, 사람들은 질병 때문에 대형 건물들을 설계하고, 기계와 작은 관tube들과 온갖 물건을 발명해요. 따라서 자연에서와 사뭇 비슷하게, 모든 새로운 것들이 질병으로부터 웅장한 모습을 일으켜 세운다고 할 수 있죠.

당신은 육체를 두려워하나요?

아뇨. 하지만 육체는 기이한 존재예요. 육체의 가장 중요한 기능은 생각을 이곳에서 저곳으로 옮겨 가는 것인 듯 보이는데, 육체로 할 수 있는 재미있는 일들도 많죠. 물론 고문 같은 괴로운 일도 있을 수 있고요. 나는 운동을 하지 않는 사람이라, 모든 것을 사방으로 가져가기에 충분할 만큼 좋은 형태로 몸을 유지할 수 있을지 걱정이네요.

집에 대해서는 어떤 것이 가장 두렵나요?

집은 뭔가 잘못될 수 있는 곳입니다. 어렸을 때 집은 내게 밀실공포증을 일으키는 곳처럼 보였어요. 우리 가족이 불량한 가족이라서 그랬던 게 아니에요. 집은 새의 둥지와 비슷해요. 상당히 오랫동안 유용한 곳이고, 그런 후에는 빨리 벗어나고 싶어서 견디지를 못하겠는 그런 곳이죠. 모든 둥지는 제한된 기간 동안만 유용하다고 말하는 건 모든 사랑이 시간이 흐르면 죽는다는 뜻이 아니라, 사랑이 변한다는 뜻이에요. 나는 내가 여태까지 사랑했던 모든 이들을 지금도 사랑합니다.

사랑은 동정심과 욕망이 뒤섞인 것이라는 말을 들은 적이 있는데요, 그런 의견에 동의하나요?

별로요. 사랑을 잃는 것은 빛을 잃는 것과 같아서, 그게 없을 때 비로소 문제가 생기죠. 순수한 사랑은 대가를 전혀 요구하지 않습니다. 순수한 사랑은 설명하기 힘든 느낌이나 떨림에 가까워요. 그런데 불행히도 대다수 사람들은 순수한 사랑을 이해하지 못해요. 우리는 책임을 다른 사람에게 떠넘기는 경향이 있는데, 그 결과는 그리 좋지 않죠.

당신에게 비주얼 아트에 대해 가장 많이 가르쳐준 분은 누구인가요?

내 인생의 진정한 첫 스승은 친한 친구 토비 킬러의 아버지인 부시넬 킬러라는 분이었습니다. 버지니아에 살던 열다섯 살 때 부시넬을 만났는데, 전문 아티스트를 그때 처음 본 거죠. 화가에 대해 전혀 들어본 적이 없던 나는 그 순간부터 화가가 되고 싶었습니다. 그분의 삶이 내겐 기적처럼 보였어요. 가장 중요한 것은 그분이 스튜디오를 보유하고는 날마다 그림을 그렸다는 거예요. 그분 덕분에 난 로버트 헨리가 쓴 『예술 정신The Art Spirit』에 흥미를 갖게 되었어요. 내게는 경전과도 같은 책이 되었는데, 예술 인생을 위한 법칙들을 정립한 책이기 때문이죠.

당신이 깊은 인상을 받은 최초의 미술품은 무엇이었나요?

열여덟 살 때 뉴욕의 말보로 갤러리에서 본 프랜시스 베이컨 전시회였어요. 고기와 담배의 이미지를 담은 작품들로, 아름다움과 균형감, 대비에서 강한 인상을 받았죠. 완벽한 전시였어요.

미술 작업을 하면서 상상력은 풍부한 반면 결실은 전혀 없었던 시기들을 거쳤나요?

맞아요. 분명 그랬죠. 하지만 지금도 수확이 적은 시기 같아요. 80년대는 좋은 시설이었어요. 세상의 돈이란 돈이 죄다 몰려들어 미술계를 온통 들쑤셔놓는 바람에 멍청한 작품이 많이 등장하기도 했지만 그림을 그리면서 보낸 오랜 기간 중 처음으로 흥분을 느끼던 시절이었습니다.

지난 8년간 당신이 그린 그림들을 살펴보면, 작업이 갈수록 미니멀해지고 있는 듯 보입니다. 동의하나요?

네. 그러는 이유는 순수를 갈망하기 때문이에요. 내 삶이 복잡해질수록 내 예술은 더 단순해졌으면 해요. 인생의 모든 것은 균형을 유지하려는 노력을 중심으로 돌아가기 때문이에요.

당신 그림들의 표면이 갈수록 조각품처럼 형체를 빚는 식이 되어간다는 것도 감지했습니다. 이런 방향으로 작업을 하겠다고 의식적으로 정한 결과물인가요?

네. 기초적인 형태를 갖춘 것들을 한층 더 발전시켜 마무리하고 싶어요. 평평한 표면에 그림을 그린다는 생각은 지금 당장은 나를 흥분시키지 않아요. 누군가 쓰레기를 갖다버린 들판이라는 아이디어, 쓰레기가 들판보다 더 높이 솟은 이미지를 좋아해요. 그런 게 마음에 들어요.

당신이 사용하는 물건들의 혼합물이 세월이 흐르면 어떻게 변해갈지에 대해 환경운동가와 얘기를 나눠본 적이 있나요? (린치의 그림들에는 판지, 면직물, 반창고, 의료용 연고 등과 평범한 미술 재료들이 합쳐져 있다.)

그것들이 세월이 흐르면 어떻게 변할지에 대해서는 신경 쓰지 않습니다. 자연이 거기에 이런저런 작용을 하겠죠. 그것들은 다 끝난 게 아닐뿐더러, 50년 후에는 훨씬 더 나은 모습을 띨 겁니다.

당신의 그림들이 소리를 낸다면 어떤 소리일까요?

그림마다 사운드가 다르겠죠. 〈그래서 이것이 사랑이다〉는 장갑을 입에 대고 말하는 것과 비슷한 약한 소리가 날 거고, 〈벌레의 꿈〉은 귀청을 찢는 듯한 1만 5000회전의 날카로운 소리일 거예요. 〈그녀는 누구도 속이고 있지 않았다, 그녀는 크게 상처받았다〉는 유리가 약하게 깨지는 소리가 딸린 극도의 슬로 모션일 거고요.

당신의 작품은 갈수록 거칠고 공격적이 돼가고 있는 걸로도 보입니다. 작품에 묘사된 폭력이 예전에는 수위가 낮았지만 지금은 대단히 노골적인 수준이에요. 그런 걸 의식하나요?

내 그림을 베어 물고 싶지만, 물감 속에 납이 들어 있어서 그러지 못해요. 이건 내가 닭과 같은 존재라는 뜻입니다. 그림들은 여전히 안전하고 평온한 듯 보여요. 나는 아직 거기에 이르지 못한 느낌이지만 말이죠. 내가 무슨 작업을 하건, 그림들에는 아름다운 것이 여전히 있습니다.

당신은 당신 작품이 평온하고 아름답다고 보지만 대다수 사람들은 심란하게 본다는 사실, 그건 당신이 본인 마음의 어두운 측면을 아주 편안해한다는 뜻이겠죠.

거기에 대해서는 아무 생각도 없어요. 나는 늘 양면을 다 좋아했고, 사물의 진가를 인정하려면 반대쪽도 알아야 한다고 믿었어요. 어둠을 많이 그러모을 수 있으면 그만큼 빛도 더 많이 볼 수 있죠.

어떤 것들이 그림을 위한 씨앗으로 작용하나요?

영감은 한 조각의 흐릿한 물체fuzz와 비슷합니다. 슬그머니 내게 다가와서는 그걸 그리고 싶어 할 만한 욕망과 이미지를 만들어내죠. 아니면 나는 길에서 오래된 반창고를 볼 수도 있어요. 오래된 반창고가 어떤지 알죠? 모서리에 때가 좀 끼고, 고무로 된 부분에는 작고 까만 알맹이들이 생기죠. 소량의 연고 때문에 생긴 얼룩이 있고 그 위에 노란 때가 묻었을 수도 있어요. 그런 반창고가 배수로 속에 먼지들과 돌멩이, 작은 잔가지 옆에 있습니다. 그게 뭔지 모르는 상태에서 그걸 찍은 사진을 본다면, 믿기 힘들 정도로 아름다워 보일 거예요.

컬러에 대해 어떤 방침을 갖고 있나요?

내 방침은 내가 컬러를 좋아하지 않는다는 겁니다. 컬러를 제대로 활용하는 법을 배우지 못한 탓이겠죠. 이유가 뭐든 간에 나는 컬러에는 흥분이 느껴지지 않아요. 컬러는 싸구려에다 멍청해 보여요. 브라운을 좋아하기는 해요. 땅의 컬러들도 좋아하고, 레드와 옐로를 사용하기도 합니다. 레드는 피를 그릴 때 많이 쓰고 옐로는 불을 그릴 때 쓰죠.

당신의 그림에서 진정으로 미국적인 요소는 어떤 게 있을까요?

주제죠. 내 그림의 다수는 아이다호주 보이시와 워싱턴주 스포캔에서 얻은 기억들에서 온 겁니다.

당신은 미래가 어떤 면에서 가장 심란한가요?

카오스 속으로 빙글빙글 돌며 곤두박질치는 거요. 나는 미국 대통령이 미래를 좌지우지하는 핸들을 쥐고 있고 내 주변에서 벌어진 일들을 통제할 능력도 일부 갖고 있다고 생각했어요. 이제 우리는 그게 아니란 걸 알죠. 우리는 이렇게 정말로 기다란 사악한 것들이 밤중에 달리는 것을, 질주하는 것을 상상할 수 있는 시대에 살고 있어요. 자유를 주면 줄수록 그것들은 더욱더 모습을 드러내면서 질주할 거예요. 지금 그건 사방팔방으로 뛰어다니고 있고, 얼마 안 가 지나치게 많아져서 우리가 막을 수 없는 지경이 될 겁니다. 지금은 정말로 중요한 시기예요.

문화의 폭력적인 측면은 늘어났나요, 아니면 우리가 치안을 더 잘 유지해왔나요?

지금은 그런 측면이 한층 커졌습니다. 어두운 것들은 늘 존재해왔지만, 그것들은 선善과 적절한 균형을 이뤄왔고, 인생의 진행 속도는 느렸어요. 소도시와 소농장에 살았던 시절에 사람들은 주위 사람들을 다 알고 지냈고 그다지 많이 이동하지 않았기 때문에 어느 정도 평화로웠습니다. 그늘이 누려워한 것들도 분명 있었습니다만, 지금은 사람들이 느끼는 불안의 수준이 성층권까지 치솟을 정도로 증폭됐어요. TV는 상황의 변화 속도를 높여놨고, 사람들이 한층 더 흉흉한 뉴스를 접하게끔 만들었습니다. 매스미디어는 사람들이 감당할 수 있는 것보다 훨씬 많은 분량으로 과부하를 줬고, 약물도 거기에 큰 관련이 있죠. 사람들은 약물 때문에 부자가 되고 탈진하는 한편, 너무도 괴상한 세계를 열어젖혔어요. 이런 것들이 미국에서 현대적인 공포를 창출했습니다.

그런 것들이 가족 구조의 붕괴에도 한몫을 했을까요?

맞아요. 이 모든 것들이 같은 긴장 상태에 속합니다. 테이블 밑에 휴대용 드릴을 갖다 놓는다 쳐요. 그럼 얼마 안 있어 테이블 위에 있는 모든 물건이 진동하고 깨지고 테이블 위를 날아다니기 시작할 거예요. 사람들은 미래에 대해 전혀 안심하지 못해요. 누군가 금요일까지 지속되는 일자리를 갖고 있다면 그는 운 좋은 사람이죠. 메이시스 백화점은 파산했고, 더 이상 확실한 건 없어요.

주위에 있는 모든 것이 무너지고 있을 때 적절한 행동 요령은 무엇인가요?

한 가지 태도만 바꿔도 모든 것이 바뀔 거예요. 세상사람 모두가 이 세상이 더 아름다운 세상이 될 수 있음을 깨닫고는 그런 일들을 더 이상 하지 말자고 말한다면, 앞으로는 재미있게 살자고 말한다면 말이죠.

100년 뒤에 세상은 더 나아졌을까요, 나빠졌을까요?

훨씬 더 나은 곳이 돼 있을 거예요.

최근 몇 년 사이 당신 인생에 일어난 가장 긍정적인 변화는 무엇이었나요?

내가 원하는 어느 거리^{avenue}에건 과감히 발을 들여놓을 수 있다는 느낌이 들어요. 캔버스를 살 수 있을 만큼의 돈이 있었던 기억이 없습니다. 조각에 대한 아이디어가 떠올랐는데 조각 작업을 할 공간이 한 군데도 없었어요. 지금도 100퍼센트 그런 상태는 아니에요. 나는 작업실도 없고 암실도 없습니다. 하지만 외적인 장애물에 제약받는다는 느낌은 더 이상 들지 않아요. 운신이 가능한 모든 영역에서 자유로이 모든 방향으로 이동할 수 있죠. 지금 나한테 부족한 유일한 요소는 시간이에요.

〈트윈 픽스〉로 경험했던 대중적인 인기의 가장 곤란한 측면은 뭐였나요?

그 인기 때문에 굉장히 애를 먹었습니다. 사람들이 내 작업을 좋아하는 것은 근사한 일입니다만, 그런 인기는 사랑과 비슷합니다. 사람들이 내 작품을 충분히 감상한 지점에 이르면 그런 사랑은 불가피하다고 봐요. 그러면 사람들은 다음에 자신들을 반하게 만들 작품에 빠지죠. 다들 그 과정을 통제하는 데 무력하고, 그걸 인지하는 건 마치 둔한 통증과도 같아요. 날카로운 통증이 아니고, 심적인 고통하고 좀 비슷하죠. 그런데 심적인 고통은 우리가 〈나 홀로 집에〉시대에 살고 있다는 사실에서 비롯해요. 예술영화관은 죽어가고 있습니다. 우리가 그 대신 가진 것은 영화 열두 편을 상영하는 몰 시네마^{mall cinemas}이고 사람들은 그것들을 관람해요. 텔레비전은 수준을 저하시켰고 특정한 것들을 인기 좋게 만들었죠. TV에 나오는 것들은 빠르게 움직이고, 알맹이는 그닥 많지 않으며, 래프 트랙^{laugh track,} ^{방청객의 웃음소리를 담은 테이프}이 있죠. 그게 전부예요.

당신은 언젠가 "이곳은 우리가 가르침을 얻어야 하는 세상이고 우리는 배워야 한다"는 의견을 내놨습니다. 어째서 배워야 하나요?

그래야 졸업할 수 있으니까요. 학교는 우리가 거쳐 가는 세상에 대한 훌륭한 상징이에요. 우리는 졸업하고 또 다른 곳으로 들어가죠. 그 다른 곳은 믿기 힘들 성도로 좋은 곳이라 지금으로서는 상상조차 하지 못합니다. 인류는 이런 경험을 할 수 있는 잠재력을 가졌어요. 그런데 그건 갱단이나 자동차하고는 아무 관계도 없어요. 그런 것들보다 월등하고 높은 곳에 있는 완전히 아름다운 것이에요. 하지만 그 세상을 얻으려면 우리 모두가 노력해야 합니다.

당신이 이런 잘 정돈된 낙관적인 믿음 체계를 갖고 있다는 게 흥미롭군요. 그

런데 당신은 실존 세상existence에서 여전히 엄청나게 큰 어둠을 봅니다. 이런 차이를 어떻게 설명할 수 있나요?

미치광이 열 명하고 같은 건물에 갇히는 거랑 비슷해요. 어디엔가 문이 있다는 것을 알고 길 건너편에 나를 지켜줄 경찰서가 있다는 걸 알지만, 나는 아직 그 건물 안에 있어요. 아직 건물에 갇힌 신세라면 다른 곳에 대해 알고 있다는 사실은 중요치 않죠.

기도를 드리나요?

네. 드립니다.

종교적인 체험을 한 적이 있나요?

네, 있어요. 몇 년 전에 LA 카운티 미술관에 가서, 인도에서 온 사암 조각품 전시회를 봤어요. 첫 아내와 딸 제니퍼와 함께 갔는데, 거기서 길을 잃고 막 돌아다니다가 두 사람과 헤어지게 됐어요. 주위에 아무도 없고 조각품만 있었습니다. 정말로 조용했죠. 모퉁이를 돌면서 복도 쪽으로 시선을 줬는데 복도 맨 끝에 받침대가 보였어요. 그 받침대 꼭대기에 부처의 두상이 있었고요. 두상을 바라보자 거기서 흰색 빛이 내 눈으로 쏟아져 들어왔어요. 쾅 하는 소리가 나는 것 같았어요! 나는 더없는 행복감에 휩싸였습니다. 그와 같은 경험들을 다른 데서도 여러 번 했습니다.

당신이 힘 있는 존재라고 느끼는 때는 언제인가요?

그리 자주는 아닌데요, 하는 일이 제대로 돌아가면 행복감을 느낍니다. 하지만 그게 힘을 느끼는 것인지는 모르겠네요. 힘은 두려운 존재예요. 내가 흥미를 갖는 존재는 아니죠. 나는 마음속으로 무슨 일을 하길 원하고 그것들을 제대로 만들고 싶어 해요. 그게 전부예요. 밖으로 나가 리뷰들을 받고 내 작품을 보여주려고 극장과 갤러리를 잡아야 한다는 사실은, 나로서는, 내가 감수해야 하는 일이 아니에요. 인생의 그런 부분 때문에 마음이 아파요.

아버지에 대한 가장 좋은 기억은 무엇인가요?

정장을 입고 챙 넓은 카우보이모자를 쓰고는 걸어서 출근하는 모습이에요. 우리는 버지니아에서 살았는데, 당시에는 아버지가 그런 모자를 쓴다는 게 너무나 창피했습니다만 지금은 대단히 쿨하다고 생각해요. 근무 규정 때문에 모자를 쓴 건 아니었어요. 회색이 감도는 녹색의, 산림청 카우보이모자였는데 아버지는 그 모자를 쓰고는 문을 나섰죠. 아버지는 버스나 자동차 같은 교통수단을 이용하지 않았어요. 그 모자를 쓰고 집을 나서서 조지워싱턴 브리지를 건너 시내까지 수 킬로미터를 걸어가고는 했어요.

우리는 우리의 과거를 꾸며낼까요?

우리는 자신의 모든 기억 속 자신을 편애해요. 과거에 있는 자신이 더 좋은 행동을 하고 더 나은 결정을 내리도록 만들죠. 사람들을 더 친절히 대하고, 정당하게 받을 법한 것보다 더 많은 칭찬을 받고요. 우리는 과거를 미친 듯이 보기 좋게 꾸며내요. 일을 진전시키고 살아갈 수 있게끔 말이죠. 과거에 대해 정확하게 기억한다면 아마 우울해질 거예요.

우리는 어째서 인생의 의미를 발견하려고 애쓰는 걸까요? 우리 존재는 무의미하다는 가능성을 받아들이는 게 왜 그리 어려울까요?

세상을 미스터리한 것으로 만드는 실마리와 느낌들이 너무도 많기 때문입니다. 미스터리는 풀어야 할 퍼즐이 있다는 뜻이에요. 일단 그런 생각을 하면 의미를 찾는 일에 걸려들게 되죠. 인생에는 거리avenue들이 많은데, 우리는 그 거리들에서 언젠가 미스터리가 풀릴 거라는 소소한 암시들을 얻습니다. 우리는 (큰 증거가 아니라) 작은 증거들을 얻고, 그 작은 증거들 때문에 계속 수색에 나서는 거예요.

큰 증거는 뭘까요?

총체적인 행복감에 젖은 의식입니다.

사람이 죽은 후에는 무슨 일이 일어난다고 생각하나요?

죽음은 이런저런 활동을 하면서 하루를 보낸 후에 잠에 드는 것과 비슷해요. 잠을 자는 동안 많은 일이 일어나고, 그런 후 우리는 자리에서 일어나 또 다른 하루를 보냅니다. 이게 내가 보는 방식이에요. 우리가 정확히 어디로 가는지는 나도 모릅니다만, 무슨 일이 일어나는지에 대한 얘기들은 들었어요. 죽음이 제일가는 공포라는 것은 부인하지 않아요. 우리는 죽는 데 얼마나 오래 걸리는지조차 모르죠. 어떤 사람이 호흡을 멈췄다면 그 사람은 죽음에 다가가고 있는 걸까요? 죽은 사람들의 생명이 완전히 끝났고 그들을 다른 데로 옮겨도 괜찮다는 것을 어떻게 알 수 있나요? 동양의 종교들은 영혼이 육체를 벗어나는 데 2, 3일이 걸린다고 말합니다. 육체를 벗어나는 것은 고통스러운 일이라는 얘기를 들었어요. 우리는 자신을 세속적인 존재에서 끌어내는 일을 해야 합니다. 그건 덜 익은 복숭아에서 씨를 뽑아내는 것과 비슷해요. 조지 번스^{20세기 초부터 활동한 미국 코미디언}가 숨을 거둔다면 그 순간 그는 씨앗이 과육에 단단히 박혀 있지 않은 너무 익은 복숭아와 비슷한 신세일 거예요. 그 씨는 복숭아에서 그냥 튀어나올 테고, 그건 무척이나 보기 좋을 겁니다.

단 하나의 해석은 반대한다:
칸영화제 기자회견

S. 머레이 ― 1992

칸에서 열린 〈트윈 픽스〉 영화판의 기자회견에는 감독이자 공동
시나리오 작가인 데이비드 린치, 공동 작가인 로버트 엥겔스, 배우
마이클 J. 앤더슨(다른 곳에서 온 남자를 연기했다), 작곡가 안젤로 바
달라멘티, CIBY 2000 소속의 프랑스인 프로듀서 장클로드 플뢰리
가 참석했다.

통상 그렇듯, 이 회견의 진행자는 프랑스의 저널리스트이자 평론
가 앙리 베아르였다. 그는 칸과 장기간에 걸쳐 인연을 맺어왔으며, 칸
영화제에 대한 위트 넘치고 재미있는 책인 『리비에라의 할리우드: 칸
영화제 내부 이야기』(카리 보상과 공저)의 집필을 막 끝낸 참이었다.

다음 녹취록은 실제 기자회견을 최대한 원래 내용에 가깝게 옮긴
것이다. 프랑스어로 질문이 나왔을 때에는 그 사실을 밝히면서 앙

〈시네마 페이퍼스Cinema Papers〉 1992년 8월호(no. 89)에서.

리 베아르가 한 영어 통역을 제시했다. 텍스트는 거의 편집하지 않은 채로, 가능하면 원문의 맛을 살리려고 노력했다. 영어가 모국어가 아닌 기자들이 던진 질문은 당연히 문법적으로 맞지 않을 때도 있었다. 그런데 데이비드 린치의 영어 역시 영어치고는 특이했다.

기자가 질문을 하기 전에 자기 이름과 소속을 밝히는 것은 모든 기자회견의 필수 요건이건만, 이름을 말하지 않은 경우가 많았다. 어떤 경우는 이름을 너무 웅얼거린 탓에 녹취가 불가능했다. 그래서 일관성을 위해 이 녹취록에서는 모든 이름을 지웠다.

데이비드 린치가 흔히들 예상하는 것보다 덜 사교적인 듯 보인다면, 그건 그가 이 회견장에 들어섰을 때 받은 좋지 못한 반응(경멸조의 야유) 탓도 일부 있을 것이다. 하지만 린치는 조금 전 그랑 팔레에서 가진 언론 시사회에서 그의 영화가 부정적인 반응을 얻었다는 사실은 모르는 게 분명했다.

데이비드 린치 감독님, 제가 드릴 질문은 두 부분으로 나뉩니다. 첫째, 이 영화를 만들기 시작했을 때, 온 세상에 다 방영된 시리즈에 덧붙이고 싶었던(덧붙일 필요를 느낀) 것은 무엇이었나요? 두 번째 질문은 다음과 같습니다. 〈트윈 픽스〉 시리즈에 대해 전혀 모르는 사람들의 경우, 이 영화가 그들이 이해할 만한 영화라고 생각하나요? 감독님은 처음부터 우리가 그 캐릭터들을 잘 알 거라고 가정한 듯한데요.

나는 어쩌다 보니 〈트윈 픽스〉의 세계와 거기 존재하는 캐릭터들과 사랑에 빠졌습니다. 시리즈로 시작되기 이전의 세계로 돌아가서 거기에 무엇이 있는지 보고 싶었고, 우리가 듣기만 했던 일들을 실제로 보고 싶었어요.

물론 거기에는 위험이 따릅니다. 어떤 것에 대해 많이 알수록 거기서 얻을 수 있는 인식의 깊이는 더 깊어진다는 위험이죠. 과거에 내 생각이 틀렸던 적이 많기는 하지만 시리즈를 전혀 보지 않은 사람도 (영화에서) 많은 것을 얻을 수 있을 거예요.

이 영화에는 시리즈를 본 사람들도 이해하지 못할 것들이 있어요. 하지만 추상적인 개념abstractions은 좋은 것으로, 우리 주위에 어떤 식으로건 항상 존재합니다. 그 개념들은 때로 그 사람의 내면에서 스릴 넘치는 경험을 만들어낼 수 있어요.

린치 감독님은 지금 CIBY 2000과 계약을 맺고 있습니다. 감독님이 〈블루 벨벳〉 이전만큼이나 자유롭다고 느끼는지 알고 싶습니다.

베아르 CIBY 2000이 독재자처럼 구는지 여부를 묻는 건가요? (CIBY는 린치와 영화 세 편 계약을 맺었고, 현재 후반 작업 중인 제인 캠피언의 〈피아노〉에도 제작비를 댔다. CIBY 2000에서 2000의 프랑스어 발음은 영화감독 세실 B. 드밀의 '드밀'과 흡사하다.)

(청중이 폭소를 터뜨렸고, 질문을 던진 기자와 베아르 사이에 프랑스어로 대화가 오간 뒤 베아르가 질문을 통역했다.)

무슈 플뢰리와 린치 감독께 드리는 질문입니다. 린치 감독님이 CIBY 2000과 계약을 맺었다는 사실은 잘 알려져 있습니다. 감독님은 이 계약 조건 아래서 〈블루 벨벳〉에서 가졌을 법한 자유로운 느낌을 받나요? 그리고 무슈 플뢰리, 당신은 데이비드 린치 감독에게 전권 위임장carte blanche과 자유재량을 줬나요?

(플뢰리가 통역되지 않은 프랑스어로 대답한다. "물론이에요, (…)." 요지

는 CIBY 2000과 작업하는 린치를 비롯한 모든 감독은 자유재량을 갖고 있다는 것이다.)

린치 나는 프랑스어를 그리 잘하지 못합니다. 하지만 나는 아주 자유롭다고, 아주 자유롭다고 느낍니다.

데이비드 린치 감독님, 오드리 같은 텔레비전 시리즈의 많은 캐릭터들이 이 영화에 나오지 않습니다. 왜 그런가요?

여러 이유가 있습니다. 촬영을 했지만 스토리 내에 들어갈 자리를 찾지 못한 신들도 있고요. 시나리오에 있었던 일부 캐릭터는 스토리 내에서 자신들의 영역을 찾아내지 못했어요. 모두를 영화에 등장시키고 싶었기 때문에 좀 애석했습니다만, 그들은 로라 파머 인생의 마지막 일주일하고는 아무 관련이 없는 사람들이었어요.

린치 감독님, 저는 감독님의 영화를 정말로 좋아했습니다. 두 가지를 묻고 싶습니다. 첫 질문은, 감독님이 보기에 현실reality은 무엇인가요? (청중과 린치가 폭소를 터뜨렸다.)

베아르 25단어 이내로 대답하세요.

린치 나는 현실이 무엇인지에 대한 단서를 아직 못 찾았습니다. 그게 무엇인지 알게 되면 내가 크게 놀랄 거라는 사실은 확실해요.

둘째 질문은 우리가 감독님의 영화를 마약에 반대하는 영화로 간주할 수 있는지 여부입니다.

글쎄요. 으음, 있잖습니까, 여러분이 그러고 싶으면 그런 식으로 볼 수 있습니다. (폭소)

(프랑스어로) 린치 감독님, 감독님에게는 아주 젊은 추종자들이 있습니다. 감독님은 약물을 바람직한 것처럼 보이게 만든 것이 두렵지 않나요? 영화에 이런 대사가 있습니다. "미국의 모든 젊은이가⋯⋯"

절반이요! 절반! (폭소)

"미국의 젊은이 절반이 마약에 중독돼 있다."

그 말은 약간은 농담이었습니다.

그건 아주 위험해요. 세상사람 누구도 화나게 만들지 않고 싶다면 우리는 바느질에 관한 영화들을 만들어야 할 거예요. 그런데 그런 영화조차도 위험할 수 있겠군요. (폭소)

따라서 그에 대해서는 말하기 힘듭니다. 하지만 결국 영화에서 중요한 것은 균형과 느낌을 어떻게 잡느냐 하는 거라고 생각해요.

영화가 존재하는 이유는 우리가 실생활에서는 꽤 위험하거나 기이하게 보일 경험들을 하러 갈 수 있기 때문입니다. 어느 공간으로 들어갈 수 있고 꿈속으로 걸어 들어갈 수도 있어요. 어디 가서 헤로인을 주사하거나 코카인을 흡입하는 걸 꼭 따를 필요는 없습니다. 사람들은 그런 것을 우려하죠. 하지만 나는 총체적인 경험을 위한 영화 안에는 이런 대비들과 강렬한 것들이 있어야만 한다고 생각합니다.

린치 감독님께 질문이 있습니다. 어쩌면 이 질문은 미스터 바달라멘티에게 하는 질문일지도 모르겠네요. 영화를 만든 걸 축하드립니다. 영화가 끝났을 때 내가 감상한 것은 아메리칸 드림이라기보다는 아메리칸 나이트메어였다는 인상을 받았는데요, 이에 대한 의견을 주실 수 있을까요?

당신이 받은 인상은 좋은 인상입니다. (폭소)

아메리칸 드림의 삶은 늘 영화들에 등장합니다. 이런 아이디어를 우리는 아주 잘 알고 있어요. 감독님은 가족과 사회의식에 대한 아이디어를 여러모로 활용하고 있습니다. 아메리칸 드림을 공격하려는 건가요?

아뇨, 테레사 뱅크스(영화 초반에 살해당하는 인물)와 로라 파머의 마지막 7일에 대한 이야기를 만들어내려 한 겁니다. (박수갈채)

미스터 바달라멘티, 내가 보기에 이 영화에는 공포 요소들도 있고, 실감 나는 고딕풍 공포의 요소들도 있습니다. 이 영화의 음악을 작곡할 때 그런 요소를 고려했나요?

바달라멘티 나는 이 영화의 음악들은 사실 무섭다기보다는 음울한 쪽에 가깝다고 생각해요. 우리는 음악의 어두움을 통해 은근히 힘을 내비쳤어요. 적어도 그게 우리가 의도한 바였습니다.

데이비드 린치 감독님, 감독으로서 당신은 영화에 폭력을 집어넣는 데 대해 책임감을 느끼나요?

다른 신사분이 물었을 때 내놓은 것과 같은 대답을 느리게 되셨군요. 나는 그건 무척 위험하다고 봅니다. 폭력적이라고 영화를 공격하는 것은, 그러면서도 세계의 많은 부분이 폭력적이라는 사실을 공격하지는 않는 건 말이에요. 영화는 여러 경험을 하기에 안전한 장소입니다. 폭력은 현실 세계에 존재해요. 폭력은 많은 환상적인 이야기의 중요한 요소입니다. 영화가 폭력을 옹호한다면 그건 논의의 대상이 될 테지만, 내 영화가 그렇다고는 생각하지 않습니다.

나는 아주 강렬한 영화들에 대한 믿음이 있어요. 그 문제와 관련해 균형을 잡고 있는 영화인 한, 그런 영화들에 대해서는 조금도 사과할 생각이 없습니다.

(프랑스어로) 이 영화를 무척 많이 좋아합니다만 텔레비전 시리즈는 아직 보지 못했습니다.

멋진데요. 나중에 나랑 점심 같이합시다. (폭소)

(프랑스어로) 시나리오 작가님과 데이비드 린치 감독님께 하는 질문입니다. 친숙한 캐릭터들로 작업한 것은 시나리오 집필과 작곡, 연출에 어떤 영향을 끼쳤나요?

엥겔스 영화를 위한 시나리오 집필과 텔레비전 시리즈를 위한 시나리오 집필은 그렇게 크게 다르다고 느끼지 못했어요. 한 시간이나 열네 페이지라는 제약을 받지 않는 건 분명합니다. 그거 말고는, 같은 사람들을 데리고 더 많은 시간을 작업할 수 있었기 때문에 그들에게 더 깊이 집중할 수 있었어요.

바달라멘티 음악에 대해 말하자면, 텔레비전 시리즈를 할 때 취했던 접근 방식보다 그늘진 분위기를 더 넓게 깔고 규모도 약간 키웠습니다. 하지만 캐릭터와 스타일은 무척 비슷합니다.

린치 질문이 뭐였죠?

(질문을 다시 했다.)

린치 그건 그리 큰 영향을 주지 않았습니다. 영화에서는 했지만 텔레비전에서는 할 수 없었던 부분이 분명 있기는 해요. 하지만 나는 텔레비전에서 할 수 있는 일이 정말로 많다는 사실에 놀라고는 했어요. 또 우리는 전체 시리즈를 필름으로 촬영하고, 필름으로 편집하고, 영화 작업 때 하는 것처럼 믹싱했거든요. 그래서 별다른 차이는 없었어요.

린치 감독님, 오늘 아침에 나온 다른 질문들에 내놓은 몇몇 대답들을 감안하면, 그리고 감독님이 과거에 했던 말과 다른 영화들의 기자회견에서 했던 말을 놓고 보면, 사람들이 감독님의 영화들에서 봤다고 여기는 상징에 대해 거론할 때면 감독님은 그걸 곧잘 무시합니다. 오늘 아침에도 나온 그런 사례는 호주의 신사분이 이 영화가 아메리칸 드림이 아닌 아메리칸 나이트메어인지를 물었을 때였습니다. 개인적으로 이 영화의 결말이 퍽 불편했어요. 이야기의 결말에서 청교도적이고 종교적이며 우파적인 태도를 봤기 때문입니다. 이제, 나는 이런 마음을 먹고 있는 듯합니다. 요점은, 우리가 대답을 듣지 못할 걸 알기 때문에 감독님께 그런 질문들을 던지는 것이 허용되지 않는다고 느낀다는 거예요. 그게 감독님이 그에 대해 얘기를 하지 않기 때문인지, 아니면 그에 대해 생각하고 싶지 않아서 그런 것인지 궁금합니다.

나는 내 해석을 제시하는 것을 좋아하지 않습니다. 왜냐하면…… 음, 음…… 왜냐하면 내가 주위에 없을 때, 여러분은 스크린에서 본 것에 대한 여러분 나름의 해석을 만들어내야 하기 때문이에요. 그리고 나한테는 모든 것에 내 나름의 버전이 있어서, 작업할 때 그것들에 대한 대답을 나 자신에게 내놓습니다. 하지만 작업이 끝나면 그것들을 자유로이 풀어놓죠. 그것들은 그 자체로 존재하고, 세상사람 모두 그들 나름의 해석을 향유해도 됩니다. 나는 절대적으로 한 가지 해석만 가능한 영화들에 반대합니다.

집에 닐슨Nielson, 시청률 조사 기관 박스가 있는 선택받은 멍청이들을 제외하면 모두들 〈트윈 픽스〉(시리즈)와 사랑에 빠졌다고 말해도 무방할 거예요. 텔레비전에서 〈트윈 픽스〉의 미래는 어떻게 예상할 수 있을까요? 그리고 〈로니 로켓〉과 〈원 설라이버 버블〉은 어떻게 되고 있는지 짧게 얘기해주시겠습니까?

〈트윈 픽스〉는 텔레비전에서 사라졌다고 확실하게 말할 수 있습니다. 하지만 앞서 얘기했듯, 나는 이 세계를 사랑해요. 우리가 그 세계에 다시 갈 수 있을지 여부는 아직 확실치 않아요. 하지만 내 입장에서는 여전히 그 작품의 엔딩은 열려 있고 단서들이 존재해요. 내가 다음에 어떻게 진행될지 시도해보고 찾게 된다면 흥분될 것 같네요.

자, 다른 질문이 뭐였죠?

〈로니 로켓〉하고 〈원 설라이버 버블〉은 어떻게 돼가고 있나요?

〈로니 로켓〉은 하지 않을 거예요. 적어도 지금 당장은 하지 않을 거예요. 〈원 설라이버 버블〉은 할 수도 있다고 보지만, 100퍼센트 확실하지는 않습니다. 〈원 설라이버 버블〉은 아주 정신 나간, 유치하고 언짢은 종류의 영화입니다.

미스터 앤더슨의 정상적인 목소리를 듣고 싶습니다. 꿈 시퀀스의 촬영에 대해 설명해주실 수 있는지 궁금합니다. 이 꿈의 분위기는 경이로워요.

앤더슨 자, 이게 내 정상적인 목소리입니다. (폭소)

두 번째 질문이 뭐였죠? 기술적인 설명을 뜻하는 건가요? 무대 밖에 있는 사람이 시나리오를 제 순서대로 읽어주면 나는 그것들을 거꾸로 옮겨서 연기했고 촬영을 역방향으로 했습니다. 그런 후에, 그걸 정상적인 방향으로 보여줬죠. 마이너스에 마이너스를 곱해서 플러스를 만들어낸 거예요.

(이어서 앤더슨이 거꾸로 말하는 시범을 보여주었다. 환호가 터졌다.)

(프랑스어로) 린치 감독님, 앞선 시리즈로부터 테이크를 다시 가져가고 재활용하고 캐릭터들을 데려온 것은 영감이 부족해서인가요, 아니면 일종의 휴식 기간을 가지려고 그런 건가요?

으음, 내 의견은, 이 영화에는 꽤 독창적인 면이 있다고 생각해요. 앞서 말했듯, 나는 이 캐릭터들과 세계를 사랑합니다. 이 작품의 시나리오를 집필하기 시작하면서 우리는 예전에 써먹은 것들을 재탕하는 작품으로 여기지 않았어요. 우리가 사랑하는 특정 세계로 되돌아가 거기 있는 이야기를 즐기는 걸로 생각했죠. 나로서는 믿기 힘들 정도로 좋은 곳이었어요.

미스터 바달라멘티, 당신이 모리코네Morricone의 계보를 잇고 있다고 생각하나요?

바달라멘티 엄청난 칭찬이군요.

베아르 1년에 영화 90편의 음악을 작곡할 예정인가요?

바달라멘티 아뇨, 나는 그렇게 생산력이 뛰어난 사람이 아닙니다. 1년에 영화 세 편쯤하고 텔레비전하고 브로드웨이 몇 편 정도 작업하는 게 좋아요. 나는 프로젝트들을 아주 신중하게 고르려고 하는 편이에요.

그런데 모리코네는 정말로 위대한 작곡가입니다.

("린치 감독님, 마이크로 코스모스는 (???) 우주이기 때문에, 감독님은 마이크로 코스모스에서 무엇을 배웠고⋯⋯"로 시작하는 이해할 수 없는 질문.)

(린치가 앙리 베아르를 쳐다본다.)

베아르 나 쳐다보지 말아요! (폭소)

린치 질문이 뭐였는지 다시 물어봐주실래요?

마이크로 코스모스는 (???) 코스모스이고, 따라서 당신 나름의 코스모스에서 (???) 당신은 이 영화로부터 무엇을 배웠나요?

죄송하지만, 그 질문에는 대답으로 도와드릴 수가 없군요.(웃음)

같이 일하는 배우들은 어떻게 선택하나요?

어떤 방식으로 대사를 연기하는 배역을 떠올리면, 그 배역의 외모를 구상해보고는 그 역할을 채울 사람을 찾아내겠다는 마음으로 오디션장에 들어갑니다. 그런 다음 어울리지 않는 배우들을 하나씩 탈락시키고 나면 내 앞에 적합한 사람이 서 있고, 그러면 그와 함께 작업을 해요.

나는 오디션에 온 배우에게 시나리오를 읽으라거나 연기를 해보라고 지시하지 않아요. 그냥 얘기만 나누죠. 게다가 나는 아주 뛰어난 사람들을 데려오는 조해나 레이라는 사람하고도 같이 일합니다. 각각의 역할에 맞는 사람이 있다는 상식을 따를 뿐입니다.

저는 감독님 작품에 대한 논문을 쓰는 중입니다. 감독님의 영화들에서, 테레사 레이는 제외하고(?), 어머니는 늘 어두운 쪽에 있었고(?) 〈트윈 픽스〉에서 그건 아버지입니다. 그가 로라와 어떤 성적인 관계를 끌어내야 하기 때문인가요?

미안하지만, 지금 하신 말씀이 이해가 되지 않는군요. 다르게 질문해주시겠습니까?

〈트윈 픽스〉의 캐릭터 중 어느 캐릭터가 감독님하고 가장 가까운가요?

아하, 나도 모르겠습니다. 고든 콜(린치가 영화에서 연기한 캐릭터)일까요.

감독님이 (고든 콜처럼) 농인은 아니라고 보이는데요.

그렇지는 않죠. 하지만 여기 이 신사분이 앞서 얘기한 것처럼, 때로는 못 듣는 사람 시늉을 하고는 합니다.

또 다른 질문이 있습니다. 영화 음악에 대한 거예요. 〈트윈 픽스〉에는 〈광란의 사랑〉(포르노 영화)의 일부분과 비슷한 특별한 부분(섹스 신)이 있습니다. 그건 같은 건가요?

아뇨.

기타는요?

아닙니다.

베아르 미스터 바달라멘티, 섹스 신의 음악은 어떻게 작업하나요?

바달라멘티 엄청 흥미를 갖고요. (폭소) 그 신의 무드를 포착하고는 음악이 그 무드와 함께 흐르도록 놔두는 식으로 작업합니다.

린치 감독님, 두 가지 질문이 있습니다. 첫째, 폭력적인 영화들이 할리우드에

서 갈수록 평범한 영화가 되고 있습니다. 감독님이 폭력에 대해 어떻게 생각하시는지 알고 싶습니다. 특히 감독님 영화에서 폭력은 대체로 매우 노골적이고, 〈트윈 픽스〉에서는 몹시 가학적인 방식으로 폭력을 보여주기 때문에 더욱 그렇다고 생각합니다.

글쎄요. 미국 영화에 폭력이 왜 들어가는지는 모르겠어요. 미국 어느 지역이건 폭력의 기운이 많기 때문 아닐까요. 사람들이 이야기를 들을 때 그것을 둘러싼 모든 걸 알아차리면 그 스토리가 우리 마음속에서 펼쳐지기 시작한다고 생각합니다.

앞서 말했듯, 나는 균형을 믿습니다. 폭력이 존재한다고 믿지만 폭력을 옹호하고 싶지는 않아요. 영화에는 대비contrast가 있어야 한다고 믿어요. 영화는, 책을 읽는 것과 마찬가지로 우리가 찾아가 경험할 수 있는 곳이라고 믿습니다.

그런데 감독님은 그걸 가학적인 방식으로 찾아내나요? 감독님이 텔레비전 시리즈를 따랐다면 로라 파머에게 무슨 일이 생겼는지 알 거예요. 감독님이 이 영화에서 내내 기다린 것은 살인입니다. 기본적인 스토리 라인이 "그녀는 죽을 텐데 그게 언제가 될 것인가?"이죠.

그 과정에는 다른 소소한 요소들도 있죠. 하지만 관객들이 그녀가 죽으리란 걸 안다는 건, 맞습니다.

다른 질문은 이거예요. 감독님은 미국의 B급 영화 세대에서 영감을 받았다고 느끼나요? (???) 같은 영화들하고, 1960년대와 70년대의 익스플로이테이션exploitation 영화들에서요? 감독님 작품에서 그런 영화들에서 온 것들을 많이 봤습니다. 사실인가요?

모르겠습니다. 내가 B급 영화들을 상당히 많이 믿는 것은 사실입니다.

린치 감독님, 〈트윈 픽스〉의 세계에서 감독님이 사랑하는 것은 무엇인가요?

무드와 캐릭터들을 사랑하고, 스토리를 위한 가능성들을 사랑합니다. 그 세계에는 내 마음속에서 일어날 수 있는 마술 같은 일이 있어요. 거기서 영감을 얻습니다.

(프랑스어로) 린치 감독님, 음향 효과를 활용할 때 의도적으로 패러디를 하나요?

아뇨.

베를린에서 스코세이지 감독이 받은 질문에 대해 들었습니다. 감독님 의견은 어떤지도 알고 싶습니다. 감독님은 호러 신horror scene과 서스펜스 신suspense scene 중 어느 쪽을 찍는 게 더 즐거운가요?

나는 모든 종류의 신들을 찍는 게 좋습니다. 그 신들은 영화의 질감과 무드 같은 것들의 일부죠. 나는 거의 모든 신에 홀딱 반해서 그길 가급직 리얼하게 만들려고 노력해요. 어떤 신들보다 더 마음에 드는 특정 유형의 신을 선택하지는 않을 거예요. 모든 신을 아주 좋아합니다.

감독님이 이 세계를 사랑한다고 말한 데 대한, 앞서 나온 질문에 이어 질문하고 싶습니다. 만약 그게 사실이라면, 대다수 캐릭터가 어째서 그런 비참하고 엉망진창인 인생을 사는 건가요?

이 세계에는 기이한 거래들을 할 기회와 사람들을 행동하게 만드는 흥미로운 동기들이 존재하기 때문이라고 생각해요. 내가 그걸 좋아하는 정확한 이유를 당신에게 말해주려면, 정신과 의사와 만나 오랫동안 상담을 받아야 할 거예요. 아무튼 나는 그걸 정말로 좋아합니다.

린치 감독님, 감독님이 로라 파머에 대한 긴 영화를 하겠다고 결정한 건, 시리즈 전체를 시체로 지낸 그 배우에게 부채감을 느꼈기 때문인가요?

아뇨. 로라 파머를 연기한 셰릴 리는 해변(실제로는 강독)에 누워 있는 여성 시체 연기를 위해 기용된 배우입니다. 적어도 내 견해에서, 로라는 믿기 힘들 정도로 뛰어난 연기자라는 게 판명됐어요. 그리고 이 영화에서 정말로 믿기 힘든 연기를 해냈죠. 그렇게 역할에 빠져들어 몰입한 연기를 펼치는 배우는 그리 많이 보지 못했어요. 따라서 내 입장에서 행운은 시체 역으로 기용한 사람이 걸출한 배우였고 완벽한 로라 파머였다는 거예요.

린치 감독님, 감독님이 대단히 바쁜 분이라는 걸 잘 압니다만, 시간을 내서 영화를 보는지 궁금합니다. 최근에 본 영화들 중에서 감독님 영화들에서 영향을 받은 것 같다고 생각하는 영화들이 있을 텐데, 어떤 종류의 영향을 받았다고 보나요?

나는 진정한 영화광은 아니에요. 불행히도 나는 시간이 별로 없고, 그냥 영화를 보러 가지 않을 뿐이에요. 영화를 보러 가게 되면 엄청 긴장을 해요. 감독에 대해 몹시 걱정하기 때문인데, 그래서 팝콘을 소화시키기가 힘들어요. (폭소)

따라서 누가 나한테서 영향을 받았는지 여부에 대해서는 말씀드릴 수가 없군요.

린치 감독님과 로버트 엥겔스에게 묻습니다. 지난 20세기의 문해력literacy이라는 단어는 글을 읽을 수 있다는 것 말고도 스크린을 읽을 수 있다는 것을 뜻하죠. 스크린의 이미지들은 우리가 주체하지 못할 정도로 쏟아지고 있습니다. 두 분이 시나리오를 집필하고 연출할 때 그런 사실을 빈틈없이 인지하고 있는지가 궁금합니다.

엥겔스 물어보시는 내용이 정확히 무엇인지 모르겠습니다.

오늘날 우리는 이미지를 예전보다 훨씬 더 잘 읽어냅니다. 형식form에 대한 대단히 많은 연구가 진행되고 있죠. 두 분은 사람들에게서 "당신들, 무슨 문제 있는 사람들이야?"라는 말을 듣는 일 없이 지금 그냥 자리에 앉아서 영화를 읽고 있다는 말을 행복하게 할 수 있는 사람들입니다. 그리고 두 분은 특히 난해한 프로젝트들을 만듭니다. 그리고 거기 앉아서 데이비드 린치 영화를 읽을 수 있죠. 두 분이 작업을 하는 동안 이런 생각을 하면서 다른 방향에서 출발해 이 문제에 접근하는지 여부가 궁금합니다.

린치 내가 항상 가상 마법적인 일이라고 말해온 영화 언어가 있습니다. 그건 45년간 영화라는 아이디어를 살아 숨 쉬게 만들어온 바로 이 영화제입니다. 바로 그 점이 이 영화제가 세계에서 제일가는 영화제인 이유예요. 이 영화제는 영화의 언어를 습득해서는 그걸 찬양하니까요.

이 영화가 일본에서 제일 먼저 개봉될 예정이라고 들었습니다. 일본에서 텔

레비전 시리즈가 성공했기 때문인가요?

그에 대해서는 장클로드(플뢰리)가 대답해야 할 거라고 생각합니다. 이 시리즈가 일본에서도 대단히 인기가 좋았다는 것은 압니다만, 시리즈의 인기는 다른 나라들에서도 좋았어요. 일본에서 이 영화를 처음 개봉하는 이유는 나도 모르겠습니다.

또 다른 질문입니다. 로라 파머의 이야기를 촬영하기로 결정한 이유가 뭔가요? 이 스토리를 영화로 촬영하면 시리즈 방영 당시 세계 전역에서 불러일으킨 미스터리를 상당 부분 떨쳐버릴 거라고 생각하나요?

아뇨. 그렇게 생각하지 않습니다.

(이때 앙리 베아르가 플뢰리에게 영화를 제일 먼저 일본에서 개봉하는 이유에 대해 프랑스어로 물었다. 플뢰리는 어쩌다 보니 일본의 극장들을 잡을 수 있어서 그렇게 된 거라고 프랑스어로 답했다.)

린치 감독님, 카일 매클라클런이 이 시리즈의 캐릭터 데일 쿠퍼로만 세상에 알려지고 그렇게 유명해질까 봐 정말로 걱정했고, 이 영화에서 연기하는 걸 그리 달가워하지 않았다는 글을 읽었습니다. 사실인가요? 또 다른 질문이 있습니다. 감독님은 훗날 〈트윈 픽스〉의 거장으로 알려지는 게 두렵나요?

배우 입장에서 모두가 사랑하는 역할을 찾아내는 것은 대단히 힘든 일이라고 생각합니다. 그들은 기존 배역에서 벗어나 다른 역할도 연기할 수 있다는 것을 보여주고 싶어 하죠. 나는 카일이 자기가 원하는 건 무엇이든 할 수 있다는 걸, 그리고 사람들이 데일 쿠퍼로서 그를 너무도 사랑하기 때문에 그런 현실에 크게 만족하는 게 마땅하다는 걸 깨닫는 중이라고 생각해요.

처음부터 그는 시리즈를 하는 것에 싫증을 냈어요. 우리는 서른 두 시간씩 작업을 했고, 시리즈에 들어가 다시 그 작업을 하고 싶을지 아닐지 그 자신도 몰랐기 때문이죠. 그러다 결국 하기로 결정했고요. 그는 〈블루 벨벳〉도 하고 싶어 하지 않았어요. 그 작품을 거절했다가, 다시 생각해보고는 두어 번 마음을 고쳐먹었죠.

어떤 걸 1년 내내 믿고 스크린에 얼굴을 내밀기로 결정하는 건 무척이나 힘든 일이에요. 그래서 그는 어느 정도 고민을 해야 했던 거고요.

(프랑스어로) 도덕적인 판단과는 별개로, 많은 이들이 감독님을 대단히 삐딱한 감독으로 규정할 겁니다. 감독님도 동의하나요?

삐딱한 것은 흥미롭고, 삐딱하지 않은 것도 흥미롭다고 생각합니다. 앞서 말했듯, 나는 대비를 좋아해요. 삐딱한 것과 삐딱하지 않은 것, 둘 다를 좋아합니다.

감독님이 민주당이나 공화당을 위해 일하는 선거 전략가라고 가정해보죠. 감독님은 밤에 짬을 내서 이 영화를 보러 갔습니다. 극장을 나설 때쯤 감독님은 이 영화가 본인의 선거 운동에 유익하다고 생각할까요, 해롭다고 생각할까요? 달리 말해, 미국인들이 정치와 사회적 분위기의 관점에서 이 영화를 어떻게 볼지에 대해 묻는 겁니다.

여러분이 이 기자회견에서 보듯, 요즘 보는 것들에 대해 우리는 서로 아주 다른 해석과 느낌을 갖고 있습니다. 세상사람 모두를 만족시킬 수는 없어요. 그리고 이 영화를 보러 간 민주당원들도 각자 다른 느낌을 받으면서 극장에서 나올 거예요. 그럴 가능성이 아주 크죠. 세계 어디에서건 마찬가지입니다.

린치 감독님, 감독님 작품에서 무표정한 유머의 사용이 흥미롭습니다. 그런 유머는 영화에서보다 시리즈에 더 많이 등장한 것 같고요. 이 시리즈에서 감독님은 시청자에게 범죄에 공모하라고 부추깁니다. 시청자는 자신이 관여하고 있다고 느끼죠. 그 점이 이 시리즈가 그토록 인기가 좋았던 이유 중 하나입니다. 어째서 영화에는 그런 유머를 덜 넣은 건가요? 감독님은 작품에 대해 모두 제각기 다른 의견을 갖길 바라는 몇 안 되는 감독 중 한 분인데, 그 이유가 뭔가요?

린치 모든 사람 의견이 다 달라야 하는 것은 아니에요. 하지만 세상사람 모두는 자기 견해를 가져야 하죠.

영화에 유머가 덜한 것은 스토리가 한동안 무거워지기 때문이에요. 영화에서 유머가 차지하는 자리가 있습니다. 그런데 그곳이 어디이고 어디가 그런 곳이 아닌지는 직관적으로 알아내야 해요. 엥겔스하고 나는 시나리오를 쓰는 동안 여러 곳에서 자주 폭소를 터뜨렸어요.

엥겔스 그 문제는 스토리로 돌아가서 논의해야 한다고 생각해요. 우리는 우리가 들려주고자 하는 스토리를 골랐어요. 시리즈에는 등장하지만 영화에는 등장하지 않는 캐릭터들에게도 똑같은 말을 할 수 있습니다. 우리는 이 스토리를 들려주기로 선택했고, 그렇게 해서 영화가 나온 거예요.

린치 유머는 전기와 비슷하다고 생각해요. 우리는 전기를 이용해 일을 하지만 전기가 어떻게 작동하는지는 잘 모르잖아요. 그건 수수께끼예요.

데이비드 린치 감독님, 영화와 시리즈에 들어 있는 꿈 시퀀스의 용도에 대해 얘기해줄 수 있나요?

아뇨, 선생님. (폭소)

그 시퀀스는 영화에 필수적인 부분입니다. 그런 종류의 리얼리티를 활용하고 싶다고 느낀 이유가 뭔가요?

(긴 침묵) 글쎄요. 내 경우, 세상사람 모두가 마찬가지라고 생각합니다만, 세상에는 우리가 볼 수 없는 아원자subatomic 입자들과 엑스레이 같은 것들이 있을지 모른다는 느낌이 있어요. 그 작은 구멍이 존재할 수 있고 우리는 어딘가 다른 곳으로 갈 수 있는 거죠. 이런 아이디어는 나를 흥분시킵니다.

베아르 신사 숙녀 여러분, 대단히 감사합니다.

린치 대단히 감사합니다.

(박수. 기자회견 끝.)

네이키드 린치

제프 앤드루 — 1992

데이비드 린치에 대한 역설이 있다. 〈이레이저 헤드〉〈블루 벨벳〉
〈광란의 사랑〉〈트윈 픽스〉로 그는 가장 기괴한 미국 영화 몇 편의
배후에 있는 기획자라는 명성을 보장받았지만, 정작 그는 자신이야
말로 보통 사람의 전형이라는 식의 태도를 취했다. 굉장히 일상적인
습관을 가진 평범한 사람으로, 지능에서가 아니라 깊은 무의식에서
자연스레 생겨난 영감을 받는 사람. 하지만 나는 그게 그리 간단치
않으리라 생각한다. 〈광란의 사랑〉이 작위적으로 보였던 것처럼(그
의 최고작이 보인 심란한 독특함과 대비되는, 타성에 젖은 기묘한 애정을
보여줬다) 린치의 지극히 평범한 페르소나는 때로 그의 기이함을 강
조하기 위해 계산된 것처럼 보인다. 일례로 우리가 칸의 칼튼 호텔에
서 만났을 때, 그는 어째서 이미 친숙한 검정 슈트에 단추를 다 채운

〈타임 아웃 런던Time Out London〉 1992년 11월 18일자에서.

(타이를 매지 않은) 셔츠 차림에 그치지 않고 야구 모자까지 쓰고 나올 필요성을 느낀 걸까? 자신이 머무는 스위트룸에서 한 층만 내려오면 됐는데 말이다. 게다가 우리가 함께한 30분간 그 모자를 계속 쓰고 있지도 않았다. 그는 유니폼을 제대로 차려입고 온 듯 보였다. 의무적으로 차려입는 그 옷차림의 배후에는 지각 있는 인간적인 존재가 있는 걸까?

우리가 여기서 논의할 영화인 〈트윈 픽스〉 영화판에 대한 내 느낌이 이런 인상에 어느 정도 영향을 줬다는 것을 인정해야겠다. 팔레드 페스티벌에서 열린 이 영화의 첫 언론 시사회에서, 기대했던 흥분은 순식간에 실망으로 바뀌었고, 그러면서 엔드 크레디트가 올라가는 동안 나온 박수 소리는 야유에 묻혔다. 이 신작 영화는 〈광란의 사랑〉보다 한층 더해서, 감독의 역량을 보여주겠다고 암시한다. 이 영화는 (1년 전에 방영된 살인 사건 수사에 대한 긴 프롤로그가 지난 후) 로라 파머 인생의 마지막 한 주를 이야기해나가는데, 대단히 냉소적이고도 TV 시리즈의 성공에 편승하려는 노골적인 시도 같아 보인다. 독창적이거나 진심 어린 면모는 고사하고, 적절하게 고안된 것이 하나도 없다. 〈트윈 픽스〉의 열혈 팬들이 기대할 거라고 린치 자신이 예상한 것을 더도 덜도 아니게 딱 그만큼 잇따라 내놓고 있다는 강한 인상을 피할 수 없다. 서글프게도, 곧 방영될 그의 TV 시리즈 〈방송 중〉의 30분짜리 첫 에피소드의 경우에도 같은 말을 할 수 있다. 50년대의 소규모 TV 방송국이 배경인 이 시트콤은 노골적인 코미디를 만드는 그의 기량이 부족하다는 것을 재차 확인해줄 뿐 아니라, 그가 어느 때보다도 울적하게 자기 패러디self-parody에 빠져들고 있다는 의심을 불러일으킨다.

그래서 그에게 〈트윈 픽스〉 영화판에 대해 설명하고 논의해보자는 요청을 했을 때 그가 그리도 무기력한 모습을 보인 것은 놀랍지 않다. 이 과묵함은 평범한 남자 포즈의 일환일 뿐일까? 아마도 그럴 것이다. 그러나 그는 어떤 말로도 자신의 작품을 깊이 있게 검토하고 직면할 준비가 돼 있음을 시사하지 않았다. 어쩌면 그는 컬트 숭배의 피해자로 전락해서는 나태해진 것인지도 모른다. 하지만 의문은 그대로 남아 있다. 그의 불분명한 태도는 연기일까? 만약 그렇다면 그건 따분하고 멍청한 짓일 것이다. 그렇지 않다면…… 글쎄, 여러분이 직접 판단해보기를.

TV 시리즈에서 파생된 작품은 왜 만든 건가요?

〈트윈 픽스〉의 세계로 돌아가고 싶었어요. 시리즈가 끝났을 때 기분이 무척 나빴습니다. 그래서 그 이후의 시기로 가지 않고 로라 파머 인생의 마지막 주로 돌아간다는 아이디어가 무척 마음에 들었어요. 나를 완전히 장악한 그 아이디어가 이 영화의 씨앗이었습니다.

그런데 시리즈를 계속 만들지 않고 영화로 만든 이유가 뭔가요?

영화여야만 했으니까요.

영화와 텔레비전 사이에 차이점이 내재한다고 생각하는군요?

아뇨, 그렇지 않습니다. 경험상 내게 텔레비전은 작은 영화예요. 불만스러운 부분은, 텔레비전은 작업이 너무 빠르게 진행되기 때문에 시리즈의 에피소드들을 일일이 직접 연출할 수가 없다는 거예요. 주된 차이점은 속도, 텔레비전의 허기입니다. 사전에 에피소드를

100만 개 마련하는 철저한 준비 정신을 갖고 있다면 그리 어려운 일이 아닐 테지만, 그런 경우는 절대로 없습니다. 영화를 할 때는 영화에 완전히 몰입해서 집중할 수 있죠.

같은 소재로 돌아가는 데 따르는 (적합한 출연진과 세트 등의) 조달 문제가 문제점으로 대두되지는 않았나요?

글쎄요, 많은 게 이미 있었어요. 시애틀과 주변 지역이 있었고 따라서 그런 문제들은 꽤 빠르게 해결됐습니다.

시리즈가 그렇게 성공적이지 않았더라도 영화를 만들었을까요?

모르겠어요. 그랬을 것 같아요. 나는 그 세계를 사랑해요. 그 세계에는 나를 계속 작업하게끔 만드는 나무들과 자동차들과 작은 소도시 같은 것들이 있어요.

무엇이 그런 것들을 그렇게 사랑하게 만들었나요?

그냥 그런 세팅이 마음에 들어요. 그 세팅은 내 머릿속에서 미스터리한 일들을 마술처럼 떠올리게 해주거든요. 그 스토리와 캐릭터와 그 세팅에서 일어날 수 있는 사건들의 가능성을 좋아합니다.

그렇다면 또 다른 〈트윈 픽스〉 영화를 만들 건가요?

그렇습니다. 그 이야기는 끝없이 나아갈 수 있어요. 다른 것들도 작업하고 싶습니다만, 그 세계가 무척이나 편안하게 느껴져요.

예술가 입장에서 그렇게 편안하게 느껴지는 것은 유익한가요?

글쎄요. 편안함을 영감을 받는 것과 비슷하다고 말해봅시다. 편안히 앉아서 경치를 구경하는 식의 편안함이 아니라요. 그 세계는 영감을 주는 장소예요. 내가 보기에 거기에는 미스터리들이 있어요.

(이런 논의를 할 만한 동기부여가 잘 되지 않은 듯 보였다. 의미에 관한 얘기에는 그가 좀 더 만족할지, 확인해볼 차례다.)

이 영화는 우리 삶에 영향을 끼치는 미스터리한 세력들이 있음을, 우리를 굽어보는 기이한 신神들이 있음을 내비치는 듯합니다. 그런 게 있다고 믿나요?

내가 확실히 아는 것은 하나도 없습니다. 하지만 우리가 보지 못하는 것이 많이 존재한다고 생각해요. 그것들은 우리의 마음을 통과해가는 느낌이나 기이한 아이디어들을 통해 존재를 알리죠. 어떤 것을 알아차리는 거랑 비슷합니다. 이를테면 조금 전까지 언쟁이 벌어졌던 방에 들어갔을 때와도 같아요. 거기에 들어서면 뭔가 문제가 있다는 느낌이 오잖아요. 늘 흐르는 전파電波도 그렇죠. 우리에게 필요한 건 그것들을 들을 수 있는 수신기뿐이에요. 그것들을 볼 수는 없지만 가끔은 알아차릴 수 있습니다.

당신의 많은 영화가 도덕적이고 사회적인 실패를 말한다고 볼 수도 있을 듯합니다. 그게 당신이 세상을 보는 방식인가요?

모르겠습니다. 하지만 세대를 불문하고 사람들은 그때그때 벌어지는 사건들에 충격을 받는다고 생각해요. 그건 상대적인 일입니다. 다만, 알다시피 요즘 상황은 상당히 안 좋죠.

그렇다면 당신이 특히 충격을 받거나 유독 심란한 게 있나요?

글쎄요. 수많은 사람을 일종의 곤경에 빠뜨리는 슬픔이 그런 걸까요.

경제적으로요, 아니면 어떻게요?

많은 방식으로요. 곤경에 빠진 사람들이 있는 것 같아요.

왜 그렇게 생각하는 건가요?

나한테 단서는 하나도 없어요. 우리가 자신의 이익만을 지나치게 많이 생각하는지 아닌지는, 그래서 만사가 잘될 거라는 헛된 주장을 하고 있는지 여부는 나도 모릅니다만, 사회는 서서히 와해되고 있어요.

(따라서 그는 의미에는 그리 열광하지 않는다. 톤과 내러티브 방식에 대해 시도해보자.)

당신의 영화들은 인생을 종종 참혹하게 묘사합니다만, 일부는 웃기기도 합니다. 우리가 그 영화들을 얼마나 진지하게 받아들여야 할까요?

글쎄요. 세상사람 모두는 상황을 각자 다르게 받아들이죠. 나는 누가 무엇을 이러저러하게 받아들여야 한다는 식의 말은 절대로 하지 않습니다. 우리는 책을 읽으면서 보고 느낀 그대로 받아들이잖아요. 영화도 똑같아요. 100명이 영화를 보면 100가지 다른 생각을 해요. 놀라운 일이죠.

하지만 당신은 본인의 영화들을 진지하게 받아들이잖아요?

그렇습니다. 나한테 내 영화들은 진지해요. 유머로 곧바로 전환할 수 있는 특정 지점이 존재하는 방식은 아닙니다. 유머는 진지한 상황의 한복판에 존재하기도 하고 엉뚱한 곳에 존재하기도 해요. 유머는 우리 인생의 가장 기괴한 교차 지점에 있죠. 사람들은 아주 다른 것들을 함께 받아들이고 기이한 일들에 대해 얘기하며 의미를 오해합니다. 이게 세상 돌아가는 방식입니다.

솔직히, 나는 내러티브의 도약과 살인에 대한 추론이 만들어지는 것과 관련해서 프롤로그 섹션을 이해하는 데 애를 먹었습니다. 당신에게는 모든 게 이해되나요?

그렇기도 하고 그렇지 않기도 합니다. 그건 창문을 열고 어떤 순간을 찾아보려는 거랑 비슷해요. 그런 다음 창문을 닫고는 그 순간을 아주 잠깐 목격했을 뿐인 사람에게 한 시간짜리 시나리오를 설명해달라고 하는 거죠. 해당 부분은 형사가 얻을 법한 인상과도 같았어요. 무엇인가를 포착하려고 애쓰는 센세이셔널한 사건들의 프롤로그, 느낌들의 프롤로그. FBI는 어떻게 된 일인지에 대해 실마리를 갖고 있지 않지만, 제대로 작동하는 센서들은 갖고 있죠.

관객들이 무슨 일이 벌어지는지를 이해하지 못할까 봐 걱정됐나요?

그런 느낌을 받을 관객이 있을지도 모르지만, 영화 전편이 그런 식은 아니라고 생각해요. 일부 요소들은 그냥 추상적인 요소입니다. 꿈을 전문적으로 분석해주는 사람들이 있기는 해도 꿈을 꾼 각자가 스스로 의미를 구성할 수도 있잖아요. 그 의미 때문에 배꼽을 잡으면서 데굴데굴 구를 수도 있고요.

플롯의 논리plot-logic가 꼭 중요하지는 않다는 걸 보여주려는 목적이 있나요?

그렇기도 하고 아니기도 합니다. 영화가 끝났을 때, 마술을 본 사람들이 종종 넋을 뺏길 때 그러는 것처럼, 어느 정도 모호함과 상상의 여지를 남겨놓을 수 있다면 너무도 근사한 일이 될 거예요. 그 모호함은 나를 꿈꾸게 만들고 나는 그걸 사랑합니다. 마찬가지로 베르히만 영화에는 내가 이해하지 못하는 것들이 너무 많지만 그것들은 나를 꿈꾸게 만들고 내 영혼을 흥분시켜요. 베르히만 영화는 무한한 것들을 향한 창문을 열어젖히거든요.

당신의 영화들에는 극히 사적인 요소들이 있다고 말할 수 있나요?

그런 식으로는 내 영화들에서 아무것도 읽을 수 없어요. 나는 작업할 때 그런 식으로 생각하지 않습니다. 열려 있는 채널이 있고 그걸 따라가죠. 나 자신의 특정 부분을 확인해보고 아이디어들에 충실하려 애쓰면서 작업을 진행합니다. 나하고 사적으로 연결되는 연결 고리가 있을 수도 있어요. 아마 있겠죠. 하지만 그게 무엇인지는 나도 모릅니다.

그렇다면 당신은 분석적인 영화감독이 아니라 직관적인 감독이로군요.

전적으로 맞는 말입니다.

직감을 갖고 아주 멀리까지

크리스 두리다스 — 1997

KCRW 〈다방면을 다루는 아침the Morning Becomes Eclectic〉의 크리스 두리다 스입니다. 스튜디오에 모시게 돼서 기쁩니다, 데이비드 린치 감독님. 환영합니다.

감사합니다.Gracias. 출연하게 돼 기쁩니다.

〈광란의 사랑〉은 이미 나와 있던 배리 기포드의 소설을 바탕으로 한 영화였습니다. 그런데 이번 영화 〈로스트 하이웨이〉도 배리 기포드의 소설을 바탕으로 했지만 사실은 책에서 단어 몇 개만 갖고 왔다던데, 맞나요?

두 단어인데요, 음……

두 단어요?

배리 기포드가 『나이트 피플』이라는 책을 썼어요. 로스트 하이웨

KCRW(Los Angeles, CA) 라디오 쇼 〈다방면을 다루는 아침〉 1997년 2월 19일자 방송에서.

이를 타고 내려가는 것에 대해 두 캐릭터가 언급을 하는데, '로스트' 하고 '하이웨이'라는 단어를 읽는 순간 꿈을 꾸게 됐어요. 몇 가지 가능성이 떠오르더군요. 그래서 배리한테 그 얘기를 하니까 그가 "흐음, 우리 뭔가 써볼까" 하더라고요. 그렇게 공이 굴러가기 시작했어요.

그러니까 두 분이 그냥 앉아서는 생각이 자유로이 날아다니게 한 거군요?

맞아요. 자리에 앉아서는 아이디어들을 공유했어요. 두 사람 다 상대방의 아이디어를 마음에 들어하지 않았죠. 그래서 우리는 꽤 오랜 시간을 말없이 앉아 있었어요. 그러다 내가 배리한테 〈트윈 픽스〉 영화판을 촬영한 마지막 밤에 떠오른 아이디어를 얘기했어요. 비디오테이프와 어느 커플에 대한 거였죠. 배리는 그 아이디어를 무척 좋아했어요. 우리가 어떤 아이디어에 집중하면, 비록 조각 난 아이디어일 뿐이라도, 그 아이디어는 다른 조각들로 향한 문을 열어주고, 다른 아이디어와 결합하기를 바라면서 멀리까지 가게 돼요.

말하자면 감독님은 아이디어에 집중하면 말 그대로 그 아이디어를 온종일 끼고 다닌다는 거군요. 생활하고 일하고 지구 전역을 다니면서도 옆에 끼고 다니는 식으로요?

딱 맞는 표현이에요. 그중 일부는 대단히 강력하고 어떤 아이디어는 사람을 푹 빠지게 만들어요. 우리가 어떤 것에 푹 빠지면, 그러니까 사랑하면 그런 과도한 몰입은 문제가 되지 않아요. 사랑에 빠졌다는 사실과 그 아이디어가 일종의 자석을 만들어내면서 이 거리에 있는 것들을 끌어당겨요. 나머지 것들을 끌어당기는 거죠.

이 영화의 시나리오에 일종의 무작위적인 특징이 있었는지가 궁금하군요. 실제로 그런 게 있긴 한데요. 감독님은 이 영화에 몰두하면서 연관이 없는 두 이야기를 한데 모았잖습니까.

맞아요. 그것들이 어떻게 스스로 정리될 것인지를 모르는 탓에 기이하다고 느껴지는 조각들이 늘 있어요. 그래서 배리하고 나는 길을 따라 한참을 내려간 후에야 그게 이런 일이었구나 하고 깨달았어요. 퍽 놀라운 일이었죠. 어떤 경험의 내부에 들어가 있는 것 같았는데, 그 경험은 우리에게 어떻게 가야 할지를 말해줬어요.

단어들과 문구들을 잘라내서는 그것들을 한데 모아 노래 가사를 만든다는 데이비드 보위의 아이디어가 떠오르네요.

맞아요. 세상에는 뜻밖의 행운이 많아요. 우연한 일이 생기도록 상황을 설정할 수 있어요. 많은 경우, 그 우연은 완전히 새로운 아이디어를 촉발하죠. 우연한 일들이 나한테 많은 도움을 줘왔어요.

감독님은 실제로 이 영화를 뫼비우스의 띠라고 묘사했군요. 저는 그 표현을 오늘 아침에 처음 들었는데요.

맞아요.

그건 과학 용어이면서 제가 알기로는 수학에 나오는 용어로, 내부의 겉면이 외부의 겉면으로 바뀌는 것을 묘사할 때 쓰죠. 에셔처럼, 에셔의 그림처럼요.

중간에 뒤틀려서 출발점으로 돌아오는 띠예요. 뫼비우스의 띠라는 아이디어는 우리가 고민을 시작할 때 생각한 건 아니에요. 저절로 모습을 드러냈어요.

알겠습니다. 고민이 끝날 무렵에 마술처럼 떠오른 거로군요.

바로 그거예요.

시나리오에는 우리가 스크린에서 본 것보다 더 많은 내용이 들어 있었나요?

시나리오는 늘 청사진이에요. 우리는 이러이러한 내용을 만들겠다고 아주 진지하게 생각하지만, 제작 과정은 거기서 끝나지 않고 계속되죠. 항상 새로운 것들이 도입되고, 그 과정에서 조그만 조각들이나 커다란 변화들이 일어나요. 늘 이런저런 얘기들이 오가죠. 원래의 아이디어로 돌아가서 확인도 해보지만, 영화는 특정한 방식으로 존재하기를 원해요. 따라서 영화는 완성될 때까지는 완성된 게 아니에요. 그러니 감독은 그냥 자신의 직감을 따라야 해요.

직감이라는 키워드가 나왔어요. 감독님은 영화를 구축해나가는 동안에도 되짚어서 지금까지 해온 일을 살펴보며 재점검한다는 뜻이겠죠. 그런 작업은 늘 직감에 의한 거고요. 그렇죠?

정확한 말이에요. 중요한 것은 적확한 것이 무엇인지를 아는 느낌이에요. 추상적으로 들리겠지만 실제로는 상당히 단순해요.

감독님이 지나치게 많은 것을 촬영해놓고 정보가 너무 많은 탓에 "이건 과하게 많아. 관객들이 나름의 직감을 활용할 여지를 줘야 해"라고 하면서 관객들로부터 이런저런 정보를 떼어놓았던 일이 있었군요.

최종 편집을 마친 후에 감독의 눈으로 영화 전체를 보면, 그 영화는 대체로 감독이 의도한 것처럼 제대로 돌아가지를 않습니다. 그리고 조각들로 작동하기 이전에도 늘, 신들의 조각을 모두 합한다고 해도 전체적으로 통일성을 가진 영화가 되지는 않아요. 영화 전편을 봤는데 제대로 되어 있지 않으면, 전체 요소들이 한데 맞물려 돌아가게끔 일련의 또 다른 실험들을 해야 해요. 그런 후에 믹싱도 하고, 사운드와 음악 작업도 하고, 몇 가지 수정도 하고……

그런 작업이 감독님을 구해낼 수 있는 거군요!

그런 작업은 마법을 일으킬 수 있어요. 하지만 실패할 우려가 전혀 없진 않아요. 늘 앞길을 더듬으면서 천천히 발을 내딛는 조심스러운 작업이죠.

감독님이 최종적인 형식을 갖춘 영화를 스크린에서 볼 때, 그 영화는 감독님이 머릿속으로 그려봤던 영화하고, 그러니까 전체적으로 정돈된 영화가 그런 형태를 갖추기 전에 머릿속에서 감상했던 영화하고 얼마나 가까운가요?

많은 면에서 아주아주 가까워요. 그런데 대개는 실제로 본 영화가 훨씬 더 근사해요. 처음에 상상했던 것보다 훨씬 낫죠. 거의 정확하게 일치하는 신들도 있고 나머지 신들은, 염두에 둔 로케이션하고 정확히 일치하지는 않는 로케이션을 찾아낸 탓에 차이가 나요. 하지만 무드와 느낌은, 돌아가서 확인 가능한 원래의 아이디어들을 갖고 있기 때문에 대체로 꽤 가까워요. 하지만 그렇게 되기를 바라기 때문에 늘 처음에 그렸던 것과는 다른 어떤 느낌이 있기 마련이죠.

그런 작업과의 점도粘度는 어떤가요? 감독님은 자제하는 편인가요? '이건 너무 강렬해. 내가 가고 싶어도 그 지점까지 갈 수 없어'라고 하면서 자제하는 편인가요?

그건 직감이에요. 많은 면에서 실험이라 할 수 있죠. 이것만으로는 충분치 않다, 이건 과하다, 이건 완벽하다 등을 알 수 있어요. 내 길을 찾아나가면서 우연을 활용하고 그런 우연이 발생할 수 있는 상황을 세팅하는 거예요. 어떤 아이디어를 매체media에 옮길 때, 그 매체는 나름의 역할을 수행해요. 그게 정말 근사해요. 영화가 아이디어들을 갖고 할 수 있는 일을 본다는 건 참 근사해요. 그걸 통해 내가 나아갈 길을 더듬더듬 느낄 수 있어요.

매체의 렌즈를 통해서라는 말이군요. 감독님은 다른 사람과 함께 본인의 직감을 재확인하나요, 아니면 순전히 자신에게만 의존해서 작업하나요?

나한테 아이디어를 주고 제안을 내놓을 수 있는 사람이 많아요. 좋은 아이디어를 거절하는 건 바보 같은 짓이죠. 그리고 나쁜 아이디어는 내다 버려야 해요. 이 모든 아이디어를 필터링 시스템을 통해 걸러내야 해요. 그래야 전체적으로 영화가 조화롭게 결합될 기회가 생기죠. 할리우드의 위원회가 만드는 영화들은 (분명 예외도 있겠지만) 대개 조화롭고 통일감 있는 목소리를 내지 못해요.

거기에는 내러티브 형식도 한몫을 합니다. 지나치게 많은 정보를 층층이 쌓은 탓에 관객이 뒷걸음질을 치게 만드는 거죠. 다시 말해 〈트윈 픽스〉 시리즈는 거대한 미스터리를 스스로 구축합니다. 그 미스터리가 일단 밝혀지면 시리즈는 추진 동력을 상실하는 셈입니다. 그건, 그러니까 관객에게 지나치게 많은 정보를 주면 안 된다는 것이, 감독님 입장에서는 그 영화를 하면서 얻은 교훈 같은 거였나요? 우리는……

관객에게 정보를 줄 수는 있지만 틀린 정보는 주면 안 돼요. 〈트원 픽스〉의 경우, 마크 프로스트하고 나는 로라 파머 살인 사건을 해결할 의도가 없었어요. 그 사건은 배경으로 물러나 서서히 희미해질 터였지만, 어쨌든 그 사건이 존재할 필요는 있었어요. 그 사건은 모든 일을 불러온 미스터리였으니까요. 그런데 그 미스터리가 일단 사라지고 나니까, 그게 끝나고 나니까, 그 시리즈는 그냥 표류해버렸어요. 그러니까 인간은 미스터리를 사랑해요. 나는 미스터리를 사랑해요. 미스터리의 결말은 우리에게 꿈을 꿀 여지를, 꿈을 계속 꿀 수 있는 여지를 주니까요.

오랫동안 사람들은 감독님이 힘든 유년기를 보낸 사람일 거라고 추측했습니다. 정신 사나운 환경에서 성장했을 거라고 말이에요. 그런데 사실은 정반대죠. 꽤 완벽한 유년기를 보낸 이후로 그 정반대에 해당하는 것들이 생겨난 거예요.

트렌트^{트렌트 레즈너. 〈로스트 하이웨이〉의 영화 음악을 맡은 뮤지션}는 그의 노래 제목을 〈완벽한 유년기〉로 지을 수도 있었어요. 우리는…… 어떤 유형의 유년기를 보냈건, 눈에 보이는 것 이상의 것들이 앞에 있다는 것을 감지해요. 그게 내가 어렸을 때부터 기억하는 것 중 하나예요. 많은 정보가 우리에게 찾아오지만, 말이나 그림의 형식으로는 아니에요. 그건 공중에 떠다니는 느낌으로 찾아와요.

그런 느낌을 처음 받았을 때를 기억하나요?

아주 일찍부터 그랬던 것 같아요. 워싱턴주 스포캔에 살던 때라고 생각해요.

언젠가 감독님이 그걸 과학적인 연구라고 말했었던 것 같습니다. 어린아이가

그런 과정을 거칠 때면 인생에는 피할 수 없는 게 있다는 걸 발견한다고 말이죠.

과학이라……. 있잖아요, 과학자들은 어떤 점에서는 형사예요. 우리 모두 형사죠. 우리는 어느 지점에서 시작해요. 미스터리는 우리를 물질적인 세계 아니면 감정적인 세계로 깊이 이끌고 들어가고 우리는 수색에 나서면서 정보들을 축적하죠. 세상은 그런 식으로 돌아가요.

감독님은 인생의 어느 시점에서 철드는 법을 배운 것 같고, 그러면서 겉으로 드러나 보이는 것과는 다른 무엇이 있을 개연성을 느낀 걸로 보입니다. 그리고 그건 감독님이 작품에서 되풀이해서 다루는 주제예요. 그 주제는 과장됩니다. 물론 매체 때문이죠. 하지만 인생의 특징을, 인생의 정수精髓를 반영합니다.

정확히 맞는 말이에요.

좀 다른 얘기로 넘어가죠. 감독님은 본인의 청년기를 이야기하면서 자신이 위층에 조명이 설치돼 있지 않은 사람이었다고, 그와 비슷한 존재였다고 말했었죠. 그리고 감독님이 이런 깨달음을 얻은 전환점이 있었습니다. 회화와 예술적인 창작 활동들을 탐구하는 쪽으로 접어든 전환점이요.

맞아요. 정보를 축적하고 있었던 것 같은데, 회화에 대해서는 퍽 순진했어요. 아이디어를 진전시키는 속도를 높이려고 정보를 많이 모으거나 하지는 않았고요. 독창적인 사고라고 할 만한 것들이 효과를 보이기 시작한 것은 펜실베이니아 필라델피아에 살 때였어요. 내 아이디어들이 독창적으로 느껴졌어요. 뭔가를 나 혼자서 찾아내고 있다는 느낌이었죠. 당시의 필라델피아는 참 이상한 도시였어요. 때로 각자에게 필요한 어떤 환경이 있어요. 환경은 너무나 강력해서 아이디어들이 효과를 발휘하게 만들 수 있고, 공포조차도 창작의 동기를 부여할 수 있어요.

음, 알겠습니다. 감독님은 이런 놀라운 말도 했습니다. "무시무시한 것들에 한번 노출되고 나면, 당신은 평화롭고 행복한 삶이 사라지거나 위협받을 수도 있다고 걱정하기 시작한다."

그 말은 우리 모두가 이해하는 말이라고 생각해요.

흐음, 그 문장은, 이를테면, 지나치게 많은 걸 아는 사람을 순수함과 고지식함과 매력적으로 결부하는 말이군요.

정확해요.

이 영화에는 등장하지만 사운드트랙에는 없는 노래가 있습니다. 디스 모털 코일This Mortal Coil의 노래 〈사이렌에게 바치는 노래〉죠. 감독님은 그 노래에 관련된 오랜 사연이 있다고 알고 있는데요.

맞아요. 그 노래를 80년대에 들었어요. 85년이 맞는지 확실치 않지만, 그 노래를 〈블루 벨벳〉에 꼭 사용하고 싶었어요. 그런데 노래에 몇 가지 법적인 문제가 있어서, 아니면 큰돈이 드는 문제가 있어서 사용할 수가 없었어요. 그래서 마음이 아팠죠. 하지만 한편으론 〈사이렌에게 바치는 노래〉를 확보하지 못한 덕분에 안젤로 바달라멘티와 만날 수 있었어요. 그 이후로 같이 작업해왔죠. 나를 음악의 세계로, 그 세계의 한복판으로 이끈 사람이에요.

그러니까 〈사이렌에게 바치는 노래〉를 사용할 수 없게 된 상황이 감독님을

대안으로 이끌고 간 거로군요.

맞아요. 그 대안이 안젤로가 작곡하고 내가 푹 빠진 〈사랑의 미스터리들〉이었어요. 내가 그럴 줄은 몰랐어요. 세상에 노래가 100만 곡이나 있는데, 어떻게 안젤로가 그 노래를 대체할 노래를 작곡할 수 있을까요? 신기한 일이었죠. 안젤로의 곡은 그 노래를 대체했고, 그와 나는 이렇듯 대단하고 근사한 관계를 이어왔어요.

〈로스트 하이웨이〉를 만들 때 그 트랙을 사용할 다른 기회가 생겼군요.

맞아요. 기다리고 또 기다려왔는데 드디어 그런 기회가 생긴 거죠. 그 노래는 분명히 역사상 가장 아름다운 노래 중 한 곡으로서 내가 좋아하는 노래 목록의 상단에 자리하고 있어요.

그 노래가 사운드트랙에 끼지 못한 이유는 뭔가요?

프로듀서인 아이보Ivo는 그 노래가 영화에 삽입된 것을 기뻐했어요. 그런데 아이보는 그 곡을 감정적으로 깊이 받아들였기 때문에 내가 그 노래를 더 이상 이용하지 않기를 바랐어요.

음, 두 분은 공통점이 꽤나 많네요. 그 노래의 위력이 두 분한테 제대로 발휘됐군요.

정확한 말이에요.

(막간에, 〈사이렌에게 바치는 노래〉와 메릴린 맨슨이 커버한 〈당신에게 주문을 걸었어I Put a Spell on You〉가 방송됐다.)

308

메릴린 맨슨의 〈당신에게 주문을 걸었어〉였습니다. 정말로 대단한 커버곡입니다.

대단한 커버곡이죠.

메릴린 맨슨은 트렌트 레즈너가 세상에 건넨 또 다른 선물이에요.

정확한 표현이에요. 나는 메릴린이 대단히 모던한 존재이고 날이 갈수록 더 훌륭해지고 있다고 생각해요.

맞습니다. 그는 〈로스트 하이웨이〉에 카메오로 출연했죠.

맞아요.

메릴린 맨슨은 트렌트 레즈너가 세상에 한 기여이기도 하지만, 데이비드 보위의 투어에도 출연했습니다. 여기 또 다른 연결 고리가 있군요. 그는 영화 문화의 한 측면인 사운드트랙 매체를 새로운 레벨에 올려놓았다고 생각합니다. 그리고 그는 열세 살짜리하고도 친해질 수 있는 사람이에요.

대단하죠.

맞습니다. 그 세계에서 많은 일들이 일어나죠. 제가 알기로 이 영화는 감독님의 저택 중 한 곳에서도 촬영됐습니다. 맞나요?

맞아요.

감독님이 소유한 저택 세 채가 모두 이웃하고 있다는 게 사실인가요?

사실이에요. 운이 아주 좋았죠. 프리프로덕션 기간에 그 세 집의 소유권을 얻은 덕분에 일부를 허물 수 있었고 스토리와 잘 어울리

도록 재건축했어요. 그래서 집이 거의 사운드스테이지^{soundstage}나 마
찬가지가 됐죠. 물론 밖으로 나갈 수는 있어요.

그리고 감독님은 그 로케이션에 거주했고요?

맞아요.

지금까지 한동안요?

맞아요.

**이건 감독님으로서는 특이한 일이 아닙니다. 본인 영화 세트에서 실제로 살
기도 하잖아요.**

음, 감독은 거기에 정신적으로 거주하기도 합니다만, 물리적으로
거주하는 것은 아주 근사한 일이에요.

그러니까 감독님이 물리적으로 〈이레이저 헤드〉에 살았었다는 거네요.

맞아요. 헨리의 아파트에서 몇 년을 살았어요. 거기 살면서 식사
를 하고 호흡하면서 그 무드를 느낄 수 있었어요. 그렇게 하면 바깥
세상은 실제로 존재하지 않는다는 상상을 날마다 할 수 있어요. 그
러면 무드가 강화되면서 그 무드가 영화에 배어 들어가는 데 도움
이 돼요.

그 환경을 내밀하게 알게 되죠.

맞아요.

그 환경을 탐구하면서 활용할 수 있고요.

정확해요.

완벽한 세상이라는 게 있어서 감독님이 일상생활이라는 귀찮은 일을 하지 않아도 되고 감독님이 완성하고 싶은 영화가 앞에 놓여 있다면, 그 제작 과정은 어떻게 될까요? 다시 말해, 감독님 입장에서 완벽한 세상에서 만드는 영화의 전형적인 제작 과정은 어떤 건가요?

글쎄요. 완벽한 세상에서는, 또 다른 세계로 들어가 그 세계를 경험하는 것과 관련한 대단히 큰 기쁨이 있기 때문에, 〈이레이저 헤드〉의 그런 측면이, 그러니까 세트에 거주하는 것 또는 로케이션에 거주하는 것이 아주 멋질 거예요. 그런데 그런 세계를 경험하다 보면 영화를 제작하는 속도가 약간 느려지겠죠. 어떤 때는 영화 제작이 너무 빠르게 진행되는 바람에, 필요한 것을 얻기는 했어도 프레드 매디슨의 거실에 한동안 앉아 생각에 잠기는 즐거움을 제대로 누리지 못했어요. 그러니까 그전에는 그런 기회를 가졌었다는 거죠. 무슨 말인지 알 거예요.

프레드 매디슨은 주인공 캐릭터죠.

프레드 매디슨은 〈로스트 하이웨이〉에서 주인공 캐릭터예요. 따라서 나는 그런 환경을 아주 깊이 경험해보는 게 굉장히 중요하다고 생각해요.

그러니까 감독님은 우리가 실제로 보는 대다수 영화들은 원래의 아이디어가 무엇이었는지를 슬쩍 엿보는 거라고 말씀하시는 건가요?

그런 말은 아니에요. 저 바깥세상에는 자기 아이디어를 깨달은 사람이 많다고 생각하는데……

그것들을 더욱더 발전시키는 게……

맞아요. 흔히들 하는 말처럼, 누구도 나쁜 영화를 만들려고 하진 않는다는 거예요.

당연하죠.

그리고 영화를 만들려면 많은 일을 해야 해요. 그 과정을 거친 사람들은 그걸 알아요. 우리가 그 세계에 깊이 들어가면 갈수록 영화에 훨씬 유익하다는 섬에 사람들도 동의할 거라고 확신해요.

감독님은 영화를 만드는 즐거움은 감독님이 통제력을 완벽하게 거머쥔 환경 및 세계를 창조한다는 사실과 관련 있다고 말한 적이 있습니다. 한동안 현실을 떠나 감독님이 지배하는 다른 환경을 창조한다는 사실에 대해서요.

맞아요. 그런 후에 그 환경에서 일어나는 아이디어들을 통역하는 과정에서 필름과 사운드와 음악이 할 수 있는 일을 결합하는 거예요. 필름이라는 매체는 너무도 강력하기 때문에, 그건 일종의 실험이에요. 그토록 아름다운 이 매체는 아주 멀리까지 갈 수 있어요. 구체적인 아이디어건 추상적인 아이디어건, 그런 아이디어들에 어떻게 공을 들일 수 있는지를 보는 것은 정말 근사한 일이죠.

현재 감독님은 그런 주변부를 탐구하고 있는 거군요. 감독님 인생의 이 시기에 한계를 뛰어넘고 있는 셈이네요.

으음, 그건 모두 인간이 하는 행동의 세계에 들어 있어요. 우리 모두가 아는 것처럼, 굉장히 넓은 범위를 가진 인간 행동의 세계 안에요. 인간들이 하는 이 근사한 일에는 가능성이 대단히 많아요. 그리고 이 세계에는 탐구하러 가야 할 기나긴 길이 있죠.

우리 뇌에서 우리가 활용하고 있지 않은 부위가 많은 것처럼요. 맞나요?

딱 맞는 말이에요.

감독님은 영화 크레디트에 사운드 디자이너로도 이름이 오릅니다. 그게 뭘 뜻하나요? 감독님이 실제로 하는 일이 뭔가요?

글쎄요. 우리는 늘 다른 사람과 일해요. 우리 팀에는 사운드 작업을 하는 걸출한 사람들이 몇 명 있었어요. 그런데 감독으로서 하는 일은 사소한 것 하나까지도 마음속에서 영화 전편과 특정한 방식으로 조화를 이뤄야 해요. 대단히 중요한 일인데, 그 일은 느낌을 바탕으로 해요. 따라서 그 모든 상이한 소리들을 적합하게 영화에 집어넣으려면 사람들과 함께 일하면서 뜻밖의 우연들도 활용해야 하죠. 따라서 그건 한 사람의 필터만 거치는 데서 머물지 않는 집단적인 활동이에요.

그런데 그건 보통은 감독이 하는 일이 아니잖아요. 감독님은 다른 감독들보다 더 깊이 관여하는 건가요?

음, 나는 그들과 같이 앉아 있어요. 스튜디오에 실제로 가서 함께 음악을 믹싱하는 거죠. 스태프들과 마찬가지로요. 그렇게 하다 보면 모두들 배리와 내가 체험했던 애초의 출입구가 무엇인지를 알게 돼요. 그리고 얼마 안 있어 상황은 그 원래의 아이디어들 쪽으로 맞게 동화되기 시작하고, 스태프들도 한 몸이 돼서 움직이죠.

어느 분이 우리에게 전화를 걸어서 사운드 디자이너였던 앨런 스플렛을 얘기했습니다. 우리가 그 이름을 언급하자 감독님은 미소를 지었죠.

앨런은 내 가장 친한 친구였는데 고인이 됐죠. 앨런하고 나는 필라델피아에서 만났어요. 〈할머니〉를 위한 사운드를 함께 작업했고, 그러면서 엄청 친해졌죠. 앨런하고 〈블루 벨벳〉 작업도 했는데 그가 없었다면 아무것도 못 했을 거예요. 그는 사운드와 음악에 엄청난 애정을 가진, 감수성이 지극히 풍부한 사람이었어요.

그가 〈로스트 하이웨이〉의 스튜디오에 앉은 감독님에게 얼마나 큰 영향을 주었을지 상상이 갑니다.

맞아요.

자, 우리는 안젤로 바달라멘티가 한 작업을 잘 알아요. 두 분은 오랫동안 협력해서 작업해온 사이죠. 감독님이 아까 얘기했듯이 그는 감독님을 음악의 세계로 이끌었습니다. 그게 뜻하는 바가 정확히 뭔가요?

나는 늘 음악에 근접하는 사운드 이펙트에 관심을 갖고 있었어요. 사운드 이펙트는 음악과 동일한 법칙들을 일부 준수하는, 사실상 음악이에요. 그런데 작곡가랑 같이 일하면서 작업에 깊이 참여했던 적은, 그러면서 음악의 세계에 빠져드는 경험을 한 적은 한 번도 없었어요. 안젤로는 나를 그 세계에 초대해 북돋아줬어요. 그래서 좋은 경험을 많이 할 수 있었죠.

감독님이 오늘 아침 가져오신 새로운 경험의 일부가 여기 있군요. 데모 테이프인가요?

데모 맞아요.

이 여자분은……

이름이 조슬린 웨스트예요. 영국 출신으로 바이올린을 연주하고 노래를 합니다.

그래서 함께, 감독님하고 안젤로가……

그녀가 5분짜리 미팅을 하러 왔는데 그 미팅이 일곱 시간이나 계속됐고, 그런 끝에 우리는 이 노래 〈앤드 스틸And Still〉을 내놓았어요. 나하고 아티에 폴레미시스의 부인이 함께 가사를 썼어요. 아티에는 뉴욕에서 스튜디오를 운영하는 사람으로, 그의 아내 에스텔레와 내가 가사를 썼죠.

(막간에 〈앤드 스틸〉이 방송됐다.)

조슬린 웨스트가 부른 〈앤드 스틸〉이었습니다. 데이비드 린치 감독이 제작한 데모였고요. 그리고 작곡은 안젤로 바달라멘티가 한 거겠죠?

맞아요.

제 짐작입니다만, 이 노래가 언제 무대에 오를지는 기약이 없군요.

기약이 전혀 없죠.

뮤지션이나 가수와 함께 스튜디오에서 작업하는 것은 카메라 앞에서 배우와 작업하는 거랑 비슷할 것 같은데요.

아주 비슷해요. 이상한 대화나 공중을 스쳐 지나간 것들, 또는 손짓에서 길을 찾아내고는 하니까요. 안젤로하고 대화를 하다 보면, 1분이나 그에 이어지는 1분이 흐른 후 시간이 사라지는 느낌이 들어요. 그러다 갑자기 뭔가 '짠!' 하고 나타나죠.

그게 감독님이 연기자들과 작업하는 방식인가요? 다시 말해, 연기자들에게 그런 개괄적인 분위기로 연기 지도를 하느냐는 거예요.

음, 배우들하고는 처음에 어떤 장소에서 작업을 시작해요. 내가 얘기를 하고 리허설을 하고 얘기를 하고 리허설을 하죠. 그런 식으로 조금씩 조금씩 원래의 아이디어와 결합하는 곳으로, 같은 출입구로 접근하는 거예요. 그런 후에 작업을 진행해요.

그런 신들에 들어가려면 리허설을 얼마나 많이 하나요?

〈로스트 하이웨이〉의 경우, 발타자(게티), 빌 풀먼, 퍼트리샤 아퀘트하고 리허설을 했어요. 촬영 시작하기 전에 2주간 리허설을 했죠. 길면 더 좋았겠지만요.

로버트 블레이크는 어땠나요?

로버트 블레이크는 리허설이 전혀 필요하지 않았어요.

그의 연기는 제일…… 그가 이 영화에서 일으킨 공포를 뭐라고 표현해야 할지 도무지 모르겠네요.

다들 로버트 블레이크에 열광할 거예요.

그를 어디에서 발굴했나요? 어디 있던 사람인가요?

그는 원래 여기 있었고 그런 자질을 갖고 있었어요. 거기에는 이견의 여지가 없어요.

그는 두two 사람이니까요!

그는 세three 사람이니까요. 그는 그전부터 연기를 해왔었던 것 같아요. 대단한 사람으로, 엄청나게 많은 사연을 갖고 있어요.

감독님이 진행하고 있는 다른 작업은 뭔가요? 감독님은 만화 「세상에서 가장 화난 개」를 꽤 오랫동안 연재했죠. 지금도……

아뇨. 「세상에서 가장 화난 개」는 호흡기가 떼어졌어요.

언제 그렇게 됐나요?

92년도 일이에요! 9년간 연재했으니까 오래 한 셈이에요.

방금 생각난 게 그 만화를 LA에서는 더 이상 볼 수가 없었어요. 다른 곳에 연재되거나……

맞아요……. 어쨌든 그 개는 세상을 떠났어요.

음, 감독님이 작업하는 다른 매체들은……

알고 있겠지만 여전히 그림을 그려요. 늘 그림을 그려왔어요. 최근에는 파리에서, 그리고 일본에서 전시회를 열었어요.

그 전시회는 언제 로스앤젤레스에 올 예정인가요?

여기 있는 콘 터너 갤러리를 잡았어요. 1년 반인가 2년 전쯤에 거기서 전시회를 했죠. 언제 또 전시회를 열지는 모르지만, 아시다시피 나는 회화의 세계를 무척, 무척 사랑해요.

자, 키트라는 아이디어는 어떤 거죠?

키트 작업은 런던에서 시작했어요. 생선을 가져와서는 그걸 잘라서⋯⋯. 비행기 키트를 사서 부분들을 조립하는 거랑 비슷해요.

생선은 어디에서 구하나요? 어시장에서요?

어시장에서요. 그걸 집으로 가져간 다음⋯⋯

해체하는군요.

조립하죠. 집에 가져가서 해체하고, 사진 찍고, 하나로 조립해 갖고 놀 수 있을 것 같은 형태로 만들어요.

감독님은 그걸 생선 키트라고 부르나요?

생선 키트죠. 멕시코에서는 닭 키트도 했어요.

따라서 세상에 존재하는 키트는 이 두 종류군요.

맞아요. 오리 키트도 있는데, 결과물이 썩 좋지는 않았어요.

흐음⋯⋯ 어째 결과물이 썩 좋지 않았던 건가요?

사진이요. 부위들이 너무 많아서 작은 부위들의 디테일을 제대로 포착하지 못했어요.

오리는 복잡한 동물이군요!

네. 오리는…… 음, 세상에서 가장 아름다운 동물 중 하나예요.

감독님은 실제로 영화 만드는 작업을 빗대서……

오리랑 비교했었죠. 자연은 위대한 스승이에요. 자연에서 생긴 많은 것이 우리를 지금 있는 거리에서 다른 거리로 안내할 수 있어요.

감독님이 관심사를 반영한 비주얼 작품들을 모아서 커피 테이블 북을 만들기도 했다고 알고 있습니다. 그 관심사가 치위생인가요?

치위생에 굉장히 관심이 많아요. 어렸을 때…… 치아가 무른 데다 충치 때문에 치과를 자주 다녔죠. 요즘에 내가 진료받는 치과 의사는 산타모니카의 닥터 친으로, 세상에서 가장 훌륭한 치과 의사라고 생각해요.

지금 광고를 하신 거예요!

그렇군요. 죄송합니다. 하지만 그는 환상적이에요. 나는 치과에 관련된 것을 즐겨요. 이런저런 기계들과 치과 진료의 질감을요. 그래서 그런 즐거움을 반영한 사진 작업을 좀 했어요.

영화 작업의 경우에는 이제 어떻게 하실 계획인가요?

지금은 다음 작품을 찾아내려 애쓰는, 아이디어를 포착하려고 애쓰는 서글픈 신세예요. 그게 언제 될지를 몰라서 좌절 중이죠. 영화 작업에 당장 착수할 수 있기를 바라고 있어요.

감독님은 아이디어를 붙잡는 것을 작곡가가 노래를 붙잡을 때와 비슷한 방식으로 설명했었죠. 때로―톰 웨이츠를 인용한 적이 있는데, 다시 인용해야겠군요 ― 노래들은 만화 캐릭터들과 비슷하다. 노래들은 전혀 붙잡지 못하고 그 속옷만 붙잡는다. 노래의 속옷만 붙잡고는 그걸 움켜쥐려고 애쓰다……

맞아요……. 으음, 똑같은 것도 많은 방법으로 말할 수 있어요. 세상사람 모두가 아이디어에 의존해요. 아이디어가 가장 중요하죠. 세상에 있는, 누군가 만든 것들 하나하나가 다 아이디어에서 시작됐어요. 따라서 사랑에 빠질 만큼 강력한 아이디어를 포획한다면 그건 가장 근사한 경험에 속하겠죠. 마치 전기에 감전되면서 동시에 지식에 감전되는 것과 같아요.

감독님이 그런 우연의 발생을 더 잘 수용하는 데 도움이 된다고 배운 지식이 있나요?

음, 있잖아요, 나는 명상가meditator예요. 명상은 신경계라는 의식으로 구동되는 기계를 청소해서 의식을 확장하는 거예요. 의식이 커질수록, 낚시에 비유하면, 더 큰 아이디어들을 포획할 수 있는 갈고리를 더 깊이 내리는 거예요. 그 아래에 다다르는 것이 아주 중요해요. 의자에 편안히 앉아 잠이 드는 거죠. 앞에 놓인 것을 조작하려 하지 않으면서요. 때로는 근사한 곳으로 내려가거나 높은 곳으로 튀어 올라 (내가 보고 싶은 어떤 방식으로든) 근사한 곳에 들어가 아이디어들을 포획할 수 있어요.

감독님이 관심은 있지만 탐구해보지 않은 매체가 있나요?

라디오는 한 번도 탐구해본 적이 없어요. 그런데 이런 환경에 있는 당신을 보니까 제법 자극받게 되는군요.

감독님이 KCRW에서 시도해보고 싶은 아이디어가 떠오르면 우리한테 알려주세요.

이걸로 거래 성사된 겁니다.

함께해주셔서 대단히 감사합니다.

크리스, 정말로 즐거웠어요.

KCRW의 〈다방면을 다루는 아침〉에서 만난 데이비드 린치입니다. 이렇게 또 다른 작업이 진전되는군요.

아까 튼 데모 테이프는 돈 발존과 앤디 아머, 데이브 주라이크, 스티브 호지스와 함께 완성한 거예요.

될 수 있는 한 많이 듣도록 하겠습니다.

오케이. 정말 고마워요, 크리스.

데이비드 린치였습니다.

세계는
스스로 모습을 드러낸다

카트린 슈포어 — 1997

섹스와 폭력, 광기가 팽배하다. 데이비드 린치는 그의 영화들로 미국이라는 수수께끼 같은 그림에 물감을 칠해왔다. 그는 〈이레이저 헤드〉(1976), 〈블루 벨벳〉(1986), 〈광란의 사랑〉(1990)과 최신 프로젝트 〈로스트 하이웨이〉를 모두 '지옥 여행기'로 본다. 데이비드 린치만큼 논쟁적인 감독도 드물다. 그리고 그만큼 미국 영화에 활기를 되찾아준 감독도 드물다. 예술 대 키치? 린치는 그 둘이 대립된다고 여기지 않는다. 어쨌든 그는 경계선을 넘나드는 것을 무척 좋아한다. "디자인과 음악, 미술과 건축, 그것들은 모두 하나에 속합니다." 게다가 그는 다년간 가구를 디자인해왔다, 비밀리에. 그가 디자인 저널에는 처음 수락한 인터뷰에서 이제 모든 것을 밝힌다.

〈폼Form〉 1997년 2월호(no. 158)에서.

당신은 영화감독이자 연기자, 전설적인 **TV** 시리즈 〈트윈 픽스〉의 크리에이터로 세계적으로 유명합니다. 하지만 당신의 열정은 영화와 텔레비전에만 머무르지 않죠. 안젤로 바달라멘티와 함께 작곡을 했고 또 화가로서…… 최근 파리의 전시회에 당신의 그림들이 걸렸죠. 그리고 이제 우리는 당신이 가구를 디자인해왔다는 것을 압니다. 또 어떤 일을 기대할 수 있을까요?

걱정 말아요. 만능 탤런트처럼 보이고 싶진 않으니까요. 불가피하게 이런저런 일에 관여하게 된 것뿐이에요.

나는 화가로 경력을 시작했어요. 많은 화가들처럼, 새롭게 도전할 것을 찾고 있었어요. 미술로 돈을 벌기는 쉽지 않으니까요. 캔버스 스트레처를 만들어서 캔버스를 펼치려면 많은 도구를 다뤄야 하죠. 늘 그런 식으로 한 가지 일이 다른 일로 이어지다 보니 이것저것 만들고 있더군요.

그건 특별한 세계관이에요. 자신의 세계를 만드는 거죠. 내 경우, 아버지가 늘 집에 작업실을 두고 있어서 나는 도구 사용법을 익히고 작업실에서 물건을 만들며 많은 시간을 보낼 줄 알게 되었어요. 그러니 그 모든 건 어린 나이에 시작된 거죠.

따라서 가구 디자인은 당신에게는 전혀 새로운 게 아니군요?
맞아요. 늘 가구 디자인에 관심이 있었어요.

당신의 모든 창작 활동을 연결하는 특별한 요소가 있나요?
음, 영화는 대다수 매체를 하나로 묶어요. 회화 작업이나 가구 제작, 안젤로와 함께 하는 음악 작업은 거리^avenue 와도 같아서 애초부터 그 나름의 존재감을 갖고 있어요. 당연히 그 각각의 것들에 흠뻑 빠져들 수 있죠. 테이블이나 다른 가구들에 대한 아이디어가 생기면 굉장히 흥분돼요.

4월에 당신은 세계에서 가장 중요하고 유명한 가구 전시회인 밀라노 가구박람회에 컬렉션을 전시했죠. 디자이너로 제2의 커리어를 계획하고 있나요?

네…… 아이디어가 많아요.

가구 디자인은 언제 시작했나요?

시작할 당시에는 나 자신을 가구 디자이너라고는 조금도 생각하지 않았어요. 그냥 아이디어를 얻어서 만들기만 했죠.

나는 아트 스쿨에서 내 디자인을 바탕으로 물건들을 만들었어요. 그 물건들은 거기서부터 나름의 길을 갔고요.

그런데 지금은 내 디자인을 생산할 수 있는 회사와 함께 일하고 싶어요. 누군가 흥미를 가지면 아이디어들이 제대로 흘러나오거든요. 아이디어 배출구와 나를 뒷받침해줄 사람들이 필요해요.

학생이던 60년대에 물건을 만들기 시작한 거네요?

네, 맞아요. 변화의 10년the decade of change 동안……

밀라노 전시회에 내놓은 테이블들은 어떤 건가요? 얼마나 된 것들이죠?

'에스프레소 테이블'은 5년쯤 됐어요. 다른 것들은 그보다는 새것들이고요.

사람들은 당신의 영화들을 폭력과 자주 결부하고, 특별한 욕망이나 악몽들

과 연관 짓기도 하죠. 이런 맥락에서 디자인은 영화하고는 전혀 다른 차원에 있는 듯 보입니다.

그럴 수 있어요. 하지만 영화와 회화, 가구 등은 모두 아이디어에 기초해요. 우리는 아이디어를 얻으면 그 아이디어에 걸려들죠.

잊지 마세요. 나는 뭔가를 만드는 것을 무척 좋아한다는 것을요. 그리고 만드는 건 디자인하는 것만큼이나 중요해요. 디자인이 구체적인 물건으로 성장하는 과정이 뭔가를 만드는 작업인 경우가 많으니까요.

영화감독이 자기 영화에 쓸 가구를 직접 디자인하는 것은 그리 흔한 일이 아닙니다.

그럴지도 모르죠. 그런데 나는 어떤 장소에 걸맞은 가구들이 필요하다고 생각할 때가 있어요. 그 특정 가구를 찾아내는 데에는 시간이 너무 많이 걸리겠죠. 그리고 내게 가장 재미있는 것은 그걸 내가 직접 만드는 거예요.

만든 가구를 팔아보려고 해본 적이 있나요?

음, 몇 년 전에 내 첫 소형 테이블을 베벌리 드라이브에 있는 스캥크 월드에 팔았어요. 스캥크 월드는 50년대의 디자인과 가구를 전문적으로 다루는 작은 상점인데 내가 참 좋아하는 곳이에요. 그런데 사람들은 대개 거기에 새 가구를 사러 오지 않아서, 내 가구는 판매가 잘 되지 않았죠. 그 뒤로 가구를 다시 팔려고 한 적은 없어요. 지금까지는 그게 다예요.

당신이 한 디자인을 대량 생산하는 것도 고려하고 있나요?

아뇨. 처음에는 소규모 시리즈로 만들었으면 해요. 한정판은 아니고요. 그 시리즈가 매출을 일으켜서 규모가 커지면 좋겠어요.

당신의 테이블 몇 가지는 무척 작아서 특별한 때에 한 가지 용도로만 쓸 수 있을 것같이 보입니다. 예를 들어, 스틸 블록 테이블은 에스프레소 컵이나 안경 몇 개를 올려놓을 공간만 있어 보여요. 또 다른 테이블은 머그 잔 하나하고 재떨이를 놓을 공간만 있고요. 이런 미니어처 테이블의 배후에 있는 비밀은 뭔가요?

내가 보기에 대부분 테이블이 너무 크고 너무 높아요. 방의 규모를 왜소하게 만들고 공간을 잡아먹어서 정신 활동에 불쾌감을 초래해요.

밀라노의 대중이 본인 가구를 어떻게 해석할지 생각해봤나요?

아뇨. 그런 생각은 눈곱만치도 안 했어요.(웃음)

당신이 나무에 매혹됐다는 것은 영화들만 봐도 분명합니다. 당신의 사무실에는 완벽한 장비를 갖춘 목공 작업실이 있죠. 여기 로스앤젤레스에서 열린 〈로스트 하이웨이〉 시사회에서 당신은 영화 콘텐츠의 질에 관한 메타포로 기능하는 나무에 대해 설명했습니다. 그런 연관성은 어떻게 떠올렸나요?

음, 나무는 아주 특별한 소재예요. 천지개벽 이래로 사람들은 나무를 베어서 작업을 해왔어요. 대다수 나무는 못을 받아들일 거고 빠개지지 않을 거예요. 그리고 나무는 톱으로 자르고 끌로 깎고 부드럽게 연마할 수 있어요. 결도 아주 근사하죠. 나무에는 우리 영혼으로 곧장 파고드는 무언가가 있어요.

나무와 수공예에 대한 그런 찬사는 요즘 시대에는 조금 시대착오적이지 않나요?

나는 공업적인industrial 구조물과 소재에 내내 흥미가 있었어요. 우리 세계에서 한자리를 차지하는 플라스틱은 정말 멋진 소재지만, 자연스러운 소재하고는 거리가 있죠. 나무는 우리에게 말을 걸고 우리는 나무를 이해할 수 있어요. 나무는 그만큼 기분 좋은 소재이고, 정말 무척이나 사용자 친화적인 소재예요. 종류가 엄청나게 다양하고요. 정말 놀라운 일이죠. 나무는 단순한 소재의 수준을 뛰어넘는 존재예요.

건축이 당신의 영화들에서 하는 역할은 무엇인가요?

건축이나 공간은 우리를 에워싸고 있죠. 흡족한 방식으로 공간을 포착하는 것은 그 자체가 하나의 예술 형식이에요. 그런데 그런 작업을 해낼 수 있는 사람은 별로 없어요. 일반적으로 말해서 대다수 주택은, 그리고 특히 현대 미국의 접근 방식은 거의가 우리 내면의 무엇인가를 파괴해요.

그런 주택에는 디자인이랄 게 전혀 없어요. 그런 주택들은 사람들한테서 행복을 빨아먹는다고 생각해요. 그런 장소에서 사는 것은 정말로 힘든 일이에요.

나는 늘 아이디어를 판단 기준으로 삼아요. 〈트윈 픽스〉의 빨간 방 아이디어는 머릿속에서 그냥 터져 나왔어요. 바닥의 패턴은 〈이레이저 헤드〉에 나오는 헨리 스펜서의 아파트 로비 바닥하고 똑같고요. 나는 그 패턴을 좋아해요.

〈엘리펀트 맨〉을 보면서 엘리펀트 맨이 교회의 완벽한 모델을 만드는 장면에

서 깊은 인상을 받았습니다. 그 교회는 당신이 디자인했나요?

아뇨. 프로덕션 디자이너인 스튜어트 크레이그가 만든 거예요. 예전에 판매된 빅토리아 시대 양식의 판지cardboard 키트들을 바탕으로 하고 런던 병원 근처에 있는 교회를 모델로 삼았어요.

당신은 〈로스트 하이웨이〉의 시나리오를 배리 기포드와 함께 썼죠. 그리고 〈로스트 하이웨이〉는 "시간이 위험하리만치 통제 불능인 세계"라고 말했습니다. 이런 아이디어를 세트 디자인에서 어떻게 표현했나요?

그 영화는 시간을 다뤄요. 상대적으로 볼 때, 영화는 한 장소에서 시작해서 앞으로 또는 뒤로 이동하거나 그 자리에 멈춰 있어요. 그런데 시간이 빨리 움직이면 영화들은 각자 다른 방식으로 시간을 압축하거나 연장시키죠. 음악에서 그러듯이, 시간을 염두에 두고 구축한 시퀀스들이 있어요. 그래서 나는 그 영화는 다른 요소나 세트 디자인보다는 스토리와 편집과 더 많은 관계가 있을 거라고 봐요.

당신의 시나리오에는 세트 디자인에 대한 언급이 전혀 없습니다. 그런 아이디어를 보통 언제 종이에 옮겨 적기 시작하나요?

종이에는 절대로 옮기지 않아요. 아이디어를 얻으면 아이디어와 함께 많은 게 따라와요. 마음속에 이미지들이 형성되고, 그 이미지들과 무드가 찾아오고, 빛과 내가 기억하는 다른 많은 것이 오죠. 그러면 나는 될 수 있는 한 그런 것들에 충실한 상태를 유지해요. 로케이션에서 작업할 때는 염두에 두고 있던 곳하고 다른 장소를 떠올릴 수도 있어요. 그래서 찾아낼 수 있는 가장 근접한 장소를 물색하고 다녀요.

〈이레이저 헤드〉를 만드는 동안 당신은 영화를 촬영한 그 방들에 거주했죠. 〈로스트 하이웨이〉에 나오는 풍광 일부는 당신의 집이고요. 사적인 공간을 활용하는 것을 왜 선호하나요?

영화의 세계를 너무 사랑하다 보면, 그 세계의 한복판에 있고 싶어져요. 그래서 촬영하는 동안 그 장소들에 상시로 거주하면서 가급적 많은 시간을 보낼 수 있다면, 아주 큰 도움이 돼요. 그런 식으로 세계는 스스로 더 많은 모습을 드러내요.

그리고 내가 알기로 당신의 집은 프랭크 로이드 라이트의 아들 로이드 라이트가 설계했습니다.

맞아요. 60년대에 로이드 라이트가 내가 사는 집인 베벌리 존슨 하우스를 설계했어요. 그리고 그의 아들 에릭 라이트가 아버지 밑에서 건축 작업을 감독했죠. 에릭은 25년이 지난 후에 아버지의 작업 취지에 맞춰 그 저택의 수영장과 부대시설을 설계했어요.

집이 당신의 작업에 영향을 끼친다고 생각하나요?

라이트는 훌륭한 건축가예요. 우리 집은 순수한 일본풍 건축의 느낌을 많이 풍기지만 미국적인 모더니티의 분위기도 있어요. 양쪽을 조금씩 갖고 있죠. 전체 공간은 만족스럽고 나한테 좋은 느낌을 줘요. 그런 만큼 우리 집은 그 안에서 사는 내 삶 전반에 영향을 끼쳐요. 나는 종종 사물이나 형체를 보면서 그 안으로 들어가보고는 해요. 그런 성향 때문에 가구나 영화에 이끌린 거죠.

당신 집에 있는 물건들은 무척 공들여 정돈돼 있습니다. 당신은 전화기와 비디오 시스템을 가려주는 상자들을 디자인했죠. 그런 장비들을 감추는 이유가 뭔가요? 기술을 왠지 모르게 위협적인 것으로 보는 건가요?

기술은 양날의 칼이에요. 보통은 나를 위협하지 않지만 위협할 가능성도 있죠. 모든 것은 기술을 사용하는 방법에 달렸어요. 그런데 기술이 더 나은 생활수준으로 우리를 이끈다면 만사 오케이라고 생각해요.

그렇다면 예를 들어 비디오 시스템은 왜 감추는 건가요?

글쎄요. 방을 되도록 깔끔하게 유지하기 위해서라면 모든 걸 감출 수 있어요. 전자 장비들 있잖아요, 그 장비들은 예술적인 경지에 이른 반면에 그걸 담는 상자들은 정말이지 따분해요. 앞면에 대해서는 많은 고민을 하지만, 다른 쪽에는 그렇지 않은 거죠.

어쩌면 바로 그 이유 때문에 그런 측면들이 더 흥미로운지도 모릅니다. 앞면만큼 의식적으로 디자인되지 않았으니까요.

하지만 그것들은 늘 지루해요.

당신은 아이디어를 백일몽의 형식으로 얻는 경우가 내단히 잦다고 말해왔습니다. 베벌리 존슨 하우스는 당신이 꿈꾸는 집인가요?

근사한 곳이에요. 건축은 항상 고민해야 할 대상이에요. 디자인은 내 삶에 영향을 끼치죠. 나는 만족스러운 공간들이 필요해요. 마음은 그런 방향으로 자주 옮겨 가지만 나는 건축가는 아니죠. 위대한 건축의 가치를 진정으로 인식하고 위대한 디자인이 사람들에게 만들어내는 차이점을 알아보는 사람이기는 하지만요.

존경하는 건축가는 누구누구인가요?

바우하우스의 경우, 바우하우스 학교의 모든 학생들을 존경해요. 그리고 파리에 있는 유리의 집the House of Glass을 작업한 피에르 샤로가 있죠. 또 루트비히 미스 반데어로에와 라이트 가문 전원, 루돌프 마이클 신들러와 리하르트 노이트라를 존경해요. 아름답게 디자인된, 미니멀한 것들을 좋아해요.

가구에 대한 꿈을 꾼 적이 있나요?

네. 가구에 대한 백일몽을 꿔요.

소위 '아메리칸 드림'의 정신에서 특정 종류의 가구가 탄생한다고 보나요?

각각의 문화에서 이런저런 이유로 특정한 물건들이 생겨나죠. 하지만 위대한 디자인은 세상 어디에서건 인정받아요.

당신은 레이와 찰스 임스에게서 영감을 받았다고 말합니다. 그들의 작품에서 가장 높이 평가하는 게 뭔가요?

디자인이요. 나는 레이와 찰스 임스를 사랑해요.

그들의 모든 작품을요?

네. 그들의 디자인을 좋아해요.

임스 부부를 만난 적이 있나요?

찰스 임스하고 점심을 먹은 적이 있어요. 1970년인가 71년에 그가 미국영화연구소에 와서 행사의 일환으로 학생 전원과 함께 점심을

먹은 적이 있어요. 내가 그와 같은 테이블에 앉았죠. 그는 내가 만나
본 사람들 중에서 가장 박식하고 세상 물정에 밝고 훌륭한 사람에
속했어요. 순수하고 행복감이 넘치는 사람이었어요. 약간은 어린아
이 같았고, 인생을 즐겼어요. 만나는 즉시 좋아하게 되는 그런 사람
이에요.

뉴욕의 디자이너 블라디미르 카간도 당신이 꼽은 영감의 출처입니다.

그는 이제 꽤 고령이죠. 여든 살 안팎일 거예요. 50년대에 유명한
편이던 그의 디자인이 요즘에 다시 유행하고 있어요. 샬로트 페리앙
이 르코르뷔지에와 피에르 잔느레와 함께 했던 작업도 그렇고요. 그
들은 다시 인성받고 있고, 그래야 마땅해요.

**그런데 임스 부부의 작품은 미국에서보다 유럽에서 더 높은 평가를 받습니
다. 그 이유가 뭐라고 보나요?**

유럽은 훌륭한 것들의 가치를 더 잘 인정하기 때문이에요.

독일 디자인을 좋아하나요?

네. 독일 니자인은 대제로 무척 순수하고 미니멀하고 탄탄하고 기
능적이죠. 내가 좋아하는 특징이 그런 점들이에요.

달리 말하면 독일 디자인의 기술적 측면을 좋아하는 건가요?

아뇨. 많은 경우 외양과 소재를 좋아해요. 독일인들은 대단히 우
수한 장인적인 솜씨로 유명해요. 따라서 그들이 어떤 물건을 만들
면 우리는 그게 제대로 기능하리란 걸 알아요. 그건 확실하죠.

당신은 지금까지 오랫동안 퍼트리샤 노리스와 같이 작업해왔습니다. 그녀는 당신의 프로덕션 디자이너죠. 당신의 디자인 작업에 그녀가 영향을 주나요?

그녀는 프로덕션 디자이너이면서 의상 디자인도 담당해요. 나는 의상과 관련해서는 그녀에게 거의 말을 하지 않아요. 의상은 그냥 그녀에게서 튀어나오죠. 그런데 세트 디자인의 경우에 우리는 늘 사소한 것 하나하나까지 상의해요.

나는 그녀를 내가 동화되고 있는 상황에 동화시키려 하고, 작업은 그렇게 물 흐르듯 진행돼요. 그리고 나서도 꾸준히 대화를 이어가죠. 영화 전편이 통일감을 가지려면 사소한 것 하나하나의 디자인이 중요해요.

다른 건축가나 디자이너들도 관련돼 있나요?

아뇨. 그녀뿐이에요.

당신은 세트로 구상한 로케이션이나 인테리어를 찾아낼 수 없는 경우 타협할 수 있나요?

아뇨, 타협은 불가능해요. 스토리를 위해 제대로 효과를 보일 장소를 찾아낼 때까지 계속 찾아다녀야 해요. 그 안에 담긴 사물들도요. 많은 곳들을 페인트칠하거나 다시 정비하거나 새로운 가구들을 들여요. 타협은 할 수 없어요. 타협은 영화를 죽이니까요.

지옥행 고속도로

스티븐 피젤로 ― 1997

12월의 어느 화창한 날, 데이비드 린치는 할리우드 힐스에 있는 2층짜리 모더니즘 건물 야외 파티오patio의 접의자에 앉아 있었다. 이 저택은 그의 영화 제작 사령부로, 어시메트리컬 프로덕션Asymmetrical Productions이라는 걸맞은 이름을 가진 영화사의 본거지다. 화가라는 직업에 필요한 도구들이 그를 둘러싸고 있었다. 특대형 목제 이젤, 페인트가 묻어 있는 깡통들, 사방에 흩어진 붓들. 가까운 벽에는 그의 미완성 작품이 기대어 있었다. 큼지막한 구운 소고기 덩어리가 아크릴 광택제로 캔버스에 부착돼 있었고, 그 양옆에는 방부 처리된 개구리와 참새의 사체들이 있었다. 린치는 면도하지 않은 턱에 난 희끗희끗한 수염을 긁으며 자기 작품을 살펴보았다. "저 소고기는 기이한 변형metamorphosis 과정을 거쳤어요." 그가 두 팔을 포개

〈아메리칸 시네마토그래퍼American Cinematographer〉 1997년 3월호에서.

며 말했다. "작업을 시작했을 때는 크기가 더 컸는데, 어느 날 다람쥐가 큼지막한 조각을 물고 갔어요. 나는 그런 동물하고 같이 작업하는 셈이에요."

이게 전형적인 린치식 문장이다. 전위적인 기이함과 소탈하고 재미있는 유머의 충돌. 이런 인용구들 때문에 미디어의 권위자들은 린치 감독을 일종의 멍청한 영화적 서번트savant, 전반적인 지적 능력은 떨어지나 특정 분야의 능력은 비범한 사람(자기 집 뒷마당에서 파낸 역겨운 것을 자랑하려고 이따금씩 찾아오는, 괴상하지만 영민한 동네 꼬마)로 풍자해왔다. 그런데 내가 만난 데이비드 린치는 전혀 바보가 아니다. 자기 이미지를 잘 아는 그는 그런 이미지를 영리하게 구축하는 듯하다. 어쨌거나 이 사람은 궁극의 심야 영화인 〈이레이저 헤드〉를 세상에 내놓은 남자다. 내용을 전혀 예상하지 못한 〈블루 벨벳〉의 관객들 앞에 데니스 호퍼의 사이코 같은 분신 프랭크 부스를 풀어놓은 남자다. 교외의 TV 세트들을 〈트윈 픽스〉의 기이한 이미지들로 뒤덮으면서 미국 전역을 단기필마로 침공하는 작전을 기획한 남자다. 요컨대 그는 실존적인 공포의 고위 사제이자, 우리네 삶이 약간 기괴하다는 것을 알게 된 모든 사람이 떠받드는 영웅이다.

그럼에도 그에게는 경력상 시점별로 '기괴한 것들의 차르' '기이한 마법사' '노먼 록웰의 사이코패스 버전'이라는 낙인이 찍히기도 했다. 겉보기에 린치는 유쾌한 친구 같다. 상당히 독특한 그의 사고 과정이 어떻게 영화적 비전을 만들어내는지 설명해달라고 하자, 감독은 진지하고 사려 깊은 대답을 내놓았다. "모든 것은 내가 애초에 얻은 아이디어들을 따릅니다. 아이디어를 얻은 그 순간, 이미지와 느낌을 얻고 나아가 소리도 들을 수 있어요. 그 무드와 비주얼은 대단히 강렬해요. 내가 얻은 모든 아이디어 하나하나가 이런 것들과 함께 찾아옵니다. 의식의 바깥에 있던 것들이 어느 순간 이런 위력을 모두 갖추고 내 안으로 들어오는 거예요."

그런데 이런 초월적인 상태를 유발하는 것은 무엇인가? "때로는 음악을 듣고 있을 때 아이디어들이 정말로 물결치듯 흘러요. 음악이 뭔가 다른 것으로 바뀌는 듯이, 눈앞에 신들이 펼쳐지죠. 아니면 의자에 가만히 앉아 있던 중에 '쾅!' 하고 아이디어가 나를 들이받기도 해요. 어떤 때에는 길거리를 걷다가 의미 있는 것을 보고는 또 다른 신scene의 영감을 얻기도 합니다. 어떤 작업에 착수하건, 아이디어의 조각들이 함께 달려와서는 열차처럼 자기들끼리 연결돼요. 아이디어의 첫 조각이 나한테 필요한 모든 것을 끌어당기는 자석이 되죠. 과거에 본 완벽했던 것을 기억할 수도 있고 전혀 새로운 것을 발견할 수도 있어요. 결국 연달아 일어나는 조그만 것들을 얻게 되는 거예요."

"뭔가를 떠올리기도 전에 풍경 전체가 훤히 열려요." 그가 결론짓는다. "그런데 특정한 아이디어에 일단 푹 빠지기 시작하면, 내가 있는 길은 아주 좁아집니다. 내가 그런 아이디어에 집중했을 때 아이디어늘은 그 좁다란 길을 따라 찾아와서는 전체 과정을 완성하는 거죠."

린치는 경력의 이 지점까지 관객들을 대단히 뒤틀린 길들로 인도해왔다. 이번에는 피터 데밍 촬영감독(〈이블 데드 2〉 〈할리우드 셔플〉 〈하우스 파티〉 〈황홀한 영혼 프레드〉 〈나의 사촌 비니〉, 그리고 곧 개봉할 코미디 〈오스틴 파워: 제로〉를 작업)의 도움을 받아 〈로스트 하이웨이〉를 내놓았다. 〈로스트 하이웨이〉는 마치 〈보디 히트〉와 〈상태 개조〉

가 끔찍하게 결합한 듯한 네오 누아르 악몽이다. 폭력적이고 비非선형적이며 충격적이리만치 기괴한 이 영화는 도저히 이해 불가일 수도 있고, 많은 관객을 불쾌하게 만들 수도 있다. 하지만 비주얼리스트로서 린치의 대단한 재능만큼은 확실하게 거듭 인증하는 영화다.

플롯은 프레드 매디슨(빌 풀먼)의 기이한 이야기를 쫓는다. 재즈 색소포니스트인 그가 성적 매력이 넘치지만 시무룩한 분위기를 풍기는 브루넷brunette, 머리카락이 흑갈색인 백인 여성(퍼트리샤 아퀘트)과 하는 결혼 생활은 위기에 처해 있는 게 분명하다. 누군가 이 부부의 집에 침입해 그들이 자는 모습을 비디오테이프로 찍은 직후, 아내는 살해당하고 프레드는 회색 창살 호텔(다른 말로 교도소)의 편의 시설 없는 스위트룸으로 안내된다.

여기까지 설정은 전형적인 필름 누아르다. 그런데 곧 상황은 초자연적인 쪽으로 급격히 방향을 튼다. 매디슨은 감방에 있다가 갑자기 어이없는 방식으로 10대 차량정비공 피트(발타자 게티)로 변신한다. 당황한 당국은 피트를 풀어주면서 그의 일거수일투족을 감시한다. 얼마 후 피트는 다혈질 조폭 두목(로버트 로지아)의 관능적인 금발 애인(다시, 퍼트리샤 아퀘트)에게 자기도 모르게 욕정을 품는다. 그의 사랑의 열병은 두목의 심기를 상하게 만들고, 두목은 그에게 겁을 주려고 눈썹이 없고 두 장소에 동시에 존재하는 능력을 가진 몹시 기괴한 미스터리 맨(로버트 블레이크)에게 그를 소개하는 등 온갖 수단을 동원한다.

물론 이 모든 것은 실제로 두 눈으로 봐야만 믿을 수 있는 상황이다. 그리고 이게 린치의 마스터플랜의 일환이라는 데에는 의심의 여지가 없다. 초기 홍보 자료는 이 영화를 간단히 '심인성 둔주psychogenic fugue'라고 표현했다. 감독은 이 영화의 진정한 의미에 대해 이보다 더 상세한 힌트는 하나도 내놓지 않는다. "제작 도중에 정신 질환에 대한 글을 읽던 홍보 담당자가 '심인성 둔주(푸가)'라고 부르는 상태를 제안했어요. 어떤 사람이 자기 자신을, 자기 세계를, 자기 가족을(자신과 관련된 모든 것을) 포기하고는 다른 정체성을 취하는 상태를 가리킵니다." 린치의 설명이다. "그게 바로 프레드 매디슨의 상태였습니다. 나는 심인성 둔주(푸가)라는 용어가 아주 좋아요. 음악 용어인 푸가는 이 영화와 완벽하게 맞아떨어져요. 이 영화도 테마 하나를 따라 진행되다 다른 테마로 넘어가니까요. 내게 재즈는 정신 이상에 가장 근접한 음악입니다."

〈로스트 하이웨이〉를 체험한 관객 일부는 린치에게 구속복을 처방할지도 모른다. 그러나 모험심 강한 관객들은 무관심을 거부하는 눈부신 이미지들의 홍수를 대접받을 것이다. 음침한 심연처럼 어렴풋이 보이는 깜깜한 복도, 마약의 효과에서 영감을 얻은 듯한 시퀀스에서 풀먼이 게티로 변신하는 장면, 포르노를 상영하는 무대 역할을 하는 호화로운 맨션, 먼지 날리는 사막에서 자동차 헤드라이트에 포착된 한밤의 막간 섹스.

〈로스트 하이웨이〉의 대다수 신처럼, 이 신들은 꿈처럼 들떠 있다는 특성이 있다. 린치 자신이 주장하듯, 그는 "지적인 사상가가 아니라" 주로 무드와 질감, 정서에서 동기를 부여받는 본능적인 아티스트다. "필름 누아르는 모두가 느낄 수 있는 무드를 갖고 있습니다." 그의 설명이다. "곤경에 처한 사람, 한밤, 미풍微風, 맞춤한 음악이 있는 근사한 장르죠."

그와 일하는 가까운 협력자들은 린치의 실존주의적인 지시를 해석하기 위해 그의 특이한 사고방식에 동화돼야 한다. 린치와 오래 일한 프로덕션·의상 디자이너 퍼트리샤 노리스는 그와 수년을 함께하면서 서로 강한 창조적 연대감을 이뤄왔다고 말한다. "우리 모두 (실내 장식과 인물 둘 다의 관점에서) '추악함'이란 무엇인가에 대해 같은 개념을 갖고 있어요." 노리스의 의견이다. "모든 공간은 사람한테서 나와요. 캐릭터가 어떤 사람인지를 이해하면 그들이 사는 방식도 이해할 수 있어요. 대다수 실내 장식은 글로 적히지 않은 내용을 전달하고, 관객에게 그 사람에 대한 느낌을 제공하죠. 예를 들어 〈로스트 하이웨이〉에서 포르노 사내의 맨션은 정말로 끔찍해 보여요. 아주 과장돼 보이고 취향도 고약하죠. 모든 게 지나치게 커요. 마치 그가 자기 대신 가구를 비치하는 사람을 고용하기라도 한 듯 말이에요. 매디슨의 집에는 전혀 다른 접근 방식을 취했어요. 부부 사이가 미스터리하고 모호하게 보였으면 했으니까요. 우리는 그들의 보금자리를 데이비드가 좋아하는 화려한 50년대 스타일의 '원자 가구atomic furniture'로 아주 드문드문 장식했어요. '전화기와 재떨이'만 놓인 것과 다름없는 공간으로 장식한 거죠."

데밍 촬영감독이 린치와 작업한 기간은 노리스만큼 길지는 않다. 그렇지만 이전에 TV 광고들과 단명한 TV 시리즈 〈방송 중〉, HBO의 옴니버스 〈호텔 방〉을 린치 감독과 함께 작업했던 경험이 도움이 됐다. "린치 감독은 사전 작업prep에 열성적인 쪽은 아니에요. 그는 너무 많은 걸 정확히 밝히는 건 좋아하지 않아요." 데밍의 설명이다. "촬영이 시작되기 전에 우리는 두 신에 대해서만 구체적으로 상의했어요. 첫째는 프레드 매디슨 저택의 복도와 관련된 신이고 둘째는 사막이 배경인 러브신이었죠. 어둠의 다른 레벨을 두고(어둠, '어둠에 가까움' 등의 그러데이션에 대해) 논의했어요. 나는 그가 뜻하는 바를 정확히 파악하려고 우리가 함께 했던 작업이나 그가 했던 다른 작업을 참고했어요. 데이비드가 가장 관심을 보인 컬러는 브라운과 옐로, 레드였습니다. 우리는 영화의 많은 부분을 초콜릿 #1 필터로 찍자는 결론으로 논의를 마무리했어요. 그 필터를 쓰면 데이비드가 원하는 때깔을 얻는 데 도움이 됐어요. 현상소에서는 그게 현상 시간을 맞추는 면에서 재현하기가 가장 어려운 필터라고 했죠."

"테스트 과정에서 초콜릿 필터를 야간에 사용할 때 생기는 문제에 맞닥뜨리기도 했어요." 그의 설명이다. "그 필터를 사용하면 광량이 노출 기준으로 1과 3분의 1 스톱 줄었고촬영 결과물이 그만큼 어둡게 나오므로 조명을 더 사용하거나 현상할 때 시간을 더 주어야 한다, 그러면 그늘이 잠식되면서 그늘진 영역 안을 전혀 볼 수가 없었어요. 데이비드가 선호하는 어둠을 알고 있었기 때문에, 노출 곡선의 하단에서 촬영할 때 초콜릿 필터는 예측하기가 너무 어려운 요소였어요. 라이트에 초콜릿 젤을 사용하는 것도 시도했지만, 그것도 다소 두꺼운 것으로 판명됐죠."

"최종적으로 내린 결론은, 컬러 타이머color timer, 영화에서 최종 프린트를 제작할 때 모든 장면의 색 조정과 보정을 책임지는 사람인 CFIConsolidated Film Industries 소속의 론 스콧을 데려오자는 거였습니다. 그에게 그레이 스케일을 두 개 줬습니다. 하나는 일반normal 스케일이고 다른 하나는 카메라에 필터를 단 스케일이었죠. 그는 일반 스케일을 필터를 단 스케일과 매치했고, 그러면서 밀도density가 다양한 전체 신을 수정했어요. 내가 좋아하는 작업 방식은 아니었지만 장기적으로는 그 방식이 더 나았다고 생각합니다. 그렇게 하면 야간 신에 약간 다른 때깔이 부여됐기 때문이죠. 심지어 신마다 때깔이 달랐어요. 린치 감독은 6개월간 감상한 워크프린트workprint, 편집이 완료된 프린트를 마음에 들어하면서 그걸 바꾸지 않길 바랐어요. 나는 영화를 위해, 우리가 그날 작업하려고 계획한 초콜릿 때깔과 꽤 일관성 있는 결과물을 보여주는 현상 시간을 하나 정했지만 실제로 그런 일은 일어나지 않았고, 그래서 우리는 워크프린트의 상당히 많은 부분에 적용했던 설정으로 돌아가서 그 작업이 썩 잘되지 않은 곳에서 개선 작업을 했어요. 결국 때깔이 상이하고 균질하지 않은 영화가 나왔죠."

트루 아나모픽 와이드스크린true anamorphic widescreen(2.40:1)으로 작업한 데밍은 영화의 대부분을 이스트먼 코닥의 5293과 5298 스톡으로 찍었고, 렌즈 뒤에 포걸 스타킹Fogal stocking을 사용했다. 그는 스톡을 선택할 때 현실적인 고려와 평범한 상식을 따랐다고 말한다. "우리는 실외에 있을 때도 거의 항상 오후 늦은 시간이나 나무 아래서 촬영을 하는 신세였어요." 그의 설명이다. "초콜릿 필터와 85코렉션correction으로는 정말로 93 말고는 다른 대안이 없었어요. 나는 93을 무척 좋아하기 때문에 그건 문제가 없었어요. 빛이 충분할 때는 93으로 보통 찍어요. 야간 장면을 찍을 때면 98을 사용했고요. 이게 아나모픽 필름이 아니었다면 다른 식으로 작업했을지도 모르지만, 아나모픽으로 작업할 경우에는 화면을 아주 근사하게 만들기 위해 할 수 있을 때면 언제든 조리개 노출을 최소 2.8에 맞춰야 합니다. 우리의 조리개 노출은 2.8보다 약간 아래일 때도 있었고, 한두 번은 와이드 오픈으로 촬영해야 했어요. 나는 낮은 스톱lower stop으로 촬영할 수 있는 평평한flat(1.85) 영화에서는 야간에 93으로 촬영하는 경우가 더 많아요."

데밍은 이 작품을 하면서 겪은 가장 큰 난제는 칠흑같이 어두운 비주얼을 좋아하는 린치의 취향에 부응하는 것이었다고 말한다. "고전을 면치 못했죠. 나는 린치 감독이 뭘 좋아하는지 잘 알았어요. 그의 취향에 따르면 모든 게 약간 덜 노출되고underexposed 어두컴컴했을 텐데, 나한테 그건 살인적인 일이나 마찬가지였죠. 이 영화에서 나는 어쩌다 보니 필름이 재현하는 범위의 하단부만 사용하게 되고는 했어요.어둡게 촬영했다는 뜻. 이미지를 과다 노출시키고 현상 시간을 줄이고 싶지는 않았어요. 그렇게 하면 콘트라스트가 너무 과하게 생기기 때문이에요. 나는 전체적인 때깔이, 매디슨 저택에서 주간에 한 작업과 영화의 나머지 부분에서 로 콘트라스트low-contrast처럼 보였으면 했어요."

매디슨 부부의 저택(천장 높이가 7피트약 2.13미터에서 8피트약 2.44미터 사이로 낮은 실제 건물) 내부 신들은 장비 배치 면에서 난점이 많았다. 제작진은—거실의 커다란 전망 창 하나를 아주 작은 수직 창문 두 개로 교체하고 천장에 채광창을 덧붙이는 것으로— 건물 구조를 대대적으로 바꿀 수 있었지만, 실내가 비좁았던 탓에 데밍은 아주 경제적인 조명 배치를 기획해야 했다. "특히 낮 시간에는 설치할 수 있는 곳이면 어디에건 라이트를 세워야 하는 그런 상황이었어요." 그의 설명이다. "주간daylight 신을 위해 주로 HMI 파 조명HMI Pars을 외부에서 갖고 들어갔어요. 천장 채광창을 통해 빛을 아래로 산란시키기도 했어요. 우리가 쓴 필 라이트fill light는 대부분 키노 플로 뱅크스 Kino Flo banks, 영상물 제작을 위한 조명 장비 제조업체인 키노 플로의 장비 몇 개를 세트로 묶은 것

로, 그 덕에 벽에 그림자를 확연하게 드리우지 않을 수 있었어요. 침실은 약간 달랐습니다. 활용할 수 있는 적당한 크기의 창문이 있었기 때문에 외부에서 조명기를 부착한 크레인을 사용했어요. 하지만 침실에서 주간에 찍은 신은 딱 하나뿐이었죠."

집에서 찍은 야간 신들은 제작진에게 한층 더 복잡한 문제였다. "그런 셋업에서는 보통 실제 광원光源으로 문제를 해결하는 편이에요. 우리는 대부분의 시간 동안 그렇게 작업했어요. 눈에 보이는 실제 질감이 없는 신들도 있었지만요. 그런 경우에는 뭔가를 첨가하면서 지나치게 밝거나 눈에 띄지 않기만을 바랄 뿐이에요. 야간 촬영을 할 때는 종이 랜턴을 많이 썼어요. 아나모픽을 촬영할 때는 화면 프레임 바깥에 보이지 않는 부분이 있어 장비나 스태프를 숨길 공간이 많은 게 보통이에요. 보통은 위쪽에도 공간이 많이 생기지만 그 집은 그렇지 않았어요. 우리는 조명을 숨기면서, 할 수 있는 한 그것들을 공중에 매달거나 구석에 몰아넣었어요. 때로는 빛을 산란하는 소재를 활용해서 그 숏을 찍는 동안 조명을 비췄습니다. 연기가 나지 않았기 때문에 관객들은 그런 사실을 알아차리지 못할 거예요. 조명감독 마이클 라비올렛은 500와트 포토 플러드Photo flood, 촬영을 위한 연속적인 광원 용도로 디자인된 백열전구 두 개를 단 랜턴들을 위해 견고한 내부 지지대를 만들었어요. 그 덕에 우리는 1K 라이트를 다룰 수 있었고, 랜턴에서 확산되는 빛이 상당하기는 했지만, 작은 장소였기 때문에 꽤 많은 빛을 얻었어요. 랜턴들은 꽤 두꺼운 종이로 만들었습니다. 더 큰 세트를 쓸 때는 빛을 산란시키는 필터를 8′×8′ 라이트 그리드light grid와 12′×12′ 모슬린muslin같이 큰 것으로 사용했어요."

몇몇 핵심 신의 경우, 효과를 내려고 극도로 미니멀한 조명을 택했다. 이 전략을 쓴 특히 인상적인 사례는 매디슨 저택의 메인 복도를 무덤처럼 음침하게 그려낸 것으로, 린치가 좋아하는 화가인 프랜시스 베이컨의 작품이 띤 불길한 분위기를 반영했다. 이런 화면을 얻기 위해 여러 스태프들이 능란하게 호흡을 맞출 필요가 있었다.

"우리가 촬영하는 곳은 실제 주택이었지만 다행히도 복도는 통제 가능한 세팅이었어요. 패티 노리스와 그녀의 스태프는 집 안 구조를 변경하면서 복도를 되도록 길게 만들었어요. 그녀는 빌 풀먼에게 짙은 색 옷을 입히는 것으로, 그리고 빛을 많이 반사하지 않는 컬러를 벽에 칠하는 것으로 도움을 줬습니다. 우리는 복도 끝 창문에 검정 커튼을 드리우는 것으로 작업을 마무리했어요."

건물의 천장이 너무 낮았기 때문에, 데밍은 조명을 설치할 공간이 좁은 이 공간을 약간 산란된 2K 집 라이트$^{zip\ light}$ 하나를 카메라에 직접 달아 촬영하기로 했다. 빛의 각도를 완벽하게 만들려고 커터 칼과 검정 랩을 사용했고 나머지는 고속 98 필름 스톡에 의지했다. 데밍의 설명이 이어진다. "98은 어둠에서 디테일을 제대로 포착할 수 있어요. 그래서 나는 맨눈으로 봤을 때 복도 끝이 사라지지 않으면 곤란해지리란 걸 알았죠. 데이비드는 흐릿하게 까만 어둠이 완전히 까만 어둠보다 더 섬뜩하다고 보거든요. 그는 이 복도가 캐릭터들을 집어삼키는, 약간 브라운이 도는 검정이길 원했어요. 그 촬영을 마무리하고 필름을 현상소에 보낸 후 나는 컬러 타이머에게 말했죠. '빌 풀먼은 복도를 걸어 내려오면서 완전히 사라져야 해요. 그가 내려가는 모습이 보이면 나는 그 작업을 몇 번이고 계속해야 되니까요.'"

키노 플로를 활용하면서 집 안의 다른 시퀀스들에도 으스스한 분위기가 입혀졌다. 빌 풀먼이 복도로 들어오는 어느 숏을 보면 복도가 너무 어두워서 그는 벽을 통해 걸어 나오는 것처럼 보인다. 키노 플로 한 개로 복도 입구의 양쪽이 더 깊어 보이는 분위기를 연출했다. 다음 신에서는 풀먼이 무덤 같은 작은 방에 갇힌 상태에서 거울에 비친 자기 모습을 응시한다. "데이비드가 거울을 건 곳은 높이가 6피트약 1.8미터밖에 안 됐어요. 우리는 그 위에 키노 플로를 달고는 초콜릿 젤을 바르고 대폭 잘라냈죠. 나로서는 그래야만 빌이 너무 귀신같이 보이지 않게끔 만들 수 있었어요. 그걸 첫날에 찍었는데, 데일리daily, 원본 손상 방지를 위해 미리 복사한 인화 필름를 보면서 노출이 덜 됐다고 생각했어요. 시사실의 불이 켜진 후 데이비드한테 말했죠. '저 거울 숏을 다시 작업할 필요가 있어요.' 그는 나를 미친 사람 보듯 쳐다보며 대꾸했어요. '말도 안 돼요, 나는 저 숏이 아주 마음에 들어요!'"

제작진은 포르노를 유포하는 사기꾼(마이클 매시가 겉만 번지르르한 캐릭터를 완벽하게 구현해냈다)의 호화로운 맨션 내부에 설치된 복도 신을 찍을 때는 촬영 스펙트럼의 반대쪽 끄트머리로 방향을 틀었다. 방향 감각을 잃은 발타자 게티가 복도를 걸어가며 비틀거릴 때 화면은 만화경같이 빙빙 돌기 시작하고, 그 와중에 커다란 구식 카본 아크 머신carbon-arc machine 두 대로부터 번갯불 효과 세례가 쏟아진다. "린치 감독에게 번갯불은 중요한 이슈예요. 그는 전기 조명 기기electronic lightning machine를 좋아하지 않아요. 그런 기계가 만들어내는 때깔은 굉장히 깨끗하거든요. 카본 아크를 쓰면 섬광의 컬러에 변화가 있어요. 따뜻해졌다 차갑게 식는 느낌을 주는 거죠. 이 특별한 신에서 동원한 수단 중 하나는 복도 끝을 겨냥한 거울 두 개에 빛을 산란시키는 거였어요. 그리고 다른 것은 채광창 위에 배치했어요. 카메라와 작은 라이트닝 박스를 출입구의 달리에 올렸고, 발타자가 우리를 향해 걸어오는 동안 후진했어요. 그에게 작은 아이라이트eyelight를 쐈고, 카메라는 기울어진 더치 헤드Dutch head에 부착했죠.”

"모든 것을 빙빙 돌리려고 메스머라이저Mesmerizer를 사용했어요. 메스머라이저는 렌즈 끝에 고정하는 비구면aspherical 장비로, 회전시킬 수 있어요. 플랫 렌즈와 함께 사용하면 그걸 돌리는 동안 이미지는 쥐어짜지면서 더 넓어집니다. 우리가 달리 위를 이동할 때, 나는 카메라를 옆으로 기울이면서dutching the camera 메스머라이저를 돌리고 있었어요. 그동안 데이비드는 영화에서 그 신에 나올 음악을 요란하게 틀고 있었는데, 그 덕에 우리는 카메라 큐를 음악에 직접 맞출 수 있었죠.”

이와 마찬가지로 장관인 건 나중에 촬영한 게티와 아퀘트가 관여하는 야간의 사막 러브신으로, 이 신의 조명은 사동차의 백열 헤드라이트로만 이뤄졌다. "이 상황은 우리가 절대로 그렇게 하지 말라고 배운 것들—전면 조명front lighting과 과다 노출—이 관련돼 있어요. 사전 기획 단계에서 러브신에 대해 상의할 때 데이비드는 그 두 사람이 환하게 빛을 발했으면 좋겠다고 말했어요. 그들의 눈, 코, 입과 머리카락 말고 다른 디테일이 보이는 것은 원치 않았죠. 우리는 그들에게 자동차 헤드라이트와 비슷한 텅스텐 파Pars 조명을 쳤습니다. 그러고는 6.5스톱쯤 과다 노출했어요. 최종 결과물은 내단히 초현실적이었어요. 린치 감독은 그게 '기술적으로 올바른' 작업 방식이 아니라는 것을 알았지만, 그 작업은 이 영화를 위한 효과를 제대로 발휘했습니다.”

린치가 세트에서 그의 가장 영감 넘치는 영화적 리프riff, 재즈의 반복 악절를 내놓는 경우가 자주 있었다고 촬영감독 데밍은 강조했다. "촬영 당일에 아이디어를 많이 떠올리고는 해요. 그가 배우들을 모으고 그 신의 동선 작업을 하고 난 후에 말이에요. 장비 조달과 배치 관련해서는 늘 준비를 상당히 많이 하는 편이지만, 린치 감독과 작업할 때면 무슨 일이 일어나건 대비가 돼 있어야 합니다."

린치는 자신이 스태프들에게 전통적으로 영화 제작에 쓰이는 기술 지침과 장비 배치 관련 지침들을 뛰어넘으라고 부추긴다는 것을 인정했다. 원초적인 인상을 풍기는 영상을 창작하는 데 열중하는 그는 자신이 품은 판타지에 자유를 무제한 허용하고, 그것들이 영화에 반영되도록 즉흥적인 연출도 자주 한다. 그는 강조한다. "처음에 아이디어를 얻을 때는 상상을 통해 얻습니다만, 어쨌든 나는 저밖 현실 세계에 있잖아요. 상상력에는 작은 구멍들과 얼룩들이 있고 따라서 완벽하지 않죠. 그런데 배우가 의상을 입고 세트에 도착하면 갑자기 세부 요소들이 떠올라요. 그러면서 완전히 새로운 상황이 벌어질 수 있어요. 뭔가 잘못됐다는 걸 뼈아프게 깨닫고는 수정해야 합니다. 아니면 괴이한 일이 생겨서 완전히 넋이 나가버릴 수도 있죠. 스태프가 조명 기구를 엉뚱한 곳에 달거나 예정에 없이 조명이 나가버리면 피트를 붙잡고 '이것 좀 봐요'라고 하소연하는 거죠. 도중에 아이디어가 떠오르면 현재 작업하는 신에 적합하지 않더라도 나중에 활용하곤 합니다. 그런 사소한 일들은 항상 일어나고, 아이디어를 비축해두는 것은 유용해요."

감독은 프레드 매디슨의 감방이 배경인, 캐릭터가 지독히도 불쾌하게 변신하기 직전의 신을 촬영하다가 그런 경험을 했다. "프레드 매디슨의 얼굴을 잡은 화면이 완전히 초점이 나가게 만들고 싶었어요. 빌 풀먼 뒤쪽에 검정 스크린을 매달고, 카메라는 그 신을 위해 고정시켰죠. 데밍 촬영감독에게 렌즈를 디포커싱de-focusing하기 시작하라고 말했지만, 그는 내가 원하는 만큼 초점을 멀리 빼면 이미지를 얻을 수가 없었어요. 그는 렌즈 끄트머리에 손을 갖다 댔습니다. 내가 '문제가 생겼어요'라고 말하자, 그가 '할 수 있는 건 렌즈를 떼어내는 일밖에 없어요'라고 답했어요. 그래서 내가 그랬죠. '오케이, 떼어냅시다.' 촬영하는 동안 그는 렌즈를 앞쪽에 놓고 찍어서 화면 일부나 전부에 초점이 들어왔다 나갔다 하게 만들었는데, 그렇게 해서 얻은 화면은 굉장히 근사했어요! 우리는 그 테크닉에 '왜킹 whacking, 강타, 엄청난'이라는 이름을 붙였어요. 그 신 이후로, 그 신이 영화에 맞춤하다는 걸 알게 된 뒤로 내가 행복에 강타당한 기분이었거든요."

놀랍게도, 풀먼이 게티로 변신하는 환상적인 장면은 CG 특수효과로 이뤄낸 게 아니라 인 카메라in-camera 테크닉과 편집 솜씨의 세심한 결합을 통해 달성된 것이다. 이 영화의 편집감독(이자 〈로스트 하이웨이〉의 공동 프로듀서인) 메리 스위니는 메이크업 효과 전문가가 끈적끈적한 인공 뇌수로 덮인 특수한 '가짜 프레드 머리'를 만든 후 실제 빌 풀먼의 숏들과 섬세하게 교차 편집한 것이라고 비밀을 밝혔다. 그녀의 설명이다. "그 시퀀스는 순전히 데이비드가 설계한 거예요. 우리는 그가 필름으로 촬영한 요소들을 갖고 전적으로 편집실 작업을 통해 그 신을 구성했어요."

인 카메라 테크닉은 영화의 다른 부분들에도 아드레날린을 첨가했다. 불타는 판잣집이 등장하는 장중한 숏을 위해, 제작진은 카메라 넉 대를 사용했다. 제작 내내 A-카메라로 사용된 파나비전 플래티넘, B-카메라로 사용된 파나비전 골드 II, 린치가 보유한 미첼(파나비전이 자사의 프리모 렌즈를 수용하려고 개조한 마운트가 달렸다), 스테디캠을 위한 별도의 카메라 몸체. 금방이라도 무너질 것 같은 건물을 불길로 파괴하는 모습은 각기 다른 네 속도로 촬영됐다. 24fps, 30fps, 48fps, 미첼로 역방향으로 찍은 96fps. "모든 카메라를 돌리고는 건물이 불타게 놔뒀습니다. 타이트한 숏들 중 하나는 후반 작업 중에 속도를 낮춘 48로 작업됐습니다. 하지만 영화에 들어간 푸티지footage, 편집하지 않은 원본는 우리가 주로 역방향으로, 오버크랭크overcrank, 카메라를 정상 속도보다 빠르게 작동하는 것. 이렇게 촬영한 것을 정상 속도로 영사하면 느린 화면으로 나타난다로 촬영한 거였어요." 데밍의 설명이다.

린치의 미첼은 게티가 연기하는 정비공이 조폭의 풍만한 여자 친구를 처음 본 순간을 기록하는 데도 사용됐다. 그녀는 정비소 실내를 한가로이 가로지르다 화사한 햇빛 속으로 들어선다. 다시금 카메라 스피드는 96fps로 설정됐다. 데밍은 말한다. "그 숏은 나한테 약간 문젯거리였어요. 미첼을 작동하면 숏이 찌그러들지 않기unsqueeze, 비디오 이미지를 4:3에서 16:9 비율로 리포맷 하기 위해 하는 작업 때문에, 관객들에게는 아주 가느다란 사람들로 보이죠. 우리가 사용하고 있는 필터링으로 빠르게 촬영하기 위해 나는 더 속도가 빠른 스톡을 사용해야 했고, 그 스톡의 노출 관용도가 제한돼 있기 때문에 숏이 끝날 때 실외 장면이 완전히 블로 아웃blow out, 세부가 지나치게 밝아져서 그 부분의 이미지가 전혀 보이지 않는 것 될 거라는 것을 알고 있었어요. 린치 감독에게 그 문제를 상의했지만 그는 그냥 이런 말만 했어요. '끝내주네요. 그 때깔은 몽환적이고 괴상하게 만들수록 좋아요.' 그 결과 그 시퀀스의 실외 부분은 백열white-hot 했고, 나는 더 밝게 만들려고 노출 시간을 더 줬어요. 더불어, 우리가 활용한 그 숏은 빛이 너울거림에 따라 약간 깜빡거렸습니다. 카메라는 싱크 모델sync model이 아니었어요. 데일리로 그 숏을 봤을 때 나는 '저거 다시 작업해야겠네요'라고 말했어요. 하지만 데이비드는 또다시 나를 말렸어요! 타이머에게도 같은 말을 했지만 그는 이렇게 말했어요. '그걸 다시 작업하면 큰 실수가 될 거예요.' 그는 그게 영화를 위한 효과를 제대로 낼 거라는 걸 알았던 거죠."

제작진은 나중에 '초고속' 자동차 추격전 두 장면을 위해 언더크랭크드undercranked 카메라들을 사용했다. 하나는 범죄 조직의 우두머리 미스터 에디와 관련된 추격전이고, 다른 하나는 사막을 가로지르는 프레드 매디슨을 경찰차들이 쫓는 클라이맥스 신이다. "첫 추격전의 경우, 우리는 배우들과 함께 모든 것을 찍었어요. 그러고는 촬영 마지막 날에 제2 제작진의 푸티지를 얻으려고 거기로 돌아갔죠. 우리는 다른 속도들을(20fps부터 6fps까지, 심지어 4fps까지) 엄청나게 시도했어요. 메리 스위니가 나중에 필름의 속도를 높이는 식으로 모든 걸 속이면서 그 장면을 다시 작업하는 상황을 만들기 싫었어요. 린치 감독하고 나는 둘 다 가급적이면 특수효과 전문가optical들과 거리를 두는 것을 좋아하니까요. 실제로 영화에 등장하는 디졸브와 페이드의 대부분은 A/B 롤로, 옵티컬이 아니에요. 요즘에는 그런 일을 할 사람들을 구하기가 어렵지만, 데이비드는 그런 작업의 특성을 제대로 인정했어요. 그건 나한테는 근사한 일이죠."

"마지막 추격 시퀀스를 각각 렌즈를 장착한, 약간 다른 프레임 속도(24fps와 12fps)로 작동하는 카메라 두 대로 세 번 작업했어요. 이 경우 일부 푸티지는 후반 작업에서 속도를 높이고 확대했죠. 내 생각에 메리와 데이비드는 더 공격적인 톤을 얻으려고 일부를 2중이나 3중으로 인화한 것 같습니다. 추격전을 찍을 때 우리는 프레드의 차를 견인 트레일러로 끄는 프로세스 트레일러에 올렸습니다. 차 내부에는 평범한 조명을 쳤어요. 그리 과한 조명은 아니었죠. 아마 키노 플로였을 거예요. 또 시저 아크^{scissor arc}들 위에 카본 아크 라이트닝 머신 두 대와, 마일라^{Mylar}를 겨냥한 4K 제논^{Xenon} 두 대, 스트로브 두 대, 밝기를 조정할 수 있는 파 조명 같은 소형 라이트닝 장치 두 대도 설치했어요. 밤에 사막 한가운데에서 도로를 달려갈 때 이 모든 장비가 작동하고 있었어요. 1.5킬로미터쯤 떨어진 곳에서 보면 정말 장관이었을 거예요!"

린치는 〈로스트 하이웨이〉가 내놓는 본능적이고 종종은 삐딱한 비전이 관객들을 불만스럽게 만들거나 심하면 적대감을 불러일으킬 수 있다는 것을 너무도 잘 이해한다. 하지만 그는 자신의 영화들이 많은 해석에 열려 있는 걸 선호한다고 자주 말해왔다. "스토리들에는 접점들이 있어요. 스토리는 모든 가능성에 열려 있으면서 접점에 따라 서로 다른 것이 됩니다." 감독의 견해다. "감독은 한 가지 구조를 갖고 있더라도 꿈을 꿀 여지는 남겨둬야 해요. 자신의 아이디어들에 항상 충실하다면 영화 제작은 안팎이 다 솔직한 과정이 될 거예요. 그리고 감독에게 솔직한 것이라면, 사람들도 설령 추상적일지언정 그 점을 느낄 가능성이 있어요."

명랑한 동시에 어둠에 민감한

크리스 로들리 ― 1997

〈이레이저 헤드〉는 그에게 괴짜라는 딱지를 붙여주었고, 〈엘리펀트 맨〉으로 그는 분명한 아티스트로 자리매김했다. 〈사구〉로 그는 운 좋게 성공한 사람처럼 보였다. 〈블루 벨벳〉은 영화사史에 그의 자리를 확고히 마련해주었다. 〈트윈 픽스〉는 그를 신화의 반열에 올려놓았다. 〈트윈 픽스〉 영화판으로 그의 명성은 박살났다. 그가 4년 만에 내놓은 영화 〈로스트 하이웨이〉는 이제 그를 부활시키거나 매장시킬 수 있다.

"네, 부인!Yes Ma'am!" 데이비드 린치는 열정적인 외침으로 다음과 같은 중요한 질문에 응답했다. "커피 한 잔 더 드릴까요?" 린치에게는 잔에 담긴 커피에 대한 지론이 있다. "당신이 커피를 1초만 외면

〈아이콘Icon〉 1997년 4월호에서.

해도 커피는 당신에게 싸늘해질 거예요." 코믹한 동시에 미신 같은, 심지어 어렴풋이 불길한 느낌까지 풍기는 이 견해는 전형적인 린치 안Lynchian 의견이다. 쉽게 알 수 있는 진실을 담고 있다. 친숙하거나 일상적인 것의 감춰진 의미를 드러내는 그의 능력은 본능 같다. 그에게 자연스러운 것이 남들에게는 이상해 보이는 것처럼. 멜 브룩스가 린치에게 '화성에서 온 지미 스튜어트'라는 유명한 별명을 붙였을 때, 그건 복잡한 수수께끼를 일컫는 예리한 약칭이었다. 때로 무척이나 심란하고 음울하게 웃기는 린치의 작품을, 경탄을 자아내는 소탈하고 말쑥한 미국인의 페르소나와 대비해서 본 사람은 한층 더 괴로운 심정이 된다.

'몬태나, 미줄라, 이글 스카우트.' 혼미한 로드 무비 〈광란의 사랑〉이 세계적인 영화 커뮤니티가 수여하는 최고 영예인 칸의 황금종려상을 수상한 해인 1990년, 린치가 언론 앞에서 자신의 특징을 설명하려고 선택한 단어들이다. 같은 해에 전 세계 TV 시청자들은 〈트윈 픽스〉를 보며 누가 로라 파머를 살해했는지를 둘러싼 미스터리에 사로잡혔다. 이 소형 스크린 시리즈를 창안한 사람이 린치와 마크 프로스트였다. 〈트윈 픽스〉는 에미상 14개 부문 후보에 올랐고 린치는 이 시리즈 덕에 〈타임〉과 〈뉴욕 타임스 매거진〉의 표지에 실렸다.

"나는 데이비드를 아버지 차고에서 도구들을 찾아낸 몬태나 미줄라 출신 이글 스카우트라고 생각해요." 〈광란의 사랑〉과 〈블루 벨벳〉에 출연했던 로라 던의 의견이다. "그는 항상 '이봐! 어떻게 지내?'라고 묻는 동네 소년이에요. 그는 아마도 어떤 것들을 색칠하기 시작했고, 그러면서 카메라 앞에서도 색칠을 할 수 있겠다고 마음먹었을 거예요." 린치와 한동네에 사는 소년 중 하나가 토비 킬러였다. 둘이 1960년에 처음 만났을 때, 린치는 이글 스카우트 공훈 배지를 타려고 애쓰고 있었다. "공훈 배지는 그냥 주어지는 게 아니었어요." 킬러가 한 말이다. "데이비드는 할 수 있는 최고 수준을 달성했다고 생각해요. 자신에 대해 얘기하는 것을 좋아하지는 않지만요." 지금도 아무것도 없는 상태에서 무얼 뚝딱 만들어내는 그의 능력은 '유비무환Be Prepared'이라는 오래된 모토에서 비롯했다. 37년에 걸쳐 린치와 우정을 맺어왔음에도 킬러는 이렇게 말한다. "데이비드의 어두운 면이 어디에서 온 건지 전혀 모르겠어요. 그는 자신을 세상에서 제일 이상한 인간으로 묘사하는 걸 즐겨요. 그런 사람이 아닌 게 분명한데도요."

육중한 기계와 도구들, (그의 그림과 사진들을 전시하는 투어를 앞두고) 나무 상자에 담길 사진 무더기에 둘러싸인, 자신이 무척 좋아하는 작업실에 앉은 린치는 한눈에 봐도 편안해 보인다. 하지만 본인의 작업에 대해 얘기할 때면 그는 늘 공포에 휩싸인다. 그는 언어가 자신의 영화들을 단일한 문자적 의미로 축약할까 봐 두려워한다. 린치 자신이 내놓은 네 단어짜리 전기傳記는 장난기 많지만 본질적으로는 혼자만의 비밀이 많은—손쉬운 묘사에 저항하는— 성격을 보여준다.

미국의 사실상 모든 잡지가 그의 유명하고도 활력 넘치는 외모를 표지에 싣고 싶어 하던 당시, 배우이자 모델인 이사벨라 로셀리니는 그의 연인이었다. 〈블루 벨벳〉에서 그는 그녀를 몹시 불행한 도로시 발렌스로 캐스팅했다. 도로시는 데니스 호퍼가 연기하는 가학적인 프랭크 부스의 피학적인 피해자였다. "많은 사람이 〈블루 벨벳〉을 역겹다고 생각했지만, 내가 보기에 그 영화는 데이비드가 선함과 악함을 탐구하는 영화였어요." 로셀리니의 의견이다. "그는 굉장히 다정한 사람이면서 내면에 선과 악 사이의 갈등도 있어요. 그 점이 너무 감동적이에요. 바로 그게 그의 예술의 절대적인 핵심이에요. 그리고 그로 인해 그는 뼛속 깊이 도덕적인 사람이 돼요. 그는 엄청나게 웃기는 사람이기도 한데, 말하자면 4차원적인 유머 감각을 가졌어요! 그와 함께 지낸 몇 년간 나는 엄청나게 많이 웃었어요. 그는 자기 자신을 특정한 캐릭터로 만들지 않아요. 몬태나 사람일 뿐이죠." 데니스 호퍼는 그런 모순된 면모를 적잖이 즐긴다. "그는 무척 정직한 사람이라 그토록 역겹고 뒤틀린 정신을 지녔다는 사실은 믿기 힘들어요." 호퍼는 사악한 미소를 띠며 말했다. "친애하는 데이비드!"

린치는 남들이 역설^{paradox}이라고 보는 것에 강한 흥미를 느낀다. "우리 모두는 적어도 두 가지 측면을 갖고 있어요. 이 세상은 상반되는 것들로 이루어져 있죠. 그것들을 조화시키는 것이 비결이에요." 린치가 그의 어두운 측면을 소재로 위축됨 없이 하는 영화 작업은 지극히 개인적인 것치고는 위험스러우리만치 공개적인 듯싶다. 하지만, 그런 역설적인 특징 탓에 그의 기이한 순수성은 드러나지 않는다. "나는 늘 양쪽 측면을 좋아했어요." 그의 설명이다. "한쪽의 진가를 인정하려면 다른 쪽을 알아야 합니다. 우리는 어둠을 많이 그러모을수록 더 많은 빛을 볼 수 있어요." 자화상 〈내가 보는 나〉(1992)는 절반은 하얗고 절반은 까만 기이한 인물을 묘사한다. 흰 쪽이 여기 그의 회화 스튜디오에 앉아 커피를 더 마시고 아메리칸 스피릿^{미국의 담배 브랜드} 담배를 또 한 대 피우는 평범한 사내라면, 까만 쪽은 그보다 덜 상냥할까? "글쎄요. 그건 그런 식이어야만 해요." 그가 말하고는 껄껄 웃었다. "왜 그런지는 모르겠어요. 그런데, 으음, 그에 대해 뭐라고 말해야 할지 모르겠군요."

4년 만에 내놓는 영화 〈로스트 하이웨이〉의 개봉을 앞둔 린치는 결의를 다지고 있다. 그런 이벤트에 불가피하게 따라오는 미디어의 주목에 그는 심란하다. 늘 찬사와 비난을 동시에 받아왔기 때문이다. "나는 영화를 발표하는 것은 좋아하지만 나를 발표하는 것은 좋아하지 않아요." 그는 인정했다. "작업에 대한 존중, 내게 성공이란 그런 거예요."

다년간 린치의 '연인'이었고 지금은 다섯 살 난 아들 라일리의 어머니인 메리 스위니는 〈로스트 하이웨이〉의 편집감독이자 프로듀서이다. 그녀는 린치의 귀재鬼才를 직접 경험했다. "그는 성공과 어느 정도 거리를 두려고 애써요. 좋은 리뷰들은 거기에 귀를 기울이기 시작하는 순간부터 나쁜 리뷰들만큼이나 파괴적이니까요." 그녀의 설명이다. "언젠가 당신이 〈타임〉 표지에 실리면, 당신이 원래 상태를 회복하는 데는 2년이 걸릴 거예요." 로셀리니는 그게 린치의 이중성을 보여주는 또 다른 사례라고 말한다. "내 생각에 데이비드는 성공에 굉장한 관심을 쏟아요. 그리고 그런 점 때문에 자신을 혐오해요." 그녀가 한 말이다. "그는 아티스트의 독립성을 존중해요. 그러면서도 어느 수준까지 성공하지 않으면 자유를 빼앗길 거라는 것도 알죠. 하지만 그는 성공을 위해서는 아무것도 하지 않을 거예요. 그는 자신이 상상해낸 이미지로 성공하고 싶어 해요. 데이비드는 그런 식으로 타고난, 머릿속에 생생한 이미지를 갖고 태어난 사람인 것 같아요. 그가 사무직 직원이었다면 그저 창밖을 멍하니 보고 있었을 걸요. 뇌에서 쏟아지는 이미지들을 즐기면서요. 그것 말고 다른 것에는 젬병이에요. 그의 상상력은 아주 강력해요."

그런 상상력을 지닌 사내는 1946년에 몬태나 미줄라의 계곡에 자리한 작은 마을에서 '그런 식으로' 태어났다. 호수와 산, 북미 원주민 보호 구역에 둘러싸인 미줄라는 인구 3만 명을 자랑한다.(트윈 픽스보다 적다.) 그의 부모인 도널드와 서니는 듀크대학교에서 야외생물학 강의를 듣다가 만났다. 서니는 외국어 교사로 일했고 도널드는 농무부 소속 연구과학자였는데, 두 직업 모두 데이비드 린치를 만드는 데 중요한 요소였다.

누군가는 린치 영화의 많은 내러티브를 촉발한 것은 음침했던 집안 내력에 따른 악몽일 거라고 말할지도 모르지만, 정작 린치 자신의 유년기 기억은 태평스럽고 목가적이다. "내가 유일하게 심란해하는 점은, 많은 사이코패스가 자신의 유년기는 대단히 행복했다고 말한다는 거예요." 그의 설명이다. "잊힌 유년기의 꿈들이 주는 행복감을 갈망하는 내용의 글을 읽은 적이 있어요. 그런데 그 시기는 꿈과도 같았어요. 비행기들은 하늘을 느리게 가로지르고, 고무 장난감들은 물 위를 떠다니고, 음식들은 5년간은 그 상태를 유지할 것처럼 보이고, 낮잠은 한없이 계속될 것 같았죠. 그리고 세상은 정말로 작았어요. 내가 두 블록 이상을 볼 수 있었는지에 대해서는 기억이 나지 않는데, 그 두 블록은 정말로 거대했어요. 따라서 모든 디테일은 비율이 맞지 않았어요. 푸른 하늘, 피켓 펜스, 푸른 잔디, 체리나무 같은 것들 말이죠. 사람들이 상상하는 전형적인 미국 중산층의 모습이었어요."

그런데 린치가 과거를 순수하고 평온한 것으로 낭만적으로 묘사하거나 이상적으로 묘사하려고 했더라도, 아니면 심지어 그런 과거를 꾸며내기로 마음먹었더라도, 당시 그는 과거의 다른 측면을 지나치리만큼 많이 알고 있었다. "그런데 체리나무에서 수지가 흘러나오고 있었어요. 까만 수지도 있었고 노란 것도 있었죠. 그 나무 위에는 붉은 개미 수백만 마리가 기어 다녔고요." 그의 회상이다. "아름다운 세계를 조금 더 가까이서 들여다보면 그 아래에는 어김없이 붉은 개미들이 있다는 사실을 알게 됐어요."

린치는 1967년에 필라델피아의 펜실베이니아 미술 아카데미에 함께 다니던 페기 리비와 결혼했다. 리비는 그 젊은 미술학도를 생생히 떠올리며 이렇게 말한다. "카페테리아에서 그를 처음 봤을 때, 너무 잘생겼다는 생각만 들었어요. 내 눈에는 천사처럼 보였어요." 그런데 화가인 리비는(린치는 그녀가 최근에 그린 그림 대여섯 점을 구입했고, 그중 일부는 〈로스트 하이웨이〉에 등장했다) 오래지 않아 그의 천사 같은 거죽 아래 숨어 있는 것을 발견했다. "그는 어두운 것이라면 무엇에건 매료되는 사람이었어요. 파크 서클 드라이브에서 보낸 어린 시절에 대해 들려줬어요. 목가적인 토끼 사냥 이야기들 전부 다요. 그런데 그는 어두운 모든 걸 드러내서 작위적인 면들을 없애기로 마음먹은 듯 보였어요."

외양만 보고는 절대로 만족하지 말자는 것이 린치 세계관의 토대 중 하나다. 그가 표면 아래 있는 어둠과 처음 대면한 것은 자연을 통해서였다. "아버지한테는 당신 마음대로 할 수 있는 거대한 삼림이 있었어요. 그래서 나는 곤충과 자연 세계의 질병과 성장에 노출됐죠." 그의 회상이다. "그 세계의 그런 측면들은 나를 흥분시켰어요. 〈내셔널 지오그래픽〉에 실린 정원 사진은 무척 아름답죠. 그런데 그 정원을 공격하는 것들이 많아요. 정원에는 많은 살육과 죽음이 있고, 벌레와 유충이 있어요. 많은 일이 벌어지고 있죠. 정원에는 고통이 그득합니다."

그의 남동생과 여동생을 포함한 린치 가족은 떠돌이 가족이었다. 그들은 정부가 이전할 때마다 이사를 다녔다. 미줄라에서 아이다호 샌드포인트로, 워싱턴 스포캔으로, 노스캐롤라이나 더럼으로, 아이다호 보이시로, 마지막으로 버지니아 알렉산드리아로. 린치가 열네 살이 될 때까지 그랬다. 그는 카우보이모자를 쓰고 걸어서 출근하는 아버지에 대한 생생한 기억들을 소중히 여긴다. "당시에는 아버지가 그런 모자를 쓰는 게 몹시 창피했지만, 지금은 무척 멋있는 모습이라고 생각해요. 산림청 사람들이 쓰는, 초록빛이 도는 회색 텐갤런 카우보이모자였어요. 아버지는 그걸 쓰고 문을 걸어 나갔죠. 버스나 자동차를 타고 출근하지 않았어요. 그 모자를 쓰고는 조지 워싱턴 브리지를 건너 시내까지 몇 마일을 걸어서 출근했어요."

린치를 순식간에 매혹하고 린치의 세계관을 바꿔놓은 것은, 여동생 마거릿과 관련한 이미지 같은, 린치가 머릿속으로 찍은 스냅 사진이었다. "그 애는 녹색 완두콩을 무서워했어요. 나는 그게 콩 껍질의 질긴 특성과 분명 관련 있다고 생각해요. 그러다 겉을 둘러싼 막을 까면 부드러운 속이 드러나는 거예요. 그건 우리 가족에게는 큰 사건이었어요. 동생은 완두콩을 숨겨야만 했어요."

린치의 이런 해석은 린치가 그 사건을 인식하는 방법을 정확하게 담아낸 것이겠지만, 한편으로 이 스토리는 일관성 있게 구성됐다. 이것은 엄청난 진실을 전달하는 방식으로 그의 기억들을 형성하는, 과거의 편집된 버전이다. 이 이야기에는 더 깊이 캐물으려는 사람들의 욕망을 저지하려는 의도도 들어 있다. 그의 부모는 어째서 마거릿한테 완두콩 주는 것을 그만두지 않은 건가? "글쎄요, 고작 채소 때문에 일어난 일이잖아요?" 완두콩이 당신한테 유익하다는 건가요? "그래요." 당신이 그걸 무서워하지 않는 한? "네, 그리 좋지는 않아요. 우리는 다른 채소들도 시도해봐야 해요. 뭔가가 효과를 내야만 해요!"

린치 가족의 떠돌이 라이프스타일에서 우리는 린치의 작품에 등장하는 고도로 발달되고 기이한 공간감과 영화 속 분신分身의 순수하고 아웃사이더 같은 기질에 대한 단서들을 얻을 수 있다. "오래 살던 곳을 떠나면 모든 것을 처음부터 다시 시작해야 합니다. 우리가 시스템의 바깥쪽에 있을 때는 힘든 일이에요. 그런 상황이 되면 우리는 시스템의 안쪽으로 들어가고 싶어지고, 시스템은 충격을 받습니다. 그런데 그 충격이 이따금 유익하기도 해요. 세상을 약간 더 잘 인식하게 되니까요. 나는 친구가 많았는데도, 혼자 있으면서 정원을 돌아다니는 개미떼를 지켜보는 것을 무척 좋아했어요."

어린 시절에 린치는 항상 그림을 그리고 물감을 칠했다. "어머니한테 고마워하는 일 중 하나가 어머니가 나한테 컬러링 북을 사주지 않았다는 거예요. 컬러링 북은 무엇인가를 제한하는 거니까요. 나는 주로 권총과 총알, 비행기를 그렸습니다. 전쟁이 막 끝난 시기였기 때문인데, 전쟁의 분위기가 여전히 감돌았던 것 같아요. 내가 좋아한 대상은 브라우닝 수랭식 자동소총이었어요." 하지만 그는 미술로 장차 뭘 하겠다는 생각은 조금도 하지 않았다. 사실 그는 세상 무엇에 대해서도 전혀 생각하지 않았다고 한다. "나는 생각이라는 게 전혀 없는 놈이었어요. 독창적인 사고라고는 하나도 없는 놈이었죠."

그런데 9학년 때, 알렉산드리아에서 모든 게 갑자기 변해버렸다. "여자 친구 린다 스타일스의 집 앞마당에서 친구 토비 킬러를 만났어요. 토비는 내게 두 가지 일을 했죠. 자기 의붓아버지(부시넬 킬러)가 화가라는 말을 해서 내 인생을 송두리째 바꿔놓은 일, 그리고 내 여자 친구를 빼앗아 간 일이에요."

토비의 의붓아버지를 만난 그 순간부터, 린치는 '예술 인생'에 철저히 몰두했다. 토요일마다 워싱턴의 코코란 미술학교에서 수업을 들었고, 그의 멘토가 된 킬러에게서 스튜디오 공간을 빌렸다. "정말로 쿨한 분이었다"고 린치는 기억한다. "정확히 말하면 미술계의 일원은 아니었죠. 그래도 그분은 회화에 인생을 바쳤고, 그 점은 내 영혼을 흥분시켰습니다. 나한테 로버트 헨리가 쓴 책 『예술 정신』도 줬는데, 그 책은 내게 경전 같은 책이 됐죠. 회화에서 길을 선택할 때마다 항상 곁에서 도움을 줬습니다." 토비 킬러는 린치가 달라졌다고 증언해주었다. "그는 미술과 회화를 알게 되면서 거기에 완전히 홀려버렸어요." 킬러의 설명이다. "그 친구는 우리 의붓아버지와 아주 은밀한 시간을 보냈어요. 그는 아티스트였고 나는 아니었죠. 많은 면에서, 당시 린치와 우리 의붓아버지 사이는 나와 그분 사이보다 더 좋았어요."

린치는 수업을 듣지 않고 스튜디오에서 시간을 보내다가 그림 때문에 퇴학을 당할 뻔했다. 다행히도 그의 부모는 이런 상황을 받아들이는 듯했다. 린치가 동생들이 받은 만큼의 성적을 받지 못했을 때는 부시넬 킬러가 옹호에 나섰다. 고등학교를 졸업한 린치는 보스턴 뮤지엄 스쿨을 1년간 다니다 그만두었다. 동료 미술학도 잭 피스크와 함께 유럽으로 3년간 여행을 떠나기 위해서였다. 계획은 오스트리아 표현주의 화가 오스카 코코슈카 밑에서 수학하는 거였다. "열아홉 살이던 당시 내 생각은 내 것이 아니었어요." 린치의 설명이다. "내 생각이 아니라 남들 생각이었죠. 그 학교 잘못은 하나도 없었지만, 학교는 집과 같은 곳이었어요. 집이 문제가 아니라 집에 있는 사람들이 문제가 될 수 있는 거죠. 나는 학교에서는 전혀 영감을 받지 못했어요. 오히려 학교들은 나를 망가뜨리고 있었어요."

유럽 여행은 코코슈카가 부재한 탓에 좌절되면서 단 보름 만에 끝났다. 귀국하고 나니 캘리포니아 월넛크릭에 살던 부모님으로부터 경제적 지원이 끊겼다. 그는 알렉산드리아로 돌아가 부시넬 킬러와 함께 살았는데, 생활비를 내는 방편으로 킬러의 저택에 페인트칠하는 것을 돕기로 했다. "데이비드는 2층 화장실부터 칠했는데, 그가 쓴 페인트 붓은 머리가 1인치약 2.54센티미터밖에 되지 않았어요." 토비 킬러의 증언이다. "작은 붓이었죠. 그는 화장실을 칠하는 데 사흘을 썼어요. 라디에이터 하나 칠하는 데 하루가 걸렸을 거예요. 모든 구석과 틈바구니에 정성을 들이면서, 전부 새것이었을 때보다 더 좋게 칠했죠. 페인트칠은 한없이 계속됐습니다. 우리 어머니는 그 화장실에 있는 데이비드를 떠올리면 아직도 폭소를 터뜨리곤 해요."

린치의 아버지와 부시넬 킬러는 마침내 린치를 꼬여서 펜실베이니아 미술 아카데미의 장학금을 신청하게 만들려는 계획을 공모하기에 이르렀다. "두 분은 내 입장에서는 인생을 비참하게 만드는 음모를 꾸몄어요." 린치가 말했다. 킬러가 갑자기 너무 바빠지는 바람에 린치를 위한 시간을 내지 못했던 것을 회상하면서 말이다. "내가 아카데미에 지원한 후 부시넬이 학교에 전화를 걸어 나를 합격시켜야 한다고 끈질기게 설득했다는 사실을 최근까지도 몰랐습니다. 그

는 학교 관계자들에게 내가 '자질'을 가진 아이라고 말했어요." 린치
는 합격했고 그 아카데미에서 그는 회화의 전환점을 맞았다. 페기
리비는 이렇게 말한다. "어디서 촉발된 건지는 모르겠는데 그이는 갑
자기 굉장히 음침한 것들을 작업하기 시작했어요. 커다란 검정 캔버
스들을요." 특히 〈신부〉라는 제목의 커다란 그림을 기억한다. "내 생
각에는 그 그림이 진정한 돌파구였어요. 끔찍하게 들리겠지만, 그 그
림은 혼자서 낙태하는 신부 같은 추상적인 인물화였어요. 굉장히
아름다웠고 그리 혐오스럽지는 않았어요. 뇌리를 떠나지 않는, 심란
하면서도 근사한 그림이었죠."

　필라델피아 생활은 린치의 내면을 경이와 공포로 채웠고, 그 영향
은 그에게 지속적인 인상을 남긴 듯하다. 도시들이 늘 그의 평정심
을 교란시켰다는 것은 분명하다. "어려서 브루클린에 갔는데 굉장히
무서웠어요." 그의 설명이다. "지하철에서 열차가 다가올 때 불어오
던 바람이 기억나요. 냄새와 소리도요. 거기 갈 때마다 공포를 맛봤
습니다." 린치가 도시에 느끼는 불안은 언론 홍보용으로 고안해낸 것
이 아니라, 유년기를 넘어서까지 살아남은 감각적 패닉의 한 형태다.
"그는 뉴욕을 무척 무서워했어요." 리비의 설명이다. "내가 늘 같이
다녀야 했어요. 어디를 혼자 가려고 하지 않았거든요." 그런데 린치
는 스토리를, 부조리함을, 초현실적인 이미지의 힘을 정말로 사랑한
다. "뉴욕에 있는 할아버지 댁에 갔었어요. 당시 할아버지는 주방이
하나도 없는 아파트 빌딩을 갖고 있었죠." 그의 말이다. "어떤 여자가
다리미에 달걀을 요리하고 있었어요. 그 모습을 보고 정말로 걱정됐
어요."

　"나한테는 모든 게 필라델피아에서 시작됐습니다. 그곳은 충분히

유서 깊은 도시고, 스스로 작동하고도 남는 것들이 공중에 떠다니는 곳이니까요. 부식돼가는 도시지만 폭력과 증오, 쓰레기로 가득한, 환상적일 만큼 아름다운 곳이기도 합니다." 이렇게 린치는 회화에서 영화로 예술 작업의 돌파구를 뚫은 배경을 알려준다. 그 돌파구는 아카데미에서 작업하던 어느 날 찾아왔다. "그림 속 인물을 살피던 중이었는데, 바람 소리 같은 게 작게 들리고 작은 움직임이 보였어요. 그 인물이 정말로 움직일 수 있으면 좋겠다는, 약간이라도 움직였으면 좋겠다는 소망이 생기더라고요. 그게 출발점이었어요."

린치가 경험한 초월적인 순간이 낳은 최종 결과물이 졸업 프로젝트인 〈병에 걸린 여섯 남자〉였다. 자신의 머리를 여섯 개 주조해서 본뜬 스크린에 영사한 1분짜리 애니메이션 루프였다. 영화나 촬영에 대해서는 아는 게 하나도 없었지만, 그런 현실이 그를 막지는 못했다. "그는 그토록 대담했어요." 리비의 회상이다. 어느 순간 린치는 영구 기관perpetual motion machine을 만들 수 있겠다는 생각이 들어 그 얘기를 하러 프랭클린연구소를 찾아갔다. "고위층을 곧바로 찾아갔어요. 그러고는 '내가 영구 기관을 만드는 법을 알아낸 것 같습니다. 나는 미술학도예요'라고 말했죠." 그녀의 말이다. "물론 그건 아인슈타인도 할 수 없는 일이었죠. 하지만 _그_들은 _그_에게 얘기할 기회를 줬어요! 진심이 보였거든요. 얘기를 마치자 무척 친절한 어떤 사람이 그의 계획이 실현될 수 없는 이유를 설명했고, 우리는 연구소를 나서서 커피를 마시러 갔어요."

린치의 물리학은 상을 하나도 받지 못했으나 그의 움직이는 그림들은 상을 받았다. 그는 그해에 아카데미가 주는 상을 공동 수상했고, 부유한 동료 학생 H. 바튼 와서먼은 비슷한 작품을 만들어달라며 그에게 1000달러를 주었다. 그 프로젝트는 기술상 실패로 끝났지만, 와서면은 관대하게도 남은 돈을 다른 작품을 만드는 데 쓰라고 했다.

린치는 첫 영화 〈알파벳〉을 찍었다. 학습의 공포와 말이 서투른 사람이 되는 데 대한 공포를 다룬, 관객을 불안하게 만드는 애니메이션과 실사가 결합된 4분짜리 작품이었다. "그는 말words을 싫어해요." 이사벨라 로셀리니의 설명이다. "데이비드는 말주변이 그리 좋은 사람이 아니에요. 그의 영화들은 문자 그대로를 담아내는 작품들이 아니죠. 감각적인 경험에 더 가까워요." 리비는 린치가 좋아했던, 고도로 암호화된 커뮤니케이션 형식을 떠올리면서 활짝 웃었다. "내가 데이비드와 함께한 시기는 그가 언어 습득 이전 단계에 있을 때였어요." 그녀의 설명이다. "그가 자기 작업에 대해 말하는 방식은 대부분의 사람들이 자기 작업에 대해 말하는 방식하고 달랐어요. 그는 소음을 내고는 했어요. 두 팔을 활짝 벌리고는 바람 소리 같은 걸 내고는 했죠."

이후로 린치는 성공을 거두면서 억지로라도 세상과 커뮤니케이션을 해야 했다. 하지만 그는 여전히 언어를 마술을 망가뜨리는 잠재적 파괴자이자 진정한 이해를 가로막는 적으로 본다. 토비 킬러는 린치의 그런 성향을 잘 이해한다. "언젠가 그에게 물었어요. '데이비드, 〈광란의 사랑〉은 무슨 내용이야?' 그랬더니 이러더군요. '글쎄, 그건 1시간 45분쯤 돼.'"

필라델피아에 거주하는 젊은 린치에게 그의 커리어에서 가장 의미 있는 행운이 찾아올 참이었다. 리비와 결혼한 그는 계획에 없던 딸(제니퍼)을 책임지고 있었다. 돈은 빠듯했고 미래는 암울해 보였다. 그는 영화에 집착하기 시작했고, 그의 앞날은 두 번째 단편 〈할머니〉 제작을 위해 미국영화연구소에 신청한 소액의 보조금에 달려 있었다. "1차 합격자가 누구누구인지 우편물을 통해 알게 됐습니다. 스탠 브래키지, 브루스 코너같이 내가 그즈음 들어본 이름들이었죠." 그의 설명이다. "그들은 아방가르드의 최선봉에 선, 명성이 탄탄한 독립 영화 감독들이었어요. 나는 '망할, 나는 절대로 안 될 거야!' 하고 한탄하며 마음을 접었죠. 하지만 집을 나설 때마다 페기한테 말했어요. '뭔가 짜릿한 일이 생기면 전화해. 나도 그런 일이 생기면 전화할게.'"

그런 일이 생겼다. 미국영화연구소가 린치에게 보조금 5000달러를 주었다. "내 인생을 바꿔놓은 전화를 받았어요." 그의 회상이다. "하늘을 둥둥 떠다니는 기분이었어요. 행복에 젖어 천장을 뚫고 나갈 기세였어요! 세상사람 모두가 그런 기분을 느껴봐야 합니다. 절망적으로 바닥을 뒹굴어봐야 제대로 느낄 수 있어요."

린치에 따르면 이후로 무엇도 그의 인생을 바꿔놓지 못했고 그에게 중요하지도 않았다. 그에게 4500만 달러짜리 〈사구〉를 제안한 전화조차도 말이다. 그 외의 일이 역사가 됐다고(또는 린치의 표현처럼 숙명이 됐다고) 말하는 것은 린치의 재능이 아직은 충분치 않았다는 사실을 간과하는 것이다. 그는 로스앤젤레스로 이주해 신축 미국영화연구소 필름센터의 정규 수강생이 되었다. 〈이레이저 헤드〉(그가 막 떠나온 도시에서 영감을 받은 영화)를 작업한 5년의 기간이 이때 시작되었다. "그 영화는 내 〈필라델피아 스토리〉예요." 그의 설명이다. "지미 스튜어트가 출연하지 않는다는 것만 다를 뿐이죠."

린치가 이 영화의 방향 감각 잃은 주인공 헨리(1996년 12월 30일에 타계한 잭 낸스가 연기했다)에 대해 들려주는 이야기에 귀 기울이다 보면 묘한 느낌에 빠진다. 그의 자화상을 보고 있는 듯한 묘한 기분이 드는 것이다. "헨리는 분명 무슨 일이 생겼다고 느끼기는 하지만, 그게 무엇인지는 전혀 파악하지 못합니다." 그의 설명이다. "그는 사물들을 아주 조심스레 살핍니다. 그게 무엇인지를 가늠하려 애쓰는 거죠. 파이 상자의 모서리를 탐구할 수도 있습니다. 단순히 그의 시야에 들어왔다는 이유에서 말이에요. 자기가 어째서 그 자리에 앉아 있는지 의아해할 수도 있어요. 만사가, 만물이 새롭습니다. 그건 무서운 일일지 몰라도, 어디론가 들어가는 열쇠가 될 수도 있어요."

린치는 헨리를 친근하게 느꼈던 게(그리고 여전히 그런 게) 분명하다. 그런데 평론가들과 친구들이 보기에 특히 자전적인 부분은, 헨리 캐릭터가 자신이 조산아의 아버지가 됐다는 사실에 갑작스럽게 맞닥뜨리고 나서 그 가혹하고 두려운 현실을 감당하려고 벌이는 시도들이었다. 린치의 딸 제니퍼는 이렇게 설명한다. "내 짐작에, 나중에 생겨난 주된 오해 중 하나는, 아버지가 (틀림없이) 가족을 원하지 않았기 때문에 〈이레이저 헤드〉의 주요 아이디어가 내가 태어난 것에서 비롯했다는 오해예요."

린치는 '예술 인생'에 자신을 바쳤다. 그리고 그의 말처럼 "되도록 이면 작은 짐만 짊어지기를" 바랐다. "사람은 처음에는 높은 곳을 오르게 되니까요." 사람들은 〈이레이저 헤드〉의 독창성 때문에 그 영화가 분명 개인적인 경험을 기초로 했다고 가정한 듯하다. "나는 태어날 때부터 내반족clubfeet, 기형적으로 안쪽으로 굽은 발이었어요." 제니퍼의 설명이다. "사람들은 〈이레이저 헤드〉의 아기가 기형인 것을 나의 내

반족에 빗대고는 했어요. 하지만 나는 아버지가 〈이레이저 헤드〉를 내 발에서 직접 기인한 영화로 여긴다고는 생각하지 않아요."

그 영화의 제작 기간 5년 동안 린치는 변변찮은 일로 돈을 벌어야 했다. 신문 배달과 파트타임 배관 작업도 했는데 특히 배관 작업에 대한 애정을 확실히 키웠다. "물 흐르는 방향을 제대로 잡으면 만족스럽죠." 리비는 그 시절을 잘 기억한다. "그는 거기에 너무 몰두해서, 굉장히 기진맥진하던 날도 있었어요. 그는 늘 여러 일이 가능하다는 생각을 하고 있었어요. 정식 자격을 따려는 생각이 컸죠." 하지만 결혼을 한 탓에 린치는 새로운 열정에 강하게 전념하는 상태를 지속하지 못했다. "데이비드 린치와 함께하는 것은 고된 일이에요." 그녀는 말한다. "우리 우정은 계속됐지만 나는 그의 아내라는 직업을 그만뒀어요!"

리비와 갈라서기는 했지만 행복한 추억들은 린치의 마음속에 가장 중요한 것으로 남았다. "나는 흙무더기를 좋아했어요." 린치의 회상이다. "흙무더기를 정말로 좋아합니다. 〈이레이저 헤드〉를 할 때 페기하고 나는 제니퍼를 데리고 LA의 단칸방에서 살았어요. 방에는 둥그런 목제 식탁이 있었죠. 페기가 생일날에 외출했을 때 제니퍼하고 나는 양동이로 흙을 퍼 날랐어요. 그러고는 식탁 위에 흙을 1미터 높이로 쌓아올렸죠. 식탁 전체를 흙으로 된 산으로 덮은 거예요. 거기에 작은 터널들을 뚫고, 터널들 앞에 찰흙으로 만든 추상적인 작은 조각상들을 놓았어요. 집에 돌아온 페기가 그걸 보고는 고맙게도 무척이나 행복해했어요. 그래서 우리는 그걸 몇 달간 그대로 놔뒀어요. 흙이 식탁의 표면을 잠식해 들어갔죠. 자연히 그렇게 되어가서, 베니어판이 망가지기 일보직전이었어요."

〈이레이저 헤드〉가 마침내 공개 상영됐을 때 존 워터스가 이 영화의 인지도 확산을 도왔다고 린치는 말한다. "그의 영화가 개봉 중이었어요. 존은 이미 언더그라운드의 반항아로 명성을 굳힌 상태였죠. 그런데 그는 Q&A 내내 자기 영화에 대해서는 말하지 않았어요. 사람들에게, 가서 〈이레이저 헤드〉를 보라는 말만 했어요." 린치의 장편 데뷔작은 17개 도시에서 정기 상영됐다. LA의 뉴아트 시네마에서 그 영화는 1주일에 하룻밤씩 4년간 상영됐다. 4년간 가장 중요한 영화였다는 뜻이다. 〈이레이저 헤드〉는 입소문을 탔다.

린치가 대중적으로 인정받고 성공으로 도약하는 데 기여한 결정적이고 외부적인 요인을 하나 더 꼽는다면, 그건 멜 브룩스 밑에서 일하던 젊은 프로듀서 스튜어트 콘펠드의 주목이었다. 콘펠드는 미국영화연구소에서 강의하던 어느 강사의 귀띔을 듣고는 영화 개봉 첫날에 뉴아트로 갔다. 거의 20년이 지난 지금도 그는 그 경험에 대해 열변을 토한다. "나는 100퍼센트 뿅 갔습니다. 그때까지 본 중에 가장 위대한 작품이라고 생각했어요. 그 정도로 영혼을 정화하는 경험이었죠. 그의 차기작을 보고 싶었어요."

〈이레이저 헤드〉 이후 린치는 메리 피스크와 결혼했고 두 사람은 아들 오스틴을 뒀다. 당시 그는 연출 제의를 정신 못 차릴 정도로 많이 받은 건 아니었다. 하지만 〈로니 로켓〉의 시나리오("전기電氣에 대한 영화이자, 키가 90센티미터인 빨간 머리 사내에 대한 영화예요")를 쓰고, 헛간들을 짓고("헛간은 지을 수 있을 때마다 지어야 해요"), 매일 오후 2시 30분이면 밥스 빅 보이 다이너에 가서 초콜릿 셰이크를 곁들여 커피를 마셨다. "설탕을 먹으면 행복해지고 영감이 생긴다는 것을 알게 됐어요. 아이디어가 펑펑 쏟아져서는 집으로 달려가 글을 써야 했죠. 설탕은 낟알로 된 행복이고 좋은 친구예요." 그러던 중에 콘펠드에게서 결정적인 전화를 받았다. 린치의 차기작이 될 작품—오스카 여러 부문의 후보에 오른 〈엘리펀트 맨〉—을 제안하는 전화였다. "말 그대로 그의 이름을 되뇌면서 집 주위를 돌았어요. '스튜어트 콘펠드, 스튜어트 콘펠드, 스튜어트 콘-펠드.' 행복했어요. 지금 돌아보면, 당시 내가 왜 그랬는지 알 것 같아요."

콘펠드는 이 프로젝트를 진행할 제작사로 멜 브룩스의 회사인 브룩스필름스를 끌어들였다. 사실 그 시점에 브룩스가 염두에 두고 있던 감독은 앨런 파커였다. 하지만 브룩스는 〈이레이저 헤드〉를 보자 열광했다. 브룩스는 그 영화를 "내가 본, 자식이 생기면 어떤 기분일지를 다룬 영화 중 최고작!"이라고 칭했다. 그런데 〈엘리펀트 맨〉은 그의 회사가 독립적으로 제작하는 첫 영화였기 때문에, 그는 스토리 아이디어와 린치를 남들에게 팔아야 했다.

"멜은 엄청나게 적극적이었어요." 콘펠드가 NBC의 프레디 실버먼을 만난 일을 회상하며 한 말이다. "프레디가 '도대체 이 데이비드 린치란 사람이 누구요?'라고 묻자 멜이 말했어요. '바로 그 질문이 당신이 더럽게 멍청한 사람이라는 걸 보여주는군요!'" 실버먼이 시나리오를 볼 수 있느냐고 물었을 때도 브룩스는 꿈쩍도 안 했다. 콘펠드는 깜짝 놀랐다. "멜은 말했어요. '시나리오를 읽게 해달라는 게 젠장 무슨 뜻입니까? 지금 나한테 영화를 성공시키는 요소들에 대해 맥이 나보다 더 잘 안다는 말을 한 거요?' 그는 실버먼에게 조금도 양보하려 들지 않았어요." 그럼에도 NBC는 결국 특별 구매금으로 400만 달러를 내놓았다.

브룩스는 린치에 대한 자신감으로 린치를 옹호했다. 영화의 최종 배급업자인 파라마운트 픽처스를 위한 시사회가 열렸을 때도 그랬다. "마이클 아이스너하고 배리 딜러가 당시에는 파라마운트에 있었어요." 콘펠드의 회상이다. "그들의 반응은 '와, 대단한 영화군요. 하지만 도입부의 코끼리하고 결말의 여자는 빼야 할 것 같습니다'였어요. 그러자 멜이 말했죠. '우리는 벤처 비즈니스를 하고 있습니다. 우리가 당신들에게 이 영화를 보여준 건 벤처업계의 최근 상황을 파악하게 해주려는 거였어요. 이걸 우리가 말도 안 되는 어린애들 작품을 사달라고 간청하는 걸로 오해하지 말았으면 합니다.' 그러고는 수화기를 쾅 하고 내려놨어요!"

〈로스트 하이웨이〉의 스타인 퍼트리샤 아퀘트가 생각하기에 린치의 영화들은 "발표 당시에는 이해되지 않는다." "대부분의 경우 직접적인 관객을 위해 영화를 만들어요. 온 나라가 좋아할 만한 영화를요. 데이비드의 영화를 본 관객은 집으로 돌아갔다가 5년 후에 다시 봐야 해요. 그러면 그 영화들을 이해할 수 있을 거예요." 어디서 아이디어를 얻느냐는 질문을 받은 린치는 껄껄 웃었다. "나는 라디오와도 같아요! 그런데 불량 라디오라서, 어떤 땐 부품들이 잘 연결되지 않아요." 그러면서 더 진지하게 말했다. "아이디어들은 나한테 몰려오는 것들 중에 최고예요. 하늘이 내리는 선물이나 다름없죠. 갑자기 뭔가 보이고 그걸 느끼면서 알게 됩니다. 그와 더불어 열정이 몰아치면서 나는 그것과 사랑에 빠져요. 내가 아이디어를 얻을 수 있다는 건, 그리고 누군가 영화를 만들라면서 나한테 돈을 준다는 건 믿기 어려울 정도로 좋은 일이에요."

"그는 의자에 앉아서 텅 빈 벽을 멍하니 쳐다봐요." 로셀리니의 설명이다. "그렇게 해서 아이디어를 얻는 거예요. 나는 아이디어들이 그의 내면 깊은 곳에서 나온다는 것을 알아요. 심리 상담을 받는 사람들이 많잖아요. 그는 그러는 대신에 명상을 많이 해요." 메리 스위니에 따르면, "그는 이야기들을 찾아다니지 않아요. 자기 머릿속에서만 찾죠. 그는 뭔가 새로운 것을 내놓는 것을 좋아해요. 모던해지는 것을 좋아해요. 그게 주요한 동기로 작용하죠. 다행히도 그가 떠올리는 아이디어는 사람들에게 잘 스며드는 아이디어예요. 그가 대작 영화들을 피하는 것은 〈사구〉 때문이기도 하지만, 겸손한 사람이기 때문이기도 해요."

〈사구〉의 망령은 린치가 그 영화를 하기로 동의한 이후로 그의 커리어를 집요하게 따라다녔다. 서른다섯 살 나이에 필모그래피가 두 편밖에 없던 그는 〈사구〉에 착수했다. 〈사구〉의 제작 규모(세트 75곳, 의상 4000벌, 제작 기간 3년)는 린치가 그 전에도 후에도 경험하지 못한 큰 규모였다.

"그 영화는 내 양쪽 무릎을, 어쩌면 그보다 좀 더 윗부분을 절단했어요." 린치가 디노 드 로렌티스의 회사인 DEG를 위해 만든, 쪽박 찬 이 SF 영화의 경험을 두고 한 말이다. "나는 그 영화에 대해서는 완전히 정신이 나간 상태였는데 조금씩 타협해나가고 있었죠. 그들의 분위기는 마치 '우리는 데이비드를 감시해야 해. 만약에 그가 〈이레이저 헤드〉 쪽으로 간다면 우리는 물에 빠진 시체가 돼버려' 하는 것 같았어요. 그래서 나는 모든 것을 억제해야 했고 오도 가도 못하는 신세가 됐습니다. 서글픈 처지였죠." 린치는 그 프로젝트에, 그리고 '잠들었다 깨어나서는 운명적으로 어떤 존재가 되는' 주요 캐릭터 폴에 흥미가 동했었다. 계약 조항에 최종 편집권이 들어 있지 않았던 〈사구〉는 그에게 유익한 교훈이 됐다.

린치의 〈블루 벨벳〉처럼 개인적 구원과 직업적 구원이 스스로 명확하게 모습을 드러내는 경우는 드물다. "〈사구〉 이후 나에 대해 오가는 말들을 들으면 내 자신감과 행복이 완전히 망가질 수도 있었어요." 그가 한 말이다. "작품을 만들려면 행복해질 필요가 있어요." 린치는 사구에서 지구 땅으로 돌아왔다. 그리고 더 중요하게는, 대다수 평론가들이 그의 걸작이라고 칭한 작품을 위해 자신의 꿈들로 돌아왔다. 〈블루 벨벳〉을 처음 관람한 당시의 느낌에 대해, 해박하고 예리한 『영화 인명 사전』의 저자 데이비드 톰슨은 말한다. "그 영화를 감상한 순간은, 내가 영화에서 현세를 초월한다는 느낌을 받은 마지막 순간이었다.(〈피아노〉를 보기 전까지는 그랬다.)"

〈블루 벨벳〉의 예술적인 장점이 무엇이건, 이 영화는 인간이 처한 상황과 그 자신을 바라보는 린치의 관점을 이해하는 데 중요하다. 선과 악이 이보다 더 양극화된 경우는 전혀 없었고, 균형을 잡기가 이보다 더 고통스럽거나 어려운 경우도 없었다. 제프리(다시 매클라클런인데, 이번에는 단추를 다 채운 린치 특유의 차림새다)와 (데니스 호퍼가 연기하는) 어린애처럼 말하는 프랭크 부스(그는 단 한 마디로만 자신을 표현할 수 있다. "픽!Fuck!") 사이의 오이디푸스적인 전투는 분명히 같은 사람의 두 측면이 벌이는 투쟁이었다. 그 갈등에서 린치 성격의 중요한 측면을 읽을 수 있다. "그는 꽤 종교적인 사람이에요." 로셀리니가 한 말이다. "상당히 영적spiritual이죠. 그가 품은 비전들은 그가 명상을 통해 세상을 인지하는 방법과 많은 관련이 있어요. 위대한 성직자들이 품은 갈등들을 그도 갖고 있어요."

스위니는 정신분석가 네 명이 〈블루 벨벳〉을 토대로 린치를 분석하러 왔던 때를 회상한다. "그들 중 일부는 그가 어렸을 때 학대를 받았던 게 분명하다고 했어요. 그의 부모님을 잘 아는 내 입장에서는 굉장히 기분 상하는 말이었죠." 린치는 분명 타인의 경험을 빌리거나 인지해서 거기에 의미를 부여하는 능력이 있다. "세상 모든 사람과 마찬가지로 그는 어렸을 때 자기 몫의 고통과 두려움에 시달렸어요." 페기 리비의 말이다. "하지만 이 특별한 이야기들을 빌려 그 느낌들을 표현하는 거죠. 정확히 실제로 일어난 일이 아닌데도 말이에요."

린치를 이해하는 것은 그의 인생과 작품에 깃든 맹렬한 독립성을 인정한다는 뜻이기도 하다. 〈블루 벨벳〉은 드 로렌티스의 회사에서 제작비를 받았다. 어떤 면에서 그건 〈사구〉로 진 빚을 청산한 거였지만, 린치는 프로젝트 진행에 앞서 제작비와 연출료를 절반으로 깎는 데 동의해야 했다. "내가 원하는 방식으로 만들지 못하는 영화를 만들어야 하는 이유가 세상에 존재한다고는 생각하지 않아요." 린치가 진지하게 한 말이다. "그건 죽는 거나 마찬가지일 거예요. 그렇다면 거기에 중요한 게 뭐가 있겠습니까?" 이런 점에서 린치는 젊은 영화감독 세대에게 영감을 줘왔다. "그는 독불장군이에요. 그게 그의 틈새시장이죠." 〈트윈 픽스〉(TV 시리즈와 영화 모두)의 핵심 작가인 밥 엥겔스가 한 말이다. "그는 다시는 오버그라운드로 가지 않을 거예요. 할리우드가 〈나바론 요새〉 제작에 그를 섭외한다면 그는 그 영화를 맡아 할 겁니다. 하지만 그 해묵은 이야기를 다른 방식으로 연출한 영화가 나오겠죠. 데이비드는 오래된 이야기를 그대로 연출하고 싶어 하지 않아요."

〈트윈 픽스〉(엥겔스에 따르면 "대중이 호응한, 자유로이 부유하는 죄책감을 다룬 TV 시리즈")를 통해 린치는 독불장군 지위를 확고히 다졌다. 또한 작곡가 안젤로 바달라멘티와 맺은 직업적 관계도 더 탄탄해졌다. 바달라멘티는 로라 파머의 테마에 관한 작곡 테크닉을 이렇게 설명했다. "데이비드는 음악이 아주 음울하고 느리게 시작해야 한다고 말했어요. 한밤중에 숲속에 혼자 있으면서 바람 소리와 짐승들이 부드럽게 우는 소리만 듣는 모습을 상상해보라고 했죠. 내가 연주를 시작하면 데이비드는 이렇게 말하고는 했어요. '그거예요, 바로 그거! 1분간 연주를 계속하다 변화를 준비해야 해요. 곧 아름다운 소녀가 보이니까요. 나무 뒤에서 나타난 소녀는 혼자 곤경에 처했어요. 그러니 이제는 아주 느리게 고조되는 아름다운 멜로디로 접어들어서 클라이맥스에 다다르는 거예요. 그 음악으로 시청자의 마음을 찢어밟깁시다.' 최종적으로 나온 곡은 거기서 단 한 음도 바뀌지 않았어요."

"숙명의 쇄도." 린치는 1990년 무렵에 자신을 미디어의 전면으로 밀어붙인 창작 에너지의 급등과 성공을 이렇게 표현한다. "그런데 숙명이 문을 열어주지 않을 때가 있어요. 신호등이 빨간색이에요. 당신에게 뭔가 다른 것을, 뭔가 다른 것을, 뭔가 다른 것을 할 기회가 주어진다면, 그걸 하세요. 단, 까마득한 낭떠러지로 향하는 길일 수도 있어요."

그의 까마득한 낭떠러지는 1992년에 〈트윈 픽스〉 영화판의 공개와 더불어 찾아왔다. 종영한 TV 시리즈에 대한 린치의 프리퀄 영화는 칸(불과 2년 전에 〈광란의 사랑〉을 축성한 그 영화제)에서 살벌한 혹평을 받은 데 이어 비평적으로나 상업적으로나 최악이었다. "어찌나 상황이 나빴던지, 그해에는 경찰에 체포되지도 못할 지경이었어요!" 린치가 껄껄거리며 말했다. "나는 고린내를 풍겼어요. 궤도를 벗어난 행성들이 틀림없이 있었을 겁니다."

린치는 자신의 직업적 인생과 개인적 인생에 닥친 숙명을 모두 포용한다. "사람들이 '이 또한 지나가리라'라고 말하는 거랑 비슷합니다. 어떤 면에서는 근사한 경험이었어요. 우리는 실패를 해도, 길거리에서 발길질에 쓰러지고 피를 흘리고 이가 빠질 때까지 몇 번 더 걷어차인다 해도 길을 가려고 일어나야만 합니다. 다시 거듭나는 거예요. 세상은 그리 큰 기대를 하지 않아요. 당신 따위는 안중에도 없거든요. 바닥에 나뒹구는 건 멋진 경험입니다. 너무 멋진 일이죠!"

린치는 대형 스크린을 비운 4년을 바쁘게 보냈다. 그런데 최근에 와서야 장편 프로젝트의 그린 라이트를 받을 수 있었다. 현재 보류된 시나리오 중 하나는 〈소의 꿈〉으로, 공동 작가 밥 엥셀스는 이렇게 설명한다. "과거에 소였던 남자 세 명이 밴나이스Van Nuys에 살면서 삶에 적응하려고 애씁니다." 마침내, 유럽 소재 회사로 린치와 영화 세 편(〈트윈 픽스〉 영화판이 첫 영화였다)을 계약한 CIBY 2000이 〈로스트 하이웨이〉를 진행하는 데 동의했다.

린치가 한 번도 열의를 잃었던 적이 없는 매체인 회화를 시작했다는 것을 상기해보자. 그의 캔버스에서 뒤숭숭할 정도로 시커먼 거죽은 유년기의 이미지들(반창고와 탈지면)을 소환하고, 최근 들어 더 음울해진 주제들(샌드위치 고기와 죽은 동물의 해골들)은 늘 불안한 마음을 보여준다. "나는 어둠과 혼란 속에서 길을 잃었어요." 그가 한 말이다. '몬태나, 미줄라, 이글 스카우트'처럼, 쉽게 말하는 만큼이나 정확한 말이기도 하다. "그는 늘 어둠 속에서 길을 잃고 혼란스럽다고 느끼는 것 같아요. 그는 그걸 좋아하면서도 싫어해요." 로셀리니의 견해다. "그가 그런 말을 통해 하려는 얘기는, 세상이 너무나 미쳤다는 거예요. 우리가 선한 사람들한테서 얼마나 멀리 떠나와야 했는지, 깨우침에서 얼마나 멀리 떨어져 있는지를 말하는 거죠." 스위니는 명쾌하게 밝힌다. "그는 명랑하고 낙천적인 사람이지만, 직관적이고 묘한 방식으로 모든 어둠에 민감해요." 리비는 애정이 묻어나는 미소를 지었다. "하나님이 그를 축복하실 거예요. 그가 이와 비슷한 말을 했을 때 나는 그게 무척 마음에 들었어요." 그녀가 말했다.

다시 논쟁의 장에 서서

도미닉 웰스 — 1997

"오, 이런," 데이비드 린치가 파리의 호텔 스위트룸에 들어오며 말했다. "땡땡이치는lollygagging 꼴들 좀 보게."

땡땡이치기?

시간 여행을 떠난 듯한 린치의 용어 사용보다 더 기이한 것이 있다. 바로 자기 누나가 축구 팀 전체와 몸을 섞는 것을 방해하면서 열 살짜리 꼬맹이가 드러냈을 법한 충격과 공포를 담은 단어를 만들어 내는 그만의 방식이다. 영화 홍보물과 린치의 열네 살 난 아들, 이 글을 쓴 미미한 존재, 그리고 빠듯한 예산으로 동영상을 찍는 애덤(아니, 조Joe였나?)이 한데 어우러진 광경은 약간 특이한 일로 보이기는 한다. 우리 모두는 침대에 대자로 누워 과자를 요란하게 씹어대며, 컬트 듀오가 만든 신경질적인 패러디 〈토이트레인스포팅〉을 감상하

〈타임 아웃 런던Time Out London〉 1997년 8월 13일자에서.

고 있었다. 그렇다고 이 광경이 역사적으로 알려진 흥청망청한 술잔치 같은 건 아니었다. 필름으로 행해진 가장 충격적인 몇몇 신들을 책임진 남자 때문에 연출된 다소 풍성한 장면일 뿐.

린치의 장편 데뷔작 〈이레이저 헤드〉에 그런 제목이 붙은 것은 참수당한 주인공의 머리가 연필로 만들어지기 때문이다. 린치가 시도한 블록버스터 〈사구〉에는 오르가슴을 느끼는 순간에 소년 희생자의 심장에 부착된 플러그를 뽑아버리는, 볼록한 배에 얼굴에는 고름이 흐르는 변태 하코넨 남작이 등장한다. 〈블루 벨벳〉은 절단된 귀에서 시작해서 더 끔찍한 상황으로 나아가고, 〈트윈 픽스〉에서 린치는 초자연적인 악惡과 연쇄 살인, 근친상간을 황금 시간대 막장 드라마로 탈바꿈시켰다. 〈광란의 사랑〉에서 그는 관객 100명이 사전 시사회 도중에 나가버린 후에야 생생한 고문 신을 잘라냈다. 그런데 대체로 그는 미지의 것이 일으키는 공포를 창조하기 위해 사운드를 비범하게 활용하면서 거기에 눈에 보이지 않는, 그렇지만 수준을 높인 비주얼을 짝짓는 수법을 활용한다. 〈엑스 파일〉은 〈트윈 픽스〉가 없었다면 결코 탄생하지 못했을 것이다.

따라서 영화를 보러 가는 대중이 그가 4년 만에 내놓은 첫 영화 〈로스트 하이웨이〉를 기다리면서 땡땡이치고 다니는 것은 어느 정도는 예상할 수 있는 일이었다. 이 기이한 영화는 린치의 강박 관념을 전부 모아놓은 요약본이나 다름없다. 거의 이해할 수 없는 작품이기도 하다. "누가 범인이야?"가 아니라 "도대체 무슨 내용이야?"에 가까운 이 영화는 강렬한 이미지들 이면에 그것들을 내러티브로 엮어내는 실가닥이 있을지도 모른다는 인상을 준다. 나는 진상을 밝히려는 당신을 도우려 하겠지만, 그보다 먼저, 데이비드 린치와 하는 인터뷰는 알쏭달쏭하기로 유명하다는 문제가 있다. 그는 자신의 사생활에 대해서는 물론이고 자기 작품에 대해서도 말하려 하지 않는다. 우리 둘 다 축구 팬은 아니기 때문에, 우리에게 잠깐 동안이나마 남은 화제는 그의 다이어트에 대한 정보였다. 그래서 물었다. 더럽게 좋은 커피를 직접 따르고 있는 데이비드에게, 대담하게도. 파리에서 찾아낸 좋은 도넛이 있느냐고 말이다.

"도넛 끊었어요." 〈트윈 픽스〉 팬이라면 뼛속까지 경악할 만한 반응이다. "빵하고 감자는 끊었어요. 다이어트하는 거는 맞아요. 단백질이랑 채소, 과일, 여러 가지 좋은 것들만 먹죠. 그런 것들하고 우리 몸의 인슐린 레벨을 높일 음식을 결합시키면 안 돼요. 인슐린 레벨이 올라가면 그게 일종의 손을 형성하거든요. 그 손이 지방을 움켜쥐어서 우리 몸에 집어넣어요." 그가 몸짓을 해가면서 얼마나 사악한 분위기를 조성했는지, 나는 그때 이후 지금까지 도넛을 하나도 먹지 않았다. 그는 22파운드약 9.98킬로그램를 뺐다. 설탕을 '낱알로 된 행복'이라고 불렀던 남자로서는 꽤나 대단한 일이다.

다음 주제, 아이들. 그는 네 살 반 된 아들이 있다. 옆방 침대에 열네 살짜리 아들이 있고, 스물여덟 살 난 딸 제니퍼가 있다. 여기까지는 다 평범하다. 린치가 5년에 걸쳐 만든 첫 영화 〈이레이저 헤드〉가 양처럼 울어대는 아이 때문에, 단단히 싼 천을 벗기자 울음을 터뜨린 돌연변이 아이 때문에 공포에 질린 아버지에 대한 영화였다는 것만 빼면. "그 영화가 완성됐을 때 제니퍼가 여덟 살이었어요." 린치의 설명이다. "그 애는 그걸 봤죠. 바로 그 자리에서요. 그래요, 나는 딸아이가 그걸 이해했다고 생각해요."

제니퍼 린치는 〈남자가 여자를 사랑할 때〉의 시나리오를 쓰고 연출했다. 어느 여성을 곁에 두려는 남자 친구가 그 여성의 사지를 하나씩 잘라낸다는 내용의 영화다. 킴 베이신저는 이 프로젝트를 박차고 나갔다가 소송에서 패소했고, 그 소송에서 받은 수백만 달러는 유용하게 쓰였다. 기사에 따르면 제니퍼는 자기 아버지가 그 영화를 불쾌하게 여겼다고 말했다(맞다. 그토록 형편없는 영화였다)지만, 린치는 부인했다. "다만 그 영화는 나름의 생존 방식을 찾아야 할 것 같더군요. 어쨌든 제니퍼가 택한 방식은 실패했지만요."

그건 린치 자신도 종종 추구하던 방향이다. 〈광란의 사랑〉이 칸에서 황금종려상을 받으며 축하 인사를 받고 2년 후, 〈트윈 픽스〉 영화판은 야유를 받고 욕을 먹었다. 그가 두 번째로 시도한 TV 드라마 〈방송 중〉은 괴로울 정도로 재미없는 에피소드를 두어 개 내보내고는 종영됐다. 〈로스트 하이웨이〉로 그는 다시 유명 인사로 돌아갈 수 있을까?

린치는 대개 완성된 지도를 보여주는 게 아니라 그 지도를 제작하는 방법이라는 따분한 부분을 평론가와 대중의 몫으로 남겨놓는다. 그는 기이하고 음울한 경력에서 가장 음울하고 기이한 영화를 만들기 위해 도로를 벗어나는 방향으로 차를 몰았다. 빌 풀먼과 퍼트리샤 아퀘트는 결혼한 부부이지만 보이지 않는 벽으로 분리된 결혼 생활을 하고 있다. 그런 그들이 자신들의 거처 깊숙한 곳으로 점점 더 깊이 침투해 촬영한 비디오테이프를 아침마다 익명의 존재에게서 받게 된다. 이런 내용을 보여주는 영화의 첫 3분의 1은 느리고 침울하게 전개되면서 위협적인 분위기를 배태한다. 그러다 아내를 유혈이 낭자하게 살해한 죄로 사형수 감방에 갇힌 빌 풀먼이 경찰서 유치장에서 젊은 발타자 게티로 변신하면서(왜 그런 건지 도무지 알 수 없지만) 완전히 다른 영화가 펼쳐진다. 교도소장은 당혹스러워하면서 화사한 50년대 스타일의 세계로 게티를 석방하는데, 그 세상에서는 퍼트리샤 아퀘트도 갱스터의 금발 애인으로 변신해서 게티를 위험과 욕정으로, 결국에는 다시 살인으로 끌어들인다. 크레디트에 미스터리 맨이라고만 표기된 사내에 의해 상황은 더 혼란스러워진다. 린치가 〈블루 벨벳〉의 데니스 호퍼 이후로 만든 가장 심란한 창조물인 미스터리 맨은 동시에 두 곳에 존재하기도 한다. 이 영화는 지긋지긋한 타임 루프를 돌며 정확히 영화가 시작된 지점에서 끝난다.

이게 플롯 전체를 묘사할 수 있는 전부다. 그 과정에는 화끈한 섹스와 냉랭한 섹스가 있고, 웅장한 크기로 머리에 난 상처가 있으며, 조폭 집단의 보스 로버트 로지아가 뒤를 바짝 따라오는 차의 운전자에게 고속도로 규범을 강의하며 권총으로 때려대는, 괴상하지만 아주 재미있는 시퀀스도 있다. 이랬는데도 군이 이 영화를 보고 싶다면, 당신은 극장에 같이 간 사람과 도대체 이게 무슨 내용인지를 두고 논쟁을 벌이면서 두 시간을 잘 보낼 수 있다. 그러지 않고 바닥에 떨어진 정보들을 주워 올리면서 따라가다 보면…….

린치에게 이 영화가 뜻하는 바에 대해 하나라도 물어보려 해보라. 그러면 그는 다음과 같이 말할 것이다. "어떤 것에 대해 말하는 게 좋은 경우가 있고, 말하지 말아야 좋은 것도 있는 법이에요. 나는 어떤 걸 지적으로 이해하기보다 그것에 대한 이해를 느끼는 것을 더 좋아합니다." 지당한 말씀이다. 대단히 고마워요, 데이비드. 그래서 당신이 아무 말도 하지 않을 작정이라면, 우리가 하려는 일은 다음과 같습니다. 내가 이 영화가 뜻한다고 생각하는 것을 말할 테니,

당신은 내가 맞는지 아닌지를 말해주는 거죠. 오케이? 오케이.

이제 굵직한 해석 하나 나간다. 언젠가 카일 매클라클런이 말하기를, 자신은 데일 쿠퍼 요원을 연기할 때 그를 〈블루 벨벳〉의 제프리가 성장한 사람으로 생각했다고 한다. 아마도 빌 풀먼 캐릭터는 게티 캐릭터와 서로 다른 인물이 아닐 것이다. 풀먼 캐릭터는 게티 캐릭터가 성장한 버전인가? 영화의 후반부가 50년대처럼 보이는 이유가 그것이다. 그렇게 하면 과거로 이동했다는 걸 가리키니까. 그리고 게티와 제프리가 둘 다 그 불운하고 신비로운 여인들에게 강한 욕정을 품는 반면, 풀먼은 실제로 그녀와 결혼했지만 결혼은 때로 두 사람이 함께하는 문제가 아니라 두 사람이 거리를 두는 문제라서 그녀와 함께하는 삶이 생각했던 것과 다르다는 걸 알게 된다.

린치는 자동차 뒤 창문에 보이는 개처럼 고개를 끄덕였다. 미스터리한 여인과 결혼하는 데 따르는 상황에 끄덕이는 듯이. 그건 순전히 내 상상일까? 아니면 우리 두 사람 다, 〈블루 벨벳〉에서 제프리의 안타까운 사이렌 역할을 캐스팅하다가 만난 이사벨라 로셀리니와 그 사이의, 이제는 끝난 관계를 생각 중인 걸까? 그러나 그가 한 말은 "아주 훌륭하군요"가 전부였다. 그렇다면 그건 조금 따스한 반응인 걸까? "그래요. 그건 아주 훌륭해요." 거기에 덧붙일 말은 하나도 없나요? "없어요." 젠장!

분열된 인격 문제로 돌아가보죠. 악마가 거울을 통해 우리 세상으로 들어온다는 옛말이 있어요. (린치는 멍한 표정이다.) 〈트윈 픽스〉에서 죽음은 말 그대로 거울을 통해 존재하고, 그 거울에서 사람들은 거꾸로 말하죠. 당신의 모든 영화는 선과 악의 이중성을 다루고, 그 둘은 종종 내적으로 결판이 날 때까지 싸웁니다. 〈로스트 하이웨이〉의 미스터리 맨은 〈블루 벨벳〉의 프랭크 부스처럼 순전한 악의 화신, 어두운 측면의 화신이에요. (린치는 '틀렸다'는 쪽을 가리키려고 새처럼 머리를 곧추세웠다.) 으음. 아니면 그는 이드^{Id}가 만들어낸, 빌 풀면의 잠재의식에서 소환된 피조물인가요? (린치가 드디어 고개를 끄덕였다.) 맞다는 건가요? "그래요."

내가 정말로 마음에 들었던 것은 게티가 풀면으로 변신하는 장면이었어요. 그들이 환하게 백열하는 자동차 헤드라이트 불빛 앞에서 사랑을 나눌 때인데, 이 장면은 천사가 하강하는 〈트윈 픽스〉 영화판의 끝부분과 비슷합니다. 따라서 그건 일종의 천사의 등장인가요? (그는 긍정하는 듯한 감탄사를 내며 고개를 끄덕였지만, 더 많은 것을 기대하는 눈치였다.) 그런데 나는 그게 정확히 어디를 향하는지를 모르겠습니다. (린치는 껄껄 웃었고, 그건 도움이 되지 않았다.)

당신은 예전에 환생을 믿는다고 말한 적이 있어요. 그것은 카르마^{Karma}와 윤회, 부활하고 관련이 있나요? "그럴 수도 있죠." 그러고는 얼버무렸다. "아아, 당신도 고치가 나비로 변하는 것 같은 아름다운 변신에 대한 온갖 상징이 있다는 걸 알 거예요. 그러니 당신은 의아하죠. 우리가 겪고 있는 이 변신은 무엇일까?"

린치는 주제에서 벗어나려 하고 있었다. 그건 내가 뭔가 제대로 짚었다는 뜻이다. 그렇다면 죽음 뒤에도 삶이 있을까요? "아아아, 그렇다고 생각해요. 죽음과 삶은 연속체라고 생각해요." 그럼 그건 어떤 걸까요?(웃음) 빨간 커튼이 드리워지고 거꾸로 말하는 사람들이 있는 방은 아니겠죠? "그렇다면 나한테는 정말로 근사한 곳이겠군요."

그런데 〈로스트 하이웨이〉의 암울하고 절망적인 설정은 빌 풀면이 절대로 죽을 수 없다는 것이죠. 그는 타임 루프에 갇혀서는 자신이 저지른 살인과 실수들을 영원토록 되풀이할 불운에 처해 있잖아요. "글쎄, 영원토록은 아닐지도 몰라요. 하지만 엄청난 투쟁이 될 거라는 점은 알 수 있죠. 맞아요, 그건 투쟁이에요." (린치는 불편한 기색을 보였다. 지나치게 많은 정보를 누설한 것이다.)

그렇다면 그건 불교적인 환생 개념인가요? 수천 년이 흐르고 나서야 윤회의 수레바퀴에서 벗어나 열반에 이를 수 있다는? "딱 맞는 말이에요." 그렇다면 거기에는 빛이 있을까요? 풀면은 영화가 계속되면 풀려날 수 있을까요? "오, 그럼요. 당연하죠. 그건 스토리의 일부 조각이에요. 동그라미라기보다는 계속 말려드는 소용돌이죠. 다음 루프에서는 앞선 루프에서보다 약간 더 높은 곳에 이르게 돼요."

그렇게 이해가 된다. 아니, 린치가 '아이디어의 바다'로 생각하는 곳에서 당신이 낚으려 드는 훈제 청어^{red herring, '사람을 헷갈리게 만드는 것'이라}_{는 뜻도 있다}가 무엇이냐에 따라 그렇지 않을 수도 있다. 그런데 데이비드 린치의 마음속이라는 무방비 도시에는 백만 가지의 스토리가 있다. 어느 게 진실한 스토리인지는 그조차도 모를지 모른다. 그는 그림을 그릴 때 분명 두 눈을 감고 붓질을 할 것이다.

린치를 추궁해야 할, 그의 영화에 사람들이 품는 의혹이 두어 개 더 있다. 현재는 근육경화증으로 거동이 힘든 위대한 코미디언 리처드 프라이어를 휠체어 신세인 차량 정비소 주인으로, 그로테스크한 것들을 모아놓은 자신의 갤러리에 포함시킨 것은 어떤가? 처음이자 유일하게, 린치는 꽤 많은 것을 털어놓았다. "내가 무엇 때문에 리처드 프라이어를 조롱하고 싶어 하겠습니까? 그가 내 영화에 출연하지 말아야 할 이유가 있나요? 리처드 프라이어는 위대한 인물이에요. 그는 휠체어 신세를 지고 있어서 비중이 큰 역할은 할 수 없었지만, 나는 정말로 그와 일하고 싶었어요. TV 프로그램에서 그를 보고 푹 빠졌습니다. 자신과 자기 삶에 대해 말하는 그를 보고는 이 사람과 정말로 같이 일해보고 싶다고 말했어요. 그는 시나리오에 있는 신들을 연기했어요. 나는 그를 차량 정비소 사무실의 전화기 앞으로 데려가서는 정신적 콘셉트를 알려주고는 9분 동안 연기하게끔 놔뒀어요. 그는 경이로웠습니다. 그 연기의 일부가 영화에 남았어요. 그런 사고방식은…… 정말 역겹고 뒤틀린 거예요. 그런 생각을 떠올리는 사람들은, 그런 개념을 내놓는 사람들은 역겹고 비뚤어진 인간들이에요."

그에 따르면, 〈블루 벨벳〉 이후로 그를 괴롭혀온 여성혐오자이자 포르노 감독이라는 비난도 마찬가지로 역겹고 뒤틀렸다. 나한테는 유사시의 대책이 있었다. 〈광란의 사랑〉의 원작자이자 〈로스트 하이웨이〉의 시나리오 공동 작가인 배리 기포드가 1988년에 발표한, 필름 누아르 리뷰들을 묶은 책이었다. 그 책에서 그는 〈블루 벨벳〉을 이렇게 묘사했다. "스너프 영화보다 한 컷 위에 있는 영화. 일종의 학문적인 포르노. 이 영화에서 일어나는 것들보다 더 타락한 일들을 나는 상상도 못 하겠다. 나는 그 분야에서는 늘 낙제점을 받을 거라고 스스로 여겨왔다. 그런 포르노그래피는 내게 그저 따분하기만 하다. 따라서 이 영화는 나를 위한 영화가 아니다. 하지만 왠지 중요하면서도 논의해볼 가치가 있는 영화 같아 보인다." 세상에 이런 친구들이 있다면, 그 누가 적을 만들겠는가?

"그가 자기를 위한 영화가 아니라고 말했다고요?" 린치에게 그 글을 읽어주자 린치는 이렇게 반응했다. "그 사람하고는 다시는 같이 작업하지 말아야겠군요." 물론 이 말은 농담이었다.

〈로스트 하이웨이〉는 확실히 논쟁의 문을 다시 열었다. 이 영화에서 퍼트리샤 아퀘트는 후배위로 섹스하고 총구 앞에서 억지로 옷을 벗다가 자신이 그런 상황을 즐기고 있다는 걸 알아차린다. 린치는 그건 캐릭터가 어쩌다 보니 그렇게 된 거라고 반박할 것이다. 분명, 그의 남성 캐릭터들은 그 어느 때보다도 수동적이고 성적으로도 못지않게 뒤틀려 있다. 한술 더 떠, 린치 자신의 섹슈얼리티가 1950년대의 설정에 각인돼 있다. 하이힐을 신고 립스틱을 붉은 피처럼 바른 스웨터 차림의 여성들을 물신 숭배하듯 좋아하는 기호로 말이다. 잉그리드 버그먼의 딸과 수년간 '어울렸던' 이 사내가 〈로스트 하이웨이〉에 내털리 우드의 딸을 캐스팅했다는 것도 미심쩍다. 그리고 그녀에게 착 달라붙는 50년대 스웨터를 입히고 그 스웨터가 자동차 뒷자리에서 티 나게 벗겨진다는 점도 반드시 짚고 넘어가야겠다. 그가 그녀의 어머니에게 반했었기 때문일까?

"내털리 우드에게 반했던 건 확실해요. 하지만 그래서 너태샤를 캐스팅한 건 아니에요. 만나보니 그녀를 18년 전에 본 적이 있다는 게 생각났어요. 18년 전에 그녀의 실물을 봤다는 말이 아니에요. 당시 그녀의 어머니는 임신 8개월째였어요. 내가 미국영화연구소에 처음 갔을 때였죠. 어느 날 저녁에 성대한 파티가 열렸는데, 내털리 우드가 베란다에서 들어왔어요."

그렇다면 그건 인생과 탄생이라는 당신의 사이클로 돌아온 건가요?

"정확히 맞는 말이에요."

그 뒤에 나는 파리의 호화로운 갤러리에서 열린, 린치의 최근 그림과 사진들을 전시한 전시회에 다녀왔다. 캔버스들에는 글자와 이미지들, 나무, 물감 아래 묻힌 곤충들이 뒤섞여 있었는데, 사진들은 정말로 심란했다. 하이힐, 다리, 엉덩이, 젖가슴을 클로즈업으로 잡은 스냅 사진 10여 점, 얼굴과 단절된 여성 신체 부위들 컷이 있었다. 한 여성이 소파에 누워 있는 전신사진이 있는데 그다음 사진에는 평 하고 퍼지는 연기뿐 그 소파에 아무도 없었다. 마술일까? 아니면 유괴일까? 그 전시를 보면서 뭔가 떠올랐는데, 그게 뭘까 생각하느라 한참이 걸렸다. 그랬다. 그건 연쇄 살인범의 벽을 쏙 빼닮았다. 영화에 자주 등장하는, 연쇄 살인범이 모처에서 마지막 살인을 저지르려는 참에 경찰이 그의 침실을 급습했을 때를…….

린치는 기이한 영화들을 계속 만드는 편이 나을 것 같다.

나는 꿈꾸고 싶어서
영화관에 간다

마이클 스래고 — 1999

데이비드 린치가 사는 곳이 어디인지는 알지만(할리우드 힐스에 있는, 건물 세 동으로 구성된 콘크리트 주택군) 내 능력으로 그 배치 구조를 묘사하지는 못하겠다. 금요일 아침에 거기 도착한 나는 무심코 뒤쪽 계단으로 올라갔다가 주방에 있는 그와 어시스턴트 두 명과 마주쳤다. 그는 커피를 마시고 있었다. 커피는 그가 필수적으로 마셔야 하는 음료다. 그는 신속하게 간이 차고carport로 이동했는데, 나는 그곳을 아트 포트art-port라 부르고자 한다. 그림 작업용 옥외 스튜디오와 이웃한 어수선한 사무실. 그는 현재 두폭화diptych를 작업하는 중으로, 그가 사용하는 소재로는 버려진 아기 인형들도 있다.

린치에게서 받는 즉각적인 인상은 강렬함과 상냥함, 열정이 혼합된 것이다. 그는 개미의 더듬이처럼 (몸 중심부에서 일어나는 진동에

〈살롱닷컴Salon.com〉 1999년 10월 28일자에서.

반응하는 듯) 손가락을 떨면서 미니멀리즘을 대단히 좋아하는 취향에 대해, 그리고 추상적인 영화는 관객의 참여를 강화한다는 자신의 믿음에 대해 얘기하며 말문을 열었다. 그는 대화 도중에 '일^{thing}' 같은 단순한 단어와 '아름다운^{beautiful}' 같은 장대한 단어들을 무척 즐겨 사용한다. 나는 그가 내숭을 떨거나 핵심을 피해 다닌다고는 생각하지 않는다. 청명한 날씨가 됐건 갓 내린 커피 한 잔이 됐건 자신을 기쁘게 하는 것에 대해 그가 "대단하군요!"라고 탄성을 내지를 때, 그건 가식이 아니다. 그는 자신의 극단적인 느낌을 보호하는 동시에 품격을 떨어뜨리는 일 없이 그 느낌에 대해 남들과 소통하고 싶어 한다. 린치가 두 손을 써서 하는 제스처를 지켜보노라면, 미학적인 면에서, 1975년도 월드 시리즈 6차전에서 칼튼 피스크가 좌익수 방향으로 타구를 날려 끝내기 홈런을 만드는 모습을 보는 듯하다.

이와 비슷하게, 단추를 채운 흰색 셔츠와 바짓단을 걷어 올린 치노 팬츠는 그의 트레이드마크가 된 차림새라기보다는, 사람들의 주의를 예술과 그 작업 대상이 될 만한 소재들 쪽으로 돌리려는 방편에 가까워 보인다. 대화에 몰두한 그는 흡사 인간 소리굽쇠 같다. 내가 그에게 우리 대화의 주제인 최신작 〈스트레이트 스토리〉를 무척 좋아한다고 말했을 때, 그는 그게 솔직한 말이란 걸 감지했던 게 분명하다. 그 영화는 아이오와주 로렌스에 사는 73세 주민 앨빈 스트레이트의 실화에 기초했다. 스트레이트는 1994년에 위스콘신주 마운트자이언에 사는 소원해진 동생을 만나려고 임시변통으로 꾸민 이동식 집을 잔디 깎는 기계에다 묶고 480킬로미터를 달렸다. 린치는 이 소재를 개방적이고 다층적인 방식으로 다룬다. 주연 배우인 리처드 판스워스와 그가 함께 선보인 팀워크는 관객의 공감을 한껏 이끌어낸다. 두 사람은 힘을 합쳐, 노인들을 위한 영화이면서도 '전 연령대를 위한' 영화라는 희귀한 작품을 만들어냈다. 이 영화는 (예 순하고도 13년을 더 산 앨빈 스트레이트 입장에서조차) 사람들에게 지 혜를 나누어주는 것보다는 사람들로부터 지혜를 얻는 것이 더 중요 하다는 내용을 다룬다.

현재 여든 살인 판스워스는 '액면가face value'라는 표현에 새로운 의미를 부여한다. 별다른 말을 하지 않아도 그의 두 눈에서는 서사 영화 전편이 흘러나온다. 그리고 현재 쉰 살인 성숙한 앙팡 테리블 enfant terrible 린치는 판스워스를 데리고 뭘 해야 할지 알고 있다. 린치 의 음울하고 괴상한 꿈들—〈블루 벨벳〉이나 TV 시리즈 〈트윈 픽스〉 —처럼, 〈스트레이트 스토리〉는 처음부터 발견의 스릴을 발산한다. 무드와 사운드, 센세이션에 민감한 사람이라면, 그리고 판스워스와 딸 로즈 역할의 시시 스페이섹, 동생 라일 역의 해리 딘 스탠턴의 복 잡한 존재감에 민감한 사람이라면, 자기도 모르는 사이 감동을 받으 면서 진짜로 행복해질 것이다. 〈스트레이트 스토리〉는 자신의 등불 을 따라 목적지로 향했을 때 얻는 결과물을—그리고 그와 같은 방 식으로 영화를 만드는 것을— 보여주는 작품이다.

변화무쌍한 린치의 개성을 둘러싸고 생겨난 전설들이 있다. 그 가 어렸을 때 이 주州와 저 주를 떠돌아다녔다는 이야기(그의 아버지 는 농무부 소속 연구과학자였다)와 젊은 시절에 아트 스쿨들을 전전했 다는 이야기. 펜실베이니아 미술 아카데미에 다니는 동안 필라델피 아에서 적잖이 충격적인 도시 생활을 겪으면서, 아동 노동이 찰스 디킨스에게 끼친 것과 같은 지대한 영향을 받았다는 이야기. 그가

LA 미국영화연구소의 마구간을 5년간 거주지이자 데뷔작 〈이레이저 헤드〉(1976)를 위한 스튜디오로 탈바꿈시켰다는 이야기. 〈엘리펀트 맨〉(1980), 〈블루 벨벳〉(1986), 〈트윈 픽스〉(1989)(마술적 리얼리즘과 에로티시즘, 공포와 볼기짝이 빼어나게 뒤섞인 대중적인 걸작들)를 연달아 내놓은 이 인물은 현재 생존한 그 어떤 감독보다도 독특한 개성을 지녔다.

린치는 자신의 예술 활동 중 상당 부분이 영감 넘치는 컬래버레이션에서 비롯했다는 것을 누구보다 본인이 먼저 밝혔다. "인생은 대부분의 시간이 콤보combo예요." 〈블루 벨벳〉에 이르기까지 그가 만든 메이저 영화들의 천재적인 사운드 디자이너였고 이제는 고인이 된 친구 앨런 스플렛을 회상하며 한 말이다. 〈스트레이트 스토리〉도 예외가 아니다. 가장 명백하고 중요한 사례를 들자면 이렇다. 그 스토리를 찾아낸 다음 시나리오를 공동 집필하고 영화를 공동 제작하며 편집한 사람은 린치의 오랜 반려자 메리 스위니라는 것. 린치는 이 영화가 다루는 가족이라는 주제의 연장선상에서, 부모님과 캘리포니아 코로나도에서 자산관리사로 일하는 여동생을 시사회에 초대할 수 있어서 행복했다.(워싱턴주 교도소에서 전기 배선 책임자로 있는 남동생은 바빠서 참석하지 못했다.) "나는 부모님께 내 영화들을 보지 말라고 해왔어요. 그래도 아버지는 내 영화들을 다 보신 것 같아요. 마지막 영화인 〈로스트 하이웨이〉를 보고는 정말 심란해하셨죠."

린치가 ABC TV에 제안한 LA 배경 누아르 〈멀홀랜드 드라이브〉가 보류 상태가 된 현재, 린치는 그림을 그리는 데 몰두하는 한편, 미술 작업실이 있는 언덕 아래편에 자리한 멋들어진 스튜디오에서

〈스트레이트 스토리〉의 사운드 믹서였던 존 네프와 함께 음악을 만드는 데 집중하고 있다. 린치 입장에서 그림 작업과 작곡은 반드시 대중적인 소비를 위한 작품을 만들지 않아도 되는 촉매 활동이자 재충전용 활동이다. "나는 뮤지션은 아니지만 음악의 세계를 정말 좋아합니다. 기타를 연주하긴 하는데 실력이 엉망진창에다 엉터리예요." 그의 설명이다. "하지만 음악은 내게 말을 걸고 도움을 줘요. 존하고 일하는 것도 좋습니다. 우리가 만든 곡은 열 곡쯤 돼요. 그림 작업과 마찬가지로 음악은 우리를 어딘가 다른 곳으로 데려가죠. 하지만 그게 음악 활동의 전부는 아니에요."

린치는 요즘 영화는 많이 보지 않는다. "요즘 영화들이 그저 영화를 위한 영화처럼 보일 때가 가끔씩 있어요." 대신 그는 『마틴 스코세이지와 함께 미국 영화 속으로 떠나는 사적인 여행』(스코세이지 감독의 색다른 다큐멘터리 시리즈에서 탄생한 책)과 앙투안 드 베크와 세르주 투비아나가 쓴 트뤼포 전기("정말 좋은 책이에요. 트뤼포의 초년 시절은 믿어지지가 않아요")를 읽고 있다. 그는 말한다. "시간이 있으면 날마다 보고 싶은 영화들이 있어요. 〈8과 1/2〉, 큐브릭의 〈롤리타〉, 〈선셋 대로〉, 베르히만의 〈늑대의 시간〉, 히치콕의 〈이창〉, 자크 타티의 〈윌로 씨의 휴가〉나 〈나의 아저씨〉, 〈대부〉 같은 영화들이에요. 나는 꿈을 꾸고 싶어서 영화를 봅니다. 〈8과 1/2〉을 보고 나면 한 달 동안 꿈을 꿔요. 〈선셋 대로〉와 〈롤리타〉도 그렇고요. 그 영화들에는 내 영혼을 흥분시키는 추상적인 것이 있어요. 영화가 그 나름의 언어로 할 수 있는 어떤 것이 행간에 존재하죠.

최근에 출판된 〈스트레이트 스토리〉의 시나리오에는 완성된 영화에는 들어

있지 않은, 누가 봐도 '영화적인' 신으로 보이는 게 많습니다. 예를 들어, 경찰이 앨빈을 잡아 세우는 신이나 앨빈이 신체 질환 때문에 몸을 움직이는 것을 힘겨워하는 신들 말입니다.

영화는 완성될 때까지는 완성된 게 아니에요. 영화는 늘 감독에게 말을 걸고 있어요. 영화는 최초의 완벽한 시사용 초벌 프린트가 될 때까지 내내 행동을 취하고 반응을 보이죠. 감독은 거기에 특정 부분을 덧붙이고요. 그러면 갑자기 다른 것이 영향을 받습니다. 감독이 절대로 먹혀들 리 없을 거라 생각한 신들이 먹혀들기도 하고, 그다지 중요해 보이지 않았던 다른 것이 부분적으로나마 실패를 면하게 만들어주기도 하죠.

누구나 자기 영화가 완성됐다고 말하기 전에 반드시 사람들(딱 한 명이 될 수도 있지만 되도록 스무 명 이상)하고 같이 영화를 봐야 해요. 그러면 감독의 객관성이 패배를 딛고 돌아옵니다. 감독이 비로소 영화를 남들 눈을 통해서 볼 수 있고, 그런 상황이 그 영화를 구해낼 수 있기 때문이에요. 영화를 테스트하는 비판적인 시사회인 거예요. 꼭 평가표를 나눠주고 적어달라고 하지 않더라도요. 그냥 그들과 함께 앉아서 분위기를 느끼기만 하면 뭘 해야 할지 알게 될 겁니다. 말하자면 약식 시사회rough screening인 셈이죠. 제대로 돌아가던 영화가 갑자기 돌아가지 않는 순간이 있잖아요. 함께 영화를 만들어온 사람들하고, 공간을 가득 채운 사람들하고 같이 있을 때에도 그런 느낌을 받을 수 있어요.

내가 깨닫는 건, 영화는 완성하고 나면 늘 똑같다는 거예요. 극장에 따라 음향과 화면 밝기(영사기 전구로 인한) 면에서 편차가 있습니다만 프레임은 모든 극장에 다 있고 똑같습니다. 사운드도 마찬가지고요. 그럼에도, 상영은 제각각입니다. 관객들과 영화가 주고받는 그런 대화는 매혹적인 일이에요. 그들 사이에 순환하는 동그라미가 생기는 것 같죠. 영화가 추상적일수록 관객은 더 많은 것을 내놓습니다. 여백을 채우고 그들 나름의 느낌을 첨가해요. 동일한 화면을 보여주지만 군중의 구성에 따라 상이한 결과가 나오죠. 그런 면에서 감독이 영화를 완성했다고 해서 영화가 진정으로 완성된 것은 결코 아니에요.

드디어 동생 집에 도착한 앨빈은 "라일" 하고 두 번을 외칩니다. 처음에는 그냥 부르지만, 두 번째는 너무 늦었을지 몰라 두려운 듯 근심 어린 목소리죠. 나는 그 두 번째 부름을 들었을 때 넋을 잃었어요. 촬영장에 있는 감독과 배우에게도 그런 종류의 영감이 생겼을 거라고 봅니다. 말할 필요도 없이 시나리오에는 "라일"이라는 부름이 한 번만 들어 있죠.

이런 일은 어떤 면에서는 하늘이 준 선물이라고 할 수 있습니다. 그처럼 평범한 일이 벌어질 때면 너무도 아름다워요. 영화가 끝나기 직전에 리처드가 그 연기를 했을 때 나는 완전히 넋이 나갔어요. (린치는 목이 메는지 급하게 숨을 들이쉬었다.) 그 소리를 듣고 정신이 나갔죠. 편집실에서 작업할 때는 메리 뒤에 서서 울먹이기도 했고요. 이 영화는 사람들에게 진정으로 깊은 감동을 준다고 생각합니다. 이 영화에는 할아버지와 아버지에 대한, 그리고 형제에 대한 메시지가 들어 있어요. 그게 관객을 사로잡고 나도 사로잡습니다.

당신의 아버지는 농무부 소속 연구과학자였죠. 당신은 몬태나 미줄라에서 태어나 아이다호 샌드포인트와 워싱턴 스포캔, 노스캐롤라이나 더럼, 아이다호

보이시, 버지니아 알렉산드라에서 살았고요. 당신의 성장 배경은 이 영화에 등장하는 사람들과 지리적으로 그리 멀리 떨어져 있지 않습니다.

시사회에서 아버지와 리처드가 얘기를 나눴어요. 사람들에 대한 얘기를 많이 나눴는데, 몇 명은 두 분 다 아는 사람들이었죠. 리처드는 언젠가 글레이셔 국립공원에서 많은 시간을 보냈는데, 어렸을 때 나도 거기에 갔었습니다. 어린 시절에 태평양 북서부 여기저기를 돌아다녔거든요. 내게는 카우보이 생활이 아니었지만 나보다 한 세대 위인 아버지 입장에서는 그랬죠. 아버지는 말을 타고 (교실 하나짜리) 학교를 다녔어요. 우리 할아버지는 카우보이 부츠를 신은 밀 농장주였는데, 내 눈에는 세상에서 가장 멋진 남자였습니다. 대단히 멋졌죠. 정말로 근사한 웨스턴 정장—스트링 타이string tie, 나비넥타이로 매는 게 보통인 가늘고 짧은 넥타이를 하고 광을 아주 잘 낸 카우보이 부츠—을 차려입고는 했어요. 늘 뷰익Buick을 몰았죠. 운전할 때는 항상 특별한 장갑을, 아주 얇은 가죽 장갑을 꼈습니다. 그리고 차를 정말이지 천천히 몰았는데, 나는 그게 너무 좋았습니다. 나는 차를 빨리 모는 게 싫거든요. 할아버지 옆에 앉았을 때 말로는 절대로 표현하지 못할 느낌을 많이 받았습니다. 어린아이도 그렇게 많은 느낌을 받을 수 있고, 아이들은 그 느낌을 잊지 않아요. 기억에 차곡차곡 쌓입니다. 우리가 맺은 이런 관계들은 대단히 심오하지만 말로는 절대로 표현할 수 없는 거예요.

당신 할아버지의 뷰익 사랑과 앨빈 스트레이트의 존 디어John Deere, 미국의 농업 장비 브랜드를 향한 애착은 정확히 같다고는 할 수 없지만 관련이 있는 듯 보입니다. 당신은 이 영화가 인간과 자연에 대한 영화라고 했지만, 인간과 기계에 대한

영화이기도 합니다.

할아버지와 그분의 트랙터들을 찍은 사진들이 저한테 있는데요, 금속 바퀴들이 이렇게 큼지막하고 거기에 커다란 스파이크들이 박혀 있어요. 할아버지와 일꾼들은 커다란 캔버스 장갑을 끼고 오일이 든 깡통들을 들고 있고요. 농장이나 목장이라기보다는 기계 조립 공장에 더 가까워 보이죠. 그 기계들은 그들에게 어마어마하게 중요했어요.

그리고 이 영화에 나오는 기계들처럼 그 기계들은 제각기 개성이 있죠. 현대 디자인에 와서는 뭔가 자취를 감췄고, 그러면서 모든 게 똑같아 보입니다.

맞아요. 기계의 개성이 사라졌어요. 어느 시기에 그렇게 됐는지는 모르겠지만,—제조업자들이 모든 제품을 공기 역학적으로 디자인하기 시작하고, 진공 성형한vacuum-formed 모델 같은 걸 사용하기 시작했을 무렵— 컴퓨터에서 비롯했을 거예요. 왜 그렇게 했는지는 이해가 됩니다. 완벽하게 이치에 맞고 어떤 면에서는 더 안전한 방식이니까 실제로 좋은 일일 수 있죠. 하지만 그러다 1958년형 콜벳 스팅 레이 Corvette Sting Ray를 보면, 그게 어떤 존재였고 어떤 의미였는지를 알고 싶어 죽을 지경이 될걸요. 그 차 이후로 사람들은 차에 타는 기쁨을, 어쨌든 그와 같은 기쁨을 느끼지 못해요. 지금도 쿨한 차들이 있을지 모르지만, 콜벳 같은 차는 여전히 흔치 않습니다. 나는 굉장히 근사한 1971년형 투 도어two-door 메르세데스를 갖고 있어요. 내가 몰고 싶은 미국산 차를 구하려고 기다려봤지만, 그런 차는 나오지 않았어요.

이 영화에서 중요한 것은 자동차나 앨빈이 모는 잔디깎이가 아닙니다. 밤중에 앨빈과 딸 로즈가 앉은 자리 옆에 있는, 이미지가 엄청나게 위압적인, 윙윙거리는 양곡기들이죠. 당신은 관습적으로 그려내는 목가적인 농촌 풍경하고는 다른 농촌 풍경의 느낌을 표현합니다.

그건 높은 굴뚝이 빼곡한 산업화 시대의 피츠버그를 그려내는 것하고는 다르죠. 이 사람들은 많은 기계에 의지해서 살아가는데, 그중에는 거대한 기계들도 있습니다. 존 디어의 대형 대리점에 가서 뭐가 있는지 보면 아주 인상적이에요. 큰 양곡기들이 있고, 그 바로 옆에는 철로가 많죠. 농업은 산업이면서 대단히 유기적이기도 합니다. 몇 마일에 걸쳐 들판이 펼쳐져 있고 사람은 아주 적죠. 우리가 농촌에서 받는 진짜 느낌은 인간과 자연입니다.

영화가 당신에게 "말을 건다"고 했지요. 시나리오는 어떻게 말을 거나요?

시나리오를 읽거나 책을 읽을 때, 그걸 그림으로 그리고 느끼면서 함께 나아갑니다. 상황 전체가 머릿속에서 일어나기 시작하는데 그걸 기억했다 필름으로 옮겨야 하는 거죠. 내게 없던 아이디어가 어느새 머릿속에 들어와서는 폭발하고, 그러면 나는 영화 전체를 알게 돼요. 메리는 이 여행에 대한 얘기를 언론이 앨빈의 여정을 보도한 1994년에 들었고, 수백만 명이 읽은 이 이야기에 집착하게 됐습니다. 나한테 말하고 또 말하는 걸 보고 그녀가 이 이야기로 뭔가 하고 싶어 한다는 걸 알았어요. 나는 그것도 괜찮다고 생각했고요. 메리는 4년 후인 1998년에 이 이야기의 권리를 확보했고 나는 여전히 메리한테는 괜찮겠다고 생각했죠. 그녀와 존 로치가 함께 시나리오를 쓰기 시작했습니다. 둘은 여행을 떠나 앨빈의 가족과 많은 사람을 만났고, 시나리오를 완성하자마자 나한테 건넸습니다. 메리가 내가 그걸 연출했으면 한다는 걸 알았지만 나는 그렇게 되리라고는 눈곱만치도 생각하지 않았어요. 그러다 시나리오를 읽게 됐는데, 그걸로 끝이었죠. 하나의 요소 때문에 연출 결정을 내린 게 아니라 작품 전체 때문에 결정을 내렸습니다. 아이디어를 얻거나 마음에 드는 시나리오 또는 책을 읽고서 내가 자동적으로 하는 일은 '분위기를 느끼는 것feel the air'이에요. 〈스트레이트 스토리〉의 분위기는 시나리오와 궁합이 잘 맞았고, 그러면서 내가 이 작품을 할 거라는 느낌이 왔죠.

"분위기를 느낀다"라……. 영화를 두 번 본 나는 그 표현 그대로 수긍이 가네요. 스토리 분위기에 대한 당신의 반응이 말이죠.

지금 이 순간 세상에서 일어나고 있는 일—공기 중에 떠다니는 음표와 화음, 그와 비슷한 것들—에 대한 느낌일 뿐입니다. 정확한 듯 보이지만, 그게 정확하다는 걸 증명할 방법은 없어요. 대단하면서도 미묘한 일이고요. '차이트가이스트Zeitgeist'라고 부르던가요? 그 시대의 정신을 말하는데, 그 정신은 꾸준히 변하고 모두들 그 변화에 일조합니다. 당신이 어떤 걸 읽었거나 엄청나게 좋아하는데 그것이 호응을 얻으면 어떨지, 당신도 알 거예요. 반드시 상업적으로 성공할 거라는 뜻은 아닙니다. 알맞은 타이밍이라는 걸 당신도 느낄 거라는 뜻입니다.

당신이 더 온화한 영화들을 만들 가능성이나 필요성을 느낀다고 칸에서 말했다는데, 사실인가요?

아뇨, 필요성은 아닙니다. 필요성을 느껴 영화를 작업한다면 그건 잘못된 이유라고 봐요. 나는 그저 시나리오가 무척 마음에 들었고, 영화 작업을 지원하는 분위기에 힘입어 영화로 만들고 싶었을 뿐이에요.

바람이 들판과 곡식 줄기들을 가르며 바스락거리는 오프닝 숏부터 이 영화의 기운이 제대로 감지되었습니다. 당신의 모든 영화에서 사운드는 관객이 화면에서 보는 이미지를 느끼도록 도와주죠. 이 영화에서도 사운드는 우리가 캐릭터들을 이해하게끔 도와준다고 생각합니다.

빙산의 일각에 대해 말하는 거랑 비슷해요. 감독으로서는 말로 표현할 수 없는 것이 대단히 많은데, 어쨌든 감독은 알아요. 영화에서 감독은 뭔가 다른 걸 갖고 가고 싶어 합니다. 스토리가 감독에게 말을 걸 수도 있지만, 직감이 찾아오면 감독은 그 직감을 갖고 작업하고 싶어요. 배우들과 작업할 때 말words로는 그다지 많은 얘기가 오가지 않을 거예요. 그런데 배우의 눈을 들여다보고 무언가 얘기하면서 두 손을 어떤 식으로 움직이다가, 감독은 그 배우가 뭔가를 깨달았다는 것을 번뜩 알아차릴 수 있습니다. 그러면 가서 그 신을 다시 작업하고, 그럼 그 작업은 몇 단계 도약해서는 말로 주고받은 적이 없는 상황에 근접해가요. 이전 작업보다 훨씬 더 비중이 크고 더욱 중요한 장면이 나오죠. 다만 어떻게 그런 일이 벌어지는지는 짐작만 가능할 뿐입니다.

이 영화의 시나리오에는 당신의 본능이 나아갈 방향을 정해줄 연결 고리들이 분명 많아 보입니다. 할아버지나 느리게 운전하는 것 외에도요. 이 캐릭터처

럼 당신도 의자에 앉아 있는 것을 즐긴다는 글도 읽었습니다.

나는 의자에 앉아 있는 걸 참 좋아해요!

그런데 LA에 앉아 있는 동안에는 날씨에 반응할 일이 그리 많지 않습니다.

없죠. LA 날씨는 그렇게 많이 변하지는 않으니까요. 그래도 날씨는 좋아요. 그리고 LA에는 특별한 빛이 있습니다. 내가 1970년에 필라델피아에서 LA로 왔을 때 도착한 시간이 밤 11시 30분이었어요. 목적지는 선셋과 산비센테가 만나는 곳이었는데 위스키 어 고고^{LA의} 유명한 나이트클럽가 바로 거기 있었어요. 나는 왼쪽으로 꺾어서 산비센테를 두 블록 내려갔습니다. 거기서 거처를 찾을 때까지 머물 예정이었죠. 아침에 일어났을 때 LA의 빛을 처음 봤어요. 너무나 밝은 빛에 행복해졌죠! 빛이 그렇게 밝다는 걸 믿지 못할 지경이었어요! 그래서 바로 그 자리에서 LA와 사랑에 빠졌습니다. LA에서는 실내에 있다가 바로 밖에 나와 걷더라도 기온의 변화를 느낄 수 없어 좋아요. 실내의 생활과 실외의 생활이 별 차이가 없는 곳이죠.

의자에 앉아서 마음이 저 혼자 방황하게끔 놔두는 건 중요해요. 시간이 갈수록 그러기가 어렵지만, 정말 중요합니다. 그렇게 헤매다 어디로 들어갈지 알 길이 없기 때문이죠. 뭔가 유용할 듯싶은 곳에 발을 들이기 전에 일상적이거나 부조리한 것, 또는 쓸데없는 것에 대해 생각하려면 시간이 필요합니다. 뭔가 유용한 효과가 항상 나타나는 것은 아니지만, 그럴 기회를 주지 않으면 그런 일은 아예 일어나지 않을 겁니다.

영화를 만드는 도중에는 그런 고민을 할 수 없을 것 같은데요.

그러지 못하죠. 그래서 다른 모드에 들어가죠. 훨씬 더 빠른 액션과 리액션 모드로요. 새 아이디어가 생겨날 수도 있지만, 그건 그 순간에 하는 대화와 관련이 있어야 하고, 그 순간을 벗어나기 전에 그게 적확한 느낌이 맞는지 확인해야 해요. 따라서 그때는 영화를 만들고 다음 영화를 만들기 전의 시기와는 다르게, 정말로 치열한 시기입니다.

그 역할에 리처드 판스워스를 캐스팅한 이유는 무엇이었나요?

그를 통해서 전달된, 독특하다는 느낌이었어요. 그는 정말로 놀라운 사람입니다. 영리하지만 순수하고, 어른이지만 어린아이 같죠. 그는 자신이 하는 말을 느껴요. 그리고 그가 말을 할 때, 듣는 사람은 그가 무엇을 말하려고 하는지를 정확하게 알아듣습니다.

그의 정서적 리액션은 육체적인 것이 돼갑니다. 일례로 그에게 존 디어 잔디 깎이를 파는 남자가 그는 지금까지 언제나 영리한 사람이었다고 말하자, 그가 막 웃죠. 아주 잠깐이지만 그의 품위가 유머러스하게 흔들리는 순간입니다.

정확한 말이에요. 우리는 그가 특정한 방식으로 상황에 강타당하는 것을 볼 수 있죠. 리처드는 그 캐릭터와 대사에 통상적인 수준을 뛰어넘는 정도의 동질감을 생생하게 담아낼 수 있었어요. 이건 내가 생각할 수 있는 한, 스토리와 연기자가 가장 완벽하게 결합된 사례에 속합니다.

성격과 배우들을 캐스팅해서 그들의 실제 나이보다 나이 든 배역을 연기하게 만드는 방법도 고려했었나요?

그럴 수 있는 배우들도 있었지만 그건 좀 위험한 일이었어요. 노년의 배우가 노인 역할을 연기해야 할 이유는 충분하죠. 스무 살이나 서른 살 많은, 아니면 열다섯 살 많은 역을 맡는 경우가 많은데요, 어떤 역할의 얼굴은 배우 자신의 얼굴이어야 합니다. 그런 면에서 리처드는 완벽해요.

이번 영화는 당신이 1984년 영화 〈사구〉 이후 촬영감독 프레디 프랜시스와 다시 같이 작업한 영화입니다. 이 작품 전에도 그와 다시 작업하려고 했었나요?

아뇨. 우리는 그냥 친구지간으로 지냈어요. 나는 늘 말했죠. "프레디는 나한테는 아버지 같은 사람이야. 그러니까 나는 분명 가출한 거나 다름없어!"(웃음) 프레디는 엄청난 유머 감각을 지닌 예민한 사람이에요. 나를 늘 바보 취급하면서도 사랑해주죠. 〈엘리펀트 맨〉 때 정말로 힘이 돼주고 정말로 많이 도와줬어요. 〈이레이저 헤드〉 때 스태프는 기껏해야 다섯 명이 고작이었습니다. 〈엘리펀트 맨〉은 내가 만든 정상적인 첫 장편이었는데 프레디의 도움이 아주 컸죠. 어쨌든, 〈사구〉 이후로 그는 영국에 있었고 나는 다른 쪽으로 방향을 틀면서 〈이레이저 헤드〉를 했던 프레드 엘스 같은 사람들과 작업했어요. 그런데 〈스트레이트 스토리〉를 하기로 결정 났을 무렵, 프레디가 하기에 완벽한 영화라는 느낌이 들었습니다. 그가 세계에서 가장 훌륭한 촬영감독에 속하기 때문이기도 하고, 그와 다시 작업하고 싶었기 때문에, 그의 나이 때문에 그렇기도 했죠. 현재 나이가 여든두 살인데요, 그는 처음엔 장시간 작업을 약간 걱정했어요. 그래서 촬영 시간을 열 시간으로 제한할 수 있느냐고 내게 물었습니다. 촬영 시간은 실제 촬영에 걸리는 시간에 이동 시간을 더한 시간이에요. 그다지 살인적인 스케줄은 아닙니다. 열두 시간에 이동 시간을 더해 정하는 게 보통이고, 베이스캠프에서 멀리 떨어진 곳이면 이동에 긴 시간이 걸릴 수도 있죠. 하지만 프레디 때문에 작업 속도가 떨어지는 일은 결코 없었어요. 그보다 더 오랜 시간을 작업한 날이 많았는데, 젊은 친구들이 프레디보다 먼저 나가떨어졌습니다.

촬영장에서 프레디와 리처드 사이에 동지애가 싹트기를 바랐는데 실제로 그렇게 됐어요. 촬영장을 둘러보다 리처드를 보는 게 프레디에게 도움이 됐고, 리처드 입장에서도 촬영장에서 프레디를 보는 게 도움이 됐고요. 리처드가 촬영장을 둘러보다 아주 잘 나가는 서른다섯 살 난 촬영감독을 봤다면 상황이 달랐을 거예요. 나는 길을 떠나는 가족하고 사뭇 비슷한 분위기가 조성되기를 바랐습니다.

두 사람이 어쨌건 간에 영화의 비주얼은 정말로 놀랍습니다.

카메라는 그냥 앞에 있는 풍경을 포착한 셈입니다. 길에 나가면 거기 있는 광원은 딱 하나예요. 태양이죠. 그런데 우리는 남쪽이나 북쪽으로, 아니면 동쪽이나 서쪽으로 여행할 수 있잖아요. 땅은 평평하고요. 영화 도입부에서는 특히 더 그렇죠. 길은 몇 마일씩 반듯하게 놓여 있고 대각선 방향으로는 나 있지 않습니다. 앨빈이 남쪽이나 북쪽으로 이동할 때 또는 태양을 향해 나아갈 때 빛이 작용하는 방식은 근사한 광경을 보여줬어요. 그런데 앨빈의 얼굴에 빛을 약간 쏟아 붓는 식의 조명을 칠 수는 있지만 태양을 향하고 있는 앨빈의 얼굴을 찍을 수는 없습니다. 세트를 짓고 거기에 조명을 치는 것에 비해 선택할 수 있는 대안이 적죠. 현장에 있는 것을 바탕으로 판단해서, 느낌에 근거해 섬세하고 작은 것들로 접근해야 나름의 숏을 얻게 됩니다.

영화 전반에 걸쳐 미국적인 특유의 개성이 보입니다. 캘리포니아에서 쓰는 문구를 빌리자면, 앨빈은 어디를 가건 그 나름의 공간을 창조합니다. 그가 리오단네 집 뜰에 쪼그리고 앉아 잔디깎이를 고칠 때 사람들이 와서 돕자, 그는 리오단에게 의자를 가져다주면서 말하죠. "지금 당신은 자기 뒤뜰에 온 손님인 거요." 당신은 우리에게 이런 광활한 지역 한복판에 있는 집을 턱 내주는 넉넉한 느낌을 선사합니다. 앨빈이 버려진 곳간인가 곡물 저장고에서 폭풍우가 지나가기를 기다리는 엄청난 숏이 있는데, 그는 폭풍우로부터 보호받는 것 같기도 하고 폭풍우에 잠기는 것 같아 보이기도 합니다.

나는 인간과 자연이라는 아이디어를 사랑합니다. 구름이 장악한 광활한 자연 속에 있는 집 한 채와 한 사람의 이미지를, 그런 종류의 것을 참 좋아해요. 정말로 중요한 게 무엇인지를 보여주는 이미지죠. 그 이미지 하나가 현재 일어나고 있는 일에 대해 많은 것을 보여줍니다.

당신은 시나리오를 거의 충실히 따랐지만, 촬영지에서 발생하는 일들에 즉각 대응한 것도 있는 듯합니다. 예를 들면 앨빈이 도로에서 만난 여성이 자꾸 사슴을 치게 된다며 불평하고는 주위를 돌아보면서, 우리가 그렇듯 도대체 사슴들이 어디서 나오는 건지 의아해하는 장면 같은 거요.

그 신을 위해 그 장소를 골랐는데 참 이상한 곳이었어요. 촬영하던 날, 기이하고도 강력한 바람과 날씨가 찾아오는 바람에 다른 걸 그 장면에 추가했습니다. 그건 우리가 선택할 수 있는 일이 아니라 그냥 우리를 위해 일어난 일이에요. 영화는 공간을 진공청소기보다도 더 잘 청소할 수 있습니다. 필름 상에서 지저분하게 보이게 만들려면 정말로 지저분한 공간을 마련해야 하고, 고약한 날씨를 포착하려면 그런 날씨를 맞아야 하죠. 그런데 그날 거기에는 구름이 낀 딱 알맞은 무드가 있었고, 덕분에 그 풍경에 초현실적인 특성이 가미됐어요.

당신은 추상적인 것을 고조시키려는 성향이 있어서 영화에 감상주의가 들어가는 건 조금도 허용하지 않죠. 로즈가 잔디밭에 굴러가는 공과 그걸 쫓아가는 어린 소년을 물끄러미 보는 모습이 처음 등장했을 때, 그건 그냥 일반적인 화면 구성 패턴이었습니다. 이때는 그녀가 자식을 떠나보냈다는 것을 관객이 전혀 모르는 상태죠. 소년은 그녀를 쳐다보지 않지만, 시각석이고 드라마틱한 미니멀리즘과 시시 스페이섹의 근심 가득한 표정의 결합은 관객을 강하게 끌어당깁니다. 이 장면은 당신이 이 영화가 어떻게 작동하기를 바라는지를 전형적으로 보여주는 것 같습니다.

이미지와 관객 사이의 대화에 대해 내가 그 비슷한 말을 했죠. 영화를 보는 동안 우리는 탐정과도 같은 존재예요. 어떤 것에 대한 정보가 약간 필요할 뿐이고, 그러다가 나머지를 추가로 덧붙일 수 있으면 아무 문제가 없습니다. 로즈의 얼굴은 음악과 비슷해요. 음악을 따라가다 보면 테마가 등장하죠. 하지만 그건 도입부일 뿐이에요. 테마는 아름답지만, 음악의 나머지 부분은 테마에서 멀어집니다. 그러다 음악이 구축되고 테마가 거의 동일한 방식으로 돌아오지만, 돌아와서는 뭔가 다른 것과 결합해요. 그리고 이제 그 음악은 우리를 무너뜨릴 수 있는 거죠.

이 영화는 당신이 시시 스페이섹과, 그녀의 남편이자 당신의 프로덕션 디자이너인 잭 피스크와 작업한 첫 영화이기도 합니다. 두 사람 다 당신의 오랜 친구들인데도 말이죠.

잭은 내 가장 친한 친구입니다. 버지니아에서 9학년 때 만나 계속 친구로 지내왔죠. 우리 학교 졸업생 750명 중에서 아트 스쿨에 진학한 건 딱 우리 둘뿐이었어요. 잭과 시시는 1972년인가 73년에 〈황무지〉를 하면서 만났죠. 내가 〈이레이저 헤드〉를 시작할 무렵에 잭이 시시를 내가 촬영장을 설치하던 마구간으로 데려왔어요. 나는 늘 시시를 가장 위대한 여배우 중 하나라고 생각해왔지만 이번에 처음으로 그녀에게 맞는 역할이 있는 영화를 하게 됐어요. 나로서는 너무나 감사하게도 다른 사람을 구할 필요가 없었기에 함께하게 됐습니다. 잭과는 프로덕션 디자이너로서 함께 작업한 적은 없었고 늘 패티 노리스하고 했었죠. 그런데 패티 노리스가 〈블루 벨벳〉 이후 처음으로 의상 작업만 해도 괜찮다고 했어요. 그녀 입장에서 그런 말을 하기란 쉽지 않았습니다만, 이건 잭 입장에서는 완벽한 작품이었고, 그래서 일이 그렇게 진행됐습니다.

관객들은 시시가 연기하는 딸의 말 더듬는 패턴을 보고는 절대 웃지 않습니다. 그 캐릭터가 어떤 방해를 받건 자기 생각에 집중하면서 말을 끝마칠 수 있는 나름의 방법을 즐기는 듯 보일 때 웃게 되죠.

일반적인 것에서 약간 벗어나 있는 사람을 연기하면서 그걸 리얼하게 만드는 건 늘 까다로운 작업이지요. 그 장면에서 그건 로즈의 내면에 있는 진면목에 비하면 부차적인 일이에요. 시시는 외줄 위에서 춤을 추면서도 그걸 아주 쉬운 일처럼 보이게 만듭니다.

잭과 시시가 함께하면서 촬영장은 한층 더 '길 떠나는 가족' 같은 분위기였겠군요.

다양한 연령층이 함께 여행을 다녔습니다. 대단히 보기 좋았어요. 영화와 비슷했죠. 우리가 같은 여정을 밟았기 때문에 똑같은 시간이 걸렸습니다. 그 덕에 영화 밖에서, 카메라 뒤에서 또 다른 일들이 벌어지기도 했고요.

당신의 모든 영화에 『지킬 박사와 하이드』 이야기가 들어 있는 듯 보입니다.

으음, 앨빈은 변했죠. 다른 사람으로 변했습니다.

그리고 그는 동생과 충격적으로 갈라선 것을 카인과 아벨에 비유하는데, 어떤 면에서는 지킬과 하이드와도 거리가 그리 멀지 않죠.

그리고 그는 쌍둥이를 만나죠. 그들도 서로 꽤 닮았습니다.

당신의 작품에 늘 등장하는 또 다른 이야기로 〈오즈의 마법사〉가 있습니다. 이 영화는 조금 종류가 다릅니다만 여기서도 그 이야기가 엿보입니다. 앨빈이 가출한 10대에게 가족한테 돌아가라고 충고하는 장면은, 가짜 마법사(프랭크 모건)가 도로시(주디 갈런드)에게 집으로 가라고 설득하는 장면과 무척 비슷하죠.

맞아요! 그래요! 정말로 그래요. 하지만 그런 생각은 한 번도 해본 적이 없어요.

그리고 영화 전체를 관통하는 것이 결국 마법사에 관한 진정한 지혜를 전해주는 한 남자의 이야기인 것이죠.

정말 대단하군요! 그런 생각은 못 해봤어요. 메리와 존도 분명히 그런 생각은 하지 못했을 겁니다. 그런데 모든 영화가 〈오즈의 마법사〉와 관련되어 있어요. 〈오즈의 마법사〉는 그만큼 대단한 스토리죠.

당신은 이 영화를 하면서 소소한 교훈들을 늘어놓는 것처럼 보이는 위험을 무릅쓰고 있는 것 같습니다.

내 생각에 이 영화는 관객들에게 작은 교훈들을 늘어놓는 영화라기보다는 선생님과 학생 같은 관계를 맺는 영화입니다. 그리고 하나의 동그라미이기도 하죠. 학생은 새로운 배움을 선뜻 받아들여야 하지만 선생님이 그걸 가르칠 수는 없으니까요. 선생은 직관력이 있어야 하고 학생이 한 단계 도약할 수 있도록 적절한 순간에 배움을 베풀어야 합니다. 그렇게 하면 학생은 의문을 제기하고 선생은 대답을 내놓게 되면서 갑자기 이런 일이 일어나는 거예요. 모든 사람의 인생에서 일어나는 일입니다.

이 영화는 앨빈이 가는 길을 세상사람 모두의 길로 만들려 하지 않습니다. 일흔세 살 나이에 어떤 일을 자기 나름의 관점에서 행하면서 완전히 성숙해지는 내용을 다루는 영화죠.

정확한 얘기입니다. 여행이 이뤄지는 방식이 극도로 중요해요. 앨빈이 그런 일을 했다는 것, 특정한 방식으로 했다는 것, 그 여행의 의미가 무엇인지를 사람들이 알게끔 해줬다는 것이 좋은 거죠.

앨빈이 "나 아직 안 죽었다"라고 말하는 등의 몇 가지 대사들은 나름의 울림이 있습니다. 그런데 다른 대사들, 예컨대 그가 젊은 사이클 선수 스티브와 랫에게 나이가 들어 가장 안 좋은 점은 "젊었을 때를 기억하는 것"이라고 말하는 부

분 등은 꽤 교묘하고 중의적입니다.

딱 맞는 말입니다. 랫은 처음으로 거의 넋을 잃은 표정으로 그를 바라보죠. 그 이전까지 앨빈과 얘기하는 것은 그에게 그다지 큰 의미가 없는 일이었습니다. 다른 청년인 스티브에게는 그보다 의미가 있는 일이었고요. 우리는 나이가 들기 전에는 나이 먹는 게 어떤 건지 알 수 없지만, 그 말에서 어떤 느낌을 얻을 수 있어요. 따라서 거기에는 그런 가르침이 오가고 있다고 봅니다. 그리고 앨빈의 입장도 있어요. 젊을 때는 과거를 좋게 회상할 수도 있지만 지금은 다르죠. 아니면 자신이 기억하는 젊은 시절의 일로 지금 대가를 치르고 있거나 앞으로 치르게 될 수도 있고요.

리오단 가족의 오랜 친구인 벌린과 앨빈이 2차 대전 때 겪은 무서운 이야기를 주고받는, 또는 비밀을 나누는 장면은 성공적입니다.

그 장면에서는 많은 일이 일어나고 있습니다. 벌린이 먼저 자기 이야기를 하기 때문인데, 꽤나 심란한 얘기였죠. 따라서 앨빈이 자기 이야기를 들려주는 건 벌린에게는 거의 선물이나 다름없는 거예요. 안 그랬다면 벌린이 집에 가서 기분 나빠하면서 '젠장, 앨빈한테 이런 끔찍한 얘기를 했는데 그는 그냥 듣고만 앉아 있었어'라고 생각할 수도 있잖아요. 그런데 앨빈은 벌린과 속내를 나누고 자신도 똑같이 무섭고 연약한 기억 속에 자리합니다. 정말로 보기 좋은 장면이죠.

우리 모두는 2차 대전 세대에 관한 클리셰를 물릴 정도로 많이 겪었습니다. 그런데 거기에는 과장이 전혀 없습니다. 그 장면은 전쟁의 대가로 치른 정서적이

고 심리적인 비용을 강조합니다.

그들이 죽음과 공포의 기억을 그리도 오랫동안 갖고 살았다는 것은, 그런데도 세상 어느 누구도 그걸 알지 못할 거라는 사실은 엄청난 일이죠. 하지만 우리는 그들에게서 어떤 느낌을 받을 수 있어요. 앨빈과 벌린은, 남들과 나눌 수 있는 것보다 서로 더 많은 이해를 공유할 수 있습니다.

이 영화는 세대 차를 다루는 영화하고는 사뭇 반대되는 작품입니다. 벌린이 앨빈이 겪는 것을 그 즉시 공감하면서 "당신 정말로 먼 길을 왔군요"라고 말하는 장면은 정말 대단히 리얼합니다. 그리고 리오단 가족은 인생의 경이로운 중간 단계에 있는 훌륭한 사람들이죠. 이 영화는 모든 세대를, 모든 연령의 사람들을 존중합니다.

인생은 단계마다 다른 것을 우리에게 줍니다. 그리고 세월이 흐르면서 인생은 더욱더 내면적으로 되어갑니다. 우리는 나이를 먹을수록 자기 속으로 더 파고 들어가요. 너무 거창한 새 프로젝트는 시작하지 않고, 앞선 단계들에서 했던 일들을 다 하지는 않죠. 과거를 숙고해보는 일이 많고 그때와 다른 행동 방식을 취해요. 엄청나게 중요해 보였던 일들이 더 이상은 그래 보이지 않고요.

아내와 나는 도시와 시골의 안전을 비교해 논쟁을 벌이고 있는데요, 나는 늘 시골이 더 무섭다고 말합니다. 연쇄 살인범이 밖을 돌아다닌다면 우리 집도 찾아올 수 있으니까요. 그런데 이 영화에서 그리는 시골은 평화롭습니다. 미국 중서부에 대해 그런 환상을 갖고 있나요?

그건 환상이 아닙니다. 그런데 그게 이 영화의 가장 이상한 부분이기도 합니다. 언젠가 메리와 함께 위스콘신에 갔었어요. 메리는 매디슨 출신입니다. 매디슨에 간 나는 그녀의 가족과 친구들, 가게에 있는 사람들을 만났는데, 세상 누구도 그렇게 친절할 수는 없을 것 같아요. 정말로 재미있고 농담 잘하는 사람들도 있었고요. 그러면서 나는 내 생각이 맞다는 걸 깨달았어요. 나는 그런 특징이 대지大地와 농장, 그리고 거주 인구가 적어서 서로서로 의지해야만 한다는 사실과 관계 있다고 생각합니다. 서로에 대한 그런 의존은 생존과 관련돼 있어요. 그들은 전혀 거리낌 없이 다른 사람을 돕는데, 장차 자신도 도움이 필요할 수 있단 걸 알기 때문이죠. 여행에 나선 앨빈에게 험악한 일은 하나도 일어나지 않았습니다. 사람들은 그를 제 십에 받아들이고 응원해주죠. 이 영화를 미국적인 영화라고들 말하지만, 나는 모든 나라에 이런 성향의 사람들이 있다고 확신해요. 미국적인 주제인 것은 틀림없지만, 세상 모든 곳에는 그런 강인함을 가진 캐릭터들이 있습니다.

180도 방향 전환

마이클 앙리 — 1999

〈스트레이트 스토리〉는 당신 영화 중에서 당신이 시나리오를 쓰지 않은 첫 영화입니다. 애초에 어떤 점에서 이 프로젝트에 매력을 느꼈나요?

시나리오요! 나는 메리(스위니)랑 같이 삽니다. 그래서 그녀가 1994년부터 그 스토리에 매혹됐다는 것을 잘 알고 있었죠. 그 얘기를 그녀한테서 많이 들었는데, 그중에서 잔디깎이에 올라타고 주 경계선 너머에 사는 동생을 만나러 간다는 아이디어가 무척 마음에 들었어요. 하지만 내가 그걸 영화로 만들리라고는 꿈에도 생각하지 못했습니다. 1998년에 그 이야기의 권리를 획득한 메리는 관련 자료를 모아나갔어요. 그녀와 파트너 존 로치는 앨빈 스트레이트의 가족과 친한 친구들을 만나면서 그가 밟은 여정을 따라갔습니다. 나는 그들의 작업이 진전되는 것을 따라갔고요. 두 사람은 순식간에

〈포지티프Positif〉 1999년 11월호에서.

시나리오를 완성했고, 메리가 나한테 읽어보라고 줬습니다. 처음에 나는 이렇게 중얼거렸죠. 이걸 연출하고 싶어질 정도로 내 마음에 들 확률은 극히 낮아. 두 사람에게 무슨 말로 거절할 수 있을지를 자문해보기까지 했어요. 그런데 시나리오를 읽기 시작한 순간부터 모든 의혹이 사라졌어요. 상상력이 발동했고, 시나리오에서 도출된 감정을 느꼈습니다.

시나리오에 시각적인 묘사가 많이 들어 있었나요?

시나리오를 읽는 중에 머릿속에서 필름이 돌아가도록 만들기에는 충분한 정도였어요. 나는 이 스토리가 소박하고 순수하다는 점에서 깊은 인상을 받았습니다. 이건 혼자 힘으로 살아가는 남자에 관한 이야기예요. 우리는 그에 대해 몇 가지를 알게 되고, 결국에 그는 인생에 대해 상당히 많은 것을 가르쳐주죠. 그게 감동적이었어요. 트릭이나 오락적인 요소가 없이도 그런 것들을 관객에게 전달할 수 있는 영화라고 생각했습니다. 나는 이미지와 사운드로 순수한 정서를 창출하는 것을 무척 좋아해요. 특히 〈엘리펀트 맨〉에서처럼 이따금 그런 작업을 하죠. 메리와 존이 집필한 시나리오는 내가 정확히 그런 종류의 정서를 창출하게끔 해줬어요.

이 영화는 〈엘리펀트 맨〉의 엔딩처럼 별이 가득한 하늘로 시작하고 끝나죠.

별은 중요합니다. 이 형제가 어린 시절 여름밤에 함께 별을 바라보았기 때문이죠. 그래서 그들에게 별은 대단히 중요해요. 피할 수 없는 설정이었어요.

하늘에서 땅으로, 별이 가득한 하늘에서 밀밭으로 이어지는 멋들어진 디졸브가 있습니다. 영화를 만들 때 그런 디졸브를 쓰겠다는 생각을 정확히 언제 한 건가요? 시나리오에 있던 건가요?

그건 중요치 않아요. 시나리오는 골격이라고 말할 수 있습니다. 감독은 거기에 살과 핏줄을 부여해야 해요. 감독은 통역사입니다. 시나리오에서 받은 이미지들을 통역하죠. 이것은 아이디어가 시나리오에서 왔건 책에서 왔건 모든 아이디어에 다 적용되는 진리입니다. 아이디어는 그 감독에게 속한 게 아니에요. 감독은 소재에서 뿜어져 나온 이미지와 사운드와 분위기를 포함한 모든 것을 받았고, 그걸 필름에 번역해 올리려고 노력합니다. 그것들은 감독에게 많은 자유를 주기도 하고, 거의 주지 않을 때도 있죠. 다음으로 변수들이 작용을 해요. 촬영 로케이션들, 연기자 선택 등의 변수들이요. 처음 받은 인상에 계속 충실하려고 열심히 노력한다면 그 모든 게 적절하게 돌아갈 겁니다.

시골 한복판에서 촬영한 스토리인데, 그 배경에서 관객은 풍자를 기대할 수도 있습니다. 그런데 아이러니가 전혀 없는 아름다운 영화를 창작하게 된 이유는 뭔가요?

나는 항상 사람들이 생각하는 것보다 훨씬 더 기본적인 수준에서 작업해왔습니다. 나는 풍자에 반대하는 사람이 절대 아니지만, 어쨌든 이 영화는 코믹한 요소들을 도입할 수 있는 종류의 영화가 아니었어요. 그렇게 했다가는 이야기의 본질을 거스를 테니까요. 이 스토리는 감독에게 어떤 접근 방식을 취하라고 일일이 지시해요. 〈스트레이트 스토리〉의 접근 방식은 소박하고 직접적이고 정직합니다. 그렇다고 감독이 중요한 세부 요소들을 도입하는 것을 막지도 않죠. 나는 그런 방식으로 작업에 필요한 건 전부 취할 수 있었어요. 내 입장에서 던진 질문은 이거였어요. 작고 아름다운 태피스트리 tapestry를, 태피스트리 시詩를 창작하기 위해 어떻게 하면 이 요소들을 하나로 엮어낼 수 있을까?

주인공의 과거는 플래시백으로 불려 나오지 않고, 그가 사람들을 만나면서 상기됩니다. 대화 중에 과거가 드러나죠. 그는 자신을 그런 식으로 해방시키는 동시에 상대방을 격려하고 자극합니다.

일방적인 관계가 아닌 쌍방이 주고받는 관계죠. 우리가 살면서도 꼭 그러잖아요. 누군가를 만나면 그 사람의 인상이 형성되는데, 얘기를 나누다 보면 그 이미지가 변하죠. 상대방을 다른 각도에서 보게 되고, 그의 과거를, 그가 겪어온 시련들을 상상해요. 앨빈 스트레이트는 성인군자가 아니지만 몸소 겪은 일들을 남들과 공유할 수는 있지요. 그의 마음은 훤히 열려 있고, 그게 그가 사람들에게 주는 전부예요. 그는 소박하고 순수하면서도 아주 강인한 사람입니다.

그는 영화에서는 더 이상 보기 힘든 세대에 속합니다. 대공황과 2차 대전을 겪은 '잊힌 사람들'에 속하죠. 영화 말미에 형제가 재결합하는 상황은 워커 에반스대공황을 담은 사진으로 유명한 미국의 사진작가**나 폴 스트랜드**20세기 초중반에 활동한 미국의 사회 다큐멘터리 사진작가**의 작품들을 연상시킵니다.**

요즘 사람들은 모두 그 시대를 살았던 아버지나 할아버지가 있습니다. 그분들이 인생사를 가끔씩 꺼내놓으면 사람들은 그 얘기에서 강한 인상을 받거나 그런 삶을 이해하기는 하지만, 그건 그저 인상이거나 모호한 관념일 뿐이지요. 우리가 자기 세대가 아닌 다른 세대를 괴롭힌 문제에 공감할 수 있을까요? 그들이 공유하는 것은 그들의 경험이 아니라 그 경험이 남긴 후유증이자 흔적입니다.

당신은 앨빈 스트레이트가 밟았던 여정을 직접 따라갔죠.

두 번 그랬습니다. 처음에는 로케이션을 촬영하려고 갔고, 두 번째는 더 깊은 관점을 얻기 위해서였죠. 스태프들은 다양한 디테일들을 포착하려고 다시 세 번째 여행을 다녀왔고요. 문제는 자동차로 여행을 하면, 아무리 천천히 차를 몰더라도, 앨빈 입장에서 그 여행이 어땠을지에 대한 아이디어를 제대로 얻을 수 없다는 거예요. 시속 8킬로로 운전하려면 브레이크를 계속 밟아야 하니까요. 촬영을 시작했을 때 그 점을 깨달았죠. 리처드(판스워스)와 함께 갓길에 서 있고는 했는데, 18륜차들이 최고 속도로 우리를 추월해 갔습니다. 앨빈은 날마다 경찰 호위도 없이 그런 일을 겪은 거예요! 우리는 그가 밟은 경로를 꼼꼼하게 따라가면서 시간순으로 촬영했습니다. 로렌스(아이오와)에서는 거주자 없는 그의 집에서까지 촬영할 수 있었고요. 이웃들이 우리를 많이 도와줬고 로렌스의 다른 주민들도 도와주었어요.

영화에 묘사된 여행 중의 사건은 다 실제로 있었던 일인가요?

모두 실제 사건에서 영감을 받았다고 해도 무방합니다. 몇 가지 재량을 발휘하기는 했죠. 예를 들어, 앨빈은 사슴을 치는 여성을 만난 적이 없지만 그녀는 실존 인물입니다. 지역 주민들이 잘 기억하고 있었고 그녀와 관련된 이야기가 헤아릴 수 없이 많았어요.

당신은 몬태나와 워싱턴, 아이다호의 시골 지역에서 자랐습니다. 전원생활에 대한 관심은 유년기에서 비롯한 건가요?

내가 그 세계 자체에 흥미가 있는 건 아닙니다. 하지만 유년기는, 의식적으로건 아니건 너무나 강력한 존재라서 그 시절의 어떤 이미지들은 표면으로 떠올라 내 작업에 스며들곤 합니다. 다만 나는 어떤 세계를 느끼고 이해하기 위해 반드시 그 세계에 살아봤어야 한다고 생각하지는 않아요. 〈엘리펀트 맨〉을 촬영하러 영국에 갔을 때 나는 순진하게도 책 몇 권 읽고 사진 몇 장 보면 빠르게 그 세계를 파악할 수 있을 줄 알았어요. 그런데 거기 도착해보니 어떤 반대 기류가 감지됐죠. '이 미국 작자가 우리 역사에 대해 뭘 제대로 이해할 수 있으려나' 하는 분위기. 그래서 나는 빈민들을 위한 이스트 런던 병원 주변을 걸어 다녔어요. 그렇게 걷고 있는데 갑자기 뭔가가 나를 덮쳐왔습니다. 어떤 느낌이 밀고 들어오더니 나를 그 영화 속 시대로 데려갔어요. 내 존재 전체가 그 시대를 느꼈고, 그 뒤로는 내가 빅토리아 시대 영국인이거나 몬태나 출신 미국인이거나 하는 건 별 문제가 되지 않았죠!

이 스토리의 몇몇 지점에서 자연의 아름다움을 응시하는 리처드 판스워스의 모습이 보입니다. 그는 우리와 마찬가지로 관객이에요. 화면 안에 있다는 것만 다를 뿐이죠.

그 지역에서 자연은 사람들이 주의를 기울여야 하는 강력한 존재입니다. 그곳에서 계절은 어마어마하게 중요해요. 농부들은 갑자기 몰아친 뇌우雷雨 때문에 모든 것을 잃을 수도 있죠. 그래서 그들은 기상 예보가 업데이트될 때마다 계속 내용을 확인하면서 삽니다.

계절마다, 또 시시각각으로 다른 아름다움이 있습니다. 농부들은 그런 데 익숙해져야 하고요. 그런 지역을 천천히 여행하다 보면 세상을 다르게 보게 되고, 그 아름다움을 의식하게 돼요. 이 영화의 배경은 가을이 무르익는 시기입니다.

당신의 다른 로드 무비인 〈광란의 사랑〉에 비해 〈스트레이트 스토리〉는 느린 속도로 전개되는 듯 보입니다.

그 느림이 이 스토리에 적절합니다. 사람들은 이 스토리를 일종의 음악처럼 받아들이는데, 내 생각에는 온 세상을 일깨우는 장엄한 교향곡들이 어울립니다. 어떤 장소는 느리거나 빠른, 뭔가 다른 종류의 음악이 어울리지요. 오늘날에는 속도가 도처에서 유행하는 듯 보입니다만, 현실 자체는 대비contrast에서 탄생합니다.

당신은 같은 신이 전개되는 동안에도 미시적인 것에서 거시적인 것으로 자주 이동합니다.

어떤 한 지점을 넘어서면 차원이 갑자기 달라지면서 완전히 새로운 관점이 생깁니다. 이 영화의 여정에서 자주 그런 일이 일어나죠. 관객 자신이 시골을 향해 이동하는 느낌을 받습니다. 별의 경우에도 같은 효과가 있어서, 지상에서 별을 바라보다 보면 이따금 자신이 별들과 함께 떠다니고 있다는 느낌이 들잖아요. 시골 지역에서도 그렇게 떠다닐 수가 있는 거죠. 전원의 광활한 넓이, 그리고 자연 속을 떠다니는 느낌을 중요하게 생각했습니다.

어느 지점에서 당신은 앨빈에서 시작해서 구름을 보여주는 기다란 팬 숏pan

^{shot}으로 컷 합니다. 그랬다가 다시 그에게 돌아오면, 그는 첫 숏이 시작된 이후로 거의 움직이지 않은 듯 보여요. 그건 자연 속에서 인간이 차지하는 자리를 보여주는 방식인가요?

사람들은 거기서 그런 효과를 느낍니다. 그런데 그게 인간이 하찮은 존재라는 뜻은 아니에요. 거기서 인간과 자연의 공존을 볼 수 있습니다. 당연한 말이지만, 인간과 자연은 도시에서도 공존합니다. 그런데 우리는 그걸 잊는 경향이 있죠.

이 작품 전까지만 해도 자연은 당신의 영화 속 세상에서 그다지 큰 존재감을 보이지 않았습니다. 당신의 영화 속 세상은 대체로 도시와 산업 지대였죠.

〈트윈 픽스〉에서는 자연이 어느 정도 존재감을 보여요. 캐릭터들은 자연의 진가를 거의 인식하지 못하지만요. 우리가 사는 세계의 진가를 인식하는 사람이 얼마나 되겠습니까? 시골 작은 마을에서 자연을 가까이하며 자란 사람이 뉴욕에 가면 엄청난 충격을 받아요. 어린 시절에 내가 조부모님을 뵈러 브루클린에 갔을 때 그랬어요. 사고가 180도 달라졌습니다. 절대로 잊을 수 없는 일이었죠. 눈에 보이는 것만 그런 게 아니라, 공기 중에 떠다니는 것에 대한 느낌이 특히 그랬습니다. 누군가 방에 들어왔는데, 그가 말을 한 마디도 하지 않더라도 그 사람이 난장판을 벌이리란 걸 알아차릴 때가 있잖아요. 흥미롭지 않습니까? 사람들 얼굴에 쓰여 있는 게 아니에요. 공기 중에 떠다니는 거예요. 공기가 그런 분위기로 빽빽해지죠. 방 안에서도 그런 걸 느낀다면, 도시처럼 인구 밀도가 높은 공간에서 그걸 느낄 이유는 훨씬 많습니다. 이런 실험이 있는데요, 쥐들을 좁은 공간에 몰아넣으면 쥐들의 행동이 약간 이상해집니다. 우리한테도 똑같은 일이 벌어질 거예요.

당신 자신도 이 영화로 180도 방향 전환을 이뤄냈습니다. 이 영화에서 이웃에는 착한 사람들이 널려 있고, 토박이들은 하나같이 훌륭한 사람들이며, 인간의 본성은 가장 근사한 얼굴을 보여줍니다.

메리는 위스콘신 매디슨 출신으로, 우리는 거기에 집을 한 채 갖고 있어요. 그녀와 거기에 처음 갔을 때 가게에 드나들면서 든 느낌은, 동네 사람들이 나를 보는 내내 웃는 약간 짓궂은 장난꾼 같다는 거였어요. 그런데 알고 보니 너무나 예의 바른 사람들이었어요! 지금까지도 나는 그들이 세상 그 어디 사람들보다 더 예의 바르고 배려심 많다고 봅니다. 누구한테든 문제가 생기면 그들은 늘 도와줄 준비가 돼 있어요. 아마도 농부라서 그럴 거예요. 그 지역은 거주하는 인구가 아주 적은 탓에 다들 서로 의지합니다. 누구든 곤란한 지경에 처하면, 곧장 달려와 도와주는 사람이 있어요. 앨빈도 여행하는 동안 많은 도움을 받았죠.

당신은 잃어버린 대초원prairie에 대해서도, 기계에 유린당한 정원에 대해서도 연민을 지양합니다. 이 영화에서 기계들은 자애로운 존재로서 사람들에게 강력한 도움을 줍니다.

맞는 말이에요. 기계는 자애롭습니다. 그 환경은 오염되지 않았어요. 거기서 나는 일본식 정원을 떠올립니다. 초목을 자라게 하는 건 자연이지만, 미학적인 기준에 따라 나무들을 특정한 방향으로 자라게 하거나 돌멩이를 몇 개 더하고 여기저기 물이 흐르게끔 만드는 것은 정원사들이에요. 그들은 자연을 인도해서 더 좋은 결과를 내죠. 수확기^{harvester}와 트랙터들은 존재의 이유$^{raison\ d'être}$를 갖고 있어요. 기계는 완벽하게 조직화되어 있고, 인간과 자연의 컬래버레이션을 보여주는 완벽한 사례예요.

존 포드부터 헨리 킹까지 아메리카나$^{Americana,\ 미국적인\ 풍물}$를 다루는 할리우드의 전통은 당신의 유년기 동안 중요한 주제였나요?

전혀 그렇지 않았습니다. 내가 기억하는 처음 본 영화는 (헨리 킹이 연출한) 〈태양이 빛날 때까지 기다려, 넬리〉였어요. 언젠가 밤중에 텔레비전에서 그 영화를 하던데, 너무 늦게 발견해서 엔딩 크레디트 올라가는 것만 봤네요. 훌륭한 영화는 아니었을 거예요. 하지만 몇 장면은 기억이 나고, 그 영화를 꼭 한번 다시 보고 싶어요. 포드의 경우, 나는 그를 특정 장르로 한정하지 않아요. 그는 스토리를 들려줬고 그 스토리에서 그의 접근 방식이 정해졌어요.

가족은 당신의 영화들에서 가장 빈번하게 제 기능을 하지 못하는 요소입니다. 그런데 이 영화에서 당신은 예상치 못한 서정성으로 가족을 찬양합니다.

그게 이 스토리의 본질입니다. 함께 묶으면 부러뜨릴 수 없게 되는 작대기들의 이미지는 앨빈에게서 나왔어요. 그의 가족이 우리한테 그 얘길 해줬죠.

이 영화의 캐릭터들은 물리적 환경에 굳건히 뿌리 내리고 있습니다. 이건 그들의 윤리관에도 적용되죠. 그들에게 세상의 옳고 그름은 명확합니다.

사람들이 무슨 말을 하건, 우리 모두는 옳은 일이 무엇인지를 알아요. 뭐가 착한 행동이고 뭐가 나쁜 행동인지를 완벽하게 압니다.

그게 순전히 개인적인 문제라 하더라도 말이죠. 자신에게 좋은 일이 남들 모두에게도 반드시 그렇다는 보장은 없습니다. 우리는 남들의 도덕성은 판단할 수가 없습니다만, 자기 관심사에 적용되는 경우는 잘 알아요. 다만 대부분 나이가 들어서야, 죽음이 가까워지고 과거를 되돌아볼 때가 돼서야 그런 점을 고려하는 게 사실이죠.

처음부터 주인공 역할로 리처드 판스워스를 선택했나요?

많은 배우를 고려했지만, 가능한 배우로 그가 떠오르자 선택은 자명해졌죠. 그의 얼굴과 눈에서 강한 인상을 받았습니다. 영화에서 그의 모습을 볼 때마다 무척 마음에 들었어요. 그에게서 우러나오는 것들이 있거든요. 진솔함과 순수함의 아우라. 강렬한 힘. 그는 미국 카우보이 신화의 화신이라 할 만하고, 그런 분위기는 그가 살아온 삶과 부합합니다. 리처드는 계약서에 서명은 했지만 작업을 해낼 수 있을지에 대해서는 자신도 확신할 수 없었어요. 골반 문제 때문에 촬영 내내 잔디깎이에 앉아 있을 수 있을지 장담하지 못하는 처지였거든요. 그런데 그는 작업을 완수한 데에 그치지 않고 완벽하게 해냈습니다. 세상 그 누구도 그만큼 잘해내지는 못했을 거예요.

당신의 영화들에서 사운드는 위협적인 분위기를 조성하는 데 일조하는가 하면 표면 아래, 외양 밑에 잠복한 사악한 세력들을 연상시키는 데에도 한몫을 합니다. 그런데 이 영화에서 사운드는 삶의 활력을 떠올리게 합니다. 사일로의 웅웅거리는 소리조차 관객에게 행복감을 안겨주죠.

편집하는 동안 사운드를 염두에 뒀습니다만, 사운드 이펙트보다는 음악이 더 관객을 잘 이끌어줬습니다. 안젤로(바달라멘티)와 작업할 때 보통은 이미지가 사운드의 윤곽을 잡아줍니다. 그런데 반대의 경우도 가능하고 두 가지가 동시에 떠오를 수도 있어요. 이 영화에서 우리는 이미지 시퀀스를 다시 작업하곤 했어요. 사운드가 숨을 쉴 수 있도록 푸티지footage를 더할 필요가 있었기 때문이죠. 각각의 신에 적합한 톤이 있는데 사운드는 그 분위기를 증폭시킬 수도 망가뜨릴 수도 있습니다. 알맞은 사운드를 얻고 나면 올바른 레벨을 찾는 게 가장 중요해요. 〈스트레이트 스토리〉에 딱 맞는 공식을 찾아내기가 그리 쉽지는 않았습니다. 거창한 사건이 하나도 없는, 대단히 소박하고 순수한 이야기라 새로운 요소를 도입하면 영화가 자칫 산만하고 부적절해질 수 있었죠. 가령 우리가 거의 비어 있는 방안에 있다면, 새로 들어오는 가구는 즉각 시선을 끌겠죠. 그 방에 누가 들어온다면 그의 존재감은 훨씬 더 강하게 느껴질 테고요. 달리 말해서 사운드가 지나치게 강렬하면 영화 전체가 무너질 수도 있어요. 반대로 사운드가 지나치게 절제된 경우에는 관객이 사운드를 감지하지 못할 수 있다는 위험을 감수해야 하죠.

오랜 협력자인 안젤로 바달라멘티에게 음악 연출에 대해 어떤 지시를 했나요?

평소 하던 대로 했습니다. 그의 스튜디오에서 그의 옆자리에 앉아서요. 내가 그에게 말을 하기 시작하면 그는 연주를 시작합니다. 나는 그가 반응하는 방식을 토대로 몇 가지를 더 얘기하고요. 그저 말한 마디만으로 될 때도 있죠. 그러면 그는 한두 가지 음으로 마술 같은 음악을 만들어내고, 거기에서 좋은 트랙으로 발전합니다. 우리는 이런 식으로 첫 곡을 만들고, 거기서 다른 곡들로 이어져요. 나로서는 이제 기억도 안 나는 하찮은 몇 마디만 있으면 되는 거죠. 중요한 것은 공기에 떠도는 분위기입니다. 모든 건 상호작용이에요. 그 점이 창작의 모든 단계와 인생 자체에 적용되는 진실이죠.

프레디 프랜시스를 촬영감독으로 기용한 것은 〈엘리펀트 맨〉 때문이었나요?

어떤 면에서는 맞습니다. 그때부터 친한 친구 사이가 됐고, 다시 함께 작업하고 싶었어요. 이 영화의 본질 때문이 아니라 우리 나이 때문에 이건 이상적인 프로젝트였습니다. 그는 앨빈보다 나이가 약간 많은 여든 살이고 그 분야에서 손꼽히는 거장에 속하죠. 리처드 로서는 프레디를 온종일 보는 게 도움이 됐고 역으로도 마찬가지였어요. 다른 노인들은 말할 나위도 없고요. 그게 영화를 위해서, 관련된 모두를 위해서 유익한 일이었습니다. 젊은 촬영감독이었다면 많은 게 달랐을 거예요.

〈엘리펀트 맨〉의 마지막 대사는 "아무것도 죽지 않을 거야. Nothing will die."입니다. 그걸 〈스트레이트 스토리〉에도 적용할 수 있을까요?

물론이죠.

사이클 선수들이 등장하는 신도 〈엘리펀트 맨〉을 상기시킵니다. 앨빈과 그의 잔디깎이 다음으로 사이클 선수들의 속도는 어울리지 않아 보입니다. 존 메릭을 괴물이라고 조롱하는 소위 정상적인 사람들이 그로테스크하게 보이는 것처럼요. 즉, 다시금 관점의 역전이, 180도 방향 전환이 일어납니다.

정확해요. 그 신이 어떻게 나왔나 모르겠어요! 차를 타고 그 루트를 다닌 초반에, 나는 뭐든 많이 보지 못했다는 걸 깨달았어요. 그러다 촬영하면서 달라졌고, 그런 색다른 느낌은 거의 앨빈의 여행

만큼이나 오래 지속됐습니다. 야외 현장에서 비교적 장기간 촬영할 때면 시간이 중요해집니다. 감독은 농부처럼 되어서 사물들이 눈에 들어오기 시작해요. 디테일들을 감지하죠. 특정 리듬을 채택하고요. 따라서 사이클 선수들이 최고 속도로 지나가는 건 깜짝 놀랄 일이었죠. 트럭들이 지나갈 때도 그랬고, 영화 끝부분에서 트랙터가 잔디깎이 옆에서 거대하게 보일 때도 마찬가지였어요.

이 영화에 등장하는 모든 것은 규모의 문제를 보여줍니다. 우주의 규모에 대비되는 인간의 규모 말입니다.

맞아요. 상대성! 그런데 그건 모든 영화가 다루는 주제 아닌가요?

하지만 이 영화에서 그건 불안감을 빚어내는 원천이 아닙니다.

그렇죠. 상대성은 근사한 관념입니다. 우리는 대단히 좋은 상황 속에 있어요. 인간은 모든 사물의 중심에 자리하고 있다고 할 수 있죠. 우리 위에도 아래에도, 내면에도 외부에도 많은 것들이 있습니다. 인간은 아름다운 장소에 자리하고 있어요.

텔레비전 시리즈 〈멀홀랜드 드라이브〉의 파일럿은 얼마나 진전되었나요?

〈스트레이트 스토리〉를 편집하는 동안 촬영했습니다. 두 작품의 제작 기간이 겹쳐요. 그런데 〈멀홀랜드 드라이브〉의 경우는 사운드 믹스에 일시적으로 문제가 있어요. 썩 적절하지 않았고 편집이 도무지 만족스럽지가 않아요. ABC는 파일럿을 싫어하면서 이 시리즈를 추진하지 않으려 했습니다. 파일럿의 경우, ABC는 방송 2회분에 대한 권리를 갖고 있습니다. 디즈니는 이 작품을 다른 나라에는 텔레비전용 영화로 팔 예정입니다. 텔레비전용으로 기획된 탓에 결말이 오픈 엔딩이라 극장에서 그 영화를 상영할 수 있을지 확신이 안 섭니다. 꾸준히 쌓여가는 스토리로 이 시리즈를 창작한 거라 정말이지 속이 상해요. 내가 보기에 텔레비전의 장점은 당일 밤부터 이튿날 밤까지 이어지는 스토리를 들려줄 수 있다는 것인데 말이죠. 그런데 방송사 간부들은 자기들이 대중의 시청 습관을 분석했노라고, 그랬더니 시청자들은 에피소드를 자주 건너뛰더라고 하네요. 그들은 에피소드가 자체적으로 완결돼야 한다고 주장해요. 대중은 진행되는 스토리를 이해할 만큼 똑똑하지 않다는 듯 말이죠. 그 사람들은 시장 테스트에 지나치게 집착한 나머지 연결되는 스토리의 마법을 잊어버렸어요. 실제로 그걸 보고는 맘에 안 들어했죠. 그 파일럿은 연결되는 스토리의 마법이 전부였거든요!

〈트윈 픽스〉 때보다 상황이 더 안 좋은가요?

텔레비전에 대한 건 도무지 이해가 안 갑니다. 간부들이 세상을 바라보는 방식을 이해하기에는 내가 모르는 게 많겠죠. 그래도 네트워크 텔레비전이 과거 유물이 됐다는 감각은 있어요. 제약이 덜한 케이블에서는 더 성숙한 프로젝트들을 창작할 수 있죠. 인터넷이 보급되기 무섭게 세상사람 모두가 각자 텔레비전 방송국을 갖게 될 거예요. 모든 게 가능해질 겁니다.

또 다른 프로젝트가 있나요?

아뇨. 하지만 하고 싶네요.

〈멀홀랜드 드라이브〉 (2001)

길을 잃는 것은 아름답다

존 파워스 — 2001

데이비드 린치와 나는 아주 높은 곳에 자리한 요새 같은 그의 스튜디오에 앉아 그가 좋아하는 화제 중 하나를 이야기하고 있다.

"나는 콘크리트를 무척 좋아해요." 그가 말했다. "콘크리트는 아주 강하죠. 굉장히 매끄러워질 수도 있고 근사하고 미니멀한 형체를 만들 수도 있고요."

이어서 그가 고용한 천재적인 미장이 레날도에 대한 이야기가 시작됐다. 벽면에 놀라운 형태와 음영을 채워 장식하는 그의 능력이 화제에 오른 순간, 전화기가 울렸다. 린치의 아홉 살 난 아들 라일리였다.

"뭘 하고 싶다고?" 린치가 소리쳤다. "스케이트보드를 탄 채로 수영장에 들어가겠다고? 당연히 그러면 안 되지." 그는 고개를 저었다.

〈LA 위클리〉 2001년 10월 19~25일자에서.

"내가 무슨 말을 할 거라고 생각했냐?"

린치 부자가 통화하는 동안, 데이비드 린치가 아버지라면 얼마나 기묘한 기분일까 생각해봤다.

린치에 대한 진지한 이야기는 매번 그가 열광하는 대상에서 출발한다.

"이거 봐요." 무더운 8월 아침, 허물어져가는 공장 건물을 찍은 사진을 보여주며 그가 말했다. "지난 12월에 폴란드 우치^{Łódź}에서 찍은 거예요. 카메리미지^{Camerimage} 영화제에 갔는데 너무 재미있더라고요. 우리는 낮에는 공장을 찍고 밤에는 누드를 찍었어요."

공장과 누드, 누드와 공장. 이렇듯 기이하게 대립하는 것들이 린치의 상상력을 빚어낸다. 그의 영화들은 빛과 어둠, 블론드와 브루넷, 멍청한 짓과 원초적인 짓, 아방가르드와 레트로, 기분 좋은 초월과 극도의 끈적거림 사이에서 갈팡질팡한다. 이런 이중적인 감각은 그의 일상생활에도 고스란히 녹아들어 있다. 린치는 사생활을 빈틈없이 지키면서도 자신의 가장 내밀한 이상심리들을 전 세계가 볼 수 있도록 스크린 위에 전시한다.

그는 언제나 자기가 가난하다고 말하지만—고인이 된 그의 친구 잭 낸스가 언젠가 나한테 웃으면서 "데이비드는 구두쇠처럼 인색해요"라고 했었다— 할리우드 힐스에 집 세 채로 구성된 주택군을 갖고 있다. 그의 뒤틀린 스타일은 미국의 전통 가치관을 전복시키지만 그의 정치적 태도는 극도로 보수적이다. 언젠가 내가 낸시 레이건을 비웃자 그는 "그녀는 정말로 놀라운 여성입니다"라고 딱딱하게 쏘아붙였다. 많은 사람들이 자신의 모순을 꼭꼭 억누르는 지점에서, 그는 자기모순을 각성제나 되는 양 게걸스레 먹어치운다. 자기모순은 그에게 자극제이자 연료이며 그를 전율케 하는 스릴이다.

1980년대 중반에 우리가 처음 만났을 때, 그는 깔끔하게 면도한 크고 부드러운 얼굴에 머리는 단정하게 빗고, 뻣뻣한 흰색 셔츠를 맨 위 단추까지 세심하게 채운 모습이었다. 촌티 나는 청춘의 열정이 물씬 풍겨났다.—그 시절에 "맙소사Jeepers"라는 구시대 표현을 쓰는 사람이 있었던가?— 그래서 나는 사람들이 왜 그를 지미 스튜어트와 자주 비교하는지 알게 됐다. 이제 쉰세 살이 된 그는 그때 쓰던 촌스러운 용어를 아직도 그대로 쓴다. 하지만 시간은 그에게 나름의 흔적을 남겼다. 두 눈은 벌겋게 충혈됐고 흰 셔츠는 조금 해졌으며 회색 수염 몇 가닥은 면도날을 피했다. 나는 그에게서 여전히 지미 스튜어트를 떠올리지만, 그 스튜어트는 〈스미스 씨 워싱턴에 가다〉의 스튜어트가 아니라 〈현기증〉의 강박적인 반백 스튜어트다. 그의 밝은 미소는 순수함을 잃었다.

그렇지만 가족용 벙커(집 세 채가 모두 콘크리트 저택이다) 상부 높은 곳에 자리한 스튜디오에 앉은 그는 멋진 인물이다. 예술이라는 황야를 몇 년간 떠돌던 데이비드 린치가 작정하고 돌아왔다. 그는 유료 웹사이트 DavidLynch.com을 런칭하려는 참이고, 새 영화 〈멀홀랜드 드라이브〉는 예상치 못한 대성공을 거두었다. 거절당한 TV 파일럿을 린치가 재촬영하고 재편집하며 재기획한 〈멀홀랜드 드라이브〉는 지난 10년 사이에 그가 내놓은 최고작일 뿐 아니라, 〈선셋 대로〉 이후로 나온 할리우드 배경 영화 중 최고작일 것이다.

데이비드 포스터 월리스는 〈로스트 하이웨이〉가 발표된 즈음에 쓴 에세이에서 린치의 작품에 관객이 그리도 동요하는 이유를 다음과 같이 깔끔하게 설명했다. 평범한 영화와 달리, 린치의 영화는 당신에게 뭘 원하는지 알 수 없기 때문에 짜증을 부채질한다. 린치의 영화는 꿈처럼 당신을 파고든다.

우리의 영혼을 갉아먹는 아름다운 동화이자, 헤드라이트가 던진 빛의 영역 바로 너머에 놓인 칠흑 같은 어둠만큼이나 미스터리한 〈멀홀랜드 드라이브〉에도 이 설명은 틀림없이 들어맞는다. 이 영화의 복판에는 가무잡잡한 한 명과 새하얀 한 명, 아주 판이한 두 여성이 추는 광란의 댄스가 있다. 기억상실에 시달리는, 리타(로라 엘레나 해링)라고 알려진 냉담하고도 섹시한 브루넷 여성이 있고, 숨 막히는 연기를 통해 호기심 어린 눈초리에서 인간의 공허함을 날카롭게 전하는 모습으로 탈바꿈하는 순진한 블론드 베티 엘름스(나오미 와츠)도 등장한다. 극도로 야심차게 또 제멋대로 직감을 발휘하는 이 영화는 감동적인 러브 스토리이면서 LA의 환상을 그려낸 작품이고, 포스트모던한 필름 누아르이자 영화 비즈니스에 대한 뻐딱한 풍자, 인간 심리에 대한 급진적인 비전이다. 린치가 다른 작품들에서도 반복 인용한, 난쟁이들로 이루어진 〈오즈의 마법사〉는 말할 필요도 없다. 이 영화를 꿈의 공장에 사로잡힌 누드들에 대한 이야기라 부르도록 하라.

린치의 거의 모든 작품처럼, 이 영화는 플롯 라인에서 시작된 게 아니라 무드와 이미지, 타이틀, 장소―이 경우에는 멀홀랜드 드라이브―에서 시작됐다.

"밤에 멀홀랜드 드라이브에서 사진을 찍습니다." 린치가 아메리칸 스피릿 담배에 불을 붙이면서 말했다. "그 도로를 달려본 사람이면 누구나 거기는 차가 많이 다니지 않고 코요테와 올빼미와 온갖 것이 득실댄다는 걸 알아요. 멀홀랜드 드라이브에서 일어난 일에 대한 이야기들을 당신도 들어봤겠죠. 그리고 그 도로를 달리는 건 세상 꼭대기로 올라가 밸리샌 페르난도 밸리San Fernando Valley를 가리킨다와 로스앤젤레스를 굽어보는 드라이브를 하는 거예요. 정말로 믿기 힘든 경치를 보게 되죠. 따라서 그 드라이브는 몽환적일 정도로 신비로워요.”

본능을 따르는 면에서는 제일가는 예술가인 린치는 자기 작품에 대해 논의하기를 절대로 좋아하지 않고, 상대가 작품의 의미에 관한 질문을 꺼내면 즉각 태도가 조심스러워진다. 그가 성도착적 성향으로 되돌아간 듯 보이는 전형적인 이분법인 블론드와 브루넷의 차이를 어떻게 보느냐고 묻자, 그는 너무나 의도적으로 모호한 대답을 해서 우리는 마주 보고 미소를 지었다. 내가 그 대답을 결코 활용하지 못하리란 걸 우리 둘 다 알았다. 선량한 중부 출신 미국인(그는 몬태나에서 태어났다)답게, 그는 모든 분석 방식을 극도의 의구심을 품고 본다. 언젠가 정신과 의사를 찾아갔던 린치는 첫 상담을 마친 후 심리 치료가 자신의 창조성을 망칠 수도 있느냐고 물었다. 의사가 그렇다고 말하자 그 뒤로 상담을 받지 않았다.

1986년에 그를 처음 인터뷰했을 때 나는 몇 시간에 걸쳐 온갖 질문을 퍼부었는데 그는 모든 질문을 쾌활하고 침착한 태도로 피해다녔다. 당시 나는 차에 발랄한 연인을 태우고 으슥한 곳에 주차한 고등학생 같았다. 그녀는 내가 허벅지에 손을 얹을 때마다 내 손을 공손하게 치웠다. 이제는 두 사람 다 그런 노래를 부르고 춤을 추기에는 너무 나이가 들었다. 우리는 세파를 겪을 만큼 겪어 심드렁한 이혼녀들처럼 나름의 페이스에 맞춰 달려갔다.

“평소보다 더 조심하는 듯 보이네요.”

“그러네요.”

"기분도 덜 좋은 것 같고요."

"그러네요."

그는 에어론 체어Aeron chair, 허먼 밀러사가 생산하는 사무용 의자의 등받이로 몸을 뉘었다. 그의 아틀리에를 둘러보니 사방에 린치아나Lynchiana가 놓여 있었다. 커피 잔, 브룩스톤Brookstone, 미국의 소매점 체인에서 파는 도구들이 담긴 대형 키트, 밥의 반중력 공장Bob's Anti-Gravity Factory이라는 말이 적힌 미완성 그림. 무척 신비한 솜씨를 발휘해서 예술적으로 연출했다는 느낌을 주는 작은 휴대용 스테레오는 죽은 파리의 껍질로 장식돼 있었다.

그가 또 다른 담배에 불을 붙였고, 나는 흡연에 대해 물었다. 그는 담배를 끊은 지 22년이 지난 1992년에 다시 담배를 피우기 시작했다고 말했다.

"1992년에 무슨 일이 있었는데요?"

그가 쓴웃음을 지었다. "뻔뻔하게 그러지 마요, 파워스."

애초에 나는 그의 전설적인 강박 관념이 교활한 익살인지, 즉 기자들을 다른 방향으로 호도하려는 동시에 뭔가 우스꽝스러운 기사거리를 던져주는 방식인지 여부가 궁금했었다. 이게 일면 맞는 말이라는 데에는 의심의 여지가 없다. 그런데 나는 1989년에 프랑스 다큐멘터리를 위해 일주일간 린치를 인터뷰하면서 그가 강박 관념으로 자기 삶을 얼마나 철저하게 주무르는지를 직접 목격했다. 당시 그는 집 안에서 음식 먹는 것을 허용하지 않았고(그는 냄새를 싫어했다) 날마다 정확히 똑같은 음식을 먹었다(내 기억에 점심은 참치 샌드위치였다). 이후로 메뉴는 바뀌었지만 강박 관념은 바뀌지 않았다.

"나는 한 6개월간이나 그보다 더 오래 날마다 똑같은 것만 먹을 거예요." 그가 말했다. "그러다가 어느 날인가는 그 음식을 더 이상 쳐다보지도 못할 거고요."

"지금은 아침에는 카푸치노를 마시고, 낮 동안에는 커피를 많이 마시고, 씹을 때마다 똑같은 맛이 나도록 쿠진아트Cuisinart, 미국의 주방 가전 브랜드에 넣은 샐러드를 먹어요. 샐러드에 고기는 안 넣고 땅콩하고 계란하고 상추랑 다른 푸른 채소들을 넣어요. 파르메산 치즈를 올린, 쿠진아트 작은 그릇에 담긴 샐러드죠. 밤이면 2인치 큐브 모양의 파르메산 치즈 한 블록하고 레드와인을 먹고요. 메리(그와 동거하는 메리 스위니)가 나를 위해 치즈를 작은 덩어리로 잘라서는 냅킨에 싸서 줘요."

이런 반복된 식단을 고수하고 싶어 하는 이유가 뭐냐고 묻자, 그는 "안심이 돼요. 그렇게 하면 놀랄 일이 없어요"라고 말했다. 린치 내면의 삶은 분명 대단히 생식력이 풍부하면서도 격변하고 있어서 —충동이 미칠 듯이 날뛰는 찌는 듯이 무더운 아마존— 그가 일상적으로 먹는 음식은 일종의 안식처를 제공한다. 그를 둘러싼 콘크리트 벽처럼, 그가 식단으로 치르는 제식들은 그가 모든 시간을 작업에 바칠 수 있도록 외부 세계로부터 그를 보호해준다.

린치는 세상 그 무엇보다도 작업하는 것을 좋아하기 때문이다. 누에처럼 지칠 줄 모르는 그는 창작을 도무지 멈추지 못한다. 그림을 그리고, 영화를 만들고, TV 드라마를 제작하고, 사진을 찍고, 블루밥이라는 헤비메탈 밴드에서 기타를 친다. 창조성은 그가 아무리 떠들어도 지치는 법이 없는 화제다. 그는 당신의 내면 깊은 곳에서 아이디어들이 어떻게 생겨나는지, 너무 깊은 곳에서 나온 탓에 외부에서 생겨난 것처럼 보이는 다른 아이디어들은 어떻게 나오는지 말해줄 것이다. 그리고 다른 아이디어들이 어떻게 물처럼 당신의 마음에 서서히 흘러들어가 고여서는 당신이 마침내 그것들을 감지하고는 그것들의 잠재력과 사랑에 빠지게 되는지 말해줄 것이다. 그에게 그것들이 뭘 뜻하는지 묻지는 말라.

"아이디어들과 일단 사랑에 빠지면," 그는 좋아서 어쩔 줄 몰랐다. "너무 짜릿해요. 할 수 있는 한 가장 깊은 곳까지 가려고 애쓰고 그 아이디어들에 충실한 것 외에는 더 이상 고민할 거리가 없어요. 길을 잃는 거랑 비슷하죠. 그런데 길을 잃는 것은 아름다워요."

물론, 길을 잃는 일부 방식은 그다지 사랑스럽지 않다. 린치는 지난 10년의 대부분 동안 문화계 지도에서 지워진 듯 보였다.

그런 상황이 그에게 오리라고는 예상하지 못했다. 1976년에 으뜸가는 심야 영화 〈이레이저 헤드〉를 내놓은 순간부터 그는 상승세를 탄 인물이었다. 〈사구〉가 폭삭 망한 대작이었던 건 맞다. 하지만 린치는 이미 〈엘리펀트 맨〉으로 오스카 감독상 후보에 올랐었고, 〈사구〉 다음 영화인 〈블루 벨벳〉은 빠른 기간 내에 지난 사반세기의 영화적 시금석 중 하나가 됐다. 1990년 여름 무렵, 그는 아이러니와 그로테스크, 본능적인 감정 표출이 혼합된 트레이드마크로 할리우드에서 제일 잘 알려진 인물이 됐다. 〈광란의 사랑〉은 칸에서 황금종려상을 수상했고 〈트윈 픽스〉는 세계적으로 대유행했으며, 린치 자신은 그를 '기이한 차르'라고 칭한 〈타임〉의 표지에 올라 바깥세상을 응시했다. 그는 평범한 아일랜드계 성姓을 대중이 공감하는 형용사로 탈바꿈시켰고,—린치안이라는 단어는 모든 면에서 카프카에스크라는 단어만큼이나 많은 것을 연상시킨다— 그의 별난 감수성은 〈알래스카의 빛〉 같은 TV 프로그램들과 대니얼 클로스 같은 만

439

화가들에게 영향을 끼치고 타란티노와 이고이언, 코언 형제의 작품(《파고》가 온건한 〈트윈 픽스〉가 아니라면 달리 무엇이겠는가?)에 그의 예술적인 DNA를 주입하면서 90년대의 문화적 흐름을 선도했다.

그런데 린치의 그런 이미지가 형성된 듯 보인 바로 그때에, 이 괴짜 이카루스는 대중문화의 촬영 조명에 너무 가깝게 날아올랐다. 〈트윈 픽스〉는 클라이맥스가 엄청나게 충격적이었음에도 가쁜 숨을 쉬다 숨을 거뒀고, 대중은 〈광란의 사랑〉에는 결코 따스한 태도를 보이지 않았다.(나는 지금도 그 영화를 그의 최악의 영화라고 생각한다.) 1992년에 〈트윈 픽스〉 영화판이 개봉됐을 무렵(맞다. 그가 다시 담배를 피우기 시작한 해다), 그는 서글프게도 대중의 눈 밖에 난 상태로 전락했다. 로라 파머의 생애 마지막 주에 대해 설명하는 이 영화는 10년간 나온 가장 용감하면서도 참혹한 영화 중 하나지만, 이해하지 못한 사람들이 쓴 혹독한 리뷰들이 눈보라처럼 휘몰아치는 가운데 운명하고 말았다.(〈워싱턴 포스트〉는 이 영화를 일컬어 "정신을 해부하는 작품, 근본주의자가 천국과 지옥, 워싱턴주의 교차 지점에 대해 괴상하게 심사숙고한 결과물"이라고 했다.)

이런 위신 추락에 대해 묻자, 그는 어깨를 으쓱하더니 사람들이 예상할 법한 원초주의자primitivist의 용어들로 대답했다. "〈타임〉 표지에 실리면 2년간은 불운이 찾아올 거라고 사람들이 나한테 경고했어요. 먹구름이 몰려왔는데, 그럴 때 우리가 할 수 있는 일은 하나도 없습니다. 하나도요. 그저 몸을 조심하면서 '이런 일들은 왜 벌어지고 사람들은 왜 이런 얘기를 하는 걸까?' 하고 궁금해하기만 할 뿐이죠. 그게 세상 돌아가는 방식입니다. 세상사의 일부죠. 그러다가 궁금해합니다. '구름은 저기에 얼마나 오래 있을까?'"

린치는 5년간 영화를 만들지 않았고, 그는 '끝장났다'는 업계 특유의 수군거림만 나돌았다. 하지만 자신에 대한 린치의 믿음은 흔들리지 않았다. "자기 작품을 믿지 않고 나쁜 리뷰들을 들을 경우 그 결과는 엄청나게 충격적이에요. 그런데 자기 작품을 믿고 나쁜 리뷰들을 들으면, 그 결과는 기껏해야 혼란스러운 정도예요. 아직 목숨은 붙어 있는 거죠. 〈사구〉가 그런 첫 사례였습니다. 〈트윈 픽스〉 영화판이 두 번째였고요."

그의 작품이 판에 박힌 공식에 의존하는 일은 절대 없기 때문에, 린치는 실수를 저질러도 괜찮을 여지가 대다수 감독들보다 적다. 신하나나 둘이 제 기능을 못 할 경우 그는 관객들을 완전히 잃게 된다. 질적으로 고르지 못한 〈로스트 하이웨이〉(1997)에서 그런 일이 꽤 많이 일어났다. 뫼비우스의 띠 같은 이 영화의 구조는 할리우드의 3막 클리셰하고는 거리가 멀어도 한참 멀었다. 일례로 빌 풀먼은 아무 설명도 없이 발타자 게티로 변한다. 사람들은 도저히 납득할 수 없었다. 그런 이유로 그는 잔디깎이를 타고 이동하는 1999년 로드무비 〈스트레이트 스토리〉에서 그토록 직선적인 구조를 택했을 것이다. 할머니들이 좋아하는 가구 장식용 덮개처럼 반듯하게 말이다. 비록 소도시의 삶을 낭만적으로 묘사하는 죄(린치가 그려낸 아이오와에는 월마트가 하나도 없다)를 저지르기는 했지만, 새로운 정서적 성숙을 보여주려는 진심 어린 시도가 돋보였던 작품이다. 린치는 진심으로 가족과 화해에 대해 말하고 있었고, 영화에는 〈엘리펀트 맨〉 이후 거의 찾아볼 수 없던 따뜻한 애정이 담겼다.

그 따뜻한 애정은 〈멀홀랜드 드라이브〉에서도 이어졌다. 〈멀홀랜드 드라이브〉는 쿠진아트 속으로 빛과 어둠을 떨어뜨리는 린치 특유의 트릭을 보여주는 영화다. 이 영화는 그가 여태껏 들려준 스토리들 중에서도 가장 뒤틀려 있다. 그런데 린치는 그 모든 환각, 오인된 신분, 퍼포먼스 속의 퍼포먼스, 꿈속의 꿈속의 꿈의 한복판에서 그의 히로인heroine들이 보여주는 허약한 모습에서 결코 눈을 떼지 않는다. 이 영화의 비전은 암울하다. 린치가 어떤 종류가 됐건 탄탄하고 안정적인 정신psyche을 더 이상은 믿지 않는 듯 보이기 때문이다. 그는 자아self를 우리가 굴러 떨어지는 일련의 낙하문trap door들로, 또는―껍질을 벗기고 나면 침묵밖에 남지 않는― 양파로 묘사한다. 이 영화의 중추적인 신에서, 리타와 베티는 다운타운 극장에 가서 라틴계 가수가 비통함에서 나온 열정을 보이며 큰 소리로 노래하는 모습을 지켜본다. 눈부시게 황홀한 공연이다. 그 가수가 립싱크 중이었다는 것을 우리가 알아차리기 전까지는. 〈멀홀랜드 드라이브〉는 우리 각자의 인생이 공연이라고, 우리가 듣는 목소리가 진짜로 누구의 목소리인지를 결코 확신할 수 없는, 또는 대사를 쓰고 있는 이가 누구인지를 결코 확신할 수 없는 공연이라고 말한다.

린치가 자신이 그런 세계를 얼마나 좋아하는지에 대한 생각을 하지 않는 건 아니다. 그리도 많은 음울하고 삐딱한 상상을 하면서도, 그의 사회적 가치관은 미국 서부의 화사하게 빛나는 신조에 뿌리를 내리고 있다. 내 권리를 침해하지 말라.Don't tread on me. 그에게 가장 중요한 것은 뭐든 생각한 대로 할 수 있는 자유다. 나는 1989년의 어느 오후에 린치의 이런 면을 처음 목도했다. 당시는 그가 시市 정부를 향해 비난을 쏟아내기 시작할 때였다. 그가 자신의 사유지에 레이저 와이어razor wire, 날카로운 칼날이 붙은 철선를 둘러쳐서 그 땅을 가로지르는 뜨내기들을 막으려고 했는데, 시 정부에서 허가를 내주지 않았다. 그는 고개를 저었다.

"있잖아요, 존, 이 나라는 인간쓰레기들이 우리 잔디밭을 걸어 다 닐 수 있을 때에는 상태가 형편없이 나빠져요. 그러면서 그들에게 총질을 하면 그 사람을 감옥에 가두죠."

린치가 총기를 소지하는 부류의 인간을 좋아하는 듯 보이지는 않 는다. 그런데 린치는 레이건이 '카우보이 이미지'라서 끌렸고, 개인 의 자유를 지지하는 이상한 나라 LA는 법규와 규제에 둘러싸여 있 다고 개탄했다. 그는 건축 관련 법규의 규제들에 기분 나빠했다. "사 람은 짓고 싶은 것을 원하는 때에 원하는 방식으로 지을 수 있어야 마땅해요."

그는 정치에 대해서는 아는 게 하나도 없다고 했지만 작년 선거 에서 자연법당the Natural Law Party을 지지했다. 이 당의 철학은, 이상적 인 정부는 자연의 질서를 그대로 반영한다는 것이다. 약간 정신 나 간 듯 들릴지도 모르지만 이 당의 정견은 완벽하게 합리적이다. 인 간의 얼굴을 한 자유지상주의. 린치는 선거 운동의 일환으로 저명 한 양자물리학자인 이 당의 대통령 후보 존 헤이걸린을 위한 선거 운동 비디오를 제작했다. 그것은 극도로 기이한 다큐멘터리로, 린치 가 평범한 작품을 만드는 데에는 재주가 별로 없다는 것을 보여준 다. 그는 으스스한 황금색 커튼 앞에서 후보를 인터뷰하면서 불길하 게 요동치는 음악으로 질문마다 방점을 찍는다. 그 탓에 천재 헤이 걸린은 상태가 안 좋은 사람처럼 보인다. 실제 정치인의 B급 영화 버 전처럼. 〈트윈 픽스〉에서 데려온 대권 주자처럼.

세계에 대한 린치의 그림은 1950년대에 형성됐는데, 그는 50년대 의 신화화한 버전을 아주 좋아하는 게 분명하다. 주크박스와 〈이창〉

같은 엉큼하고 삐딱한 영화들로 점철된 기막히게 좋은 시대인 50년대의 버전을 말이다.

"무슨 일이건 가능하다는 분위기가 팽배했어요. 사람들은 자신을 흥분시키는 것들을 열정적으로 발명했습니다. 공기 중에는 행복도 둥둥 떠다녔죠. 표면 아래에서는 많은 일이 벌어지고 있었지만, 다른 일도 함께 벌어지고 있었기 때문에 그리 어두운 시대는 아니었어요. 50년대는 사람들이 디자인에 미쳐가는 듯 보이는 시기였습니다. 자동차들은 너무 좋아서 믿기 어려울 지경이었어요. 자동차를 보자마자 사랑에 빠지게 됐다는 말이죠. 그러던 것이 60년대와 70년대에 들어서 달라졌어요. 차들이 한심해졌죠. 한심해졌다고요. 차를 보면 창피해집니다. 부끄러워 고개를 못 들고 구석에 처박히고 싶은 심정이 되죠. 역겨웠어요."

우리가 이런 얘기를 나눈 때는 9/11이 일어나기 이틀 전이었지만, 린치는 세계정세에 대해 이미 비관적이었다.

"거시적인 상황 안에서는 자신이 무력한 존재일 뿐이라는 느낌만 받습니다. '내 것이나 챙기는 게 낫겠어' 같은 얘기가 아니에요. 하지만 내 것을 깊이 파고들어 집중해서 그 일을 즐길 작정입니다. 머리를 애써 모래에 파묻으려는 게 아니라, 외부의 부정적인 것들이 나한테 영향을 끼치는 것을 최소화하기 위해 나를 보호할 거예요."

그는 아메리칸 스피릿 담배를 또 하나 꺼내 불을 붙였다.

우리가 처음 만났을 때하고는 한참 다르게, 린치는 자신을 외부 세계와 격리하는 듯 보인다. 거기에는 그의 주위를 콘크리트 벽으로 둘러싸는 것 이상의 일이 있다. LA를 차를 몰고 돌아다니는 일에 대해 한때 열정적으로 웅변을 토하던 그가 지금은 드라이브를 그다지 많이 하지 않는다고 말한다. 사람들은 도를 넘게 정신이 나갔고 차들은 너무 흉물스러워졌다. 그는 자동차 운전에 대해 이렇게 말했다. "차들이 더 아름다웠다면, 사람들이 신경 써서 운전을 더 잘 즐길 거라고 나도 어떻게든 생각했을 거예요."

그는 가정생활에 정착한 듯 보인다. 내가 90년대 초에는 가능하다고 믿지 못했을 일이다. 그 시절에 그는 전 애인 이사벨라 로셀리니부터 〈트윈 픽스〉의 섹시한 셰릴린 펜까지 여배우들을 사로잡는 것으로 유명했다.(어쨌거나 그는 실생활에서는 새하얀 여성보다는 까무잡잡한 여성을 선호한다.) 그가 현재 반려자 메리 스위니와 산 지도 벌써 10년째에 접어들었다. 메리는 그의 지난 영화 세 편을 제작했고 〈트윈 픽스〉 영화판 이후 그의 모든 작품을 편집했으며 〈스트레이트 스토리〉를 공동 집필한 다재다능한 브루넷이다. 아홉 살 난 라일리의 어머니이기도 하다.

린치에게 물었다. "아버지가 된 게 마음에 드나요?"

그의 미소가 약간 흔들린다. "그게 다른 거랑 무슨 관계가 있어야 하나요?"

항공기들이 세계무역센터를 무너뜨렸을 때, 작곡가 카를하인츠 슈토크하우젠은 그 사건을 위대한 예술 작품이라고 불러서 공분을 샀다. 린치는 그런 말을 해서 인간성과 담을 쌓을 정도의 사람은 아니지만, 내가 만나본 사람 중에서는 가장 심한 정도로 인생을 미학의 프리즘을 통해 보는 사람이다. 기이할 만큼 디자인에 동화돼 있어서 어떤 때는 그가 하는 말이 진담이라고 믿기가 힘들다.

린치가 빈티지 모던 가구점인 스캥크 월드를 자주 드나든다는 얘기를 여러 번 들었던 나는 어느 날 아침 그에게 가구에 관심이 있느냐고 물었다. 그는 즉각 자세를 바로잡았다.

"관심이라……." 그가 의견을 실어 말했다. "모든 단어는, 있잖아요, 전파력을 갖고 있어요. 우리는 관심을 약간만 가질 수도 있고 많이 가질 수도 있죠. 하지만 관심이라는 단어에 최고치의 강렬함을 부여한다 해도, 내가 가구를 얼마나 좋아하는지를 설명하려면 그걸로는 부족해요."

"게다가 최근에는 좀 물렀어요. 내 영혼을 흥분시키는 가구는 하나도 못 보고 있거든요. 주변을 둘러보고 이것저것 살펴봐도, 많은 경우 최상의 상태에 근접하기만 할 뿐 결국에는 못 미쳐요. 가구 한 점이 방 하나를 통째로 망쳐버릴 수도 있어요." 그러고는 커피를 마시느라 잠시 멈췄나가 말했다. "있잖아요, 우리는 자신에게 몹쓸 짓을 하고 있어요. 환경이 특정한 방식으로 존재해야만 그런 몹쓸 짓에서 벗어날 수 있죠."

린치 자신이 가구를 디자인했었다. 그는 그중 어느 것도 '황홀하다thrilling'(그의 어휘 목록에 있는 최상의 찬사)고는 여기지 않지만 나는 그가 새로 고안한 것을 볼 수 있느냐고 물었다. 그는 좁다란 오솔길을 조심스레 내려가 3호 저택에 다다랐다. 그 건물은 사람이 사는 집이라기보다는 거대한 어른용 장난감 집에 가까웠다.

우리는 아주 멋지고도 불길한 그림들(밥Bob이 겪는 점입가경의 불운한 사고만을 다룬)로 가득한 방을 통과한 다음, 어두운 복도를 내려간 끝에 문에 다다랐다. 문이 열리면서 장비를 갖춘 영화 믹싱 스튜디오가 드러났다. 대형 실버 스크린과 35밀리 영사기 두 대, 커다란 마샬 앰프들이 있었고 테크니션들이 커피를 마시고 있었다. 그들은 곧 나올 예정인 〈엘리펀트 맨〉 DVD의 사운드 작업을 하는 중이었다. 린치는 그 리믹스가 '꽤 괜찮을' 거라고 장담했다. 이어 그의 안내를 받아 스튜디오 운영 장비들로 가득한, 그리고 44인치 너비의 종이까지 소화하는 엡손 9500 포토 프린터가 있는 방으로 갔다. 린치는 그 프린터를 애정 어린 목소리로 '배드 보이Bad Boy'라 불렀다.

이걸 다 갖추려면 큰돈이 들었겠다고 말하자 그는 고개를 끄덕였다. "엄청나게 많은 돈은 아니었어요."

마침내 그의 사무실로 이어진 길이 나타났다. 사무실에는 그가 디자인한 테이블들이 있었다. 비대칭적인 에스프레소 테이블, 담배를 놓는 특별한 슬롯이 있는 클럽 테이블, 하부의 굵은 기둥이 공중에 매달린 것처럼 보이는 '떠 있는 기둥' 테이블 등이었다. 그 테이블들은 스위스의 카사노스트라라는 회사에서 제작했는데 그 회사는 이후 폐업했다. 린치는 그 회사의 폐업이 자기가 디자인한 테이블 때문은 아니라고 주장했지만 그걸 누군가 실제로 사용할 목적으로 구입할 거라고 생각하기는 어려웠다. 실용적인 가구라기보다는 대단히 멋진 마그리트 스타일의, 호기심의 산물이었기 때문이다.

그는 자신이 디자인한 침대('스타로 발돋움 중인 업홀스터러upholsterer 라울'이 헤드보드를 만들었다고 한다)를 의무적으로 보여주는 한편, 비교적 최근에 집착하게 된 컴퓨터로 나를 이끌었다. 린치의 취향은 자동차와 램프의 경우에는 복고풍으로 질주할지 모르지만, 그는 플래시 애니메이션을 산스크리트어 보듯 이해하지 못하거나 디지털 비디오(그는 〈소의 꿈〉이라는 제목의 유치한 DV 코미디를 만들 생각이다)를 싫어하는 러다이트Luddite, 신기술 반대자는 아니다. 린치는 인터넷을 '아름다운 세계'라고 부르며 만족스럽게 받아들였다. 그는 인터넷을 믿을 수 없이 자유로운, 새로운 변경으로 본다. "온 세상이 작은 비트들로 구성돼 있어요. 그리고 지금 우리는 조작 가능한 작은 비트들을 부여받았습니다. 우리는 하늘이라는 한계 내에서는 뭐든 할 수 있어요."

예상 가능하듯, 린치는 대다수 사람들이 하는 방식대로 컴퓨터를 활용하는 데에는 별 관심이 없다. 인터넷 서핑도 거의 하지 않고 비디오 게임도 하지 않는다. 대신 그는 지난 2년의 시간을 대부분 DavidLynch.com을 디자인하면서 보냈다. 이 사이트는 낙관적으로는 10월 12일에 런칭할 계획이었다.(하지만 계획에 맞추지 못했다.) 이 사이트에서 그는 스틸 사진과 음악에서부터 DV 시리즈에 이르기까지 새로운 린치아나를 여러 방식으로 선보일 예정이다. 그는 컴퓨터가 부팅되자 마우스를 클릭했다. 열렸다 닫히는 초현실적인 치아 세트들이 팝업으로 떴다. 굉장히 으스스했다.

클릭! 지저분한 아파트에 세 캐릭터가 등장하는데, 인간인 그들의 몸 위에는 귀가 커다란 토끼 머리가 씌워져 있다.

클릭! 꿀벌들의 기이한 클로즈업.

클릭! 항아리에 든 나체의 여성.

클릭! 재조립돼서 뒷다리로 서 있는 도살된 돼지.("이 돼지를 걷게 만들 겁니다.")

클릭! 충격적이게도, 린치가 몸을 숙이고 카메라 정면에 들이민 (다행히도 천으로 가린) 본인 엉덩이를 손가락으로 가리키는 사진이 떴다.

린치는 껄껄 웃었다. "나한테 돈을 받지 못했다고 말한 어떤 사람을 위해 찍은 사진이에요."

우리는 〈이레이저 헤드〉에 나온 엘리베이터 로비의 스틸 사진을 자세히 살펴면서 긴 시간을 보냈다. 린치는 포토샵을 이용해 엘리베이터 문이 열리면서 내부가 드러나게—앞에 깔린 카펫으로 빛이 쏟아져 나오게끔— 만들 수 있었다.

그는 그 사진을 골똘히 응시했다. "내가 이 세계에서 한 번에 몇 주씩 길을 잃고는 했던 시기가 있었어요."

나한테 할당된 시간이 지나서 나는 떠날 채비를 했다. 그런데 린치는 이 모든 자료를 보면서 흥분하고 있었고, 하나 더 보고 가라고 거듭 권했다. 누드 두 장을 보여주고 또 다른 폴란드 공장을 보여줬다. 그의 웹사이트 채팅방용으로 만든 프로토타입 이미지도 보여줬는데, 그 이미지는 증기 엔진과 영화 영사기를 뒤섞어놓은 하이브리드 같았다.

그런 식으로 연달아 이미지들을 보다 보니(심지어 더 많은 꿀벌까지!) 나는 부지불식간에 그의 어린아이 같은 열광에 사로잡히고 말았다. 그의 작품들은 정말로 멋지다! 그를 우울하다거나 못됐다고 생각하는 사람들도 있지만 나는 늘 린치가 사람들을 고무한다고 보는데, 그 이유가 새삼 떠올랐다. 진정으로 로맨틱한 그는 상상력이 지닌 초월적인 힘을, 경이로운 신세계를 창조할 가능성을 믿기 때문이다.

컴퓨터는 그 같은 강박증 환자에게는 진정 요긴한 물건임에 분명하다고 나는 말했다.

그는 곧 출시될 〈이레이저 헤드〉 DVD 제작을 위해 아라시라는 남자가 넉 달에 걸쳐 모든 이미지를 디지털로 수정했다고 했다.

"TV로 영화를 볼 때 작고 하얀 반점들이 보이는 거 알아요? 그건 네거티브 필름에 묻은 먼지예요. 〈이레이저 헤드〉에는 그런 먼지가 필름에 붙박이로 들어 있었어요. 제거할 방법이 전혀 없었죠. 모든 프린트에 같은 먼지가 있었어요. 컴퓨터로 작업하면서 돋보기 소프트웨어를 쓰면 그걸 확대해서 크게 볼 수 있는 거 알죠? 다음 단계로 확대하면 먼지 수십 억 개를 볼 수 있다는 것도요? 아무튼, 아라시는 그런 먼지를 계속 닦아냈어요."

"닦았다고요?"

"프레임 하나하나를 일일이요." 그는 의기양양해하며 환히 웃었다. "그 DVD는 역사상 가장 깨끗한 영화가 될 거예요."

할리우드라는
울타리와 벌이는 싸움

리처드 A . 바니 — 2 0 0 1

무척이나 화창한 어느 날 LA에 있는 그의 사무실 단지에서, 데이
비드 린치는 당연하게도 자신감과 활력에 차 있었다. 그의 장편 〈멀
홀랜드 드라이브〉가 거의 2년이나 이런저런 어려움을 겪은 끝에 드
디어 세상에 모습을 드러냈다. 5월에 린치가 감독상을 받은 칸영화
제에서, 그리고 우리가 대화를 나누기 2주 전쯤인 10월 초에 미국
에서였다. 미국의 반응은 비평적 측면과 대중적인 인기의 측면 모두
에서 그야말로 흥분 자체였다. 〈빌리지 보이스〉에 기고하는 J. 호버
먼은 이 영화를 일컬어 '관능적인 주마등phantasmagoria'이자 '〈블루 벨
벳〉과 〈이레이저 헤드〉 이후 린치가 내놓은 단연코 가장 강렬한 영
화'라고 했다. 뉴욕영화제에서 이 영화를 본 〈뉴욕 타임스〉의 평론가
스티븐 홀든은 '이미지로 브레인스토밍을 하는 것처럼 미친 듯한 스

2001년 10월 26일 인터뷰.

릴을 전달하는' 영화이자, '위대한 영화가 어떻게 역경 속에서 발전해 나올 수 있는지를 보여주는 환상적인 사례'라고 밝혔다.

한동안 곤경에 처해 있던 영화 입장에서는 반가운(아마 안도감마저 드는) 결과다. 린치는 이 작품을 〈트윈 픽스〉처럼 텔레비전 시리즈로 만들고 싶었다. 그래서 ABC 간부들에게 파일럿을 보여준 후 자신도 썩 흡족하지는 않았던 초기 편집본을 방송국에 전했지만 ABC는 그 프로젝트를 거부했다. 린치는 그 뒤 몇 개월에 걸쳐 그 스토리의 여러 요소들을 다시 만들어내고, 새 자금줄(다시 프랑스 자금이 그를 구하러 카날 플뤼 형태로 찾아왔다)을 마련하려고 발 빠르게 움직였으며, 새로운 신들을 촬영하고 후반 작업 동안 모든 것을 통합하는 데 부지런히 힘쓰면서 인내와 끈기를 발휘해야 했다.

린치와 나는 이 인터뷰를 하기 6개월 전에 〈멀홀랜드 드라이브〉를 주제로 사전 대화를 나누었지만, 아직은 편집 마지막 단계였기 때문에 우리는 이 영화가 미국에서 개봉되고 나서 전체 논의를 하기로 했다. 린치는 영화가 완성되기 전에는 그 영화에 대해 논의하지 않기 때문이다. 그때 나눈 대화에서 린치는 1980년대와 90년대에 만든 작품들에 대해서도 이야기했다. 〈사구〉도 그중 하나였는데, 그의 설명에 따르면 〈사구〉가 실패한 부분적인 원인은 그가 최종 편집권을 행사할 수 없게 되면서 '울타리에 갇히는' 신세가 된 데 있었다. 그는 그 일에서 결코 잊지 못할 교훈을 얻었고 그 문제는 여기에 다른 맥락에서 다시 등장한다.

나는 린치가 창작을 위해 은거하는 용도로 쓰는, 메인 단지보다 높은 곳에 위치한 미술 스튜디오에 앉아 공간을 죽 훑어봤다. 거기에는 완성을 향한 각각의 단계에 있는 그림들, 사방에 나뒹구는 붓과 깡통들, 팔다리를 잃고 바닥에 누워 있는 약 90센티미터 크기의 플라스틱 인형 등이 있었다. 언제고 새로운 프로젝트에 투입할 수 있음을 잘 알기에 린치가 이전 작업에서 남겨놓은 잔해들이었다. 린치는 영화가 환대를 받아 확실히 기분이 좋아 보였고 자신의 철학적인 입장을 고수하는 모습도 내비쳤다.

이미 잘 아시다시피, 〈멀홀랜드 드라이브〉의 리뷰들이 대부분 엄청나게 좋습니다. 영화를 완성하느라 들인 공을 감안할 때, 그런 리뷰를 접하고 어떤 기분이 들었나요? 그런 공을 들일 만했다는 게 다소 입증된 기분이었나요?

아뇨. 영화를 완성했을 때는 무슨 일이 벌어질지 전혀 모릅니다. 나는 좋은 반응과 나쁜 반응을 다 겪어봤고, 그래서 늘 말하죠. 내가 한 작업을 믿고 내가 한 일을 좋아하는 것이 중요하다고요. 그렇게 되면 어떤 반응이 나오건 그냥 그대로 받아들이면 돼요.

지난봄에 우리가 얘기를 나눴을 때 당신은 영화에 마지막 손질을 하고 있었습니다. 편집하고 사운드 면에서 아직도 손보는 게 두어 가지 있다고 말했었죠. 달리 말해, 당신은 이틀쯤 더 작업하면 될 거라고 생각했었죠.

그때 3월에 당신과 얘기를 나눈 직후에 우리는 칸에 갈 준비를 했어요. 메리(스위니)가 상영 준비가 된 프린트를 들고 프랑스로 날아갔고 칸영화제가 그 영화를 수락했죠. 그리고 그 출장에서 카날 플뤼 사람들이 영화를 봤습니다. 그들은 영화를 아주 마음에 들어 했고 그때부터 만사가 잘 풀렸어요.

그러고 나서 이번 가을에 열린 뉴욕영화제에서, 주안점이나 흥미 면에서 프

랑스인들이 보인 반응하고는 다른 반응이 나왔다고 느꼈나요?

아뇨. 있잖아요, 모든 영화제는 영화를 찬양하는 곳이기 때문에 너무도 아름답습니다. 게다가 영화제에서는 영화들이 연달아 상영되기도 하죠. 어떤 영화가 끝나고 다른 영화가 시작될 때를 영화 저널리스트들은 어떻게 아는지 모르겠어요. 한 영화의 신들이 다른 영화 속으로 곧장 흘러들어갈 수 있거든요. 그래서 나는 모든 영화제는 대단히 충만한 곳이고, 단순히 시간 때우는 곳이 될 수는 없다고 생각합니다.

이 영화에서는 다른 작업으로 당신과 오랜 기간 협력 관계를 맺었던 사람들이 여러 배역을 맡아 연기합니다. 작곡가 안젤로 바달라멘티가 루이지 카스티글리아네를 연기하고, 〈광란의 사랑〉의 프로듀서였던 몬티 몽고메리가 카우보이로 출연하죠. 그들이 연기한 캐릭터들은 어떻게 탄생한 건가요?

안젤로하고는 1986년부터 알고 지내는 사이예요. 그한테서 들은 이런저런 이야기에서 루이지 카스티글리아네 캐릭터가 자연스레 나왔죠. 그리고 안젤로는 그 역할을 연기할 운명을 타고났어요. 나는 늘 댄 헤다야하고 안젤로가 형제처럼 닮았다고 생각해서 둘을 엮어보고 싶었는데 이번 영화에서 그게 성사됐고, 그 결과는 정말로 근사했어요. 그들은 무척 사이가 좋았습니다. 브루클린의 같은 동네 출신이기도 하고요. 아주 좋은 경험이었고, 환상적이었습니다. 이제 안젤로는 건드리기가 불가능한 존재가 됐는데, 그런 상태에서도 다음 역할을 달라고 나를 귀찮게 하고 있어요. 그가 연기를 하겠다고 작정하고 에이전트를 이미 구해놨다고 하더라도 놀라지 않을 거예요. 안젤로한테 일어난 일을 생각하면 참 신기합니다.(웃음)

몬티의 경우, 어시스턴트인 게이 포프에게 지시를 내리는 회의를 하다가 카우보이 아이디어가 떠올랐어요. 회의를 하는데 갑자기 카우보이가 나타나서는 무슨 얘기를 하기 시작했어요. 나는 카우보이가 하는 얘기를 게이에게 전했고, 얼마 안 가 그 사내가 몬티와 결합했습니다. 아니, 몬티가 카우보이와 결합했죠. 오래전에 우리가 단편영화 〈카우보이와 프랑스인〉을 만들 때, 몬티는 영화 제작사인 프로파간다 필름스의 일원이었고 촬영장에서 처음 만났어요. 그전에도 만났을지 모르는데 순서가 기억이 안 나네요. 어쨌든 나는 언제나 몬티를 퍽 수줍음 많은 사람이라고 생각했고, 그가 카메라 앞에 서는 것은 상상도 못 했어요. 〈카우보이와 프랑스인〉의 후반 작업 때 하우디라는 캐릭터의 사운드 믹싱을 하고 있었습니다. 하우디가 황소 뿔을 잡아 비틀어 땅에 내리꽂는(불도깅) 신이었는데, 잡음이 너무 심해서 그가 하는 대사를 하나도 알아들을 수가 없었어요. 하우디를 연기한 사람(릭 길로리)은 실제 불도거인데 고향인 콜로라도로 돌아간 상태였고요. 몬티가 말하더군요. "데이비드, 자네를 위해 내가 그걸 할게." 나는 "맙소사" 하고 농담조로 응수하고는 말했죠. "그래, 몬티, 한번 해보자고." 부스 안으로 들어간 몬티는 첫 테이크에서 곧바로 완벽하게 해냈어요. 그래서 그걸 기억하고 있었죠. 카우보이 역할이 떠올랐을 때 몬티가 그걸 할 수 있다는 생각이 들었어요. 문제는 그가 하겠다고 할 것이냐 여부였는데, 하겠다더군요.

그는 굉장히 큰 불안감을 안겨주는 캐릭터이자 놀라운 캐릭터입니다.

그렇죠.

집행자인 동시에 윤리 선생님이고요.

(환하게 웃으며) 정확한 표현이에요.

그를 보면서 원할 때마다 나타났다 사라지는, 다른 세계와 접촉하는, 그리고 인간 생활의 하루하루에 심대한 영향을 끼칠 수 있는 인물인 〈로스트 하이웨이〉의 미스터리 맨이 떠올랐습니다.

그가 마음을 먹는다면……

맞아요. 그가 마음을 먹을 때면 말이죠. 카우보이는 미스터리 맨처럼 외모가 아주 섬뜩한 것은 아니지만, 동일한 기능을 많이 갖고 있습니다. 당신이 보기에 맞는 것 같나요?

그래요. 괜찮아요. 맞아요.

그 유사성에 깊은 인상을 받았습니다. 다음으로 당신이 오랜 기간 팬이었던 듯한 또 한 사람 앤 밀러가 있습니다. 그녀가 드디어……

그럼요. 나는 그녀의 팬입니다. 하지만 "나는 앤 밀러하고 같이 일해야만 해"라고 말한 적은 한 번도 없어요. 게이가 아카데미였던가 무슨 자리에서 열린 헌정 이벤트에 참석했는데 앤 밀러가 친구들과 함께 바로 앞줄에 앉았대요. 그 자리에서 앤 밀러를 보고 또 그녀가 하는 말을 듣고 돌아와서 말했어요. "앤 밀러는 정말로 환상적이에요. 외모도 너무 근사하고, 활력이 넘쳐 보였어요." 나는 〈멀홀랜드 드라이브〉의 캐스팅을 하던 중이라 "그래, 그녀를 만나야겠어. 정말 좋은 아이디어야"라고 했죠. 그렇게 앤이 우리 집에 찾아왔고 그 문제는 그길로 끝났어요. 우리는 죽이 잘 맞았고, 그녀는 정말로 훌륭한 분이에요.

당신이 다른 배우들에게 하는 것과 다르게 그녀에게는 시나리오 리딩을 시키지 않았군요.

안 했어요. 전혀요.

그럼 그 역할은 순전히 대화를 바탕으로……

맞아요. 그냥 만나서 보고 느낌을 얻은 것으로 끝이었어요.

해리 맥나이트 형사를 연기하는 로버트 포스터는 거의 카메오처럼 비교적 짧게 등장합니다. 파일럿이 영화화되는 과정에서 바뀐 건가요?

맞아요.

수사와 관련한 전체 스토리 라인이 있었나요?

으음, 중요한 것은, 그 시점에서는 무슨 일이 벌어질지조차 모르는 상황이었어요. 나는 로버트 포스터를 늘 좋아했고, 그는 존재감이 강렬해요. 딱 그 한 신만 나오기는 했지만 나는 그의 존재감이 영화 내내 지속된다고 봐요. 형사들 얘기가 나왔을 때 배우 중에 그가 제일 먼저 나섰어요.

작품을 수정할 수밖에 없어서 그를 스토리에서 들어내야 했던 것이 다소 아쉬운가요?

음, 그는 나중에 멋진 신을 연기했어요. 그런데 그 신이 영화에 잘 녹아들지 못했죠. 하지만 그와 파트너(돔가드 형사 역의 브렌트 브리스코)는 굉장한 연기를 펼쳤어요.

파일럿과 최종 장편 영화 버전 사이에 가장 크게 달라진 점은 뭔가요?

와우, 그건 완전히 새로운 사태였어요. 장편에서는 전에 사라졌던 많은 걸 활용했어요. 하지만 그런 것들을 다른 시각에서 봤죠. 나중에 찾아온 아이디어, 즉 그걸 장편으로 아우른다는 생각은 나한테는 황금 같은 아이디어였어요. 하늘이 준 선물과 같았죠. 자연스레 그렇게 된 것인지도 몰랐고, 무슨 일이 일어날지도 몰랐고, 그걸 장편으로 만들어낸다는 아이디어도 없었어요. 하나도 없었죠. 그러던 어느 날 저녁 6시 30분에 자리에 앉았는데 7시 정각에 아이디어들이 모습을 드러냈어요.

당신은 그 초반 상황을 일종의 패닉이라고 특징지었습니다.

패닉이었지만 차분한 패닉이었어요. 완전히 정신 나간 패닉이 아니라 차분한 패닉이요. 왜냐하면 그걸 장편으로 탈바꿈시킬 기회를 나한테 주려고 사람들이 큰돈을 지출하고 있었으니까요.

새로운 계약이 그 시점에서 체결됐기 때문이죠.

맞아요. 계약을 체결하고 2주쯤 후에 아이디어들이 찾아왔어요. 아니, 아니에요. 내 기억에, 아이디어들은 최종 계약 조건이 정해지기 전에 찾아왔어요. 조건이 정해지지 않은 때였고 나는 이 작품을 중단해야 마땅하지 않나 하는 의구심을 갖고 있었죠.

그건 어떤 면에서는 고기잡이라는 당신의 오랜 메타포를 제시한다고 봅니다.

다시 그런 일이 생긴 거죠.

그래요. 어떤 것에 대한 욕망이 생겼다고 해서 그게 곧 원하는 걸 갖게 된다는 뜻은 아닐 거예요. 하지만 어떤 것에 대한 욕망을 품지 않으면 자기가 뭘 원하는지조차 알 수가 없어요. 따라서 자기가 원하는 게 무엇인지를 개괄적인 수준에서 알고 있어야 해요. 그러면 그에 대한 욕망이 생기고, 그런 다음에 그 욕망은 아이디어의 바다에서 아이디어를 끌어올릴 거예요.

그것에 대해 더 듣고 싶습니다. 욕망은, 특히 다이앤 셀윈의 욕망은 〈멀홀랜드 드라이브〉에서 대단히 중요하니까요. 그리고 당신이 그 영화를 위해 내건 작은 캐치프레이즈인 '꿈의 도시에서 벌어지는 러브 스토리'하고도 관련 있고요. 따라서 욕망과 꿈은 중요한 듯 보입니다.

그런데 모든 배우는 남녀를 막론하고 거대한―음, 유독 욕망이 큰 배우도 있으니까 상대적이기는 하지만― 욕망을 갖고 있어요. 욕망이 있기 때문에 자기 일과 행동을 할 수 있죠. 그런데 살아가면서 일어날 수 있는 모든 가능성이 그 욕망의 일부를 에워싸고 있어요. 자신이 좋아하는 일에서 성공을 거둘 경우에는요. 따라서 그건 끝내주는 도박이죠. 온갖 꿈과 욕망이 가득 채워진 도박이요. 다만 배우들의 삶은 운명의 작동을 제대로 볼 수 있는 삶이에요. 그 배우의 운명에 그런 황금 반지를 얻는 게 들어 있지 않다면 그런 일은 일어나지 않을 거예요. 그들은 재능과 타고난 외모를 쏟아부을 수도 있지만, 그런다고 성공을 거두는 것은 아니에요. 우리는 왜 그런지 이유를 가늠조차 할 수 없어요.

다이앤 셀윈의 이야기는, 그녀의 엔딩이 사실상 자살이라고 보면, 거기에 이르기까지 고통스럽고 우여곡절이 많습니다. 그리고 그녀의 꿈들은 험한 엔딩으로 다가옵니다. 반면, 당신은 꿈을 긍정적인 필수품이라고 말한 적이 있죠. 언젠가 〈빌리지 보이스〉에 이 영화에 대해 다음과 같이 말했듯이 말입니다. "엔딩들은 끔찍합니다. 엄청나게 아름다울 수도 있지만, 거기에 꿈을 꿀 여지가 남아 있을 경우에만 그렇습니다."

맞아요.

따라서 다르게 보면, 꿈은 아이디어를 얻는 데 긍정적인 요소를 갖고 있지만 한편으로는 굉장히······

나쁘게 살 수 있죠. 으음, 꿈이 상황을 안 좋게 만드는 게 아니에요. 나는 절망과 모든 부정적인 것(시기심, 그리고 고통스럽고 부정적인 것들 다)들 때문에 사람들이 별로 좋지 않은 일을 하게 될 수 있다고 생각해요. 그런 일을 하고 나면 그 결과에 시달리고, 그런 후에는 그 결과가 흉한 꿈처럼 증식할 수 있어요.

영화가 끝날 때 아이린과 그녀의 반려자가 파란 상자에서 나오는 것처럼 말이군요. 작게 시작된 일들이 끝날 무렵에는 제법 커지죠.

맞아요.

〈멀홀랜드 드라이브〉에서는 영화 제작 과정의 괴상함을 상세히 묘사하는 다른 영화 두 편이 진행됩니다. 하나는 월리 브라운의 멜로드라마로, 베티는 상당히 구닥다리로 보이는 그 영화에 출연하려고 오디션을 봅니다. 그러고는 애덤 케셔가 제작 통제권을 유지하려고 분투하면서 진행시키려 하는 영화가 있습니다. 그는 통제권을 잡지 못하고 굴복해야 하지만 말입니다. 당신이 최종 결과물을 얻기 위해 거쳐야 했던 고통스러운 과정을 생각했을 때, 이 영화의 그런 부분들에 만족하는 편인가요?

아뇨, 내 입장에서 그것들은 별개예요. 그게 그런 식이라면 나도 그렇다고 말할 테지만, 그렇지 않아요. 하지만 사람들이 그걸 어떻게 볼 수 있을지는 나도 알아요. 나는 애덤이 겪은 시련과 다른 부분에 공감할 수 있지만, 내가 보기에 그건 호흡이 잘 맞지 않는 사람들과 함께했기 때문에 생긴 일이에요. 따라서 일이 내가 거쳐온 길처럼 풀린 건 정말로 근사한 축복이에요.

케셔가 카우보이를 만나는 신을 보면서, 우리의 지난 대화에서 당신이 한 말을 떠올리지 않을 수 없었습니다. 〈사구〉 이후에 느낀 고통스러운 기분에 대해 당신은 '울타리에 갇힌' 기분이었다고 말했죠. 이 신은 그에 대한 말장난 같습니다. 케셔는 자신이 비치우드 캐년에서 말 그대로 울타리에 갇힌 신세라는 것을 알게 되니까요. 그보다 앞서 카스티글리아네가 그에게 싸늘한 어조로 "그건 더 이상 당신 영화가 아니에요"라고 말하기도 했고요. 그런 의미에서 이 시나리오는 당신 입장에서 직접 경험한 것을 상당히 많이 담아낸 게 분명합니다.

맞아요. 내가 말했듯이 그의 심정에 공감이 가요. 그리고 나는 울타리corral, 소나 말을 가두는 울타리 비유를 많이 쓰죠. 그다지 많은 제약이 없다는 의미로는 넓은 울타리를 쓰고, 제약이 더 많고 움직일 여지가 적은 경우엔 좁은 울타리라는 비유를 쓰죠. 울타리는 제약이고 제약은 대개가 부정적이지만 가끔은 제약 안에서 아주 좋은 것들이 생겨날 수 있어요.

당신은 이 작품을 텔레비전용으로 처음 구상했을 때 여러 제약을 받았습니다. 프로젝트의 규모를 달리해야 했는데도 그런 제약들이 실제로 성과가 있었나요?

모든 게 성과가 있었어요. 작업 내내 성공적이었는지는 나도 모르겠어요. 이 프로젝트가 오픈 엔딩 파일럿에서 출발했기 때문에(이 얘기를 전에도 너무 많이 해서 미안합니다만) 나는 그걸 특정한 방식으로 생각했어요. 영화를 찍는 것이기는 했지만 적어도 두 가지 방식을 생각하고 있었죠. 즉 순전히 영화만이 아니라 텔레비전 스크린을 염두에 두면서—16:9 영상비^{aspect ratio}로 찍고 있었으므로— 와이드 스크린도 감안을 했어요. 텔레비전 미디어에서는 이어지는 스토리로 작업하고 있다는 걸 나도 알아요. 텔레비전에서 이건 파일럿이고 오픈 엔딩이니까요. 그런데 갑자기 그 파일럿이 등장하자마자 살해당한 거예요. 내 입장에서는 시체를 보고 있는 것 같았어요. 그 사람이 죽었다는 걸 수긍했는데 가까이서 살펴보니까 조금이나마 숨이 붙어 있는 거예요. 환상적이었죠. 그 시체는 목숨을 다른 형식으로나마 되찾았고, 이제 장편 영화가 됐어요. 오픈 엔딩에서 클로즈드 엔딩 장편으로 변신하는 데 필요한 아이디어들은 특별한 종류의 아이디어들이에요. 오픈 엔딩 스토리로 되돌아가서 연결이 돼야 하고, 동시에 결론으로 귀결돼야 하죠. 그런 일들을 모두 해내는 아이디어들이 있어야 해요. 처음부터 장편 형식으로 작업하고 있었다면 그 아이디어들은 필요치 않았을 거예요. 따라서 그건 심리적인 트릭이에요. 나는 그런 심리적인 트릭들이 때로 좋은 결과로 이어질 수 있다고 생각합니다. 초현실주의자들이 스스로를 속이려고 시도하던 방식에 대해 전에도 얘기한 적이 있어요. 그들은 허공에 무작위로 단어들을 던지고는 그것들이 떨어지는 방식을 지켜봤어요. 그런 무작위적인 행위에서 무언가를 도출할 수 있을지, 창작을 위한 새로운 방향이나 새로운 것으로 이어질 수 있는지 살펴봤죠. 그런 것들은 연습 삼아 하기에 좋아요. 이건 연습 삼아 시작한 일이 아니었지만, 그런 식으로(심리적인 트릭으로) 귀결된 거죠.

거기에 흥미로운 연관성이 있습니다. 당신이 생명을 되찾은 시체를 언급할 때 다이앤 셸윈의 침대에 있던 그 시체는 실제로 갖가지 프로젝트와 꿈, 욕망의 근원이 되기 때문입니다. 따라서 그건 결국에는 실제로 죽은 시체가 아닙니다.

으음, 그건…… (긴 침묵) 당신은…… 만약 당신이…… (긴 침묵) 당신이 해야 할 건……

답하기 힘든 질문을 했군요.

아니에요. 말을 너무 많이 하고 싶지는 않아요. (침묵) 잘 살펴보면…… 그게 어디 있는지 보일 거예요. 그러고는 이어지는 것이 여러 가지로 의미가 통할 거예요.

이에 대해 내가 생각했던 방식은 이겁니다. 당신은 좋아하는 영화 중 하나로 〈선셋 대로〉를 자주 언급했습니다. 〈이레이저 헤드〉를 만들 당시 모두가 그 영화를 감상하도록 했고요. 나는 그 두 영화 간의 유사성이 무척 인상적이었습니다. 이 영화에 내레이션을 하는 시체는 등장하지 않지만, 〈선셋 대로〉에서와 마찬가지로 일련의 꿈결 같은 사건들이나 기억의 시발점으로 보이는 시체가 나옵니다. 그 점이 빌리 와일더의 설정과 무척 많이 닮았다는 인상을 받았습니다.

그런 생각은 한 번도 해본 적이 없어요. 〈멀홀랜드 드라이브〉에는 선셋 대로의 거리 표지판이 나오고, 파라마운트 촬영장에는 〈선셋 대로〉에 등장했던 차가 있어요. 50년 가까이 지났는데도 그 차는 와일더의 영화에 등장했던 그 자리에 있죠. 누군가 그걸 알아봐주느냐 않느냐는 중요하지 않지만, 그건 영화의 세계가 그런 것들과 어떻게 연관됐는지를, 그리고 영화 속 세계가 우리가 사는 세계만큼이나 활기 있다는 것을 보여줍니다.

그 신에 정말로 강한 인상을 받았습니다. 〈선셋 대로〉를 다시 봤으니까요. 그런데 〈멀홀랜드 드라이브〉에는 연철 게이트와 아치형 입구 등 모든 게 똑같이 나오지만 '파라마운트 픽처스'는 등장하지 않습니다.

맞아요. 그걸 보여주면 안 됐으니까요. 스튜디오는 내가 그걸 보여주게 놔두지 않았어요. 그게 우리네 인생의 많은 부조리 중 하나예요. 나는 부조리를 사랑한다고 늘 말하는데, 거기에 또 다른 부조리가 있었어요.

그런 관련성이 노마 데스먼드와 베티 사이에 유사점이 있음을 시사하나요?

글쎄요. 두 사람은 모두 배우고, 둘 다……. 그들은 전혀 달라요. 하지만 둘 다 연기의 부정적인 측면들을 경험하고 있죠.

맞는 말입니다. 노마 데스먼드는 창조적인 모습을 보여주려고 젊은 시절로 돌아가고 싶어 합니다. 다만 그녀는……

그녀는 자신이 여전히 젊음을 갖고 있다고 생각해요. 하지만 그건 심리적인 트릭이에요. 우리 모두는 그런 트릭을 이런저런 단계에 걸쳐 쓰고 있어요. 누군가를 보거나 어떤 사람들이 하는 소리를 듣고는 말하죠. "이 사람은 미쳤군. 꿈의 세계에 살고 있어. 세상은 그들이 생각하는 그런 방식으로 돌아가지 않아." 그러다 거울을 들여다보고는 자신이 그런 사람들하고 똑같은 방식으로 살고 있진 않은가 의심하죠. 우리 모두는 그렇게 살아요. 그래야만 하니까요. 살아남아야 하니까요. 우리는 무엇인가에 계속 의지해야 해요. 그러지 못하면 우리는 때로 산산조각 나버릴 거예요.

베티 내면의 페르소나, 즉 다이앤 셀윈의 두 번째 페르소나일 법한 그것은 그런 의미에서 중요하군요. 노마의 경우에서처럼, 일관성이 있다는 의미에서요.

그래요.

그 외에도 인상적인 게 있었습니다. 영화를 꼼꼼히 살펴봤거든요. 아마 당신도 기억할 텐데, 노마 데스먼드의 허물어져가는 맨션 전체는 그녀의 이미지가 많이 배어 있습니다.

그 맨션은 아름다워요. 허물어져가는 정도까지는 아니에요.

영화에서 우리가 받는 느낌은 그 저택이 간신히……

으음, 맞아요. 외부의 일부는 허물어지고 있죠. 하지만 내부는, 내가 보기에 꽤 견고해요.

비슷하게, 〈멀홀랜드 드라이브〉에서 베티/다이앤의 새로운 버전들이 계속 등장하는 것은 인상적입니다. 윙키스의 웨이트리스가 있고, 금발에 약간 닮은 핑크스의 매춘부가 있고, 금발 가발을 쓰면서 베티하고 아주 흡사한 외모로 순식간에 변신하는 리타가 있죠. 이 두 배우에게 강한 인상을 받았습니다. 그들은 각자 다양한 이미지들을……

연기자들 입장에서는 그게 자신의 삶이에요. 다른 사람 모습을 띠는 것이요. 따라서 그 세계는, 영화는 이런 일들이 자연스러운 곳이죠. 현실이건 상상이건, 여기건 저기건 말이에요. 그들은 모두 다른 사람들이에요.

베티가 리타의 외모를 꾸며주는 장면에는, 〈현기증〉에서처럼, 히치콕 영화의 한 장면 같은 느낌이 있습니다. 그 장면에서 당신은 어떤 사람을 당신이 원하는 존재로 재창조합니다. 어떤 면에서는 당신이 오리지널을 상실했기 때문에 말이죠. 베티가 리타를 자신처럼 보이게끔 만드는 것이 굉장히 놀라웠습니다. 그런데 그 신은 스코티가 주디 바턴을 매들린 엘스터로 변신시켜서 잃어버린 것을 되찾으려는 욕망과 다르지 않습니다. 이 설명이 일리가 있다고 보나요?

그럼요.

그 문제에 대해 다른 주장을 하고 싶나요?

아뇨.

(웃음) 영화 첫 부분에 등장하는 댄싱 몽타주에서는 놀라운 에너지가 느껴지는데, 뒤이어 대단히 흥미로운 시퀀스가 등장합니다. 다이앤 셀윈의 침실 바닥을 찍은 숏이 그녀의 베개를 내려다보는 트래킹 숏으로 이어지고, 달리 인 dolly-in으로 베개 속에 내리꽂히죠. 이 모든 것에서 이 영화 전편이 어떤 순환 circularity 구조를 갖게 될 거라는 것을 알 수 있습니다. 이야기의 끝에 이르면 다시 침대에 있는 그녀가 등장하고 그녀는 총으로 자살하죠. 이는 일종의 원circle 인데, 영화의 모든 요소를 하나로 엮는 게 필요하다고 본 건가요?

모든 걸 한데 엮으려 한 게 아니에요. 이야기를 들려주려는 거죠.

댄싱 장면에는 무슨 일이 벌어지는지를 이해하는 데 중요한 요소가 있고, 크레디트가 올라가기 직전에도 상황을 이해하는 데 도움이 되기 때문에 사람들이 마땅히 보고 기억해야 할 중요한 단서들이 있는 거죠.

그 장면에서는 댄서들처럼 같은 인물 여럿이 오른쪽, 왼쪽, 가운데로 복제되고, 크고 작은 버전들로도 등장하잖아요. 그것도 그런 단서들에 속하나요?
아뇨. 그건 내가 말하고 있는 것들이 아니에요.

두 가지 정도 알려줄 수 있나요?
아뇨.(엷은 미소) 크레디트가 등장하기 전의 상황을 잘 살펴보세요. 그러면 두 가지 단서가 보일 거예요.

알겠습니다. 앞서 순환성을 지적했는데요, 〈로스트 하이웨이〉에도 유사한 원이 있다는 게 떠올랐거든요. 거기서 "딕 로렌트가 죽었다"는 메시지가 (빌 풀먼이 연기하는 프레드 매디슨 캐릭터에게) 인터폰으로 전해지는데, 이 메시지는 그가 모든 일을 다시 겪을 수도 있음을 시사합니다. 다이앤이 그녀 자신의 욕망 때문에, 죽은 것처럼 보이지만 다시 덜컹거리면서 살아날 수 있는 욕망 때문에 절망한 거라면, 그러면 이 영화도, 꿈이 그렇듯 원을 그릴 가능성이 있어 보입니다.
모든 영화가 그럴 수 있어요. 그리고 재즈에서처럼 주제를 변주하는 게 가능하죠. 한 멜로디로 시작하지만 그 뒤에는 모든 종류의 가능성이 있어요. 그런데 장편 영화는 형식이 한 가지예요. 그 형식을 갖고 원하는 연주를 할 수 있다고 하더라도, 실현되지 않은 나머지 가능성은 모두 폐기되고 말죠.

시각적인 부분들에 대해 얘기할 것이 많습니다. 컬러 얘기부터 해볼까요. 늘 그렇듯 이 영화도 팔레트의 컬러가 풍성합니다만, 나는 루스 아주머니의 낡은 할리우드 아파트에 나타나는 따스한 브라운과 그린, 옐로에 깊은 인상을 받았습니다. 그 컬러는 이 영화 속 다른 환경들과는 확연히 차이가 납니다. 거의 자연이나 다름없는 느낌으로, 루스 아주머니가 대표한다고 할 수 있는 안전한 느낌을 줍니다. 그 따스한 컬러들로 어떤 것을 의도한 건가요?

당신이 말했듯 그곳은 안전하게 느껴지기 때문에 많은 일이 일어날 수 있고 특정 유형의 일들이 일어날 수 있어요. 게다가 뜰에 둘러싸여 있기 때문에 한결 더 보호된 곳이고요. 리타와 베티 같은 캐릭터들이 거기서 그런 느낌을 받죠.

이 영화를 관통하는, 곳곳에 등장하는 다른 강렬한 컬러들—핑크, 레드, 블루—도 있습니다. 예를 들어, 핑크는 베티의 스웨터에, 케셔가 아내의 장신구에 쏟는 페인트 등에 등장하죠. 그런 색채 설계는 어떻게 나온 건가요?

영화에 등장하는 모든 요소는 아이디어에 기초한 거예요. 영화 전체를 단번에 하나의 아이디어로 얻을 수 있다면, 영화를 머릿속에서 처음부터 끝까지 감상할 수 있겠죠. 그런데 안타깝게도 아이디어들은 단편적으로 떠올라요. 하지만 그 조각 하나하나는 그 자체로 충만하고, 그게 찾아오면 마음에서 작동을 하죠. 불꽃이 튀듯 빠르게 찾아와서는 그 빛이 진정된 후에 모습을 드러내요. 그런 게 아이디어입니다. 그리고 나는 알게 되죠. 아이디어는 너무나 빠르게 플레이되지만, 그게 맞는 속도예요. 그냥 알아요. 그냥 아는 거죠, 거기 있다는 걸. 1000분의 1초 전까지도 없었던 것이 불꽃이 튀고는 알게 돼요. 그러면 이제 할 일은 그 아이디어들을 쭉 갖고 가는 거죠. 아이디어들을 필름으로 옮기면서 계속 거기에 충실한 것이 요령일 겁니다. 그만큼 단순한 일이에요.

그런 아이디어들이 찾아왔을 때 핑크 컬러는 어떻게 모습을 드러냈나요?

핑크에 대한 의식적인 생각은 없었어요. 그런데 이 영화에 핑크스라는 장소가 있어서 그 신은 핑크 컬러로 완성이 된 거죠. 베티의 블라우스는 우연히 일어난 일이라고 볼 수 있어요. 어쩌다 그걸 택하게 됐는지 기억이 안 나네요. 얘기된 옷이 많았어요. 그러다…….(침묵) 그건 그냥 의상 영역에서 그렇게 된 거예요. 뭔가 진짜로 잘못되면 우리는 그걸 곧장 알아차리거든요. 그런데 의상은 중요해서, 그 영역에서 놀라운 일이 벌어지는 걸 꽤 즐기는 편입니다. 사람들의 외모에서 창작의 연료를 많이 얻기도 하고요. 나는 페니 노리스(린치의 영화 대여섯 편을 작업한 의상 디자이너) 같은 사람들과 함께 작업해왔는데, 그들은 처음부터 작품에 잘 녹아들면서 환상적인 것들을 가지고 왔어요.

〈멀홀랜드 드라이브〉를 만드는 과정에서 특별히 놀란 일이 있었나요?

글쎄요, 어디 볼까요. 경악을 말하는 건가요, 기분 좋은 놀람을 말하는 건가요? 모두 기분 좋은 놀람이었던 것 같아요. 예를 들어 실제 앤 밀러는 옷을 격식에 맞게 차려입는 것을 좋아해요. 그래서 코코는 그녀에게 맞는 완벽한 캐릭터였어요. 외모도 아주 멋졌고 그녀의 세계에 너무도 근사하게 어울렸죠. 의상은 캐릭터와 궁합이 잘 맞아야 해요. 캐릭터를 거스르는 쪽으로 가면 안 되는데, 그것들도 모두 아이디어에서 나왔어요. 의상이 캐릭터와 궁합이 잘 맞으면 만족스럽게 작업을 진행할 수 있어요.

이 영화의 카메라 워크는, 내 기억이 맞다면 당신의 이전 영화들에 비해 무빙 숏이 더 많아 보였습니다.

맞아요. 아마 그럴 거예요. 우리는 '떠다니는floating' 카메라라고 부르는 스타일에 몰두했어요. 윙키스의 신(댄과 허브가 꿈에 대해 이야기하는 신)에서 그 스타일은 꽤 중요했죠. 그리고 역시 아이디어에 기초해서, 이 떠다니는 카메라는 공포에 기여했어요.

카메라는 종종 자체적인 마음을 가진 것처럼 느껴집니다.

맞아요. 카메라는 제3의 인물이에요.

또 하나 감지한 게 있습니다. 비슷한 듯 약간 다른 건데, 무빙 카메라가 제3의 관점이나 시점과 결합했다가 분리되는 순간들이 있습니다.

예를 들어 어떤 건가요?

베티가 아파트 거실에서 루스 아주머니와 통화할 때, 카메라는 그녀가 소파에 누워 있는 것을 보여줍니다. 그러다 통화하는 그녀를 남겨두고 그곳을 벗어나 복도를 따라가서 침실 문으로 향합니다. 그런데 기이하게도, 카메라가 문에 도착하면 베티가 떡하니 거기에 있죠. 어찌 보면 카메라와 결합된 것처럼……

정확히 맞는 말이에요.

그렇게 카메라는 캐릭터들과 떨어졌다가 굉장히 흥미로운 방식으로 그들과 재결합합니다. 그리고 그와 비슷한 다른 순간들도 이 영화에서 볼 수 있습니다.

있잖아요, 영화의 상당 부분은 액션과 리액션이에요. 액션이 있으면 그에 대한 리액션이 있죠. 그러면서 여러 가지를 배우게 되고, 영화의 상당 부분은 실험이라는 것을 알게 돼요. 감독은 실험을 하는 동시에 원래의 아이디어들에 계속 충실하고요. 실험을 하는 이유는 황금 같은 가능성을 포착 못 하고 지나가지 않기 위해서예요. 모든 리허설은 일종의 실험이고, 편집 과정에서도 많은 실험이 이루어져요. 모든 단계와 요소에는 적확한 느낌을 얻기 위한 실험적인 요소가 있어요. 영화 작업은 그렇게 진행됩니다.

내 생각에 당신이 그 카메라 테크닉을 적확하게 느낀 이유는 그것이 클럽 실렌시오의 공연과 유사하기 때문입니다. 그곳에서는 가수나 연주자들이 노래를 부르거나 악기를 연주하다가 갑자기 중단해도 공연은 계속되죠. 거기에는 기술이나 도구와 그에 결부된 사람 사이의 괴리가 있는 듯합니다. 그러니 주변 상황은 자발적으로 진행될 수 있죠. 따라서 카메라 워크는 마술사가 등장하는 신에서 너무나도 강렬하게 도출된 주제를 반영합니다. 이 생각이 적절한가요?

적절해요. 하지만 감독이 제멋대로 "오케이, 우리는 이 한 가지를 염두에 두고 이 장면을 찍을 거예요"라고 말하면 상황을 죽이거나 훼손할지도 몰라요. 따라서 자기 마음대로 "무언가 등장할 것이기 때문에, 또는 우리 주제가 그러라고 하기 때문에 이렇게 할 겁니다"라고 말할 수는 없어요. 그건 독단적으로 기존의 것을 새로운 것으로 덮어버리고는 엉뚱한 장소로 가게 되는, 잘못된 일입니다. 우리는 각각의 신을 하나씩 하나씩 진행하면서 원래의 아이디어를 꾸준히 확인해봐야 해요. 이 얘기도 전에 한 적이 있는데, 아이디어를 씨앗과 같다고 보면, 씨앗 안에 나무 전체가 들어 있어요. 그런데 씨앗을 갖고 비생산적인 짓을 한다면 그렇게 자란 나무는 괴상한 나무가 돼버려서, 진짜로 원했던 나무가 아니겠죠. 따라서 감독이 그 씨앗에 계속 정성을 다한다면 좋은 나무를 얻게 될 가능성이 있어요. 좋은 나무를 얻게 되면 그 나무는 사람들한테 나무로서 가치를 인정받게 될 거고, 사람들은 각자 그 나무에서 무엇인가를, 적합한 것을 얻을 겁니다. 그런데 그 씨앗을 갖고 줏대 없이 이렇게 저렇게 주무르기만 하면 사람들은 잘못된 나무의 냄새를 맡으면서 그 나무의 가치를 인정하지 않을 거예요.

그렇다면 아이디어를 갖고 작업하는 것은 주제를 갖고 작업하는 거랑 다른 거로군요.

일련의 아이디어에서 주제를 발견한다면 그런대로 나쁘지 않아요. 그런데 주제를 먼저 취해놓고 "이 주제로 영화를 만들 거야"라고 하는 것은, 내가 보기에는 역방향으로 작업하는 거예요.

음악에 대해 묻고 싶습니다. 라틴계 가수 레베카 델 리오가 로이 오비슨의 〈크라잉〉을 매혹적인 스페인어 버전으로 직접 부릅니다. 그녀는 어떻게 이 영화에 참여하게 됐나요?

행복한 우연 덕에요. 내 음악 에이전트인 브라이언 룩스라는 친구가 있거든요. 나는 레코딩 스튜디오도 갖고 있고 음악을 사랑해요. 내가 늘 말하듯 안젤로(바달라멘티)는 나를 음악의 세계로 제대로 이끌어준 고마운 사람이고 그 사람 덕에 음악의 세계에 어느 수준까지 갈 수 있었어요. 브라이언은 가끔 전화를 걸어와서 내가 만나보면 좋을 것 같은 사람들을 추천해줘요. 함께 프로젝트를 진행하기도 하고요. 그때도 그가 전화를 해서는 진짜 훌륭한 사람이 있으니 내가 만나봤으면 한다고 했고, 그렇게 그들이 우리 집에 왔어요. 내가 그랬죠. "레베카, 부스에 들어가서 마이크에 대고 노래해보지 않을래요?" 그녀는 "좋아요" 하고 부스에 들어가서 우리가 영화에 쓴 바로 그 트랙을 불렀어요. 그녀가 부르기 전까지만 해도 레베카 델 리오나의 그 노래를 영화에 넣겠다는 생각은 전혀 못 했어요. 그런데 노래가 너무 아름다워서 고려해보기 시작했고 그렇게 해서 그 노래가 클럽 실렌시오에 들어갔죠. 때로는 그런 식으로 아이디어가 다른 아이디어로 이어져요. 그래서 그건 행복한 우연이었어요.

그러니까 스페인어는 원래는 중요한 요소로 기획된 게 아니고……

음, 있죠, 다른 행복한 우연도 있었어요. 로라 해링은 혈통의 절반이 스페인계이고 LA 인구 절반은 스페인계 사람들이에요. 그런 만큼 스페인적인 요소가 이 영화에 나름의 방식으로 스며들었어요. 그냥 그렇게 된 거죠. 말로 통하는 느낌이 있고, 많은 경우, 말로는 이해 못 해도 그런 느낌이 들 때가 있잖아요. 기이한 방식으로, 말이 아니라도 훨씬 나은 느낌이 들 때도 있고요. 느낌, 또는 미스터리, 아니면 그냥 사건이라고 할 수 있죠.

평론가들은 이 영화를 엄청나게 좋아합니다. 그런데 이 영화를 좋아하는 사람들조차 이 영화에는 설명되지 않은 부분이 많다고, 감독도 그 의미를 절대 모를 거라고 했습니다. 내 경우에는—나는 이 영화를 세 번 봤습니다— 전혀 그렇지 않습니다. 처음 봤을 땐 황홀했습니다. 내가 본 모든 것에 대해 확신이 서지 않았고, 그러면서 감정적으로 또 시각적으로 깊은 인상을 준다는 건 알았지만

그것들이 어떻게 어우러지는지는 알지 못했죠. 두 번째로 봤을 땐 일종의 지적 흥분을 맛보았습니다. 그 조각들이 제자리에 맞아 들어가는 게 보였거든요. 그걸 보고 나서 세 번째로 보니 영화가 더 잘 와 닿았습니다. 당신은 관객들이 당신 영화들을 재관람할 가능성을 염두에 두나요?

사람들이 영화 속 세계가 무척이나 마음에 들어서 그 세계로 돌아가 다시 있고 싶어 한다면 그건 아름다운 세상일 거예요. 내게는 〈선셋 대로〉 같은 영화가 그래요. 우리 모두 각자 좋아하는 영화가 있죠. 그게 나한테는 찾아가고 또 찾아가고 싶은 세계예요. 나는 실제처럼 보이는 그 세계 안에 있는 걸 즐겨요. 나는 우리가 어떤 영화를 철저하게 설명하기 위해서 그 영화에 의존하는 경우가 많다고 생각해요. 그리고 우리 중 일부는 정확히 말하면 잠들어 있는 게 아니에요. 그렇지만 고양되지 않은 상태이기는 해요. 우리는 중요한 실마리들이 거기에 있을 수 있다는 걸 깨닫지 못해요. 괴상한 시각에서 보면 그건 일종의 게으름이에요. 영화를 감상하는 것이 일이 돼서는 안 되지만요. 그런데 영화에 몰두하는 깊이는 달라요. 그래서 내가 무척 흥미롭게 생각하는 것은, 특정한 상황에 관심을 기울여야 마땅하다는 사실을 인식하지 못했다는 순전히 그 이유로 사람들이 그 상황을 처음 접했을 때는 놓치는 게 많다는 거죠. 그리고 내 생각에 직감은 영화를 감상할 때 작동합니다. 모든 영화에는 단서들이 아주 많아서 우리는 그냥 그런 단서들을 줍기만 하면 돼요. 따라서 관객은 상황을 감지하고는 어떤 일이 벌어지고 있는지를 내면에서 알게 되죠. 그렇다 해도 이런저런 것들을 놓칠 수 있지만, 직감은 대단히 많은 것으로 연결되는 열쇠라고 생각해요.

다음 장편이 될 작품에 대한 아이디어가 있나요?

실마리가 전혀 없네요. 지금은 인터넷을 작업하는 중이에요.

당신은 davidlynch.com을 열고 운영할 마감일을 11월 16일로 잡았는데요.

(고개를 끄덕이며) 그때 열고 운영해야죠. 그렇게 되기를 바랍니다.

무슨 작업이건 그 이후에야 되겠군요.

그렇죠. 아이디어들이 있어야 하는데, 자리에 앉아서 생각을 할 시간이 없네요……. 그러려는 욕망은 있는데, 그리고 몇 가지 아이디어가 있었긴 한데……. 항상 그런 식으로 작업해요. 그게 바로 그 아이디어인지 아닌지는 나도 몰라요.

로라 던이 말하는 린치

존 에스터 — 2006

작가 겸 감독 데이비드 린치의 〈인랜드 엠파이어〉는 〈블루 벨벳〉 이후 그의 최고작으로서 2006년의 가장 논쟁적인 영화가 될 가능성이 크다. 러닝타임 179분 동안 라임rhyme은 많지만 (긍정적인 관점에서) 논리reason는 거의 없는 〈인랜드 엠파이어〉는 상상 가능한 모든 할리우드식 비유가 틀렸음을 밝힌다.

주된 플롯은 니키 그레이스(로라 던)에 초점을 맞춘다. 부유한 가정의 부인이자 배우인 니키는 신작 영화의 수전 블루 역을 막 따냈다. 니키와 연기하는 데본 버크(린치의 〈멀홀랜드 드라이브〉에서 젊은 영화감독을 연기했던 저스틴 서로)는 작품을 같이 하는 여배우들을 유혹하는 것으로 유명해서 말썽의 소지가 있다. 니키가 갈수록 점점 수전과 닮아가면서, 이 다면적인 영화 속 영화들은 우리 앞에 결

Greencine.com 2006년 10월 15일자에서.

코 단일한 경로를 제시해주지 않는다.

제러미 아이언스가 영화감독 킹슬리 스튜어트로 분했고 해리 딘 스탠턴이 그의 어시스턴트로, 나오미 와츠가 아주 이상한 시트콤 캐릭터로, 다이앤 래드가 토크쇼 호스트로, 윌리엄 머시가 아나운서로, 줄리아 오몬드가 살기 품은 아내로 분했다. 이 작품은 영화 초보 관객을 완전히 분노하게까지는 아니어도 아연실색하게 만드는, 감상하기 힘들지만 나름의 보상은 있는 영화다.

기자들이 자리를 가득 메운 가운데, 평소처럼 차분한 린치와 늘 그렇듯 사교적인 던은 바나나 크림 파이 한 조각이 놓인 테이블 앞에 앉아 이 영화에 대해 이야기했다.

기자 이 영화의 시나리오는 언제 쓰기 시작했나요?

로라가 등장하지 않는 신을 하나 썼어요. 그때는 그게 로라가 등장하는 중요한 신이 되리라는 걸 몰랐고, 독립된 신으로 촬영했죠. 어떻게 될지 전혀 모르는 상태에서 그 신을 계속 보면서 생각했어요. "잠깐만, 뭔가가 더 있어. 이 신에는 뭔가 있어." 그런 뒤에 아이디어가 하나 떠올라 또 한 신을 집필하고 촬영했어요. 다음으로 로라가 등장하지 않는 다른 아이디어가 생겨서 그걸 촬영했고요. 어떤 장면과 다른 장면이 (한데 묶일 수 있다고 하더라도) 어떻게 연결되는지는 알지 못했어요. 그러다 다섯 신인가 여섯 신을 작업했을 때 그 신들을 하나로 묶는 스토리가 떠오른 거죠. 그러면서 작업이 빨라졌어요. 더 많이 쓰고 또 썼고, 그 후로 더 전통적인 방식으로 촬영했어요. 하지만 처음에는 시간이 오래 걸렸어요. 기다렸다가 다른 신을, 기다렸다가 또 다른 신을 찍는 식이었죠.

기자 (첫 신은) 무엇이었나요?

그건 중요하지 않아요. 난 늘 이렇게 생각하거든요. 관객이 영화를 보다가 그 신이 등장하면 누군가가 (그는 던을 팔꿈치로 쿡 찔렀다) "이게 그 숏이야"라고 말할 거라고 말이죠. 그러면 영화 전체가 망가져요.

존 에스터(이하 에스터) 첫 질문에 이어지는 질문입니다. 시나리오가 완성됐다는 것을 어떻게 알게 되나요?

그런 순간이 있어요. 그림과 음악, 다른 작업에서도 그런 일이 일어나요. 전체적인 상황이 적절하다는 느낌과 함께 이제 끝났다는 느낌이 오는 순간이 있죠. 영화를 촬영할 때는 다음과 같은 단계들이 있어요. 감독은 전체를 잘 감당하게 되는 순간이 오면 작품이 완성됐다고 생각해요. 작업이 끝날 무렵, 감독은 전체 상황을 울타리 안에 몰아넣었다고 여기면서 시사회를 열고 사람들이 영화를 보러 옵니다. 그때 감독의 입에서 "잠깐만" 하는 소리가 나와요. 작품에 엄청난 문제점들이 있는 거죠. 그러면 돌아가서 꼼꼼하게 작업한 다음, 또 한 차례 시사회를 갖고 다시 꼼꼼하게 작업하고, 그러다 보면 그런 순간이 와요. 그러면 끝난 거예요. 작품 전반적으로 적절하다는 느낌을 받는 때가 온 거죠.

기자 데이비드, 내가 보기에 이 영화는 온갖 다른 방향으로 폭발합니다. 수평적으로, 수직적으로, 비대칭적인 방향으로 말이죠. 한편 이 영화에는 일상생활의 자연스러움도 존재합니다. 나는 그게 바로 이 영화의 구조라고 보는데요, 당신이 생각했던 게 그건가요?

아뇨. 내가 생각한 것은 아이디어들이에요. 아이디어가 찾아와서 나에게 모든 얘기를 들려줘요. 나는 그 아이디어를 영화로 옮길 수 있을 정도로, 또 그 아이디어에 계속 충실할 수 있을 정도로 이해를 합니다. 그러고서는 모두를 그 아이디어에 어울리게 조율하려고 애쓰면 그게 프로젝트를 움직이는 동력이 돼요. 감독이 아이디어에 충실하다 보면 아이디어들이 '화음'을 내고, 누군가 그 화음을 알아채요. 그리고 감독이 그 아이디어에 충실했다면, 그 화음도 참돼요. 내 말이 이해가 되나요? 내가 아이디어들에 충실했다면 나는 오래전에 만든 영화로 돌아가서 거기서 여러 다른 것들을 얻을 수 있어요. 내가 이 아이디어에 충실했기 때문에, 이 아이디어는 참돼요. 내 말뜻 알겠나요? 아이디어에 항상 충실하세요. 그게 정말로 중요해요.

기자 그건 얼마나 어려운가요?

그리 어렵지 않아요. 문제는 해이해지면 안 된다는 거예요. 모든 요소가 중요하니까요. 모든 요소는 감독이 그 요소를 붙들고 있는 동안에는 적절한 느낌을, 아이디어의 관점에서 적절한 느낌을 갖춰야 해요. 감독은 상황이 적절한 느낌을 풍길 때까지 작업해야 해요. 그렇게 하면 감독은 그날 치 작업을 다 한 거예요. 그러고는 이튿날 작업실에 가서 미완성 상태로 자신을 쳐다보고 있는 그 모든 작업을 하나하나 살피는 거죠. 감독은 자신이 확보하려는 모든 요소가 오리지널 아이디어를 바탕으로 한 적절한 느낌을 100퍼센트 갖추도록 해야 해요. 그게 감독이 할 일이에요.

기자 로라, 당신은 〈블루 벨벳〉과 〈광란의 사랑〉에서도 데이비드와 같이 작

업했습니다. 그때도 이런 특별한 작업 방식의 큰 차별점을 경험했나요?

로라 던(이하 던) 네. 데이비드의 독특한 방식에 충실하게 작업하는 건 분명 뭔가 달라요. 흥미롭게도, 그 무언가는 시나리오 없이 신^{scene}별로 작업하는 영역에는 존재하지 않아요. 디지털 영화를 작업하는 영역에는 그런 게 더 많이 존재해요. 그날 치 작업을 촬영하는 게 수월하고, 데이비드가 혼자서 촬영할 수 있는 데다, 카메라를 여기저기 옮겨가면서 신을 확보하는 게 수월하니까요. 이건 전통적인 35밀리 영화 촬영장에서는 전례가 없는 일인데요, 우리는 주어진 작업 시간인 열두 시간 중에 열 시간을 촬영을 하면서 보냈어요. 우리는 작업을 해야 했고, 그런 마음가짐으로 촬영을 시작하게 됐죠. 우리는 드문 호사를 누렸어요. 컷^{cut} 하는 일 없이 전체 신을 40분간 카메라로 촬영했으니까요. 그러면 배우들은 그 순간에 계속 집중할 수 있는 엄청난 자유를 갖게 돼요. 그 순간만 잠깐 집중해서 집중력을 유지하고, 촬영이 재개되면 다시 그 순간으로 돌아가 앞서 한 연기를 그대로 복제하는 것하고는 정반대되는 자유죠.(웃음)

그러다 그가 나한테 연기할 캐릭터 대여섯 개를 주는 상황을 맞았어요. 더없는 행복 그 자체였죠. 내가 평생토록 존경해온 분이 나한테 "이런 식으로 작업해봅시다. 당신은 각기 다른 이 사람들을, 또는 한 사람의 여러 측면을 탐구하게 될 거예요. 이제 가봅시다"라고 할 정도로 나를 신뢰하는 순간이 온다는 건 말이에요. 다른 감독들이 데이비드에게서 얻을 만한 지침 하나는 배우들하고 작업하는 영역에서 무척 큰 도움이 될 거라고 나는 생각해요. 그 지침은 바로 배우들이 용감하고 대담한 기분을 갖고 감독이 원하는 존재로 변신하리라 믿는 것, 그리고 감독이 원하는 훌륭한 수준의 연기를 펼칠 거라 믿는 것이에요. 배우들을 믿으세요. 그리고 감독은 그런 믿음을 꾸며낼 수 없어요. 데이비드는 그냥 배우들을 믿어요. 그는 자신이 뭘 원하는지 세세한 것까지 대단히 구체적으로 알아요. 그의 영화가 추상적이라서 사람들은 그가 배우에게 원하는 걸 모호하거나 이상하게 표현할 거라고 생각하겠지만, 그렇지 않아요.

기자 로라, 당신은 이 영화의 프로듀서입니다. 당신은 어느 쪽을 봤나요, 시나리오와 작가 중에?

던 이건 데이비드한테 해야 할 질문이군요. 나는 그 질문의 뜻에 맞춰서 답할 수가 없네요.

린치 나는 그 질문이 이해가 안 됩니다.

던 음, 배우로서 나는 늘 작가와 감독을 봐요. 내가 같이 일하는 사람이죠. 데이비드의 전화를 받고 작업실에 찾아갔어요. 시나리오는 필요 없었어요. 프로듀서로서 나는 3년간의 여정을 함께하자는 데이비드의 제안을 아주 자애로운 존중의 징표라고 생각해요.

기자 제러미 아이언스가 연기하는 캐릭터는 당신의 대리인 같은 존재인가요?

아뇨. 킹슬리 스튜어트는 그가 영국인이라는 아이디어에서 나왔어요. 그 캐릭터는 완전히 제러미 아이언스죠. 내 마음속에서는 제러미가 곧 그 사람이었기 때문에 제러미와 함께한 건 내게 아주 운 좋은 일이었어요.

기자 당신은 꽤 유명한 일본 배우 유키 나에를 영화에 캐스팅했습니다.

나에에 대해서는 아무리 칭찬해도 모자라요.

기자 그녀는 영어로 말하는데도 당신은 자막을 달았죠.

네. 그녀는 중요한 대사를 많이 했는데 악센트 때문에 많은 이들이 다 알아듣지를 못했어요. 그래서 자막을 다는 편이 나았어요.

기자 음악은 당신의 창작 과정에서 어떤 역할을 수행했나요?

음악은 어마어마하죠. 어마어마한 이유는 음악을 듣다가 아이디어를 얻을 때가 있기 때문이에요. 때로는 음악이나 무드에서 어떤 신이 곧바로 나와요. 음악은 창작욕을 자극하고 장면과 제대로 결합하기도 하죠. 음악은 마법 같은 요소예요.

기자 그런 특정한 음악이 있었나요?

영화에 나오는 모든 음악이 내가 영화 속 해당 장소들과 궁합이 잘 맞는다고 본 음악이에요. 많은 걸 시도해봤어요. 그 음악이 먹혀들지 않으면 감독은 그 사실을 인지하죠. 그러면 처음부터 다시 시작해야 해요.

에스터 이 영화를 만든 정치적인 의도는 무엇인가요?

정치적인 의도는 제로^{zero}예요. 대단히 정치적인 사람들이 있죠.(던이 자신도 그런 사람이라는 뜻으로 손을 번쩍 들었다.) 그런 사람들은 만사에서 정치를 볼 거예요. 이건 이 영화 나름의 세계고 관객은 그냥 이 세계에 들어갑니다. 추상적인 것들이 있으면 사람들은 그에 대해 다양한 해석과 생각을 갖게 돼요. 그런데 모든 영화가 다 마찬가지예요. 불이 꺼지고 커튼이 올라가서 우리가 다른 세계로 들어가는 것은 참 멋진 일이에요.

던 이 영화의 존재 자체가 정치적이에요. 사람들이 자기 목소리를 이용해서 원하는 바를 하는 건 드문 일이에요. 데이비드는 영화를 재정의redefine하려는 게 아니라 자신의 목소리를 정의하고 있어요. 우리에게는 그게 더 많이 필요하고요. 그래서 나는 이 작품이 대단히 정치적인 영화라고 생각해요.

기자 그럼 당신은 용감한 배우로군요.

던 오, 아니에요. 운이 좋다고 느낄 뿐이에요.

기자 당신의 오스카 캠페인에 대해 살짝 말해줄 수 있나요?

로라는 최소한 후보 지명을 받아야 마땅해요. 하지만 우리는 돈도 없고 거대 스튜디오도, 연줄도 없어요. 그래서 이런 아이디어를 냈어요. 아카데미 회원들은 쇼 비즈니스를 사랑하는 사람들이니까, 내가 젖소 한 마리하고 피아노 연주자와 함께 로라를 지지하는 표지판을 들고 거리로 나가는 거죠. 근사했어요. 그 캠페인 덕에 로라가 엄청난 연기를 펼치는 이 영화가 곧 개봉한다는 걸 사람들에게 알릴 수 있었죠.

기자 이 작품을 가능하게 만든 당신들 관계의 중요한 요소는 무엇인가요?

린치 순수한 사랑이요.

던 사랑이죠.

린치 진지하게 말하는데, 사랑과 신뢰예요. 로라는 엄청난 재능을 가졌어요. 사랑하는 누군가가 그 배역에 적합할 경우, 감독은 그 사람과 함께 긴 여정을 떠날 거란 사실에 아주 행복합니다. 그녀가 이런 성취를 이뤄내는 걸 지켜보며 무척이나 행복했어요.

기자 폴란드와 관련된 주제에 대해 얘기해줄 수 있나요?

나는 폴란드 도시 우치를 사랑하게 됐어요. 대단히 아름다우면서 유서 깊은 도시로, 공장과 아주 거대한 발전소가 많죠. 잿빛 구름이 낮게 깔리고 폴란드풍의 비와 추위와 무드가 있었고요. 거기서 아이디어들이 생겨났어요.

에스터 아카데미 후보 동료이자 영화감독인 로버트 올트먼이 최근에 세상을 떠났습니다. 그의 작업에 대해, 그리고 한 사람으로서 그가 당신에게 어떤 의미인시 코멘트해줄 수 있을까요?

(슬픈 기색이 그의 얼굴을 스쳤다.) 그가 나를 존중해줘서 무척 행복했습니다. 우리 사이에는 유대감이 있었어요. 나는 그의 작업과 재능과 오랜 세월 동안 스튜디오에 맞서면서 자기 목소리를 고수하며 보여준 강인함을 존경했어요. 자기가 원하는 방식으로 작업을 완성하는 면에서 로버트 올트먼만큼 강인한 사람은 세상에 없다고 생각해요. 로버트 올트먼을 사랑했고, 정말로 그를 존경했어요. 그를 보내게 되어 애석합니다.

던 나는 데이비드와 로버트 올트먼과 함께 영화를 하면서 가졌던, 순수하고 정말 좋았던 시간에 대해서만 덧붙이고 싶어요. 두 감독님 모두 좋은 시간을 같이 보내는 가족처럼 작업하기를 원했거든요. 두 분 다 영화를 재미있는 일이라고 믿었기 때문에 촬영 기간의 100퍼센트가 파티 같은 시간이었어요. 안타깝게도 그런 경험은 아주 드물죠.

초월 명상,
그리고 아이디어들의 헤엄

리처드 A . 바니 — 2 0 0 8

2001년에 했던 우리의 인터뷰 이후로 데이비드 린치에게는 많은 일이 있었다. 〈멀홀랜드 드라이브〉가 인기를 끌면서 그의 작품에 대한 새로운 관심이 일었고, 그는 웹사이트 davidlynch.com을 런칭하는 한편 의식 기반 교육과 평화를 위한 데이비드 린치 재단David Lynch Foundation for Consciousness-Based Education and Peace을 창설했고 나이 60세가 되었으며, 『대어 잡기Catching the Big Fish』국내 번역본 제목은 『데이빗 린치의 빨간방』를 출판했다. 또 〈인랜드 엠파이어〉를 공개했으며, 예측 가능한 미래에는 디지털 비디오가 그의 주요 영화 매체가 될 거라고 발표했다. 그는 전부터 해오던 프로젝트들과 함께 다양한 영역과 미디어로까지 발을 넓혀왔다. 그리고 이 인터뷰의 말미에 밝혔듯, 노래와 녹음의 영역에 뛰어드는 모험까지 감행했다. 그걸 두고 그는 '농담'이라고 했

2008년 1월 16일 인터뷰.

지만 실제로 〈인랜드 엠파이어〉의 오프닝을 위해 직접 부른 〈사랑의 유령〉을 이미 CD 싱글로 발매했고, 현재는 앨범을 완성하려고 진지하게 작업 중이다.

우리의 대화는 자유자재로 방향을 트는 뱀과도 같이 사방팔방으로 뻗어나갔다. 그가 필라델피아에서 로스앤젤레스로 이사할 때 잭 피스크와 남동생과 함께 한 국토 횡단 드라이브에서부터 미국 남서부의 지형, 그리고 내가 텍사스에서 본, 거의 린치안 스타일로 '래틀스네이크스Rattlesnakes 방면 출구'라고 명시한 도로 표지판에 이르기까지. 그러다 우리는 다시 그의 영화들로, 그와 인터뷰들 사이의 관계로, 〈인랜드 엠파이어〉가 월드 프리미어를 가진 이후 1년 반 동안 있었던 일들로 돌아왔다. 초월 명상의 대변인이라는 그의 새로운 공적 역할, 그리고 그가 진행한 초월 명상을 주제로 한 전국 순회강연이 그러한 문제들에 대한 그의 반응을 전에 비해 무척 폭넓게 촉발했다는 게 아주 명확해졌다. 린치가 내놓은 대답들은 명상에 대한 열정과 영화 제작을 향한 과정 지향적 접근 방식을 보여주는가 하면, 〈인랜드 엠파이어〉의 특유한 테마들 사이의, 수수께끼 같기는 하지만 흥미로운 여러 관계를 강조한다.

당신이 했던 초창기 인터뷰 하나를 〈이스트 빌리지 아이〉에서 찾아냈습니다.
그래요. 그 인터뷰를 한 사람이…….

게리 인디애나였죠. 기억하나요?
오, 맞아요. 당시가 어떤 때였냐면, 으음, 나는 오랜 기간 동안 어떤 상황에 대해 말한다는 것의 개념을 이해하지 못했어요. 그래서 말을 별로 많이 하지 않았고, 그랬던 기간이 길어요. 그게 초창기 인터뷰 중 하나인 건 맞아요. 거기서 좋았던 점은 그가 인터뷰를 한 방식 그대로 글을 썼다는 거예요. 〈이레이저 헤드〉를 위해 했던 첫 인터뷰는 확실히 기억나요. 아마 내가 난생처음으로 한 인터뷰였을 텐데, 〈이레이저 헤드〉가 막 대중에게 공개된 때였을 거예요. 아마 언론 시사회라고들 부르는 시사회가 열린 날 밤이었어요. 객석이 꽤 들어찼죠. 그러고는 (그리니치빌리지의) 시네마 빌리지에서 금요일하고 토요일 밤에 대중에게 공개됐어요. 심야였던 걸로 기억하는데, 내가 자주 말하듯 첫날 밤에는 관객이 스물여섯 명 왔고 토요일 밤에는 스물네 명 왔어요.(웃음)

그래서 당신은 이렇게 생각했죠. '우리는 올라가지 못하고 굴러 떨어지고 있군.'

오, 맞아요. 그런데 벤(영화를 배급한 바렌홀츠)은 고맙게도 이렇게 말했어요. "데이비드, 걱정 마. 입소문만 좋으면 돼. 두 달만 있으면 이 블록 주위로 줄이 여럿 늘어설 거야." 그리고 진짜로 그렇게 됐어요. 믿기 힘든 일이었죠.

인디애나는 그 영화를 좋아했죠.

맞아요, 그래요, 그랬어요. 하지만 애증이 섞여 있었어요. 그 영화는 LA의 영화제인 필멕스Filmex에서 처음 상영됐는데, 〈버라이어티〉에 (아마 나한테 아직 있을 텐데) 기사가 났어요. 그건 상당히, 정말이지……. (침묵) 그걸 쓴 사람이 누구였건 못된 사람이었어요.

〈인랜드 엠파이어〉에 대해 그것과 비슷하게 언급한 기사가 두어 개 있었습

니다.

(웃음) 그래요, 아마…….

"뭐가 어떻게 된 건지 종잡을 수가 없다" 같은 논평을 내놓는 사람들이죠. 그런 것들에 많이 신경 쓰지는 않지요? 주의를 기울이지도 않고요.

네.

이 문제를 조금 더 얘기해보겠습니다. 현재 개봉된 지가 1년 반 가까이 된 당신의 최근작 〈인랜드 엠파이어〉가 〈이레이저 헤드〉에서 보여준 실험주의와 가장 가까운 작품이라고 논평한 사람들이 있었거든요.

하지만 그건 실험주의가 아니었어요. 그냥 작품이었죠. 컬트 영화, 실험 영화 같은 용어들이 있는데, 내가 보기에 실험 영화는 자기가 뭘 하고 있는지를 모르는 영화예요. 그냥 아무거나 무턱대고 찍는 영화죠. 아무런 아이디어도 없이 그냥 촬영만 하는 거예요. 그런 것을 실험이라고 부를지는 몰라도 사실 그건 실험이 아니에요. 〈인랜드 엠파이어〉에는 대단히 구체적인 아이디어들이 있고, 시나리오가 있고, 그 아이디어들을 영상으로 옮기는 작업이 있어요. 그 아이디어들에 충실하게요. 그런 게 작품이에요. 사람들이 진짜로 하고 싶은 말은 상당히 추상적인 영화라거나 비선형적인 영화라거나 그 외의 이런저런 말이죠. 어쨌든 그 영화는 실험 영화가 아닙니다.

〈인랜드 엠파이어〉에 공을 들인 다른 작업 방식들이 있나요, 또는 지금 돌아보면 〈이레이저 헤드〉와 공명이 잘 되는 요소가 있나요?

그렇기도 하고 아니기도 해요. 모든 영화가 공명하죠. 같은 과정을 거치니까요. 이 영화가 〈이레이저 헤드〉와 조금 더 가까운 점이 있다면 스태프가 소규모였고 장기간 동안 작업했다는 거예요.

〈이레이저 헤드〉는 5년이 걸렸죠.

5년이지만 날마다 작업한 게 아니었던 건 확실합니다. 1년간은 날마다 작업했는데 그러다 돈이 떨어졌어요. 그래서 우리는 거의 1년 정도를 아무 일도 못 했어요. 내가 무슨 일을 하게 될지조차 모르는 신세였죠. 시간이 어디로 흘러가는지도 모르며 지내다 보니, 찍은 게 하나도 없는데도 1년이 순식간에 지나더군요. 그러다 일을 하게 됐죠. 나는 그리 긍정적인 사람이 아니지만, 한 신을 찍기 위해 돈을 모으고 또 한 신을 찍으려고 모으는 식이었어요. 영화를 그런 식으로 완성했어요. 두 번째 아내인 메리 피스크가 투자할 친구들을 구해서 그 투자금을 영화 완성하는 데 썼어요.

〈인랜드 엠파이어〉는 2년 반 걸렸죠. 맞습니까?

2년 반에서 3년 정도 걸렸죠. 무엇이 그 영화를 시작하게 했는지는 나도 모르겠지만 시간이 오래 걸리기는 했어요.

당신은 영화를 진전시키거나 작업을 한 단계 더 발전시키는 데 중추적인 역할을 하는 아이디어들에 대한 얘기를 늘 해왔습니다. 〈인랜드 엠파이어〉를 만든 최초의 아이디어들은 뭐였다고 기억하나요?

으음⋯⋯. (긴 침묵) 어떤 면에서 나는 전혀⋯⋯. 저기요, 그 문제는 얘기하기가 곤란해요. 왜냐하면, 지금은 분명, 영화가 세상에 나왔지만⋯⋯. (침묵) 이런 신이 있었다고 치죠. (다시 침묵) 내가 늘 말하듯—똑같은 말을 100만 번은 해왔습니다만— 처음에 〈인랜드 엠파이어〉는 없었어요. 장편 영화의 아이디어는 없었다는 거죠. 한 신을 위한 아이디어가 전부였어요. 정말로 그게 전부였어요. 그래서 그 신을 종이에 적었고, 그런 다음에 그 신을 찍었어요. 그러고는 그 작업이 영화의 끝까지 이어졌어요.

그 신이 이거죠. 수전 블루 역의 로라 던이 황량한 조명이 비추는 방에서 미스터 K에게 말을 하는……

아마도, 네, 그럴 수 있어요. 그게 그 신이었다고 치죠. 그래서 나는 그 신을 보고는 말했어요. "아냐. 이건 그냥 신이 아니야. 뭔가 더 있어." 그래서 그에 대해 고민했어요. 그런데 그러는 동안 또 다른 아이디어가 생겼어요. 그걸 시나리오로 옮겼고, 찍었어요. 그렇게 찍은 신들은 사실상 전혀 다른 두 신이었죠. 그리고 그 신들은 우리가 얘기하고 있던 그 신하고 관계가 전혀 없었어요. 그러다 또 다른 아이디어가 생기고, 그걸 종이에 적고, 그 신을 찍었지만, 그 신은 앞서한 작업하고 전혀 연관이 없었어요. 어떤 면에서는 관련이 있었죠. 동일한 캐릭터가 등장했으니까요. 하지만 제대로 따지면 연관이 없었어요. 그런데 거기에 뭔가가 있었어요. 나는 여전히 앞서 찍은 신들에 대해 고민하고 있었고, 그것들은 전혀 관련이 없었어요.

그것들이 하나로 연결될 수도 있는 시나리오를 쓰고 싶다고 생각한 적이 있나요?

글쎄요. 당신이 지금 한 말은 "장편 영화 시나리오를 쓰고 싶다고 생각한 적이 있나요?"라는 뜻이겠죠? 그런데 그렇게 하려면 아이디어들을 가질 필요가 있어요. 자리에 앉아서 막무가내로 집필을 시작할 수는 없는 노릇이니까요. 초현실주의자들이 그런 일을 했던 걸로, 그냥 아무거나 쓰기 시작했던 걸로 짐작해요. "벽돌 굽는 가마는 은銀이고, 그건 빨갛다" 같은 문장을 썼죠. 아니면 눈에 보이는 무엇이건 적어 내려가거나, 그냥 흘러나오기 시작하는 건 뭐든 적었죠. 그런데 무엇인가 흘러나오기 시작한다면 그건 아이디어가 흘러나오는 거예요. 그냥 흘러나온다는 것은 완전히 헛소리일지도 몰라요. 그러니, 맞아요. 헛소리를 몇 페이지씩 적을 수 있죠. 하지만 아이디어들이 필요해요. 그래서 기다려야 해요. 늘 말하지만, 일단 뭔가 떠오를 경우, 거기에 집중한다면, 그게 미끼처럼 다른 아이디어들을 끌어당길 거예요. 내가 그런 식으로 일을 하고 있었어요. 하루 온종일, 여기서나 저기서나 그 아이디어에 집중해서 고민하고 또 고민해요. 그러다 갑자기 더 많은 게, 더 많은 아이디어가 몰려와요. 이제 나한테 몰려온 그 새로운 아이디어들은 앞서 지나간 것하고 관련이 있지만, (앞선) 아이디어들을 취해요. 그리고 다른 나머지 것들이 모습을 드러내기 시작하고, 그게 장편 영화로서 스스로 모습을 드러내는 데까지 이어져요. 작업은 그런 식으로 진행됐어요.

스튜디오카날이 공식적으로 개입한 게 그 3년 중 언제였나요?

내 대화 통로는 프레데릭 시슐레(스튜디오카날의 임원)가 유일했어요. 그전에 그가 나를 찾아온 적이 두 번 있었죠. 그가 올 때마다 나한테는 논의할 거리가 하나도 없었어요. 그의 인상이 마음에 들었죠. 그러다가 장편 영화가 될 성싶은 작업을 시작했을 때 그한테 전화를 걸었죠. 그는 "마침 로스앤젤레스에 가려던 중이에요"라고 말하더군요. 내가 "오케이, 커피 한잔하러 와요"라고 했고 그가 왔을 때 이렇게 말했어요. "프레데릭, 이게 뭐가 될지는 잘 모르겠지만 저 해상도 DV를 찍고 있어요. 같이 할래요?" 그랬더니 그가 "좋습니다" 하고 대답했어요. 나한테는 그 저예산 작품을 계속 작업할 돈이 있었고, 나는 그의 눈을 바라보면서 그게 장편 영화가 될 거라고 장담할 수 있었어요.

살짝 윙크는 했을지 몰라도 과한 눈짓은……
하지 않았죠. 그 당시에도 나는 제대로 알지 못했으니까요. 하지만 장편이 나올 거라고는 느꼈어요.

그들은 시나리오도 요구하지 않았군요. 따라서 당신은 그에 대해 생각할 필요가 조금도 없었고요.
없었어요. 정말로 그랬어요.

당신이 그런 방식으로 작업하면서 느끼는 쾌감에 대해 밝힌 코멘트들을 읽었습니다. 그에 대해서, 그리고 그렇지 않을 때는 두려움으로 다가왔는지에 대해 말해줄 수 있나요?
두려움은 전혀 없었어요. 두려움이 있었다면 아이디어가 부족할지 모른다는 두려움이 있었겠죠. 그런데 그런 두려움은 늘 있어요. 나는 마냥 기다립니다. 늘 말하다시피 물고기를 잡는 것과 비슷해요. 어떤 날에는 한 마리도 못 잡는데, 이튿날은 얘기가 또 달라서 고기들이 나한테 헤엄쳐 들어오는 식이죠. 그토록 엄청난 과정이에요. 길을 일단 나서면 그 최초의 아이디어(내가 그토록 갈구하던 로제

타석Rosetta Stone 아이디어)가 찾아오고, 거기에 집중하면 더 많은 아이디어가 때맞춰, 때에 맞게 찾아올 거예요.

영화 작업을 3년 넘게 하고 싶다는 마음이 든 적이 있나요?

아뇨. 전혀요. 전혀 없었어요. "오, 이 영화를 하면서 4년을 보내고 싶어" 같은 말은 절대 하지 않아요.(웃음) 그건 터무니없는 말이에요. 아이디어들이 그냥 헤엄쳐 온다면, 그러면서 내가 일을 굴려나간다면 끝내주겠죠. 그런데 관련된 게 하나 더 있어요. 작업을 얼마나 빨리 하느냐 하는 거예요. 나는 전통적인 촬영을 더 많이 하면 영화가 전체적으로 더 빨리 준비될 거라고 늘 말해요. 출연진과 시나리오, 스케줄을 확보하면 촬영에 들어갈 준비를 갖추게 되고, 그에 따라 모든 신을 다 찍을 때까지 멈출 일이 없겠죠. 그리고 스케줄은 비용 문제 때문에 가급적 짧게 주어질 테니 감독은 그 스케줄을 충실히 따라야만 하죠. 감독인 내가 그런 작업들을 미리 그려보면서 스케줄 짜는 일에 관여했다면 그런 종류의 압박과 생각은 대체로 괜찮아요. 하지만 나는 낙천주의자라서 "오, 네. 그거 쉽게 할 수 있어요" 라고 말하죠. 그런데 실제로는 일이 그런 식으로 되어가지가 않아요. 그래서 나한테는 "데이비드, 우리 현실적이 됩시다. 당신한테는 그보다 시간이 더 많이 필요할 거예요"라고 말해줄 사람이 있어야 돼요. 그래야 내가 감당할 만한 스케줄을 확보할 수 있죠. 다만 그런 속도로 작업하면 느리게 할 때에 비해 썩 즐겁지가 않아요. 천천히 작업할 때는 세트나 야외 촬영지에서 한가로이 휴식을 취할 틈도 있고 몽상에 젖어 시간을 보내면서 더 깊이 있는 아이디어를 낚을 수 있는데, 그런 점에서 '더 현실적인' 또 다른 레벨로 갈 수 있죠. 나는 그런 게 아이디어를 공급받는 방식의 일종이라고 생각해요. 어쨌든 그런 방식으로 작업하면 무척 즐거워요. 〈이레이저 헤드〉를 할 때, 아무 일도 진행되지 않은 적이 많았어요. 그냥 세트에 가서 주변에 있는 전체 세계를 상상하고는 했죠. 너무 즐거웠어요. 나는 그렇게 하는 게 더 현실적이라고 봐요. 그 세계에서 보낸 시간들 덕에 어떤 소소한 선택들이 수정될 수도 있고 개선될 수도 있다고 생각해요. 근사한 일이에요.

당신은 영화가 창조하는 세계에 대한 얘기를 자주 합니다. 그런데 〈인랜드 엠파이어〉에 와서 그 정도가 더 심해진 듯 보입니다. 여러 면에서 이 영화는 내가 이전의 당신 영화들에서 봤던 것보다 몇 배 더 심한 방식으로 많은 세계가 충돌하고 교환되고 뒤섞입니다. 그 느낌을 이렇게 묘사하는 게 맞나요?

맞아요. 하지만 그건 지구상에 인간으로 존재하는 것하고 전혀 다를 바가 없어요. 내 말 무슨 말인지 알죠?(웃음)

매춘부들이 스미시의 집에서 노래 〈로코모션〉에 맞춰 춤을 추는 아이디어를 당신이 명상 중에 얻었다는 글을 어디선가 읽었습니다.

스미시의 집이라면……

수전(로라 던이 연기한 수전 블루)이 사는 집이요.

오, 그래요. 맞아요.

명상을 하다가 그 아이디어가 찾아온 게 맞나요?

모르겠어요. 그 아이디어가 어떻게 왔는지는 기억나지 않아요.

초월 명상을 하던 중에 영화와 관련된 것이 '펑 하고 튀어나온' 순간이 또 있었나요?

오케이, 늘 말하지만, 초월 명상은 초월적인 상태로 가는, 또한 삶의 가장 깊은 레벨로, 통일장unified field으로 가는 문을 열어주는 정신적인 테크닉이에요. 따라서 나는 명상을 하면서 여러 차례 상태를 초월해요. 가장 깊은 레벨을 체험할 때는 그 세계를 더 생동감 넘치게 만들고, 말 그대로 내 의식의 덩어리를 솔직하고 진실되게 확장시키죠. 그래서 명상을 마치면 엄청나게 많은 에너지와 더 많은 인식, 의식, 나의 진면목, 더 많은 지능과 이해, 공감, 행복, 에너지를 얻어요. 아이디어를 얻고 그걸 이해하는 경향이 더 커지는 거죠.

아이디어는 대부분 명상에서 벗어날 때 획득해요. 대개 명상 중에 생각들이 찾아오기는 하지만요. 사고도 명상 과정에 속하죠. 그런데 초월적인 상태에 이르면, 그 사람은 사고를 넘어서요. 사고의 원천을, 우주의 원천을, 중요한 어떤 것의 원천을 경험하고 있는 거예요. 바로 그런 게 통일장이에요. 통일장은 분명하게 드러나 보이지 않고 존재하지 않는 것이지만 모든 게 거기에서 비롯해요. 굉장히 쿨하죠. 베다고대 인도의 종교 문헌 과학이 늘 그렇게 말했고 현대 과학도 그렇게 말합니다. 존재하는 모든 것은 이 통일장에서 출현했다고요. 만물이 소위 '자발적 연쇄 대칭성 붕괴spontaneous sequential symmetry-breaking'라는 과정에서 출현했다고 하죠. 이건 총체적이고 순수한 대칭의 장이고, 무한한 침묵과 무한한 활력 사이의 절대적인 균형이고, 순수한 의식이에요. 존재하지 않는 것에서, 그냥 의식에서 어떻게 무언가가 나올 수 있겠어요? 믿기 힘든 일이죠! 베다 과학은 그런 일이 어떻게 일어나는지를 말해줄 거예요. 믿어지지 않는 일이죠! 통일장은 총체적인 지식의 집이에요. 정말로 중요한 것은 자신의 자아에 대해 잘 알고 있는 자아예요. 믿어지지 않는 이야기지만, 우리는 거기에 관여하고 있어요.

그러니 맞아요. 때로 나는 명상 중에 아이디어들을 얻을 거고, 아이디어들은 콸콸 솟아날 거예요. 하지만 아이디어를 얻으려고 명상을 활용하지는 않아요. 나는 명상을 초월적인 사고를 하려고—원천으로 찾아가 그것을 경험하려고— 활용해요. 통일장은 우리가 그걸 경험할 때 우리를 위해 모든 것을 해줄 거예요. 그걸 경험할 때 우리는 그 안에 스며들고 그 안에서 성장해요. 베다 과학에서는 그 장을 자아self라는 뜻의 '아트마atma'라고 불러요. 너 자신을 알라. 이게 중요해요. 우리가 그걸 경험하고 키울 때 대단히 많은 일이 나아져요. 믿기 어려울 정도로요. 그건 종교도 아니고 컬트도 아닌, 지극히 인간적인 일이에요. 우리는 인간이에요. 믿을 수 없을 만큼 좋은 존재죠. 우리는 잠재력을 잔뜩 갖고 있는데, 그걸 깨우침enlightenment이라고 해요. 우리는 그 깨우침을 펼칠 수 있어요. 하룻밤 사이에 그렇게 되지는 않고 때가 되면 그에 맞춰 이루어지죠. 그러면 우리는 깨우침을 세상에 펼쳐서 밝혀야 해요.

그렇다면 당신이 보기에 명상 세션에서 의도하지 않은 것들도 출현하나요?

그건 말하자면 이런 거예요. 우리는 명상을 아이디어를 얻으려고 활용하지 않아요. 의식을 확장하는 데 활용하죠. 그리고 그 의식의 특징은 모두 긍정적이에요. 무한한 지능의 장이기 때문이에요. 거기에는 모든 지능이 다 있는 것 같아요. 그리고 통일장은 충만하고 무한해요. 에너지와 행복과 사랑이 무한하죠. 통일장은 그런 장이에요. 내가 늘 말하는 것처럼, 우리는, 모든 사람은 의식을 갖고 있어요. 그게 무엇인지 알고 싶다면 시작해보세요. 그런데 의식이 없으면 자신이 존재하지 않는다는 것을 깨달을 거예요. 당신이 진정으로 존재한다면 당신은 그 사실을 알지 못할 거예요. 나는 오랫동안 투어에 나서서 이런 말을 해왔어요. 의식이 없으면 우리는 존재하지 않는다고. 우리가 할 수 있는 말은 의식 때문에 "나는 존재한다"는 말이 전부예요. 그리고 그건 존재해요. 세상사람 모두가 의식을 갖고 있지만 모두가 동일한 양의 의식을 가진 것은 아니에요. 마하리시(마헤시 요기)가 말하듯, 세상에는 명상하고 있는 사람보다 의식을 더 많이 갖고 있는 사람들이 많아요. 의식은 실제로 존재하고 우리는 그걸 확장할 수 있는데, 의식의 대양大洋을 경험해야만 확장할 수 있어요. 그러니 그 세계로 자신을 데려가서 그걸 경험하세요.

하나 더 있어요. 내가 늘 말하듯, 뇌에 대한 연구가 이뤄지기 전에도 우리는 명상의 모든 종류를 알고 있었어요. 여섯 명이 한자리에 모였는데 각자가 다른 명상을 하고 있다고 칩시다. 그들은 하나같이 말할 거예요. "이런, 오오, 이런, 정말로 아름다운 명상이었어요. 너무 심오하고, 너무 숭고하고, 너무 강렬했어요. 정말로 기분이 상쾌해졌어요." 그런데 그들이 모두 같은 것을 두고 얘기했을까요? 그중 어느 정도가 상상이고 어느 정도가 실제였을까요? 마찬가지로, 우리가 '빨강'이라고 말할 때 모두가 같은 색을 보고 그러는 걸까요? 괴상한 일이죠. 뇌에 대한 연구를 통해 사람이 진정으로 초월적인 상태가 돼서 삶의 심오한 레벨을 경험할 때는 '쾅' 하면서 뇌가 자동적으로 완벽한 일관성을 보여준다는 것이, 뇌 전체가 환하게 밝아지는, 인생에서 유일한 경험을 보여준다는 것이 밝혀졌어요. 우리는 뇌의 5퍼센트나 10퍼센트밖에 쓰지 못한다는 말을 항상 들어왔잖아요. 그런데 뇌 전체를 쓴다고 생각해봐요. 그러면 사람들은 말할 거예요. "잠깐만. 이거 흥미로운데."

내가 그 질문을 한 것은 지난 가을에 공개된 다큐멘터리 영화 〈린치〉를 보면 다음과 같은 신이 나오기 때문입니다. 당신이 어시스턴트 두 명에게 〈인랜드 엠파이어〉의 어떤 배역에 20대 정도의 젊고 예민한 남자 배우가 필요하다고 말하고는, 제안을 내놓기 위해 그들이 명상을 했으면 하죠.

내가 그렇게 한 뜻은 이거였어요. 자네들, 가서 명상을 하고, 그런 후에 나한테 와서 얘기를 해. 자네들이 (명상에서) 벗어나면 의식이 몹시 명료하기 때문에, 자네들한테 찾아오는 정보들은……. 내가 한 말은 이거예요. 가서 명상을 해. 평소처럼 명상을 하면 굉장한 정보가 나올 거야. 거기에 집중. 그러면 아마 내가 바라는 그 이름을 가져올 수 있을 거야.

그 얘기는 당신이 영화 작업을 할 때 본인뿐 아니라 때로는 집단적으로도 명상 활동을 한다는 뜻이겠죠.

집단 얘기를 하자면, (로스앤젤레스에) 초월 명상 시티 프로그램이 있는데 그중 하나가 요가식 공중부양이에요. 단체로 함께 요가식 공중부양을 할 때, 그 효과는 똑같은 인원이 흩어져서 할 때보다 2차식으로quadratically 더 강력해요. 요가식 공중부양은 매트 위에서 방방 뛰어오르는 것처럼 보여요. 그래서 사람들은 말하죠. "세상에, 무슨 짓을 하고 있는 거야? 이런 짓을 해서 어떻게 세상에 평화를 가져다줄 수 있다는 거야? 어떻게 이 세상에?" 그러면 나는 늘 말해요. 당신한테 줌 렌즈가 있어서 그 렌즈로 요가식 공중부양을 하는 사람을 가까이 당겨서 본다면, 그래서 그 내부로 들어가 그 사람이 경험하고 있는 걸 경험한다면 더 이상 그런 질문을 하지 않게 될 거라고. 그 경험을 일컬어 '보글보글 차오르는 행복감bubbling bliss'이라고 표현해요. 그걸 경험할 때 당신은 감전되듯 짜릿한 행복과도 같은 강렬하고 거대한 행복감으로 공중부양하게 돼요. 그건 대단히 강력해요. 그리고 함께 할 때 거대한 파도가 만들어져요. 거대한 파도에서 통일장을 더 생동감 넘치게 만들고, 그 파장은 사방으로 퍼져요. 집단의식에도 영향을 주고요.

과거 20년간, 요가식 공중부양을 하면서 그게 집단의식에 영향을 줄 거라고, 그 영역에서 범죄와 폭력이 감소할 거라고 말하는 집단들을 대상으로 실험이 이루어졌어요. 아주 광대한 지역에서 실제로 그 효과가 어떻게 나타나는지 알아보려고 실험을 한 거죠. 요가 집단들은 말했죠. "이게 아주 이상하게 보인다는 것을 압니다. 그래서 이런 실험을 우리가 직접 할 수는 없습니다. 이 실험들은 독립적으로 입증돼야 합니다." 첫 실험은 예일대학교에서 했었던 것 같아요. 예일대는 요가 집단들이 있는 도시에서 일어나는 모든 일을 관찰한 다음 결과를 분석했어요. 그 집단이 모일 때마다 연구진은 그들이 명상을 시작하기 전의 범죄 통계들을 살피고 명상 도중과 명상을 멈춘 후에 통계를 살폈어요. 그런데 범죄와 폭력이 줄었어요. 모든 경찰 보고가 그 사실을 보여줬고, FBI의 모든 데이터도, 사람들이 폭력 현황을 측정하려고 활용하고 있던 모든 데이터도 줄었어요. 병원 내원 환자가 줄었고, 교통사고도 줄고, 그 밖의 것들도요. 그들은 이걸 독립적으로 입증했지만 사람들은 말했어요. "아니, 그건 요행이었어. 우연히 그렇게 된 거지. 진실일 리가 없어." 반면 이런 말을 하는 사람도 있었어요. "이런 일이 일어난 건 확실해." 하지만 회의론자들은 주장했죠. "다시 테스트해봐야 돼. 진실일 리가 없어." 긴 얘기를 줄이자면, 테스트를 52회 했는데, 그 모든 실험의 결과, 인구의 1퍼센트의 제곱근에 해당하는 인원이 거대한—정말로 거대한— 평화와 조화, 일체감, 집단의식을 창출하는 데 필요한 최소 인원이라는 게 밝혀졌어요. 통일장은, 영원하고 경계가 없고 무한한 그 장은 늘 거기에 있었던 거죠. 그런 식으로 그 장을 생동감 넘치게 만들 수 있어요. 그 생동감 넘치는 장은 평화예요. 그런 게 실제로 존재해요.

그 문제가 종종 의아했습니다. 왜냐하면, 당신의 그와 같은 설명을 읽었을 때, 그 설명은 니키 그레이스가 다른 차원으로 내려가는 것과 여러 면에서 (어느 정도) 유사해 보였기 때문입니다. 그리고⋯⋯

니키 그레이스가 누군지 모르겠군요. 아하, 니키 그레이스, 분명히⋯⋯

〈인랜드 엠파이어〉에서 로라 던이 연기한 배우 캐릭터죠. 그녀는 다른 차원으로 내려가야 합니다.

좋아요. 다른 얘기를 해볼게요. 믿기 힘든 얘기지만 요즘에 양자물리학이 말하듯 세상에는 10차원의 공간과 1차원의 시간이 있다고 해요. 양자물리학자들이 말한 거예요. 10차원의 공간, 이게 무슨 뜻일까요? 상대성의 장이 있고, 그 장에는 표면과 여러 깊이가 있어요. 물리학자들 말처럼, 세상들 안에 세상들이 있고 그 안에 또 세상들이 있어요. 상대성의 장에서는 믿기 힘든 일들이 일어나고 있어요. 그리고 그 모든 게 정말로 흥미로워요. 하지만 마하리시가 말하듯, 그건 '장터'에 불과해요. 우리는 장터를 통과해야 하는데, 그게 정말로 흥미로워요. 그 장터에서는 우리가 누군가에게 붙들려 멈춰 설 공산이 크고 심지어는 거꾸로 되돌아가서 길을 잃고 곤경에 처할 공산도 커요. 마하리시가 늘 말하듯, 요새를 함락시키세요. 그러면 모든 영토가 당신의 것이에요. 그러고는 왕궁으로, 궁궐로 가세요. 그러고 나면 당신은 조망했던 모든 것을 갖게 될 거예요. '왕궁으로 가라'는 말은 초월하라는 뜻이에요. 가장 깊은 레벨에 도달하라는 뜻이죠. 니키 그레이스는 거기에는 도달하지 않고 있어요. 니키 그레이스는 어딘가 다른 곳에서 다른 종류의 상황을 체험하고 있죠.

그녀는 당신이 길을 잃고 많은 곤경에 빠지는 곳인 세상들 안의 세상들이라는 관점에서 한 말과 비슷한 말을 많이 합니다.
확실히 그렇죠.

마하리시가 이야기하는 이 심오한 것과도 같은 느낌—왜인지에 대한 설명이 완전히 되지 않은 채로 그에 대한 느낌만 있는 느낌—이 〈인랜드 엠파이어〉의 엔딩이죠.
확실히 그래요.

그녀가 그 파란 드레스를 입고 소파에 앉아서……
맞아요.

그녀는 아무 말도 하지 않습니다. 얼굴은 그리 많이 달라지지 않지만, 거기에는 마침내 당도한 고요함의 느낌이 있습니다. 그건……

아름다워 보이죠. 맞아요. 대단히 아름다워요.

물론, 거기에는 그녀가 앞서 그토록 다양한 징후들을 겪었음에도 얻지 못했던 정적이 있습니다.

맞아요.

그렇다면 이 질문을 하겠습니다. 이 영화에서 당신은 경계선을 벗어나 한계 너머로 이동하는 것에 대해 많이 보여줍니다. 다른 영화들에서도 마찬가지일 거고요. 나는 이 영화의 크레디트에서 그런 느낌을 크게 받았습니다. 꼭 니키 그레이스라는 캐릭터의 성공만이 아니라 로라 던의 성공에 찬사를 보내는 느낌이었어요. 그 크레디트는 스태프와 함께, 한 편의 영화로서 영화가 가지는 기쁨을 담고 있습니다. 당신의 다른 영화들에 대해 언급하고 있기 때문이죠. 통나무를 자르는 벌목꾼을 등장시키고……

그거 딱 하나예요.

그것으로 〈블루 벨벳〉과 〈트윈 픽스〉를 암시합니다. 그리고 〈멀홀랜드 드라이브〉에 나왔던 로라 해링도 등장합니다. 그건 일종의 통합처럼 보이는데요.

근사한 표현이군요.

출연진과 배우들, 영화를 만드는 사람들에 대해 시사하죠. 그리고 당신이 만들었던 종류의 영화들의 관점에서요. 이게 내가 여기에서 제안하는 리프riff인데, 당신이 그에 대해 생각을 했었는지 여부가 궁금합니다.

글쎄요. 그게 좋은 사고방식이었다고 말하는 걸로 끝내죠.

(웃음) 시간에 대해 얘기하셨는데 그 점이 영화에서도 대단히 흥미롭습니다. 이 영화에는 각 캐릭터 입장에서, 특히 로라 던이 연기한 캐릭터들 입장에서 끝나지 않는 고통스러운 경험이 될 수도 있다는 것을 관객들이 느끼게끔 만드는 순간들이 있으니까요. 그리고 다른 경우에는 시간이 전혀 흐르지 않았다는 느낌을 받습니다. 내가 보기에는 영화의 거의 끝부분에 다다랐을 때가 그런 순간입니다. 로라 던이 니키 그레이스로서 그레이스 자브리스키가 있는 거실 건너편을 다시 봅니다. 전에 그녀가 역할을 따내는 모습을 보려고 그곳을 바라봤었죠. 그런데 이제 결국 그녀가 입을 다물고 침묵을 지키는 모습을 보려고 거실 건너편을 봅니다. 그녀는 다른 일들은 전혀 겪지 않은 것처럼 보입니다.

그거 흥미롭군요. 있잖아요, 이 문제를 생각하려면, 마하리시가 말하듯, 그건 '길 없는 길'이라고 봐도 무방해요. 우리는 여기에서 저기로 가지 않아요. 여기에서 여기로 가죠. 우리가 인간으로서 오른 이 여정은 여기에서 여기로 가는 거예요. 조리에 맞지 않는 얘기이지만, 내부 어디선가는 맞아요. 이 세상의 상당 부분이 그래요. 그리고 또 다른 게 있어요. 세상은 당신이 존재하는 그대로예요. 따라서 우리는 세상을 봐요. 유사점은, 당신이 먼지 낀 짙은 녹색 안경을 끼고 세상을 보면 그게 당신이 보는 세상이고 당신이 경험하는 세상이에요. 하지만 그 안경을 깨끗이 닦거나 장밋빛 안경으로 바꾼다면 당신은 완전히 다른 것을 보고 다른 방식으로 세상을 경험할 거예요. 우리가 이런 단계들을 거치면, 우리는 다른 것을, 다른 것을, 다른 것을 보기 시작하고, 그러면 깨달음이란 그걸 진정으로 존재하는 그대로 보는 것이라는 것을 알게 돼요. 생각할 만한 흥미로운 주제가 그거예요.

〈인랜드 엠파이어〉에는 감독과 비슷한 인물이 여러 명 나옵니다. 제러미 아이언스가 연기하는 킹슬리 스튜어트가 있고, 당신의 목소리 카메오라 부를 수 있는 버키 제이가 있습니다. 조명 그립lighting grip인 버키 제이는 그날 곤경을 겪습니다. 당신이 DVD에서 설명한 것처럼 버키 제이는 분명 정말로 힘든 시간을 보냈죠. 그는 일종의 감독 같은 인물이지만, 이 경우 그는 무슨 일도 제대로 마무리하지 못합니다. 그리고 책략가 또는 조종자일지 모르는, 사실상 모든 일에 관계할 수 있는 또 다른 캐릭터 팬텀이 있죠. 감독 입장에서 가능성의 범위에 대해 뭔가 얘기해줄 수 있나요?

글쎄요. 거기에 그런 게 있다고는 생각하지 않아요……. (침묵) 그건 당신이 고민할 문제예요. 버키 제이는 감독이 아니에요. 버키 제이는 캐릭터지만, 나는 일종의…… 나는 버키 제이를 좋아해요. 당신이 얘기하는 다른 사람들은…… 그중 한 명은 감독인 킹슬리예요. (침묵) 달리 무슨 말을 할지 모르겠네요…….

버키 제이는 어디서 비롯한 캐릭터인가요?
좋아요, 말하죠. 존 처칠―나는 그를 '처치'라고 부르는데―은 조감독이에요(〈인랜드 엠파이어〉의 척 로스). 내 오랜 친구죠. 처치가 연기를 시작한 것은 우리가 촬영할 때 그가 내 차를 운전하고는 했기 때문이에요. 그는 이렇게 말하고는 했어요. "데이비드, 저기 있는 저 사람들은 어떤 사연이 있을까요?" 그러면 나는 이야기를 꾸며대기 시작했는데, 버키 제이는 거기에서 비롯했다고 생각해요. 우리는 저스틴(저스틴 서로)을 찍고 있었는데, 나는 왜 그를 찍고 있는지 이유조차 몰랐어요. 그는 그냥 담배를 피웠고, 나는 바닥에서 그를 촬영하고 있었어요. 그러다 얘기를 나눴죠. 그건 그 신에 해당하는 게 아니었어요. 나는 우리가 무슨 일을 하고 있었는지를 잊었고 뭔가 테스트하고 있었어요. 그러다가 이야기를 꾸며대기 시작했고, 처치는 나한테 이런저런 질문을 던졌어요. 그러면서 버키 제이가 탄생했죠. 그러고는 제러미(킹슬리 스튜어트 감독으로서 제러미 아이언스)가 등장하는 신이 나왔어요.

그런데 당신은 분명히 그를 계속 좋아했습니다.

버키 제이를요? 맞아요. 그래요. 나는 더 많은 사연이 있다고 생각하지만, 확실하게는 모르겠어요. 하지만 나는 버키 제이를 좋아하고, 전날 밤에 그에게 일어났던 사건과 그게 앞으로 어떤 결과를 낳을지에 대해 생각하는 것을 좋아해요.

DVD로 화제를 바꿔보면, 당신 입장에서는 진정한 새 출발처럼 보입니다. 불필요한 것을 모두 뺀 '영화 여기 있어요' 접근 방식을 취하는 게 아니라 많은 걸 넣었으니까요. 이런 상황에 대한 당신의 의욕이나 즐거움이 진정으로 변한 듯 보입니다. 당신은 여러 이야기를 부록으로 넣었고 요리 쇼도 넣었습니다. (린치의 웃음) 그리고 '그 밖에 일어났던 사건들'도 넣었죠. 심지어는 레이블이 없는 작은 섹션들도 넣었고요. 그걸 커다란 변화라고 여겼나요?

무슨 얘기 하는지 알겠어요. 항상, 영화는 중요했어요. 그런데 영화에 흠이 되지만 않는다면 다른 일을 하는 게 가능해요. '부가 영상'이라고 부르는 이런 것들조차 나는 3년간 작업했어요. 그러면서도 〈인랜드 엠파이어〉로 한 푼도 못 벌었죠. 따라서 이건 이상한 이야기예요. 나는 영화에 해가 될 만한 것은 거기에 하나도 집어넣지 않았을 거예요. 그런데 여러 면에서, '그 밖에 일어났던 사건들'은 관객에게 꿈을 꾸고 어떤 것들에 대해 궁금해할 여지를 더 많이 줘요. 그 아이디어가 마음에 들어요. 그리고 요리는 일종의 농담이에요. 그런데 그 스토리가 생겼고 나름의 무드도 있더군요. 그런 종류의 포맷이 좋아요. 나는 요리는 하지 않아요.(웃음) 그런 일을 하는 게 재미있었어요.

'그 밖에 일어났던 사건들'에 대해 아주 흥미로운 생각을 했습니다. 당신과 〈트윈 픽스〉 영화판 사이의 관계와 비슷하다고 느꼈기 때문입니다. 당신은 그 세계를 선뜻 떠날 수가 없었기 때문에 그 세계에 대한 얘기를 좀 더 하고 싶었습니다. 내가 받은 느낌은, 내가 글로 썼듯이 "린치는 '이것들은 내가 배제하기로 결정한 것들이다'라고 말하는 게 아니라 '이 일들은 영화의 세계에서 실제로 일어났다'라고 말하고 있는 듯하다."

그래요.

그리고 그건 그 세계를 확장한 세계로 보였습니다. 공식적으로는 그 세계의 일부가 아니지만……

정말로, 정말로 맞는 말이에요. 아주, 아주 훌륭해요. 실제로 일어났으니까요. 따라서 그런 게 실제로 존재해요.

영화를 최종 러닝타임으로 줄이는 게 어려웠나요?

모든 영화가 그와 같은 일을 겪어요. 나는 늘 말하죠. 모든 영화의 끝을 작업할 때면 영화를 전체적으로 보게 되고, 영화 전체를 적절하다고 느끼게 만드는 것이 비법이라고. 모든 영화의 시간 제한이, 임의적인 시간 제한이 그리도 불합리한 이유가 바로 그거예요. 영화는 특정한 방식이 되기를 원해요. 적절한 느낌을 줄 때가 바로 그에 맞는 러닝타임이에요. 그게 그 영화의 길이인 거죠. 따라서 어떤 면에서 적절하게 느껴졌는데 그게 세 시간 길이라면 그건 안타까운 경우죠. 두 시간 7분에 적절하다는 느낌이 든다면 조금 더 운이 좋다고 말할 수 있고요.

스튜디오카날이 그 문제를 우려한 적이 있었나요?

그럼요. 있잖아요, 이건 죽음의 키스예요.(웃음) 하지만 그들은 돈을 벌었고 나는 못 벌었죠. 일이 그런 식으로 될 때가 있어요.

내가 깜짝 놀란, 부가 영상의 또 다른 부분이 있습니다. '린치 2'라는 부분입니다. 거기에는 당신이 두 사람에게 으르렁대고, "이건 용납 못 해요"라고 말하고, 짜증을 내는 순간들이 담겨 있죠. 내가 궁금한 것은 (린치의 웃음) 첫째, 당신이 그걸 집어넣은 이유, 둘째, 이 긴 제작 과정이 당신이 기대했던 것에 비해 실망스러웠는지 여부입니다.

아뇨, 아니에요. 그건 재미있었어요. 자세히 살펴보면 알 거예요. (침묵) 글쎄요. '린치 1'과 '린치 2'를 만든 친구(〈린치〉의 감독으로, 익명을 원했다)는 나를 1년 가까이 따라다녔어요. 아홉 달인가 열 달쯤 그랬을 거예요. 그가 주위에 있는 게 익숙해질 정도였죠. 그런데 동시에 나는 누군가 저기 있다는 것을 늘 알고 있었어요. 기이한 일이죠. 그런데 그런 상황에 정말로 편안해지면, 어떤 것을 만드는 경험을 진정으로 더 할 수 있어요. 아이디어가 포착될 때를 볼 수도 있고

507

상황이 다른 쪽으로 향하는 걸 볼 수도 있죠. 아주 처음부터 볼 수 있어요. 그리고 그게 아이디어였어요. 많은 사람들이 "우리가 와서 하루 동안 당신을 찍었으면 합니다" 했지만 그렇게 해서 얻은 건 아무것도 없었고 뭔가 잘못된 것 같아 보였어요. 그건 진짜가 아니고 가짜거든요. 카메라가 거기 자리 잡는 순간부터, 얼마나 편안한지와는 무관하게, 나는 그걸 계속 인지하잖아요. 거기에 익숙해지면 질수록 상황은 어떤 것에 가까워졌어요. 그건 실험이었죠. 그리고 내가 으르렁거리는 것은, 잘 보면, 내가 진짜로 미치지는 않았다는 게 보여요.(웃음) 그냥 상황의 일부일 뿐이죠. 사람들도 내가 그들한테 미치도록 화가 나서 그런 게 아니란 걸 알 거라고 생각해요. 그건 스토리의 일부였어요.

다큐멘터리 〈린치〉가 완성됐을 때 한 번에 다 봤나요?

오, 그럼요.

그 작품에 대해 어떻게 생각하나요?

마음에 들었어요. 내가 자유롭길 바라는 것처럼 나도 사람들에게 자유를 줘야 해요. 그건 그의 영화고, 난 그게 마음에 들었어요. '린치 2'도 좋아해요. '린치 2'는 더 조밀하고 속도도 빨라요. 그리고 작업의 느낌을 제대로 포착했기 때문에 마음에 들어요.

그는 '블랙 앤드 화이트'라는 일종의 필명을 고수하기로 했습니다. 그가 왜 그러기로 했는지 아나요?

당신이 언젠가 그하고 얘기를 해봐야 할 거예요.

그런 경우는 오랫동안 본 적이 없습니다. 정체를 밝히고 싶지 않은 19세기 소설가와 아주 흡사해요.

(웃음)

이제 〈인랜드 엠파이어〉를 공개하고 1년 반쯤 지났습니다. 리뷰들이 나왔고 영화제들과 나머지 작업도 다 끝났죠. 뭔가 다른 게 싹트는 느낌이 있나요?

지난 두 달간 내가 다닌 투어에 대한 다큐멘터리를 만들고 있어요. 우리는 전문 카메라맨이 아닌 두 사람과 함께 여행했어요. 그런데 가는 곳마다 영화학과 학생들이 다른 카메라 두어 대를 들고 왔어요. 그래서 푸티지가 꽤 많아요. 그걸 다큐멘터리로 꾸려낼 계획이에요. 그런 다음에 어떻게 될지 지켜보려고요. 이 다큐멘터리는 꼭 해야겠어요. 언젠가 밤중에 차를 몰고 가다 어떤 장면을 스쳐 가면서 영감 하나가 떠올랐어요. 계속 그 장면을 생각하고 있어요. 거기서 뭔가 나올 수도 있어요.

차를 몰고 로스앤젤레스를 다니다가요?

네. 나는 LA를 사랑해요. 그리고 모든 곳에는 100만 개, 1조 개의 사연들이 있죠. 로스앤젤레스가 가진 가능성이 좋아요.

지금 작업 중인 다큐멘터리는 명상과 관련한 당신의 투어에 대한 거군요.

맞아요. 명상과 평화.

내 방식대로 얘기하자면, 당신은 현재 초월 명상의 공식 대변인이로군요.

글쎄요. 어쩌다가 그렇게 됐는지 모르겠어요. 다만 마하리시가 평화를 창출하는 집단들을 위한 기술을 갖고 있다는 얘기를 오래전에 들었어요. 그리고 나는 늘 같은 얘기—"오, 우리는 금방 평화를 되찾을 거예요"—를 하죠. 그때는 아무도 그걸 믿지 않았고 그런 일은 일어나지 않았어요. 나는 생각했죠. '다음에 사람들 앞에 나가면 그에 대해 얘기해야지.' 그렇게 된 거예요.

당신은 지금 그런 일을 해서 스포트라이트를 더 많이 받고 있습니다. 마음에 드나요?

아뇨. 나는 사람들 앞에 나서는 걸 좋아하지 않아요.

하지만 그걸 일종의 소명으로 느끼는 거죠?

글쎄요.(웃음) 어떻게 그런 말을 하나요? 맞아요, 그런 것 같아요. 어떤 것을 굳게 믿는 사람이 세상에는 무척 많죠. 다른 사람에게는 그게 정신 나간 얘기로 들리겠지만, 그렇게 듣는 다수가 내게는 정신 나간 걸로 보여요. 무엇인가에 몰입하는 걸 대단히 위험하다고 여길 수도 있겠죠. 자신을 위태롭게 만드는 일이니까요. 하지만 나는 마하리시가 늘 말했던 것으로 돌아왔어요. 뿌리에 물을 주고 과일을 향유하라. 이 통일장은, 그걸 생동감 있게 만든다면, 뿌리에 물을 주는 거예요. 개인에게는, 그 생동감 있게 만든 행위의 열매가 깨우침이에요. 달리 말해 뿌리에 물을 주는 것은 평화를 창출하는 집단들과 함께 그 통일체를 활기차게 만드는 거고 그 열매는 지상의 평화예요. 평화요. 학생들에게 명상을 알리려고 데이비드 린치 재단을 만들었어요. 두려운 이야기들을 믿을 수가 없겠죠. 학생들에게 초월 명상을 제공하면, 상황이 달라져요. 이 학교 저 학교 다니면서 이런저런 학생들을 만나다 보면 정말로 음울하고 정말로 스트레스 넘치는 이야기가 대단히 많아요. 그러다가 학생들은 자살 충동을 느낄 수 있어요. 그런 학생들에게 명상을 알려주면 그들은 무한한 행복과 지식을 향한 문을 엽니다. 그리고 이 모든 것은 진정한 자아예요. 쾅. 그 학생들은 요리를 하고 성적이 오르고 친구들과 어울리기 시작해요. 선생님들과 공감하기 시작하고요. 자동적으로요. 그건 진정으로 중요한 일이에요.

〈인랜드 엠파이어〉로 돌아와서, 당신의 회사 앱서다Absurda는 이 영화를 배급할 필요가 있어서 만든 건가요, 아니면 그전에도 있던 회사인가요?

그전에도 있었어요. 우리가 〈이레이저 헤드〉하고 〈단편들〉하고 〈덤랜드〉를 배급하기 시작했거든요. 〈인랜드 엠파이어〉를 배급하는 건 조금 위험한 일이었어요. 하지만 우리가 직접 배급하는 위험은 감수할 가치가 있다고 봤어요. 〈인랜드 엠파이어〉의 관람 수요가 더 많았다면 제대로 성과를 냈을 거라고 생각해요. 하지만, 당신도 알듯, 희소식이라면 그 영화들은, 일부 영화들은 왔다가 가는 듯 보인다는 거예요. 개봉 당시에 인기가 좋았다고 하더라도 그런 영화들은 자취를 감춰요. 그런데 절대로 자취를 감추지 않을 영화들의 경우, 디지털 덕분에 항상 접할 방법이 있을 거예요. 과거에 썩 인기가 없었던 영화들이라도 목숨을 연명할 방도가 있는 거죠. 〈인랜드 엠파이어〉가 그런 영화가 되기를 바라고 있어요. 시간이 흘러도 계속 살아남을 그런 영화가 될 거예요. 그렇게 되면 나도 기분이 좋을 것 같아요. 진짜 중요한 건 그게 아니에요. 안타깝게도 이런저런 일을 하려면 돈이 들어요. 돈이 들죠. 나는 항상 돈이 안 들 거라고 생각하

는데 사실 돈이 들어요.(쾌활한 웃음)

그렇다면, 〈인랜드 엠파이어〉가 공개됐을 때 상황이 흘러가는 걸 보고 실망했나요?

아뇨! 절대 아니에요. 우리는 극장을 120개 잡았어요. 아무도 이해하지 못하는 세 시간짜리 영화치고는 꽤 좋은 편이었죠. 실제로 좋았어요. 그리고 극장 배급에 들일 돈이 없기는 하지만, 그 영화는 지금 극장들로 돌아갔어요. 사람들이 극장을 예약하고 있어요. DVD는 약간의 돈을 벌 기회가 되는 매체지만, DVD 매출은 줄어드는 추세예요. 내 생각에 올해 처음으로 매출이 늘 거예요. 거기에 희망이 있는 거죠. 희망이 있어요.

당신이 얘기한 영화의 생명 연장은 〈트윈 픽스〉 영화판도 겪은 일입니다.

〈트윈 픽스〉 영화판도 그런 숙명이 있죠. 점성술에서는 우리 인생의 부침을 그림으로 그릴 수 있어요. 힘든 시기가 되리라는 걸 볼 수 있는 거죠. 1992년 이후로 내가 그랬어요. 〈트윈 픽스〉 영화판은 호된 비판을 받았지만, 시간이 갈수록 점점 더 호평을 받고 가치를 인정받았어요. 그러니, 맞아요. 그건 희소식이죠. 그리고 나는, 어쨌거나, 요즘 노래를 부르기 시작했거든요. 노래가 내 다음 작업이 될지도 몰라요.

노래를 부르기 시작했다고요?

(웃음) 반은 농담이에요. 하지만 노래 부르는 건 시작했어요. 또 다른 세계를 열어젖히는 일이더군요.

공개된 장소에서 노래를 부른 적이 있나요?

아뇨, 없어요. 순전히 스튜디오에서만 하는 일이에요. 그리고……
나는 뮤지션이 아니에요. 그러니 문제는 한 번 부를 때랑 두 번째 부
를 때랑 다르다는 거죠. 투어를 할 수 있다고는 생각하지 않아요. 게
다가 요즘 음악 산업은 상당히 이상한 모습이죠. 사람들은 뮤지션에
게 유일한 기회는 투어를 하는 거라고 말하는데 그것도 곤란한 일
이에요.

모든 노래를 직접 작곡하나요?

네.

다른 사람과 공동 작업을 하고 있나요?

여기 스튜디오의 엔지니어인 딘 헐리는 끝내주는 베이스 주자예
요. 딘이 정말 많은 도움을 주고 있어요. 그래서 딘하고 작업을 하고
있죠. 늘 하는 말이지만 나는 음악을 사랑해요. 안젤로 바달라멘티
가 나를 음악의 세계로 이끌어줘서 안젤로하고 작업하는 것을 무척
좋아해요. 그런데 그는 뉴저지에 살거든요. 그래서 조금씩 조금씩
진행하고 있어요.

인간의 이성에 린치를 가하다

섭렵. '건널 섭涉'과 '사냥 엽獵'으로 이루어진 단어. 기본적인 뜻인 '물을 건너 찾아다닌다'에서 나아가 '다양한 분야를 두루 경험한다'라는 뜻으로 쓰인다.

이 글을 쓰려고 고심하다가 제일 먼저 떠오른 단어가 바로 '섭렵'이었다. 평생을 예술 분야에서 활동하며 일가一家를 이룬 인물에게 과격한 느낌을 풍기는 사냥 '엽'자가 과연 어울릴까? 이런 의문이 잠시 들기도 했지만, 오래지 않은 고심 끝에 내린 결론은 이랬다. 린치는 자신이 동물의 사체를 분해하고는 그걸 재조립하는 키트를 만든다는 얘기를 공공연하게 하는 사람이라는 것. 게다가 성씨마저도 '린치'라는 점을 감안하면 오히려 섭렵은 '사냥 엽'자가 들어 있어서 그에게 잘 어울리는 단어가 아닐까.

이 책을 읽은 독자라면 누구나 섭렵이라는 단어로 데이비드 린치의 예술 인생을 설명하는 것을 무리라고 여기지는 않으리라 믿는다.

세상은 린치를 '영화감독'으로 보는 게 보통이지만, 이 인터뷰집에서 알 수 있듯 린치는 영화라는 협소한 영역에만 가두고 정의해서는 안 될 인물이다. 회화에서 예술 활동을 시작한 그는 조각, 영상, 만화, 무대 공연, 음악, 사진으로 활동 분야를 넓혀갔고, 나중에는 가구 디자인과 석판화에도 손을 댔다. 영상 분야에서 벌인 활동도 영화에만 국한된 게 아니었다. TV 드라마, 일본 록 밴드 엑스 재팬XJAPAN의 뮤직비디오, 고급 화장품과 마이클 잭슨의 음반을 위한 광고 등, 영상이라는 영토를 가르는 크고 작은 강물을 자유자재로 넘나들었다. 게다가 기술이 발전하면서 생겨난 디지털이라는 강물을 건너는 데도 거리낌이 없어서, 자신의 이름을 내건 인터넷 홈페이지를 통해 독특한 작품 세계를 펼치고 팬들과 교류하는 한편 디지털 카메라로 장편 영화 전편을 촬영하기까지 했다.

그의 영화들이 다룬 내용을, 그리고 채택한 형식과 장르를 보면 '섭렵'이라는 단어의 적절성은 한층 더 도드라진다. 그가 만든 영화들의 배경은 미국의 초라한 동네와 빅토리아 시대의 런던, 은하계의 행성들, 1950년대인 듯도 아닌 듯도 한 미국의 소도시, 루이지애나, 미국 중부의 곡창지대, 할리우드, 폴란드 등이다. 이렇게 공간과 시간을 거침없이 넘나드는 그의 영화들은 장르조차 공포 영화와 휴먼 드라마, SF, 귀를 잘라버린 범인을 찾는 스릴러와 합리적인 이해를 불허하는 미스터리 등 각양각색이다.

한편, 앞서도 언급했지만 '린치'라는 성씨는 데이비드 린치라는 인물을 이해하는 데 있어 '섭렵'이라는 단어에 버금가는 중요성을 띤 단어로 보인다. 린치의 작품들, 특히 빼어난 작품들의 특징은 앞뒤가 척척 들어맞는 이야기를 예상하는 관객의 기대를 철저히 박살

냄다는 것이다. 그의 대표작들은 합리적인 설명이 도저히 불가능한 영화들이다. 그럼에도 영화에 담긴 이미지와 사운드는 독특한 매력으로 관객의 뇌리를 장악하면서 거기에 뿌리를 깊이 내리고는 관객이 합리적인 설명을 얻으려 들 때마다 그 관객의 이성을 얄궂게 괴롭힌다. 우리가 사용하는 '린치'라는 단어는 찰스 린치Charles Lynch라는 실존했던 판사의 성씨에서 유래했다는 설이 보편적인데, 데이비드 린치의 혈통이 찰스 린치와 관계가 있는지, 있다면 얼마나 가까운 사이인지는 알 길이 없지만, 우리의 이성에 몰매를 가하는 작품들을 만들어온 감독의 성씨로 이보다 더 어울리는 것은 있을성 싶지 않다.

이 책은 린치의 경력상 중요한 시점들을 고루 담아낸 책인 동시에, 온갖 분야를 섭렵한 예술가이자 인간의 이성에 린치를 가하는 영화 세계를 일궈낸 거장으로서 그가 지닌 다양한 면모를 살펴볼 수 있는 자료다. 독자 여러분이 데이비드 린치라는 르네상스적인 인물의 세계를 제대로 감상하고 경험하는 데 이 책이 조금이라도 도움이 되었으면 한다.

2021년 9월

윤철희

1946	1월 20일에 몬태나 미줄라에서 도널드와 서니 린치 부부 사이에서 태어나다. 본명은 데이비드 키스 린치David Keith Lynch다.
1963~64	워싱턴 DC의 코코란 미술학교를 다니다.
1964~65	보스턴 뮤지엄 스쿨을 다니다.
1966	필라델피아의 펜실베이니아 미술 아카데미에 들어가다.
1967	린치의 첫 '활동사진'인 〈병에 걸린 여섯 남자〉가 펜실베이니아 미술 아카데미가 수여하는 제2회 닥터 윌리엄 S. 비들 캐드왈라더 기념상을 수상하다.
1968	미국영화연구소의 보조금으로 제작비를 마련한 4분짜리 애니메이션 〈알파벳〉을 연출하다.
1970	실사와 애니메이션을 결합한 단편영화 〈할머니〉를 연출하다. 로스앤젤레스에 있는 미국영화연구소의 고급영화연구센터에 다니다.
1972	첫 장편영화 〈이레이저 헤드〉의 촬영을 시작하다.
1977	〈이레이저 헤드〉가 로스앤젤레스에서 열리는 연례 영화제인 필르멕스Filmex에서 개봉되다. 이후, 영화가 심야 영화 순회망에서 유명한 컬트의 지위를 얻다.
1980	〈엘리펀트 맨〉으로 아카데미 감독상과 각본상, 각색상 후보에, BAFTA 시상식에서 감독상과 각본상 후보에 오르다. 세자르상의 외국어영화상을 수상하다.
1982	주간 만화 「세상에서 가장 화난 개」의 연재를 시작하다.
1984	프랭크 허버트의 인기 소설을 원작으로 한 〈사구〉를 공개했지만, 비평과 박스 오피스에서 모두 실패하다.

1986	〈블루 벨벳〉이 개봉되다. 전미비평가협회가 수여하는 1986년 최우수작품에 선정되고, 아카데미 작품상과 감독상 후보에 오르다.
1988	프랑스 텔레비전 시리즈 〈남들이 본 프랑스France As Seen by Others〉의 한 편인 〈카우보이와 프랑스인〉을 연출하다. 이 작품은 미국 서부 문화가 상류 문화와 만나는 상황을 다룬 기발함이 돋보인다.
1989	안젤로 바달라멘티와 〈산업교향곡 No. 1〉을 공동 제작하다. 브루클린 음악아카데미의 뉴웨이브 페스티벌The New Wave Festival에서 열린 그들의 콘서트를 기초로 한 작품이다.
1990	ABC의 〈트윈 픽스〉 첫 시즌이 비평가와 시청자의 광범위한 열광을 낳고, 에미상 다섯 개 부문 후보에 오르다. 〈광란의 사랑〉이 칸영화제에서 월드 프리미어를 하고, 황금종려상을 받다.
1991	두 번째 시즌에 들어선 〈트윈 픽스〉 시리즈를 연장해달라고 시청자들이 청원하지만 ABC가 이를 받아들이지 않다. 미국영화연구소의 제1회 프랭클린 J. 샤프너 동창회 메달을 수상하다.
1992	텔레비전 시리즈의 프리퀄 영화 〈트윈 픽스〉 영화판을 공개하지만, 평론가와 관객 대다수로부터 가혹한 반응을 얻다.
1994	그림과 사진, 영화 스틸의 컬렉션인 『이미지스』를 출간하다.
1995	영화 탄생 100주년을 기념하여 여러 감독들이 뤼미에르 형제의 오리지널 카메라를 이용해 제작한 옴니버스영화 〈뤼미에르와 친구들〉 중에 한 편을 연출하다.
1996	린치가 "곤경에 빠진 남자"에 대한 "심인성 둔주"라고 묘사한 〈로

스트 하이웨이〉를 공개하다.

1999   앨빈 스트레이트가 병든 동생을 만나려고 존 디어 트랙터를 타고
수백 마일을 여행했던 실화를 기초로 한 〈스트레이트 스토리〉를
공개하다.

2000   〈멀홀랜드 드라이브〉라는 제목의 텔레비전 시리즈의 작업을
ABC와 시작하지만, 임원들이 파일럿의 러프컷을 본 후 시리즈
계획을 취소하다.

2001   오리지널 파일럿을 바탕으로 한 〈멀홀랜드 드라이브〉가 장편영
화로 공개되다. 이 작품으로 린치가 칸영화제의 감독상을 받고,
세자르상의 외국어영화상을 수상하다.

2002   애니메이션 시리즈, 실험적인 동영상, 팬들을 위한 뉴스를 보여주
는 구독 기반의 웹사이트 davidlynch.com을 런칭하다. 칸영화제
경쟁부문의 심사위원장으로 활동하다. 프랑스 레종도뇌르 슈발
리에훈장을 받다.

2005   의식 기반 교육과 평화를 위한 '데이비드 린치 재단'을 창설하다.

2006   로라 던이 "곤경에 처한 여자"로 출연하는 3시간 가까운 디지털영
화 〈인랜드 엠파이어〉를 공개하다. 베니스영화제에서 황금사자상
평생공로상을 수상하다. 회고록과 필모그래피, 초월 명상에 대한
설명을 결합시킨 『대어 잡기』를 출간하다.

2007   로라 던과 함께한 공동 작업 덕에 인디펜던트 스피릿 어워드의
특별상을 던과 함께 수상하다. 2007년 3~5월에 파리의 카르티에
재단 미술관에서 연 전시회를 바탕으로 한 회화와 그림, 사진, 조

각, 영화 활동 40년을 정리한 개요서인 『불붙은 공기The Air Is on Fire』를 출판하다.

2008 칸에서 린치가 알레한드로 조도로프스키의 차기작 〈킹 숏〉과 베르너 헤어초크의 프로젝트 〈아들아, 내 아들아. 너희들이 무엇을 하였느냐My Son, My Son, What Have Ye Done〉의 제작을 맡을 거라고 발표하다. 초월 명상과 관련한 그의 대중 강연과 기타 활동들을 다룬, 제목이 달리지 않은 다큐멘터리의 후반 작업을 진행하다. 〈데이비드 린치의 단편영화들The Short Films of David Lynch〉과 리마스터링된 〈이레이저 헤드〉, 부록 디스크가 딸린 〈엘리펀트 맨〉, 삭제영상 30개가 추가된 〈광란의 사랑〉 〈산업교향곡 No. 1〉, 웹 시리즈 〈덤랜드〉와 〈토끼들〉, 1960년대에 만든 16mm 실험영화들이 포함된 디스크 10개짜리 DVD 컴필레이션 〈라임 그린 세트The Lime Green Set〉를 발표하다.

2017 에드워드 맥도웰 메달을 수상했다.

2018 〈트윈 픽스〉가 에미상 4개 부문 후보에 올랐고, 새턴 어워드 TV 최우수 게스트상을 수상했다.

2019 아카데미 평생공로상을 수상했다.

* 영화와 동영상, 텔레비전 프로그램, 인터넷 기반 미디어를 포함시켰다.

1967

병에 걸린 여섯 남자Six Men Getting Sick

시나리오, 애니메이션 작업: 데이비드 린치

촬영 포맷: 16mm, 컬러(조각품 스크린에 영사)

상영 시간: 1분

1968

알파벳The Alphabet

프로듀서: H. 바턴 와서먼

시나리오, 연출, 촬영: 데이비드 린치

출연: 페기 린치

촬영 포맷: 16mm, 컬러

상영 시간: 4분

1970

할머니The Grandmother

시나리오, 연출, 촬영, 애니메이션 작업: 데이비드 린치

어시스턴트 스크립트 컨설턴트: 마거릿 린치, C. K. 윌리엄스

스틸 촬영: 더그 랜들

음악: 트랙터

사운드 에디팅, 믹싱: 앨런 스플렛

사운드 이펙트: 데이비드 린치, 마거릿 린치, 로버트 채드윅, 앨런 스플렛

출연: 리처드 화이트, 도러시 맥기니스, 버지니아 메이트랜드, 로버트 채드윅

촬영 포맷: 16mm, 컬러

상영 시간: 34분

1974

앰퓨티The Amputee

제작, 시나리오, 연출: 데이비드 린치
촬영: 허버트 카드웰, 프레더릭 엠스
출연: 캐서린 콜슨, 데이비드 린치
촬영 포맷: 비디오, 흑백
상영 시간
  버전 1: 5분, 버전 2: 4분

1977
이레이저 헤드Eraserhead
제작사: 콜럼비아 픽처스
프로듀서: 데이비드 린치
시나리오, 연출: 데이비드 린치
감독 어시스턴트: 캐서린 콜슨
카메라, 조명: 허버트 카드웰, 프레더릭 엠스
특수효과 촬영: 프레더릭 엠스
어시스턴트 카메라: 캐서린 콜슨
영상 편집: 데이비드 린치
로케이션 사운드, 레코딩: 앨런 스플렛
사운드 에디팅: 앨런 스플렛
사운드 이펙트: 데이비드 린치, 앨런 스플렛
프로덕션 디자인, 특수효과: 데이비드 린치
프로덕션 매니저: 도린 G. 스몰
출연: 잭 낸스, 샬럿 스튜어트, 앨런 조지프, 잔느 베이츠, 주디스 애나 로버츠, 로럴 니어,
  잭 피스크, 진 레인지, 토머스 콜슨, 존 모네즈
촬영 포맷: 35mm, 흑백
상영 시간: 89분

1980
엘리펀트 맨The Elephant Man
제작사: 파라마운트

필모그래피

프로듀서: 조너선 생어
감독: 데이비드 린치
조감독: 앤서니 웨이, 게리 카비건
시나리오: 크리스토퍼 드 보어, 에릭 버그렌, 데이비드 린치(프레더릭 트레브스의 『엘리펀트 맨과 다른 추억들』과 애슐리 몬터규의 『엘리펀트 맨: 인간의 품위 연구』를 기초로 함)
촬영: 프레디 프랜시스
편집: 앤 V. 코츠
사운드 디자인: 앨런 스플렛
음악: 존 모리스
의상: 퍼트리샤 노리스
프로덕션 디자인: 스튜어트 크레이그
아트 디렉터: 밥 카트라이트
출연: 앤서니 홉킨스, 존 허트, 앤 밴크로프트, 존 길구드, 웬디 밀러, 프레디 존스, 마이클 엘픽, 해나 고든, 헬렌 라이언, 존 스탠딩
촬영 포맷: 35mm, 흑백
상영 시간: 124분

1984
사구Dune
제작사: 유니버설
프로듀서: 라파엘라 드 로렌티스
감독: 데이비드 린치
조감독, 협력 프로듀서: 호세 로페즈 로데로
시나리오: 데이비드 린치, 프랭크 허버트(원작자)
촬영: 프레디 프랜시스
편집: 앤서니 깁스
사운드 디자인: 앨런 스플렛
음악: 메리 파이치, 토토, 브라이언 이노, 대니얼 라노이스, 로저 이노
의상: 밥 링우드
특수효과: 키트 웨스트, 앨버트 J. 휘틀록, 찰스 L. 파이낸스, 배리 놀런

프로덕션 디자인: 앤서니 매스터스
프로덕션 코디네이터: 골다 오펜하임
아트 디렉터: 피에를루이지 바실레, 벤저민 페르난데즈
출연: 프란체스카 애니스, 카일 매클라클런, 딘 스톡웰, 막스 폰쉬도브, 위르겐 프로흐
　노, 브래드 도리프, 호세 페레, 프레디 존스, 실바나 망가노, 케네스 맥밀런
촬영 포맷: 70mm, 컬러
상영 시간: 137분

1986
블루 벨벳Blue Velvet
제작사: 드 로렌티스 엔터테인먼트 그룹
책임 프로듀서: 리처드 로스
시나리오, 연출: 데이비드 린치
조감독: 엘런 라우치, 이언 울프
촬영: 프레더릭 엠스
편집: 듀웨인 던햄
사운드 디자인: 앨런 스플렛
음악: 안젤로 바달라멘티
사운드: 앨런 스플렛, 앤 크로버
사운드 이펙트: 리처드 하이엄스
특수효과: 그레그 힐, 조지 힐
특수효과 메이크업: 딘 존스
프로덕션 디자인: 퍼트리샤 노리스
프로덕션 슈퍼바이저: 게일 M. 키언스
출연: 카일 매클라클런, 이사벨라 로셀리니, 데니스 호퍼, 로라 던, 호프 랭어, 딘 스톡웰,
　조지 디커슨, 브래드 두리프, 잭 낸스, 프리실라 포인터
촬영 포맷: 35mm, 컬러
상영 시간: 120분

1988

카우보이와 프랑스인The Cowboy and the Frenchman

제작사: 프로파간다 필름스

책임 프로듀서: 폴 캐머런

프로듀서: 다니엘 토스캉 뒤 플랑티에, 마샤 테네이, 줄리 매더슨, 스캇 플로르

시나리오, 연출: 데이비드 린치

촬영: 프레더릭 엠스

사운드: 존 헉

편집: 스캇 체스트넛

아트 디렉션, 의상: 퍼트리샤 노리스, 낸시 마르티넬리

출연: 해리 딘 스탠턴, 프레더릭 골찬, 잭 낸스, 마이클 호스, 릭 길로리, 트레이시 월터, 마리 로렌, 쌔트릭 하우서, 에디 닉슨, 마갈리 알바라도, 앤 소피, 로빈 서머스

촬영 포맷: 35mm, 컬러

상영 시간: 26분

1989

트윈 픽스Twin Peaks

(시리즈를 위한 TV 파일럿으로, 나중에 장편영화로 개봉됨)

제작사: 린치/프로스트 프로덕션, 프로파간다 필름스, 스펠링 엔터테인먼트

책임 프로듀서: 마크 프로스트, 데이비드 린치

프로듀서: 데이비드 J. 랫

연출: 데이비드 린치

시나리오: 데이비드 린치, 마크 프로스트

촬영: 론 가르시아

사운드: 존 웬트워스

편집: 듀웨인 던햄

음악: 안젤로 바달라멘티

프로덕션 디자인: 퍼트리샤 노리스

출연: 카일 매클라클런, 마이클 온트킨, 셰릴 리, 레이 와이즈, 그레이스 자브리스키, 다나 애쉬브룩, 피비 오거스틴, 캐서린 콜슨, 알 스트로벨, 프랭크 실바

촬영 포맷: 35mm, 컬러
상영 시간: 112분

1989

트윈 픽스

(파일럿 이후 방영된 TV 시리즈 29개 에피소드)

연출: 데이비드 린치, 마크 프로스트, 티나 래스본, 팀 헌터, 레슬리 린카 글래터, 케일럽 데이셔넬, 토드 홀랜드, 그레임 기포드, 듀웨인 던햄, 다이앤 키튼, 제임스 폴리, 울리 에델, 조너선 생어, 스티븐 질런홀

공동 작가: 할리 페이턴, 로버트 엥겔스, 제리 스탈, 배리 풀먼, 스캇 프로스트, 트리샤 브록

출연: 카일 매클라클런, 마이클 온트킨, 세릴 리, 레이 와이즈, 그레이스 자브리스키, 다나 애쉬브룩, 피비 오거스틴, 캐서린 콜슨, 알 스트로벨, 프랭크 실바

1990

광란의 사랑Wild at Heart

제작사: 프로파간다 필름스

책임 프로듀서: 마이클 쿤

프로듀서: 몬티 몽고메리, 스티브 골린, 시구르욘 시그바트손

감독: 데이비드 린치

시나리오: 데이비드 린치, 배리 기포드(원작자)

촬영: 프레더릭 엠스

편집: 듀웨인 던햄

음악: 안젤로 바달라멘티

프로덕션 디자인: 퍼트리샤 노리스

출연: 니컬러스 케이지, 로라 던, 다이앤 래드, 윌렘 대포, 이사벨라 로셀리니, 해리 딘 스탠턴, 크리스핀 글로버, 그레이스 자브리스키, J. E. 프리먼, W. 모건 셰퍼드

촬영 포맷: 35mm, 컬러

상영 시간: 124분

산업교향곡 NO. 1 Industrial Symphony NO. 1

(브룩클린 음악 아카데미에서 공연된 라이브 퍼포먼스를 촬영한 것임)

책임 프로듀서: 데이비드 린치, 안젤로 바달라멘티

프로듀서: 스티브 골린, 몬티 몽고메리

연출: 데이비드 린치

음악: 안젤로 바달라멘티

세트: 프란 리

안무: 마사 클라크

촬영: 존 슈워츠먼

출연: 로라 던, 니컬러스 케이지, 줄리 크루즈, 마이클 앤더슨, 안드레 바달라멘티, 리사
　지오비와 펠릭스 블라스카, 존 벨

촬영 포맷: 비디오, 컬러

상영 시간: 49분

1990~91

미국 연대기American Chronicles

(TV 다큐멘터리 시리즈)

제작사: 린치/프로스트 프로덕션

책임 프로듀서: 데이비드 린치 외

데이비드 린치와 마크 프로스트가 시리즈에 속한 「챔피언스」 편을 공동 연출했음.

1991~92

방송 중On the Air

(TV 시리즈)

제작사: ABC 월드비전 엔터테인먼트

린치/프로스트 프로덕션, 트윈 픽스 프로덕션(첫 에피소드만 제작함)

첫 번째 에피소드를 데이비드 린치와 마크 프로스트가 공동으로 집필하고 데이비드 린
　치가 연출함.

여섯 번째 에피소드를 데이비드 린치와 로버트 엥겔스가 공동 집필함.

촬영 포맷: 비디오, 컬러

상영 시간: 24분짜리 에피소드 7개

1992
트윈 픽스 영화판Twin Peaks: Fire Walk with Me
제작사: 트윈 픽스 프로덕션
책임 프로듀서: 데이비드 린치, 마크 프로스트
프로듀서: 그레그 피엔버그, 존 웬트워스
감독: 데이비드 린치
시나리오: 데이비드 린치, 로버트 엥겔스
촬영: 론 가르시아
편집: 메리 스위니
사운드 에디터: 더글러스 머리
음악: 안젤로 바달라멘티
사운드 디자인: 데이비드 린치
특수효과 코디네이터: 로버트 E. 매카시
메이크업: 캐서린 허시스미스
프로덕션 디자인: 퍼트리샤 노리스
출연: 셰릴 리, 레이 와이즈, 크리스 아이작, 키퍼 서덜랜드, 그레이스 자브리스키, 카일
    매클라클런, 다나 애쉬브룩, 피비 어거스틴, 프랭크 실바, 모이라 켈리, 제임스 마셜
촬영 포맷: 35mm, 컬러
상영 시간: 134분

1993
호텔 방Hotel Room
(TV 삼부작)
제작사: 홈 박스오피스, 어시메트리컬 프로덕션 프로파간다 필름스
책임 프로듀서: 데이비드 린치, 몬티 몽고메리
프로듀서: 디팩 나야르
연출: 데이비드 린치(「트릭들」「블랙아웃」 편), 제임스 시뇨렐리(「로버트 제거」 편 연출)
각본: 배리 기포드(「트릭들」「블랙아웃」), 제임스 매키너니(「로버트 제거」)

촬영: 피터 데밍

음악: 안젤로 바달라멘티

출연

「트럭들」: 글렌 해들리, 프레디 존스, 해리 딘 스탠턴

「로버트 제거」: 그리핀 듄, 데버라 엉거, 머리슈커 하기테이, 첼시 필드

「블랙아웃」: 크리스틴 글로버, 얼리샤 위트, 클라크 히스클리프 브롤리, 커밀라 오버바이
    루스, 존 솔라리, 칼 순드스트롬

촬영 포맷: 비디오, 컬러

상영 시간: 90분

1995

뤼미에르와 친구들Lumière and Company

(「사악한 행동에 따르는 불길한 예감」편 연출)

프로듀서: 닐 에델스타인

감독: 데이비드 린치

촬영: 피터 데밍

의상: 퍼트리샤 노리스

출연: 제프 알페리, 마크 우드, 스탠 로스리지, 러스 펄먼, 팸 피에로키시, 클라이드 스몰,
    조앤 러들스타인, 미셸 칼라일, 캐슬린 레이먼드, 돈 살세도

촬영 포맷: 35mm, 흑백

상영 시간: 55초

1997

로스트 하이웨이Lost Highway

제작사: CIBY 2000, 어시메트리컬 프로덕션

프로듀서: 디팩 나야르, 톰 스턴버그, 메리 스위니

감독: 데이비드 린치

시나리오: 데이비드 린치, 배리 기포드

촬영: 피터 데밍

사운드: 스스무 토쿠노우

편집: 메리 스위니
작곡 및 지휘: 안젤로 바달라멘티
프로덕션 디자인, 의상 디자인: 퍼트리샤 노리스
출연: 빌 풀먼, 퍼트리샤 아퀘트, 발타자 게티, 로버트 블레이크, 로버트 로지아, 마이클
    마시, 너태샤 그레그슨 와그너, 게리 부시, 리처드 프라이어, 루시 버틀러, 잭 낸스
촬영 포맷: 35mm, 컬러
상영 시간: 135분

1999
스트레이트 스토리The Straight Story
제작사: 픽처 팩토리, 스튜디오 카날 플뤼, 필름 포
책임 프로듀서: 피에르 에덜먼, 마이클 폴레어, 알랭 사르데
프로듀서: 메리 스위니, 닐 에델스타인
감독: 데이비드 린치
시나리오: 존 로치, 메리 스위니
촬영: 프레디 프랜시스
편집: 메리 스위니
작곡, 지휘: 안젤로 바달라멘티
의상 디자인: 퍼트리샤 노리스
프로덕션 디자인: 잭 피스크
출연: 리처드 판스워스, 시시 스페이식, 해리 딘 스탠턴, 에버렛 맥길, 존 팔리, 케빈 팔리,
    제인 갤러웨이 헤이츠, 조지프 A. 카펜터, 도널드 웨이거트, 트레이시 멀로니
촬영 포맷: 35mm, 컬러
상영 시간: 111분

2001
멀홀랜드 드라이브Muholland Drive
제작사: 필름스 알랭 사르데, 어시메트리컬 프로덕션
책임 프로듀서: 피에르 에델만
프로듀서: 메리 스위니, 알랭 사르데, 닐 에델스타인, 마이클 폴레어, 토니 크란츠

시나리오, 연출: 데이비드 린치
촬영: 피터 데밍
사운드: 스스무 토쿠노우, 에드워드 노빅
편집: 메리 스위니
작곡 및 지휘: 안젤로 바달라멘티
프로덕션 디자인: 잭 피스크
출연: 나오미 와츠, 로라 엘레나 해링, 저스틴 서로, 앤 밀러, 댄 헤다야, 안젤로 바달라멘
  티, 로버트 포스터, 브렌트 브리스코에, 잔느 베이츠, 댄 번바움 외
촬영 포맷: 35mm, 컬러
상영 시간: 146분

2002
덤랜드Dumbland
제작, 시나리오, 연출, 편집: 데이비드 린치
목소리 연기: 데이비드 린치
촬영 포맷: DV, 흑백
상영 시간: 총 35분, 웹사이트 에피소드 8개

토끼들Rabbits
시나리오, 연출, 편집: 데이비드 린치
출연: 스콧 코피, 레베카 델 리오, 로라 해링, 나오미 와츠
촬영 포맷: DV, 컬러
상영 시간: 총 50분, 웹사이트 에피소드 8개

어두워진 방Darkened Room
제작, 시나리오, 연출, 촬영: 데이비드 린치
출연: 조던 래드, 에쓰코 시카타, 세리나 빈센트
촬영 포맷: DV, 컬러
상영 시간: 8분

2006

인랜드 엠파이어Inland Empire

제작사: 스튜디오 카날, 카메리미지/터퓰트 재단, 업서다 프로덕션

책임 프로듀서: 에바 푸지친스카, 마렉 지도비치

프로듀서: 데이비드 린치, 메리 스위니, 제러미 올터, 로라 던, 카지미에시 수발라, 야뉴스
    헤트만, 미칼 스토포브스키

시나리오, 연출, 촬영, 편집: 데이비드 린치

아트 디렉션: 크리스티나 앤 윌슨, 보이치에흐 볼니악

세트 데코레이션: 멜라니 레인, 스비에틀라나 슬라브스카

의상 디자인: 캐런 베어드, 헤이디 비벤스

출연: 카롤리나 그루즈카, 얀 헨치, 크지슈토프 마흐작, 그레이스 자브리스키, 로라 던, 이
    언 애버크롬비, 제러미 아이언스, 존 처칠, 저스틴 서로, 해리 딘 스탠턴, 다이앤 래드 외

촬영 포맷: DV, 컬러

상영 시간: 179분

2007

발생한 더 많은 사건들More Thing That Happened

(《인랜드 엠파이어》의 오리지널 푸티지 중 제외된 푸티지에서 도출한 이야기)

시나리오, 연출, 촬영, 편집: 데이비드 린치

출연: 카롤리나 그루즈카, 피터 J. 루카스, 크지슈토프 마흐작, 로라 던

촬영 포맷: DV, 컬러

상영 시간: 75분

발레리나Ballerina

(《인랜드 엠파이어》 DVD와 함께 발매됨)

연출, 촬영: 데이비드 린치

촬영 포맷: DV, 컬러

상영 시간: 12분 19초

업서다Absurda

시나리오, 촬영, 연출: 데이비드 린치

촬영 포맷: DV, 컬러

상영 시간: 2분 17초

보트Boat

시나리오, 연출: 데이비드 린치

편집: 힐러리 슈뢰더, 데이비드 린치

출연: 데이비드 린치

내레이션: 에밀리 스토플

촬영 포맷: DV, 컬러

상영 시간: 8분

2010

레이디 블루 상하이Lady Blue Shanghai

(단편)

2011

3 RS The 3 Rs

(단편)

데이비드 린치: 나는 라디오를 가졌다David Lynch: I Have a Radio

(단편)

2012

기억 영화Memory Film

(단편)

명상, 창의성, 평화Meditation, Creativity, Peace

(다큐멘터리)

2014

트윈 픽스Twin Peaks: The Missing Pieces

2017

트윈 픽스Twin peaks: The Return

(TV 시리즈)

잭은 무슨 짓을 했는가?What Did Jack Do?

(단편)

2018

개미 머리Ant Head

(단편)

2020

앨런 R.의 모험The Adventures of Alan R.

(단편)

오늘의 숫자는...Today's Number Is...

(단편)

데이비드는 오늘 무슨 일을 했는가?What Is David Working on Today?

(TV 시리즈)

2021

기상예보Weather Report

(TV 시리즈)

찾아보기

인명